21世纪国际经济与贸易系列教材

国际贸易理论与政策

——基于比较优势统一框架的全新阐析

International Trade Theory and Policy

梁坚 编著

中国人民大学出版社
·北京·

作者简介

梁坚，男，1969年生于广东省信宜市。1991年四川大学国民经济管理系国民经济管理学专业本科毕业，同年供职中国建设银行。1993年10月留学日本，入庆应义塾大学学习日本文化与日本语。1995年考入东京都立大学（Tokyo Metropolitan University）大学院社会科学系经济政策专业，2001年完成博士课程，入职城西国际大学（Josai International University）。2002年8月回国，任教于华南理工大学工商管理学院应用经济系；现任教于华南理工大学经济与贸易学院国际经济与贸易系。

主要教授国际贸易理论、国际贸易实务、国际经济学、宏观经济学和微观经济学。主要研究国际贸易和产业经济、区域经济，在日本、中国香港和大陆经济类杂志发表国际贸易与产业经济类学术论文多篇。

前　言

笔者自认为凡人一个，不到万不得已的时候不会想着去做点什么的那类。教了几年的国际贸易理论，始终就觉得没有太吻合自己对于知识体系"审美"观点的教材。一直都想着，要是有哪位大家出一本体系上更加简洁完美，知识结构上更加完整深入的贸易理论教材该多好。就像久旱的大地对于甘露的期盼；这么等着，始终不见天下雨——无可奈何之至。恰好华南理工大学提供了一笔贸易理论教学项目的研究经费，于是便有了本书的诞生。希望可以一了多年的心愿。本书的最大特征就是打破了已出版国际贸易教科书通用的国际贸易主流理论既定知识框架，将历来散乱、割裂的主流贸易理论各部分内容全部统一在一个完整的比较优势理论框架之下。

本书的主要特点体现为以下几个方面：(1) 理论体系更加统一完美。与已出版国内外国际贸易理论教科书不同，本书将所有的自由贸易主流理论，包括古典贸易理论、新古典贸易理论和当代贸易理论全部统一在比较优势理论的统一框架之下，并进行了较为完美的视角整合。经过这样的处理，国际贸易主流理论知识框架就变成了只有两个层次的高度简洁版本。第一个层次解析国际贸易产生的原因在于各国比较优势的差异。第二个层次接着解析各国比较优势差异产生的原因。第一个层次的主要内容就是李嘉图的比较优势理论。第二个层次的主要内容则包括了新古典贸易理论和当代贸易理论。导致一个国家拥有某个特定产业上比较优势的原因，可以是要素禀赋的差异，可以是由于生命周期进入了吻合本国充裕要素禀赋的阶段，可以是本国的主流需求培育相应产业的结果，也可以是本国发挥了特定产业规模经济的产物。(2) 所有的理论都使用了更加明晰和完整的语言进行了表述。像李嘉图的比较优势理论，本书将其表述成“每个国家都拥有具有比较优势的产业；各自按照自己的比较优势参与国际贸易和分工，各国的福利就都能够从中得到提高。”这样的重新表述有利于学生清晰、完整地理解李嘉图比较优势理论中包含着的两个层次的内容。第一个层次说明每个国家都必定拥有自己具有比较优势的产业；第二个层次说明按照比较优势参与贸易都能够提高本国的福利。(3) 知识体系更加完整和合理。本书包括了比较优势动态变化和国家发展路径、要素贸易与移民租金等主要新内容，更加贴近现实，并进行了理论的展开。又比如通常的教科书把罗勃津斯基定理安排在新古典贸易理论之中，本书则把它当做解析“荷兰病”的工具，安排在第六章“经济增长与国际贸易”中。按照多年以来的教学经验，至少笔者认为，这样的调整更加有利于学生对于该定理的理解和把握。(4) 最主要的理论都作了严密的数学推理，包括贸易的必要充分条件、要素禀赋理论、斯托尔珀-萨缪尔森定理等，都作了严密的数学推理。相信这可以为有心的学生提供一条深入学习的途径。

全书在总体构成上，包括两大部分。第一部分是贸易理论，包括主流的自由贸易理论和非主流的贸易保护理论，包含了第一章至第八章。第二部分是贸易政策，包含了第九章至第十二章。

其中第一章是贸易理论的主要概念和主要基础分析工具。这一章的主要目的是为后面的理论与政策分析准备好工具。所谓“磨刀不误砍柴工”，建议读者花些工夫读透。摸透了这些工具的使用方法，您将会在后面章节的分析中得到“简单、轻松”感觉的巨大回报。第二章为比较优势理论，其实就是本书所言主流贸易理论主体知识框架的第一个层次。比较优势原理不单单在国际贸易问题上显得重要，但凡涉及分工问题（不管是国际上国家之间的分工，还是一国内部地区之间的分工，抑或是产业内部、企业内部所有层次的分工），都是一个至关重要而基础的理论。所以，萨缪尔森把李嘉图的比较优势原理称为社会科学上最重要的理论自然就有着他的道理。第三章至第五章构成了本书所言主流贸易理论的第二个层次内容。不管我们这些李嘉图的后人，如何给它们贴上了新古典贸易理论、当代贸易理论或者“新贸易理论”的标签，在逻辑上它们依然可以看作一个整体：用于解析各国比较优势差异的起源。赫克歇尔-俄林说这种差异来自各国要素禀赋的差异；弗农说当产品生命周期的阶段刻度转盘转到吻合你家充裕要素禀赋刻度的时候，你家自然就拥有了相应产品的比较优势；林德尔则说，一国的代表性需求（主流需求）培育了该国具有国际竞争力的产业，也就成就了该国的比较优势。克鲁格曼则认为，一国的比较优势起源于该国对某种产业的规模经济的发挥。第六章是关于国家动态比较优势与发展路径的介绍。第七章是关于要素贸易的分析，可以看做是主流理论的扩展部分。第八章阐述贸易保护理论。第九和第十章分别介绍进口保护和出口促进政策工具。第十一章介绍区域经济一体化与多边贸易体制；可以看做是广义贸易政策的一部分。第十二章贸易政策的政治经济学则是从一个另类的视角分析现实贸易政策的成因。

书中有大量的数学代数证明，对于部分读者来说也许稍感困难。总相信书到用时方恨少；这些证明主要是为有一定数学基础的学生提供一条便捷的深入理解的途径。绝大多数的同类教科书都找不到这些证明。但是跳过这些部分，一点都不会影响阅读和理解。所以，数学基础不大好或者不大喜欢这些证明的读者大可跳过不管。

本书在成稿的过程中，得到了许多同事、同学和学生慷慨而无私的帮助。首先感谢华南理工大学经济与贸易学院的邝国良教授和丁焕峰副教授的众多有益助言。接着，我要感谢华南理工大学经济与贸易学院国际经济与贸易系2007级范嫦珊、古亮晶、黄妙贤、来一龙、李娃媛、卢聪豪和王欢等七位同学。他们为本书收集了大量的数据、资料和案例，也为本书的图表润色调整和文字校对做了大量的工作。我也要感谢大学时代的同学，现在中国人民银行任职的雷晓阳。他对本书进行了全面的校对，也提出了不少有用的改进意见。我们俩自十几年前在广州一别，他去北京读研究生，我负笈东瀛后，虽然平时书信、电话都不多，但始终真诚相待的友谊历经了时间的见证。包括我回国时帮我联系落实工作，一直都给予我无私的帮助。

当然，我特别感谢中国人民大学出版社的陈静编辑。她为本书的出版付出了大量辛勤的劳动。接到出版通知，第一次和她通电话是在西藏当雄的纳木错湖北边的山巅上。远望着湖对面白雪皑皑的念青唐古拉山，眼底下是夏风吹皱的一湖碧水，天上醉人的深蓝和圣洁的白云投影在湖面依稀可见。4 000多米的高原上，上气不接下气地和她讨论着书稿出版的细节。至今她那优美的鼓励的声音意犹在耳。

还有，家中两个孩子——我一直称为“伟大的女儿”的梁陆伊韵和正在上进即将“伟大”的儿子梁陆伊雄，他们的感恩之心和上进之心，也始终给予我安慰和动力。谨以此书献给我的两个“伟大”的孩子。

本书在仓促之中成稿，肯定免不了这样那样的问题或者毛病，诚恳期待读者指正。作为一次主体知识框架的全面创新，也期待着学界的全面评价和提出意见；这样定有益于下一个版本的至善至美。虽然得到众同事、同学和学生的无私帮助，但笔者依然会对本书的全部文字负责。本书如能帮助读者对国际贸易理论与政策有个完整、统一、深入的理解和把握，则基本初衷可期。至于另外一个目的，假使可以推动整个国际贸易理论教学框架的全面转型并利于学生更好地掌握理论，则是万幸之至也。

作者联系地址：jenleon@126.com。

梁 坚

于广州．小谷围．水木书屋

2010年10月

目　录

第一章　国际贸易导论与主要基础分析工具 …… 1

1.1　国际贸易导论 …… 1

1.1.1　国际贸易的定义 …… 1

1.1.2　国际贸易的本质 …… 2

1.1.3　国际贸易的功能与作用 …… 2

1.1.4　关联的基本概念 …… 2

1.2　基础分析工具 …… 4

1.2.1　生产可能性（PPF）曲线 …… 4

1.2.2　生产者最优理论 …… 6

1.2.3　消费者最优理论 …… 8

1.2.4　封闭经济条件下的社会最优 …… 10

1.2.5　一般均衡分析模型之一：PPF-IC 模型 …… 12

1.2.6　一般均衡分析模型之二：相对供求模型 …… 14

1.2.7　一般均衡分析模型之三：提供曲线模型 …… 16

1.2.8　局部均衡分析模型：社会福利 …… 18
总　结 …… 20
思考与练习 …… 22
案例与资料 …… 24
第二章　比较优势理论 …… 28
2.1　基本概念：绝对优势与相对优势 …… 28
2.2　优势表示：绝对成本与相对成本、机会成本 …… 30
2.2.1　成本、生产率与优势 …… 30
2.2.2　比较成本、机会成本与比较优势 …… 32
2.3　亚当·斯密的绝对优势理论 …… 34
2.4　李嘉图的相对优势理论 …… 35
2.4.1　李嘉图模型的主要假定 …… 36
2.4.2　比较优势理论的主要思想 …… 36
2.4.3　李嘉图模型几何解析 …… 38
2.5　国际贸易的必要充分条件 …… 41
2.6　贸易与工资：绝对劣势向比较优势转变的秘密 …… 43
总　结 …… 45
思考与练习 …… 46
案例与资料 …… 47
第三章　基于要素禀赋的比较优势理论 …… 56
3.1　主要概念：要素禀赋与要素充裕度、要素密集度 …… 57
3.1.1　要素充裕度与要素密集度 …… 57
3.1.2　产品价格、要素价格与要素密集度 …… 59
3.2　主要假定及推论 …… 60
3.3　要素禀赋差异与 *PPF* 曲线的偏向性 …… 61
3.4　要素禀赋理论：赫克歇尔-俄林定理（H-O 定理） …… 62
3.4.1　H-O 定理代数证明 …… 63
3.4.2　几何演绎：基于 PPF-IC 框架的一般均衡分析 …… 65
3.4.3　几何演绎：基于 RS-RD 框架的一般均衡分析 …… 66
3.5　H-O 理论拓展 …… 68
3.5.1　斯托尔帕-萨缪尔森定理 …… 68
3.5.2　要素价格均等化定理 …… 70
总　结 …… 72
思考与练习 …… 73

案例与资料 …… 74
第四章 基于生命周期和代表性需求的比较优势理论 …… 78
4.1 专用要素模型下的国际贸易 …… 79
4.1.1 专用要素的定义 …… 79
4.1.2 生产函数、边际产出与要素价格 …… 80
4.1.3 贸易对流动性要素收入的影响 …… 83
4.1.4 贸易对出口产业专用要素收入的影响 …… 85
4.1.5 贸易对进口竞争产业专用要素收入的影响 …… 86
4.2 产品生命周期理论：生命周期与比较优势的动态变化 …… 88
4.2.1 主要概念与理论表述 …… 88
4.2.2 产品生命周期理论的图形解析 …… 89
4.2.3 小结 …… 91
4.3 代表性需求理论：收入、需求与贸易分工 …… 91
4.3.1 主要概念和理论表述 …… 92
4.3.2 代表性需求理论的几何解析 …… 92
总 结 …… 94
思考与练习 …… 95
案例与资料 …… 96
第五章 基于规模经济的比较优势理论 …… 101
5.1 规模经济：内部规模经济与外部规模经济 …… 102
5.2 规模经济与贸易收益：一般均衡分析 …… 107
5.3 内部规模经济与比较优势 …… 108
5.4 外部规模经济与比较优势 …… 110
5.5 先发优势、干中学效果与贸易分工 …… 111
5.5.1 基本概念 …… 111
5.5.2 先发优势的自我强化 …… 113
5.5.3 干中学效果与动态的外部规模经济 …… 114
5.6 产业内贸易之一：异质产品贸易与产品多样性收益 …… 115
5.7 产业内贸易之二：同质产品的国际贸易 …… 117
5.8 产业内贸易的衡量指标 …… 120
总 结 …… 121
思考与练习 …… 122
案例与资料 …… 123
第六章 经济增长与国际贸易 …… 127

6.1 经济增长与 *PPF* 曲线的变动 …… 128
6.2 罗勃津斯基定理 …… 129
6.2.1 理论表述与几何解析 …… 129
6.2.2 代数证明 …… 130
6.3 资本积累、技术进步与比较优势的动态变化 …… 132
6.4 恶化性经济增长及其成因 …… 134
6.5 进口替代型发展战略与出口导向型发展战略 …… 137
6.5.1 进口替代型发展战略：现象与本质 …… 137
6.5.2 出口导向型发展战略 …… 139
6.6 荷兰病与去工业化 …… 139
总　结 …… 143
思考与练习 …… 144
案例与资料 …… 145
第七章　生产要素的国际贸易 …… 155
7.1 劳动的国际流动 …… 156
7.1.1 劳动的国际流动概况 …… 156
7.1.2 劳动国际流动收益 …… 157
7.1.3 劳动移动收益的国家间分割 …… 159
7.1.4 劳动移动对国内要素收入分配的影响 …… 160
7.1.5 现实中的劳动移动与移民租金 …… 160
7.2 资本的国际流动 …… 161
7.2.1 国际资本流动概况 …… 161
7.2.2 跨时期贸易模型：资本流入和流出的决定 …… 162
7.2.3 资本国际流动的收益：进一步的说明 …… 165
7.3 要素贸易与商品贸易的替代关系 …… 166
总　结 …… 168
思考与练习 …… 169
案例与资料 …… 170
第八章　贸易保护理论 …… 175
8.1 重商主义与贸易乘数理论 …… 176
8.1.1 基于贵金属财富理论的传统重商主义 …… 176
8.1.2 基于凯恩斯贸易乘数理论的现代重商主义 …… 177
8.2 幼稚产业保护理论 …… 178
8.3 战略性产业保护理论 …… 180

8.3.1　重点战略性产业保护 …… 181
8.3.2　国际垄断性产业保护 …… 182
8.4　最优关税理论 …… 183
8.5　其他贸易保护理论 …… 185
总　结 …… 185
思考与练习 …… 186
案例与资料 …… 187
第九章　贸易政策工具之一：进口保护措施 …… 194
9.1　关税定义与种类 …… 195
9.1.1　关税定义与种类 …… 195
9.1.2　关税的有效保护率 …… 196
9.2　关税的经济效应：局部均衡分析 …… 196
9.2.1　关税的经济效应 …… 196
9.2.2　最优关税的源泉 …… 200
9.3　关税的一般均衡分析 …… 200
9.3.1　小国征收关税的一般均衡分析 …… 200
9.3.2　大国征收关税的一般均衡分析 …… 202
9.4　配额的定义与福利效应 …… 204
9.4.1　配额的定义与种类 …… 204
9.4.2　配额的福利效应 …… 204
9.5　配额与关税的比较 …… 207
9.5.1　需求增加时的配额关税影响比较 …… 207
9.5.2　外国出现技术进步时的配额关税影响比较 …… 209
9.5.3　垄断市场情况下的配额关税影响比较 …… 210
9.6　其他进口保护措施 …… 211
总　结 …… 213
思考与练习 …… 214
案例与资料 …… 215
第十章　贸易政策工具之二：出口促进措施 …… 219
10.1　主要出口促进措施种类 …… 220
10.2　出口补贴的福利效应局部均衡分析 …… 220
10.2.1　小国出口补贴福利影响：局部均衡分析 …… 221
10.2.2　大国的出口补贴福利影响：局部均衡分析 …… 222
10.3　出口补贴的一般均衡分析 …… 223

10.3.1 小国实施出口补贴的一般均衡分析 …… 223
10.3.2 大国实施出口补贴的一般均衡分析 …… 225
10.4 倾销 …… 227
10.5 其他出口保护措施 …… 230
总 结 …… 231
思考与练习 …… 231
案例与资料 …… 232
第十一章 区域经济一体化与多边贸易体制 …… 239
11.1 经济全球化的演变 …… 239
11.2 区域经济一体化组织：定义与种类 …… 240
11.3 自由贸易区的贸易效应 …… 242
11.3.1 贸易创造 …… 242
11.3.2 贸易转移 …… 243
11.4 主要的区域经济一体化组织 …… 244
11.5 关贸总协定（GATT）与世界贸易组织（WTO） …… 248
11.5.1 WTO基本原则 …… 248
11.5.2 WTO的主要协议框架与运行机制 …… 249
11.5.3 世界贸易组织（WTO）的历史 …… 250
总 结 …… 252
思考与练习 …… 253
案例与资料 …… 254
第十二章 贸易政策的政治经济学 …… 260
12.1 贸易政策的政治经济学分析视角 …… 261
12.2 贸易政策的政治博弈：国内版本 …… 262
12.3 贸易政策的政治博弈：国际版本 …… 266
12.4 贸易政策的评判标准 …… 268
总 结 …… 269
思考与练习 …… 270
案例与资料 …… 270
参考文献 …… 272
附 录 …… 273

21 世纪国际经济与贸易系列教材

第一章

国际贸易导论与主要基础分析工具

学习目标

- 理解国际贸易的定义、本质和作用
- 理解与国际贸易相关联的主要概念
- 复习和掌握后面章节将要广泛使用到的一般均衡分析和局部均衡分析方法，为国际贸易理论和政策的正式内容学习做好充分的工具准备。包括生产可能性曲线—无差异曲线（PPF-IC）模型、相对供求（RS-RD）模型和提供曲线（OC）模型等一般均衡分析模型，以及用于分析生产者剩余、消费者剩余和社会剩余的局部均衡分析模型。

1.1 国际贸易导论

1.1.1 国际贸易的定义

国际贸易（international trade）指独立关税区经济体之间的商品贸易，

包括货物（good/merchandise）、服务（service）和技术（technology）的贸易。这是一个站在世界全体的角度所作的定义，有时又称**世界贸易**（world trade）。

对外贸易（foreign trade）则是指一个独立关税区经济体与其他独立关税区经济体之间进行的商品贸易。与国际贸易的定义相对，对外贸易定义只是转换了一个审视的角度，即从一个独立关税区经济体的角度所作的定义。有时，对外贸易又称**海外贸易**（overseas trade），主要是基于部分海岛型国家对外贸易，就是与海外进行交易的历史而成。

1.1.2　国际贸易的本质

本质上，国际贸易和国内贸易没有什么不同，都是一种通过低价买入高价卖出以赚取商业利润的交易套利活动。其直接目的就是赚取商业利润。

国际贸易和国内贸易的区别，主要体现在进行贸易的主体的不同。前者是分别处于不同独立关税区经济体的商人之间的贸易，后者是同一个关税区内部的商人之间的贸易。

国际贸易较之于国内贸易更加复杂、更加高风险。由于国际贸易是分处于不同独立关税区经济体商人之间的贸易，而不同的关税区经济体通常会在经济、货币、政治、法律等诸多方面存在制度上的差异。正是这些差异导致了国际贸易的复杂性和高风险。

1.1.3　国际贸易的功能与作用

国际贸易的本质功能在于促进产业分工的深入和细化，促进经济资源配置通过世界范围的扩张，而实现经济效率的提高。前者是微观层次效率提高的根本途径，后者是宏观层次效率提高的根本途径。而经济运行的目标就是追求更高的资源使用效率。

贸易的作用正是基于以上提到的提高资源使用效率而得以体现的。

历史上，古代的罗马、波斯，近代的葡萄牙、西班牙、荷兰，现代的英国、美国、德国、日本，号称同时代的世界强国，无一例外极为重视对外贸易。反之，对外贸易与它们的强大有着密不可分的关系。回顾我们自己的历史，五千年来的盛衰变迁，丝绸之路与汉唐盛世，闭关锁国与清末以来的百年耻辱，以及改革开放后经济的迅猛发展，也都一一印证了国际贸易对于一个国家发展的重要性。

1.1.4　关联的基本概念

商品（commodity）包括货物、服务、技术、版权专利等用于交易的各种产品。

独立关税区经济体（independent tax area economy）指具有独立关税制度的经济

体。像中国的港澳台地区，就分别是独立关税区经济体。以下，除 1.1 节以外，为了简单起见，如果没有特别的说明，我们使用“国家”这个词来表示独立关税区经济体。

对外贸易值（value of foreign trade）指以货币表示的一个独立关税区经济体在一定时期内的对外贸易的价值总额。可以使用本币或者外币表示。其中，出口部分为出口贸易总额或简称出口总额，进口部分为进口贸易总额或简称进口总额。

国际贸易值（value of international trade）指以同一种货币表示的世界所有独立关税区经济体的贸易总额；通常使用世界出口贸易总额或者进口贸易总额来表示。国际贸易值不等于各个独立关税区经济体的对外贸易值的综合。而且，通常使用出口贸易值加总的国际贸易值小于使用进口贸易值加总的国际贸易值，主要原因在于世界各国一般使用 FOB 价格（俗称离岸价）计算出口额，使用 CIF 价格（俗称到岸价）计算进口额。

对外贸易量（quantum of foreign trade）指以特定年度为基期而形成的以不变价格计算的某个时期的对外贸易值。实质上，对外贸易量就是**真实对外贸易值**（real value of foreign trade），它剔除了计算期内的价格变动因素的影响，真实地反映出国际贸易数量上的变动。

国际贸易量（quantum of international trade）指以特定年度为基期而形成的不变价格计算的某个时期的国际贸易值。与对外贸易量一样，国际贸易量就是真实国际贸易值。

对外贸易依存度（ratio of foreign trade to GDP）指一个经济体的经济对世界经济的依存程度，通常使用对外贸易值的 GDP 占比来表示。有时又称对外贸易系数或者贸易密度。计算上并不统一，可以使用出口总值、进口总值、对外贸易总值来除以 GDP（或者 GNP）求得。前两者，分别叫作出口依存度和进口依存度。

贸易条件（terms of trade）指出口商品价格与进口商品价格之比。简写成 TOT。表示的意义是用一个出口商品可以换回多少个进口商品。在两种商品的模型中，出口商品 X，进口商品 Y，相应的价格分别是 P_X、P_Y，则

$$TOT = P_X/P_Y$$

现实中，每个经济体进出口成千上万种商品，则使用进出口商品价格指数来计算贸易条件：

$$TOT = \frac{P_X}{P_Y} = \frac{\sum_{i=1}^{n} X_i P_i}{\sum_{j=1}^{m} Y_j P_j}$$

下标 i、j 分别表示第 i 种出口商品和第 j 种进口商品，m、n 分别表示出口商品和进口商品的总数量。P 表示价格，X、Y 分别表示出口和进口的 X 和 Y 商品的数量。

贸易差额（balance of trade）指一个独立关税区经济体在某个特定时期内的出口总

值和进口总值之间的差额。出口总值与进口总值比较，如果前者大于后者，称为**贸易顺差**（trade surplus）、贸易盈余或者出超，余额称为**净出口**（net export）；前者小于后者，称为**贸易逆差**（trade deficit）、贸易赤字或者入超；两者相等，称为**贸易平衡**（balanced trade）。另外，也可以就某个单独产业或者产品使用这些概念。

双边贸易（bilateral trade）与**多边贸易**（multilateral trade）分别指两个独立关税区经济体之间和多个独立关税区经济体之间的贸易。但是一般的，后者大多用来表示涉及多个独立关税区经济体之间的多边贸易体系界定下的多边贸易行为，包括后面章节中使用到的区域贸易和全球贸易。

直接贸易、间接贸易和转口贸易、过境贸易。**直接贸易**（direct trade）就是两个独立关税区经济体之间分别扮演商品生产者和消费者角色而且直接进行的交易。**间接贸易**（indirect trade）指进行商品生产的经济体通过第三国的转口而与另一个经济体进行的间接关系的贸易。**转口贸易**（entrepot trade）由商品生产的经济体买入并未经加工增值而转卖给另一个经济体的贸易。间接贸易中必定包括转口贸易。**过境贸易**（transit trade）指其他经济体生产的商品经过本国国境与另一个经济体进行的贸易。

1.2 基础分析工具

1.2.1 生产可能性（PPF）曲线

生产可能性曲线（production possibility frontier，PPF）指在特定的技术和资源的制约下一个经济体能够生产的所有产品的最大产量组合的轨迹。*PPF* 曲线由一个二维的坐标体系表示，因而只能反映两种产品。一个经济体通常生产多种产品，这种时候我们把它们抽象为两种产品。比如，中国生产的产品有成千上万种，如果我们关心的焦点是电视机，我们就可以把产品分成“电视机”和“其他产品”。如果没有特别的说明，为了简单起见，我们分别使用 X、Y 来表示这两种产品。

PPF 曲线有三个种类。在资源约束为特定的情况下，*PPF* 曲线反映生产技术。反过来说，不同的生产技术对应着不同形状的 *PPF* 曲线。就规模经济效果而言，生产技术包括规模报酬不变、规模报酬递减、规模报酬递增三种情况。如果生产中只使用一种生产要素（比如说劳动），使用规模收益作为标准衡量生产技术也比较简单实用。但是在使用两种以上的生产要素进行配套生产时，再使用规模报酬来区分技术，就会显得异常繁杂。所以，通常使用机会成本作为标准来划分生产技术。使用机会成本来划分的好处在于，不管使用单一要素进行生产，还是使用多要素进行生产，*PPF* 曲线都可以非常明了地通过形状的差异，把不同的生产技术区分开来。在这种场合下，生产技术可以界定为机会成本不变、机会成本递增、机会成本递减三种。

机会成本（opportunity cost）表示作出某种选择时必须放弃的另一种选择所引致的机会损失带来的成本。*PPF* 曲线能够表示出机会成本。如图 1—1 所示，当经济体将生产点由 *K*（100，100）点转移到 *L*（101，65），再转移到 *M*（102，35）时，表示我们喜欢增加 *X* 的产量。由于机会成本的存在，当我们增加 *X* 的产出时，就必须放弃部分 *Y* 的产出。原因在于 *PPF* 曲线表示在现存技术条件下，所有的资源已经被利用。这样，当我们将生产由 *K* 点转移到 *L* 点时，*X* 增加了一个单位。但是增加的这个单位不能无中生有，必须要有相应的资源将它生产出来才行。在所有资源都已经被充分利用的情况下，唯一的办法就是减少 *Y* 的产量，这样就可以释放出为了增加 *X* 的产出所需要的相应数量的资源。

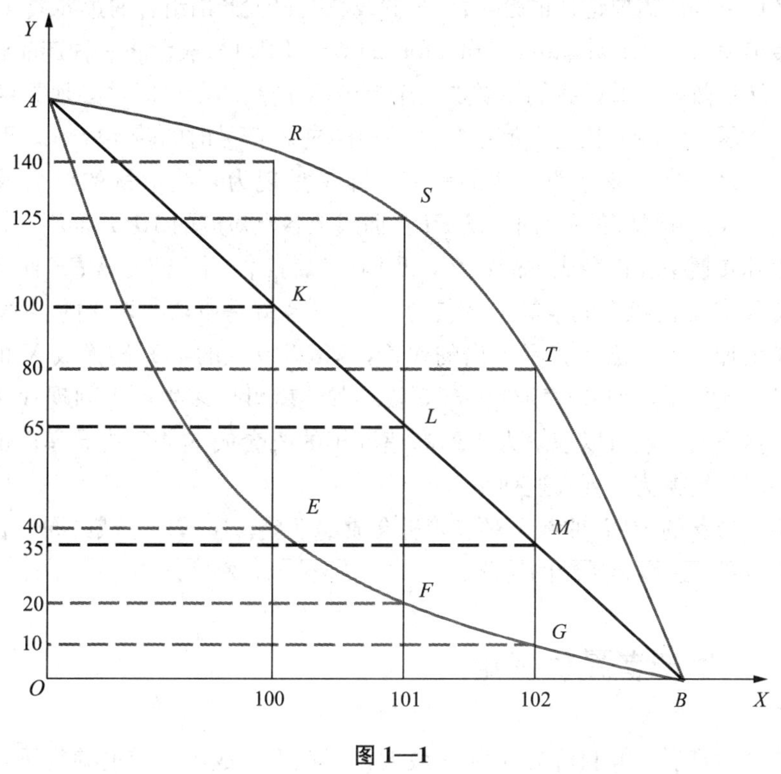

图 1—1

对应于三种不同的生产技术，存在三种不同形状的 *PPF* 曲线。

机会成本不变的 *PPF* 曲线。在横轴和纵轴分别表示 *X*、*Y* 产品的产出量的坐标系中，机会成本不变的 *PPF* 曲线是一条直线。如图 1—1 中的 *KLM* 直线所示。坐标上任何一点都表示一种生产组合，图 1—1 中的 *K* 点，表示这个经济体选择生产 *X* 和 *Y* 的量分别为 100 和 100。在仅使用一种生产要素的情况下，机会成本不变同时表现为规模报酬不变和边际成本不变。

机会成本递增的 *PPF* 曲线是一条凹向原点的曲线，如图 1—1 中的 *RST* 曲线所示。

机会成本递减的 PPF 曲线是一条凸向原点的曲线。如图 1—1 中的 EFG 曲线所示。

生产可能区域（production possibility area / set），就是 PPF 曲线与坐标轴围成的区域，以图 1—1 中的 KLM 生产可能性曲线为例，为由 AOB 围成的区域。这表示在现有的资源和技术的约束下，该区域内任何一点所表示的产品组合都是能够实现的。另一方面，区域外的任何一点都超出了资源、技术的制约，是不可能实现的。图 1—1 中的 K、L、M 点都是可以实现的。E 点虽然也是可以实现的，但是和前三点相比，位于 PPF 曲线内，意味着生产是非效率的。要么是使用的技术低于现有技术水平，要么是资源还有部分没有被利用。但是 R 点则是不可能实现的；因为它位于 PPF 以外，处于生产可能区域以外。需要记住的是，PPF 曲线就是最大产出组合的边界线。

边际转换率（marginal rate of transformation，MRT）表示将一种产品转换成另一种产品时的转换效率。通常我们用增加一个单位 X 产品的产出时，必须放弃的 Y 产品的产出量来表示。实际上就是表示将 Y 产品转换成 X 产品时的转换效率。PPF 曲线上任何一点的 MRT 等于该点的切线的斜率。除了呈现为直线形状的机会成本不变的 PPF 曲线以外，一般情况下，同一条 PPF 曲线上各点对应的 MRT 都不一样。

对照边际转换率和机会成本的定义，我们可以得出一个结论：PPF 曲线任意一点上一个单位 X 产品的机会成本等于该点的 MRT（也就是该点的切线的斜率）。机会成本反映的是增加一个单位 X 产品产出的代价，MRT 反映的是 Y 转换成 X 的效率，视角不同而已。比如说，如果我们少生产 5 枚导弹，就可以多生产 1 列现代化的高速列车。那么，这个问题就可以理解为 1 列高速列车的机会成本是 5 枚导弹；也可以理解为 5 枚导弹可以转换为 1 列高速列车。

三种不同形状的 PPF 曲线，对应着机会成本不变、递增、递减的同时，也分别对应着 MRT 不变、递增和递减的情况。

1.2.2 生产者最优理论

企业作为生产者，其目标在于利润最大化。在投入成本一定的前提下，企业追求的利润最大化目标等价于收入的最大化。因为利润＝收入－成本。

$$\text{Max } R = P_X \times X + P_Y \times Y$$

其中，X、Y 为 PPF 曲线上的点。

在特定的 PPF 曲线的限制下，企业追求收入最大化的行为可以理解为在该 PPF 曲线上寻找一个点（X，Y）。其实，就是在资源、技术和产品价格都一定的条件下，寻找一对 X 和 Y 产品的产量组合，而且保证在这个组合下收入达到最大。

等收入曲线表示企业为获得固定的收入水平而销售不同比例的两种产品的所有组合的一条曲线。有时候，又简称为收入曲线；如图 1—2 所示的 PP' 线。曲线相应的代数表达式如下：

$$R = Px \times X + P_Y \times Y$$

变形为：

$$Y = \frac{R}{P_Y} - \frac{P_X}{P_Y} \times X$$

可以看到，收入曲线的斜率是产品 X 和产品 Y 的价格比值。我们把这种价格称为相对价格。在后面，我们经常会使用“相对价格曲线”来表示等收入曲线。

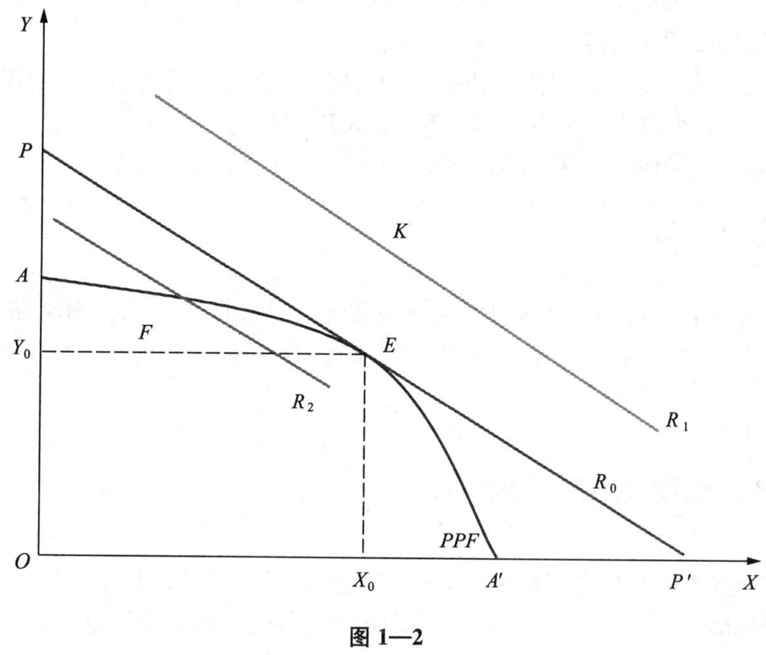

图 1—2

等收入曲线上任意一点的收入水平都相同。越是远离原点的等收入曲线所代表的收入水平越高。

任意一点的收入水平究竟有多高？在 X 产品和 Y 产品的价格都已知的前提下，画出一条斜率等于相对价格并且穿过该点的等收入曲线（直线）。该点的收入水平就由这条曲线所代表的收入水平表示出来了。

企业追求收入最大化，其实就意味着要尽量达到远离原点的收入曲线所表示的收入水平。理论上，收入曲线是越远越好。但是在资源和技术的约束下，又不可能无限制地远离原点。

那么企业能够达到的最大收入究竟为多少呢？可以使用几何方法演绎如下：

（1）当企业可以使用的资源和技术为特定的时候，它所面临的 *PPF* 曲线就确定下来了，如图 1—2 中的 AA'曲线所示。（2）当两种商品的价格 P_X、P_Y 为特定的时候，企业就面临着斜率为 P_X/P_Y 的无数条相互平行的收入曲线，如图中的 R_0、R_1、R_2 一样。(3) 一方面，因为资源和技术的约束，企业能够选择的点必须落在 PPF 曲线上面；另一方面企业要追求收入最大化，该点需要尽量落在远离原点的收入曲线上。符合这两个条件的点是唯一的，就是图中的 E 点 (X_0，Y_0)。我们称这个点为企业的最优生产点。在特定的资源、技术约束下，企业生产 X 和 Y 的产量定为 X_0、Y_0，能够带来最大的收入；达到的最大收入就是 PP' 曲线所代表的收入水平 R_0。PPF 曲线上除了 E 点以外的任何一点，都有通过该点的一条相应的等收入曲线；而且该等收入曲线位于切点 E 点的等收入曲线内部；表示 E 点以外的所有点所代表的生产组合能够带来的收入都低于 E 点所代表生产组合所能够带来的收入。如图 1—2 中 PPF 曲线上的 F 点，穿过该点的等收入曲线 R_2 位于 R_0 内部；表示 F 点所代表的生产组合能够带来的收入小于 E 点所代表的生产组合所能够带来的收入水平。

总而言之，企业的生产最优点就是 PPF 曲线和收入曲线的切点。如图 1—2 中的切点 E 位于 PPF 曲线上，E 点的斜率等于 MRT；另一方面，E 点也位于收入曲线上，斜率等于 P_X/P_Y。因此，最优点的均衡条件可以用代数式表示如下：

$$MRT = \frac{P_X}{P_Y}$$

相对价格发生变动时，收入曲线会发生变化，自然最优点也会相应发生变化。而且每一个最优点对应着一对特定的 X 和 Y 的组合，也就存在一个特定的相对供给量 X/Y。

1.2.3 消费者最优理论

特定的消费者具有特定趋向的偏好。在消费数量一定的前提下，越是偏好的东西越能给他带来满足。在偏好一定的前提下，通常东西越多带来的满足越高。效用 (utility) 表示消费者从消费中感受到的满足程度，也就是一个人的幸福程度，也可以称之为福利 (welfare)。消费者追求的目标是效用最大化。

无差异曲线 (indifference curve) 表示两种商品的模型中，能够带来同样效用的两种商品的各种组合的轨迹。无差异曲线具有四个基本的性质：

(1) 离原点越远，效用越高；

(2) 互不相交；

(3) 向下倾斜；

(4) 凸向原点。

边际替代率 (the marginal rate of substitution，MRS) 表示使用一种商品去替代另一种商品的能力大小；等于在保持同样满足度即效用的前提下，为了增加商品 X 的消费而必须放弃的商品 Y 的消费量。无差异曲线上，任何一点的 MRS 就是该点的切线的斜率 (绝对值)。MRS 递减，表示使用 X 去替代 Y 以获得同样水准的效用时，替代能力越来越差。

MRS 递减，来源于边际成本、机会成本的递增，或者反过来说边际收益递减。符合我们日常生活中最一般的观察结果，即“物以稀为贵”。

预算约束（budget strict）表示在特定时点下，消费者受到特定收入 M 的约束。表示这种约束的是**预算约束线**（budget strict curve），简称**预算线**，表示消费者在特定收入约束下能够消费的两种商品的各种组合。预算线和坐标轴围成的范围称为**消费可能区域**（the consumption possibility area），就是说该区域内任何一点在现有预算约束下都是可能实现的。所以，有时预算线又称为**消费可能性边界**（the consumption possibility frontier）；预算线只是所有预算被充分使用的情况下所有可能的消费组合的轨迹。预算线相应的代数表达式如下：

$$P_X \times X + P_Y \times Y = M$$

变形为：

$$Y = \frac{M}{P_Y} - \frac{P_X}{P_Y} \times X$$

$$\text{预算线的斜率（绝对值）} = \frac{P_X}{P_Y}$$

我们看到，预算线的斜率等于两种商品的价格之比，即商品 X 的相对价格。基于此，后面很多地方，我们会使用相对价格曲线来表示预算线。

就理想情况来说，消费者能够消费的点落在离原点越远的无差异曲线上越好；那样意味着它能够实现的效用越高。但是预算约束的存在也是不可回避的事实。那么，消费者的最大化效用究竟能够达到多大呢？

参看图 1—3，使用几何方法演绎如下：（1）当消费者面临特定水平的支出限额为 M 的约束时，而且当两种商品的价格 P_X、P_Y 为特定的时候，企业就面临着一条特定的斜率为 P_X/P_Y 的预算线，如图中的 BB'一样。（2）当消费者偏好已知时，消费者会面临无数条形状特定的相互平行的无差异曲线。（3）消费者需要寻找的效用最大化的点必须在他的预算线上，因为他受到这个预算的约束；同时消费者为了实现效用最大化，寻找的点应该尽可能落在远离原点的无差异曲线上；满足这两个条件的点是唯一的，就是图 1—3 中的 E 点（X_0，Y_0）。我们把 E 点称为最优消费点。

当消费者在 E 点进行消费时，也就是把他的钱用来买入并消费 X、Y 的数量分别为 X_0、Y_0 时，这样就能在使用完所有的预算时实现最大的效用。最大的效用水平等于 E 点所处的无差异曲线所代表的效用。预算线 BB'上除了 E 点以外的其他任何一点，都有一条穿过该点的无差异曲线，而且位于 BB'内部；表示这些点所代表的消费组合所能够带来的效用小于 E 点所代表的消费组合所能够带来的效用。

综上所述，最优消费点就是特定的预算约束和偏好条件下，无差异曲线和预算线的切点。如图 1—3 中的 E 点所示，该点位于无差异曲线上，无差异曲线在该点的斜率等于 *MRS*。另一方面，E 点也是预算线 BB'上的点，斜率等于 P_X/ P_Y。这样，我们就得到了最优消费点的均衡条件代数表达式：

$$MRS = \frac{P_X}{P_Y}$$

相对价格变动时，预算线会发生变化，自然最优点也会相应发生变化。而且每一个最优点对应着一对特定的 X 和 Y 的组合，也就存在一个特定的相对供给量 X/Y。

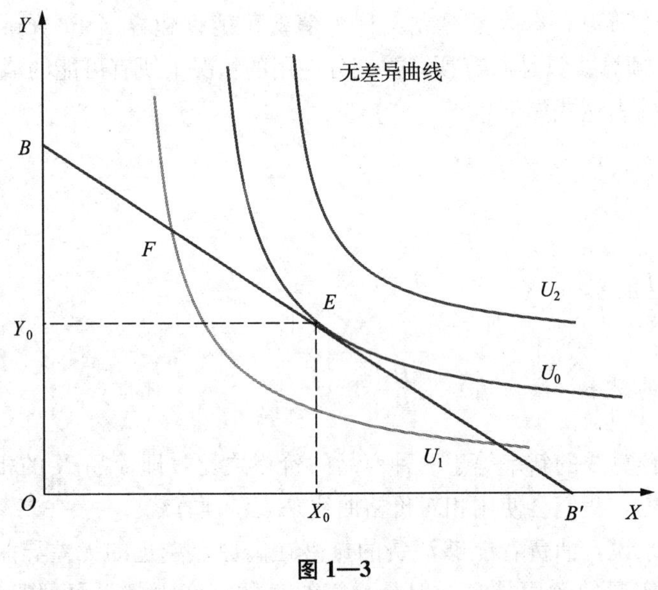

图 1—3

1.2.4 封闭经济条件下的社会最优

一个经济体追求的目标是社会效用最大化。类似于单个的消费者追求效用最大化。

考虑一个封闭经济。**封闭经济**（autarky economy）就是指完全自给自足的经济体的经济，与外部其他经济体之间没有任何的经济联系。经济学上经常使用“孤岛经济”的例子来说明封闭经济或者自给自足经济。该例子说的是，在克鲁索漂流到的那个孤岛上，所有经济联系只限于岛上。克鲁索只能与同样漂流到该岛的星期五进行交易；仅此而已。对外没有任何的贸易，没有任何的进出口和金融来往。

与前面研究的个体行为相对，这里研究的是一个经济体全体的最优问题。所以，考虑的对象已经转变为社会福利最大化问题。社会最优指的是对于一个经济体来说，福利（效用）水平达到最高的状态。我们引入社会无差异曲线来表示社会的效用或者福利水平。

社会无差异曲线（social indifference curve）表示维持一个经济体全体的效用位于特定水平不变时，两种商品的所有消费组合。

要使用无差异曲线这个工具，必须保证其符合前面提到的四个性质。个体的无差异曲线是不相交的；社会无差异曲线则有可能相交。由于收入分配的不同，等量的收入给整个经济体带来的效用水平可以是不同的。根据阿罗不可能定理，在某些情况下，一个经济体中可能不存在一个能够为大众共同接受的最优消费组合排序，社会无差异曲线也就可能根本不存在。为了解决这个问题，需要附加一定的比较苛刻的条件。这样处理以后，理论上社会无差异曲线就能够存在。新古典主义假定一个经济体中所有人都具有同样的偏好。也可以认为经济体中存在一位至高无上的君主，他决定社会的一切，他的偏好决定全体个体的偏好。社会无差异曲线就可以用该经济体中的**代表性成员**（representative agent）的无差异曲线表示出来。就现实来说，根据科斯定理，如果经济体中的得益成员补偿损失成员的话，某项能够促进社会福利最大化的选择就可以得到实现。换言之，使用社会无差异曲线就具有现实解释力。

图 1—4 中 PP' 表示在特定的时点上，特定的资源和技术的约束下社会面临的 PPF 曲线。BB' 线表示社会无差异曲线。另外我们知道两种商品 X、Y 的价格 P_X、P_Y 为特定。

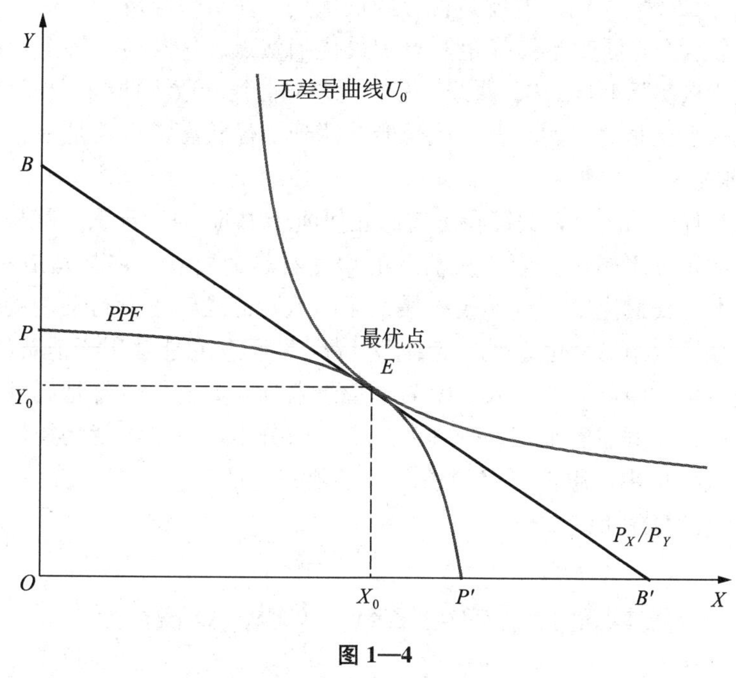

图 1—4

在这些已知条件下，社会的最优点究竟在哪里呢？几何方法可以按照以下步骤演绎：

(1) 当一个经济体可以使用的资源和技术为特定的时候，它所面临的 PPF 曲线就确定下来了，如图 1—4 中的 PP' 曲线所示。

(2) 当两种商品的价格 P_X、P_Y 为特定的时候，经济体就面临着斜率为 P_X/P_Y 的无数条相互平行的收入曲线，又称为相对价格曲线，如图 1—4 中的 BB' 所示。

（3）一方面，因为资源和技术的约束，该经济体能够选择的点必须落在 PPF 曲线上面；另一方面，由于要追求收入最大化，该点需要尽量落在远离原点的收入曲线上。符合这两个条件的点是唯一的，就是图中的 $E(X_0,Y_0)$ 点。对该经济体来说，E 点就是最优生产点。

（4）当经济体选择在 E 点生产以后，就决定了它能够实现的收入为 BB' 线所代表的收入水平 M_0；这个收入水平同时也是全社会能够支配的支出水平，在两种商品的价格 P_X、P_Y 为特定的时候，企业就面临着一条特定的斜率为 P_X/P_Y 的预算线，如图中的 BB' 线所示。

（5）当经济体偏好已知时，经济体会面临无数条形状特定的相互平行的无差异曲线。

（6）经济体需要寻找的效用最大化的点必须在它的预算线上，因为它受到这个预算的约束；同时经济体为了实现效用最大化，寻找的点应该尽可能落在远离原点的无差异曲线上；满足这两个条件的点是唯一的，如图 1—4 中的 $E(X_0,Y_0)$ 点。这个点我们称为社会的最优消费点。

图 1—4 中的 $E(X_0,Y_0)$ 点就是社会的最优点。在封闭经济中，由于生产与消费必须一致，所以这个点同时是最优生产点和最优消费点。从几何图形上，我们可以看到，社会的最优点实际上是 PPF 曲线、社会无差异曲线和收入曲线（预算线）三条线的共同切点。这个点非常完美，表示社会能够达到最优状态，也就是福利状态可以达到 U_0 的最高水平。

理解社会最优点的决定，关键在于上面几何演绎中的（4）步骤。就是说，一个经济体，从生产的角度看是生产者，从消费的角度看是消费者。它首先是一个生产者，所以先按照企业寻找最优生产点（收入最大化的点）的逻辑进行行动。接着，它又是一个消费者，按照效用最大化原则决定最优消费点；但是它能够用于消费的所有支出，就必定等于他在生产中获得的收入。因为不管收入分配如何，也就是说不管生产中实现的收入按照什么比例在资本家、管理者、工人中分配，这三者就是经济体的全部三部分成员。而且模型中，假定所有的预算是必须花光的，所以支出就一定等于收入。收入曲线也就与预算约束线重合。

1.2.5 一般均衡分析模型之一：PPF-IC 模型

在后面的开放经济分析中，我们将要使用到多种一般均衡分析模型和局部均衡分析模型。常用的一般均衡分析模型包括生产可能性曲线—无差异曲线（PPF-IC）模型、相对供求模型和提供曲线模型。这里首先介绍 PPF-IC 模型。

PPF-IC 模型，其实已经在 1.2.3 中的社会最优模型中使用到。只不过，在社会最优模型中，我们把它用于封闭经济。开放经济与封闭经济不一样的地方，就在于前者的生产和消费可以分离，后者则必须统一。反映在几何模型中，封闭经济的最优生产点和最优消费点重合于同一点。开放经济的生产最优点和消费最优点分别是不同的点。原因在于开放经济中存在贸易，各种商品有进出口，所以消费的量和生产的量可以不一致。

图 1—5 中的坐标轴和各曲线表示的内容和图 1—4 中的一样。只是，我们使用 P_r^1 曲线替代了图 1—4 中的 BB'线。P_r^1 线就是相对价格曲线。

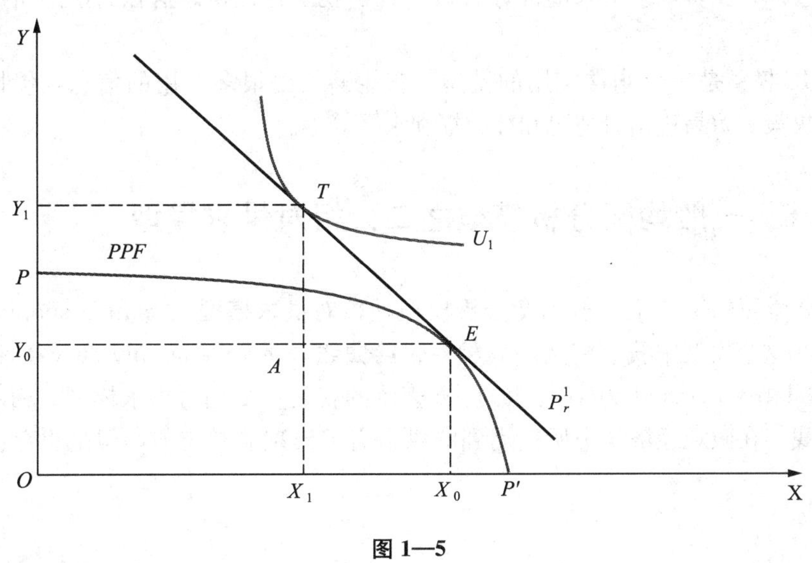

图 1—5

相对价格曲线（relative price curve）就是斜率等于横轴表示商品价格与纵轴表示商品价格之比 P_X/P_Y 的一条直线。我们使用相对价格曲线分别表示生产决策中涉及的等收入曲线，也使用它表示消费者决策中涉及的预算约束线；因为它们的斜率都等于 P_X/P_Y。

在开放经济中，一个经济体首先作为一个生产者，理性地作出生产者追求收入最大化的决策。这个时候，它所面对的商品的价格信息是国际价格 P_X、P_Y，让 $P_r^1=P_X/P_Y$。它知道自己面对的收入曲线的斜率。在资源和技术的约束既定的情况下，PPF 曲线就是既定的。在这些已知条件下，它选择 E（X_0，Y_0）点进行生产；E 点是最优生产点。

接着该经济体作为一个消费者来行动。当它在 E 点组织生产以后，将这些产出按照 X、Y 商品的国际价格 P_X、P_Y 进行销售就会得到 P_r^1 线所代表的收入 M_1。以后，它就将这些收入作为消费支出来使用。收入为 M_1，商品 X、Y 的价格等于国际价格 P_X、P_Y，预算线就定下来了，就是 P_r^1 线。另外，在偏好已知的情况下，该经济体面临的社会无差异曲线就会有固定的形状；如图 1—5 中的 U_1。在这些已知条件下，它将选择点 T（X_1，Y_1）进行消费；因为 T 点是最优消费点。经济体能够达到的最高效用水平为 U_1。

图 1—5 还反映出了贸易进出口的信息。图中的直角三角形 TAE，称为**贸易三角形**（trade triangle）。$\triangle TAE$ 的直角边 TA 和 EA 分别表示 Y 商品的进口量和 X 商品的出

口量。

$$TA=Y_1-Y_0\text{；}EA=X_0-X_1\text{。}$$

对比该经济体的消费和生产，我们可以看到，它消费的 X（X_1）比它生产的 X（X_0）要少，少掉的部分（X_0-X_1）刚好用于出口了。另外，它消费的 Y（Y_1）比它生产的 Y（Y_0）要多，多出来的部分（Y_1-Y_0）就来自进口。这在封闭经济中是不可能的。

PPF-IC 模型是一个非常实用的模型。它能够给出很多有用的信息，包括生产决策、消费决策、贸易进出口情况和社会福利水平等等。

1.2.6 一般均衡分析模型之二：相对供求模型

我们要学习的第二个一般均衡分析模型是**相对供求模型**（relative supply-demand model）。在这个模型中我们将要用到**相对供给曲线**（relative supply curve）和**相对需求曲线**（relative demand curve）。图 1—6 表示的就是一个相对供求模型。相对供求模型和以前我们在微观经济学中所使用到的供给需求模型非常类似，但是也存在很大的不同。

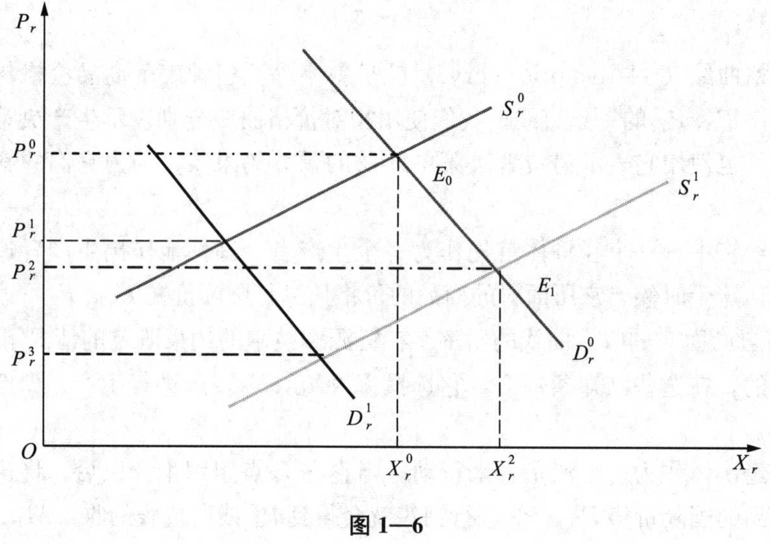

图 1—6

首先，坐标轴表示的变量不同。与常见的供给需求模型中横轴、纵轴表示商品数量和商品价格相对照，相对供求模型中这两条轴分别表示相对商品数量和相对商品价格。聪明的读者很快就可以悟出，相对供求模型的很多概念与以前所熟悉的供求模型相比多了“相对”两字。事情确实是这样。所以，我们必须弄清楚，加上了“相对”二字的概念的差别。

相对数量（relative quantity）表示以一种产品的数量为标准衡量的另一种产品的

数量的多少，我们通常使用两种产品 X、Y 的产出量或者需求量的比值。分别使用 X、Y 表示这两种产品本身的产出量或者需求量，则相对产出量（供给量）和相对需求量就是 X/Y。以后，我们统一使用 X_r 来表示这个概念。

$$X_r = \frac{X}{Y}$$

相对价格（relative price）表示以一种商品的价格为标准衡量的另一种商品的价格的高低。商品 X 的相对价格就是以商品 Y 的价格为标准衡量的结果，等于 P_X/P_Y。我们使用 P_{rX} 来表示商品 X 的相对价格，进一步简写成 P_r。

$$P_r = \frac{P_X}{P_Y}$$

其次，我们需要定义模型中使用到的相对供给曲线和相对需求曲线。

相对供给曲线（relative supply curve）是表示相对供给量与相对价格之间关系的一条曲线。相对供给量（relative supply quantity）表示以一种产品的供给量为标准衡量的另一种产品的供给量的大小。在两种产品 X、Y 的模型中，X 产品的相对供给量就是 X 产品的供给量与 Y 产品的供给量的比值。我们使用 S_r 来表示相对供给量和相对供给曲线。下标 r 表示"相对"的意思。同样使用 X、Y 表示它们本身的绝对供给量，则 $S_r=X/Y$。

相对供给曲线可以从生产者最优模型中导出。参见图 1—2，最优生产点 E（X_0，Y_0）是在特定的资源和技术约束下，对应于特定的商品价格 P_X^0，P_Y^0 进而特定的商品相对价格（$P_r^0= P_X^0/P_Y^0$），能够带来收入最大化的生产组合。也就是说，对于 P_r^0，会有一个相应的相对供给量（或者说相对产出量）$S_r^0= X_0/Y_0$。如果相对价格变成了 P_r^1（$P_r^1= P_X^1/P_Y^1$），则必有另一个相对供给量 $S_r^1= X_1/Y_1$ 与之对应。在几何上，体现为会出现新的最优生产点 E_1（X_1，Y_1）。将相对价格 P_r 与相对供给量 S_r 之间的对应关系，即它们所有组合的轨迹，描绘到相对供求模型的坐标体系上，得到的就是相对供给曲线。

相对供给曲线的形状尤其是位置是由每个经济体的资源和技术决定的。当资源和技术发生变化时，曲线的位置会发生移动。

相对需求曲线（relative demand curve）是表示相对需求量与相对价格之间关系的一条曲线。**相对需求量**（relative demand quantity）是以一种产品的需求量为标准衡量的另一种产品的需求量的大小。在两种产品 X、Y 的模型中，X 产品的相对需求量就是 X 产品的需求量与 Y 产品的需求量的比值。我们使用 D_r 来表示相对需求量和相对需求曲线。下标 r 表示"相对"的意思。同样使用 X、Y 表示它们本身的绝对需求量，则 $D_r=X/Y$。

类似地，我们可以从消费者最优模型中导出相对需求曲线。参见图 1—3，最优消费点 E（X_0，Y_0）是在特定的消费偏好约束下，对应于特定的商品价格（P_X^0，P_Y^0）进而特定的商品相对价格（$P_r^0= P_X^0/P_Y^0$），能够带来效用最大化的消费组合。也就是说，

对应于 P_r^0，会有一个相应的相对需求量 $D_r^0 = X_0/Y_0$。如果相对价格变成了 P_r^1（$P_r^1 = P_X^1/P_Y^1$），则必有另一个相对需求量 $D_r^1 = X_1/Y_1$ 与之对应。在几何上，体现为会出现新的最优消费点 E_1（X_1，Y_1）。将相对价格 P_r 与相对需求量 D_r 之间的对应关系，即它们所有组合的轨迹，描绘到相对供求模型的坐标系上，得到的就是相对需求曲线。

相对需求曲线的形状尤其是位置由每个经济体的消费偏好及其收入决定。当收入和偏好发生变化时，曲线的位置会发生移动。

当每个经济体的资源和技术特定时，就会有一条相应的特定的相对供给曲线；同样当该经济体的偏好和收入等因素特定时，也会有一条特定的相对需求曲线与之对应。如图 1—6 中所示，假定 A、B 经济体都有着相同的特定偏好和收入，它们就会面临同样的相对需求曲线 D_r^0。如果前者较之于后者拥有更多的资源或者更高的生产技术，它们就分别拥有不同的相对供给曲线 S_r^0 和 S_r^1。这样会在这两个经济体之间，分别形成不同的两个均衡点 E_0 和 E_1，相应地就形成不同的均衡相对价格 P_r^0 和 P_r^1。不同的相对价格，正是国际贸易得以产生的直接原因。

相对供求模型的最大优点在于可以非常明了地表示出相对价格的形成和差异。而相对价格对于国际贸易而言，是最重要的几个变量之一。这个变量对于贸易分工，也就是哪个经济体生产什么、出口什么、进口什么有着决定性的作用。遗憾的是，该模型不能表示出社会福利状态的变化情况。

1.2.7 一般均衡分析模型之三：提供曲线模型

第三个需要学习的一般均衡分析模型就是提供曲线模型。

提供曲线（offer curve）是指在不同的相对价格条件下，一个经济体愿意出口某种产品的数量和愿意进口的另一种产品的数量的所有组合形成的轨迹。有时又称为**相互需求曲线**（reciprocal demand curve）。提供曲线源自穆勒（John Mill）的相互需求理论，后来由马歇尔（A. Marshall）发展成为现在使用意义上的概念。相互需求概念源于参与贸易的一个经济体对于某种商品的供给同时也是对于另一个经济体生产的另一种商品的需求；换言之，参与贸易的两个国家互为对方的需求方。比如说中国对于美国来说，既是家用电器商品的供给者，又是大型民用客机的需求者。所以，家电产品的提供曲线既反映了该类产品的供给，也反映了中国对于民用客机的需求。反过来，美国是民用客机的供给方，也是家电产品的需求方。

提供曲线可以从 PPF-IC 模型中导出。参看图 1—5，在特定的资源和技术约束条件下，加之商品 X、Y 的价格特定（相应地，相对价格 $P_r = P_X/P_Y$ 就特定），最优生产点 E（X_0，Y_0）就是唯一的；考虑到偏好也是特定的话，最优消费点 T（X_1，Y_1）也是唯一的。这个时候，就形成了一个特定的贸易三角形 TAE。这些最优决策的结果中，包含了非常有用的信息。其他条件不变，相对价格 P_r 与 X 商品的出口量（等于 X_0－

X_1）和 Y 商品的进口量（等于 Y_1-Y_0）之间存在一种特定的对应关系。将这种特定的 X 商品出口量和特定的 Y 商品进口量组成的组合描绘到横轴表示 X 商品的进出口量、纵轴表示 Y 商品的进出口量的坐标系上，得到的就是 X 商品的提供曲线。

图 1—7 是一个横轴表示 X 商品的进出口量，纵轴表示 Y 商品的进出口量的坐标系的提供曲线模型。图中分别使用 O_A、O_B 表示 X 商品和 Y 商品的提供曲线。A 经济体出口 X，进口 Y；B 经济体出口 Y，进口 X。提供曲线 O_A 就是 A 经济体愿意进行交换的各组出口商品 X 的数量和进口商品 Y 的数量的组合所形成的曲线。比如说图 1—7 包含的两个点 E_0（X_0，Y_0）、F（X_2，Y_2）。这两个点表达的意思是，如果 B 愿意提供 Y_0，则 A 愿意提供 X_0 的 X 给它；如果 B 只愿提供 Y_2 进行交换，则 A 只愿意提供 X_2 的 X 给它。同样，O_B 就是 B 经济体愿意进行交换的各组出口商品 Y 的数量和进口商品 X 的数量的组合所形成的曲线。

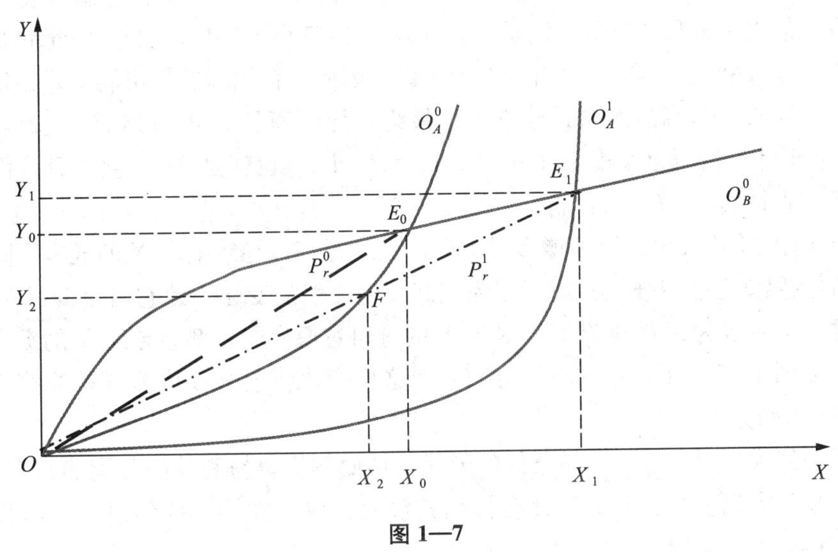

图 1—7

提供曲线的形状和位置受到出口国的资源和技术的影响，也受到该国对其进口商品的偏好和收入的影响。换言之，X 商品的提供曲线受到出口国关于 X 的出口意愿和关于 Y 的进口意愿的影响。

对于 X 商品来说，当出口国的出口意愿及其进口商品 Y 的意愿都是既定时，就会有一条特定的提供曲线 O_A^0 与之对应。同样，在既定的情况下，会有一条特定的提供曲线 O_B^0 存在，表示商品 Y 的提供意愿。

提供曲线上任何一点与原点的连线，数学上称为该点的射线。射线的斜率表示该点的贸易条件。其实，提供曲线上任何一点都表示一个经济体的一对出口意愿数量与进口意愿数量。这一对意愿数量，正是在特定的贸易条件下作出的意愿数量。对应的特定贸易条件正好由该点的射线的斜率表示了出来。

两条曲线的交点 E_0 称为贸易均衡点。贸易均衡点 E_0 决定了均衡贸易条件 TOT

（或者叫做交换比价）。TOT 等于贸易均衡点与原点的连线（射线）的斜率。具体而言，若图 1—7 中的 E_0O 射线的斜率等于 P_r^0，则 E_0 点的 TOT 就等于 P_r^0。反过来说，P_r^0 就是均衡的贸易条件。只有在这个条件下，A 国愿意出口的 X 的数量与 B 国愿意进口的 X 的数量才一致，同时 A 国愿意进口的 Y 的数量才会与 B 国愿意出口的 Y 的数量相等。

假定 B 国认为现在的贸易条件 $TOT= P_r^0$ 不合理，要求按照 P_r^1 来贸易，会出现什么情况呢？回想起，$P_r=P_X/P_Y$；当 $TOT= P_r^1$ 时，A 国的商人必定认为出口 X 的价格 P_X 相对过低（以均衡价格为标准），因此愿意出口的 X 的数量一定低于 X_0；另一方面，B 国的商人也必定会认识到 X 的价格 P_X 相对过低，愿意进口的 X 的数量一定超过 X_0。与此相反，两国的商人都终将认识到 Y 商品的贸易价格 P_y 相对过高，B 国愿意出口的 Y 的数量一定大于 Y_0，A 国愿意进口的 Y 的数量一定小于 Y_0。图 1—7 中射线 P_r^1 与 O_A^0、O_B^0 分别相交于 F（X_2，Y_2）点和 E_1（X_1，Y_1）点。这意味着，关于 X 商品，意愿的出口量和进口量分别是 X_2 和 X_1，出口小于进口；关于 Y 商品意愿的出口量和进口量分别是 Y_2 和 Y_1，出口大于进口。因此，在国际贸易市场上，必定出现 X 商品的供不应求和 Y 商品的供过于求。这最终会导致商品 X 的价格 P_X 上升，商品 Y 的价格 P_Y 下降；从而导致相对价格上升 $P_r=P_X/P_Y$，也就是 TOT 会上升，而且这种调整过程一直持续到 $TOT=P_r^0$。

当 X 的出口国 A 由于资源增多或者生产技术提高，导致生产 X 的成本下降时，它出口 X 的意愿就会变得强烈；或者因为偏好发生突然的变化导致它对于商品 Y 的进口意愿增强，或者因为 X 的进口国 B 对于 X 的进口意愿变弱；都会导致 X 的提供曲线向右偏移。如图 1—7 中 O_A 由 O_A^0 移动到 O_A^1。这种变化将会导致均衡贸易条件（相对价格）由 P_r^0 下降为 P_r^1。

提供曲线模型对于解析贸易条件的形成，从而解析贸易利益的分配非常有用明了。但对于贸易双方的生产、消费和社会福利并没有提供更加详细的信息。所以我们在后面会针对性地加以使用。

1.2.8 局部均衡分析模型：社会福利

我们曾经在微观经济学中分析过社会福利（social welfare）。社会福利既可以像我们在前面一样用整个社会从消费中得到的满足程度来表示，也可以使用**社会剩余**（social surplus）这个概念来表示。而一个经济体中的成员包括生产者和消费者。自然，社会剩余等于这两部分成员的剩余之和。

消费者剩余（consumer surplus）是指消费者的支付意愿和实际支付额之间的差额的总和。也就是我们日常生活中所说的“赚头”。每个消费者的赚头加起来就是消费者剩余。

如图 1—8 中，市场均衡点为 E，均衡价格为 P_e，则消费者剩余的大小就等于三角

形 AP_eE 的面积。三角形 AP_eE 就是需求曲线、价格曲线与纵轴围成的直角三角形。

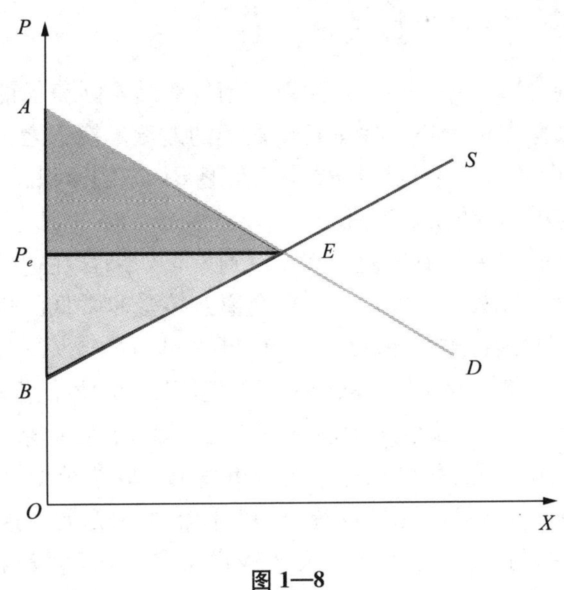

图 1—8

事实上，消费者剩余是所有消费者（实际购买了商品的人）心理上感觉到“赚到的”价值之和。以购买联想公司的 Ideapad 最新款手提电脑为例，假定市场上该电脑以每台 1 万元的价格出售。我们把购买了第一个商品的消费者称为一号消费者，把购买了第二个商品的消费者称为二号消费者，如此将消费者贴上可以区分的标签。理论上购买了第一个商品的消费者就是对该商品评价最高的消费者。一号消费者特别有钱，而且特别想在第一时间入手联想的最新款手提电脑。这个有钱的消费者愿意出 5 万元去购买这样一款电脑。也就是说，如果市场上只有这么一台电脑，一号消费者愿意最高出 5 万元也想把它弄到手。这台电脑对于他来说，值 5 万元。但是，当一号消费者真正去购买时，他付的价格只是市场上的统一定价 1 万元。购买了以后，他心里就会觉得“赚到了 4 万元”。因为他付出了 1 万元，得到了 5 万元的价值；纯赚 4 万元。

同样，二号消费者也会感觉自己“赚到了”，比如说“纯赚 3.6 万元”。第三个消费者“纯赚 3.2 万元”……除了最后一个消费者以外，所有的消费者都感觉到自己“赚到了”。最后一个消费者由于支付的价格和自己愿意支付的价格（个人心理评价价值）刚好相等，“纯赚”价值等于 0。

消费者剩余就是所有的消费者在心理上感觉到“纯赚”的价值之和。使用 CS 来表示消费者剩余，假定每个消费者购买了一个商品，一共有 n 个消费者购买了 n 个商品。P_i 表示第 i 个消费者对商品所作的心理评价价值，P_e 表示商品在市场上的统一出售价格，通常就是市场均衡时的价格。数学上，CS 就可以表示成所有消费者“赚到”的差价之和，也可以用价格函数的积分形式表示出来。其中，x_e 表示市场均衡时的商品数量。

$$CS=\sum_{i=1}^{n}(P_i-P_e)=\int_0^{x_e}[P(x)-P_e]\mathrm{d}x$$

生产者剩余（producer surplus）指生产者销售商品实际获得的金额和它为了生产该产品愿意接受的最低支付价格（保本价）之间的差额。换言之，这是从企业的角度看到的“纯赚”。生产者剩余等于图1—8中三角形 BP_eE 的面积。三角形 BP_eE 就是供给曲线、价格曲线与纵轴围成的三角形。

企业生产一件商品与否的底线就是保本。通常，如果存在边际成本递增，则企业生产第一个产品的成本最低。所以，生产商会愿意接受非常低的价格。假定联想公司生产第一台 Ideapad 只需要成本 1 000 元，第二台需要 1 200 元，第三台 1 400 元……那么，第一台电脑的订单来的时候，联想公司的能够接受的最低价格是 1 000 元。第二台订单来的时候，能够接受的最低价格为 1 200 元。第三台订单来的时候，能够接受的最低价格就是 1 400 元。问题是，在完全竞争市场上，联想公司会按照统一的价格销售它生产的所有 Ideapad 电脑，比如说统一销售价格为 1 万元。这样，当联想公司销售第一台电脑的时候，就赚到了 9 000 元。销售第二台电脑赚到了 8 800 元；销售第三台电脑赚到 8 600 元……除了销售的最后一台电脑以外，联想公司销售的其他任何一台电脑都为它赚到了钱。所有这些赚到的钱，加起来就是联想公司的生产者剩余。

使用 PS 来表示生产者剩余。假定生产 n 个商品。C_i 表示第 i 个商品的生产成本，也是生产商愿意接受的最低销售价格。P_e 表示市场均衡价格，也是商品在市场上的统一出售价格，x_e 表示均衡数量。数学上，PS 可以表示成企业销售所有商品赚到的差价；也可以使用成本函数的积分形式表示出来：

$$PS=\sum_{i=1}^{n}(P_e-C_i)=\int_0^{x_e}[P_e-C(x)]\mathrm{d}x$$

局部均衡分析模型非常简单，而且对消费者、生产者这两大利益集团的福利影响的分析非常有用；但是缺点就在于它只能进行“局部”的分析，得到的只是局部的结果。也就是说，它只能分析单一的商品市场中的社会福利问题。在两种产品的模型中，它只分析了 X 的市场而没有分析 Y 的市场。它在某种程度上存在一定的缺陷；毕竟市场经济中所有市场都是相互影响的。

总　结

1. 我们学习了国际贸易的定义，知道国际贸易就是不同的独立关税区经济体之间的商品交易。独立关税区有别于一般的主权国家。一个主权国家可以拥有数个独立关税区。国际贸易的本质功能就是将原来局限于国内的分工扩张到世界范围，而且使得宏观上的资源配置也同样得到了范围的扩张，从而提高了贸易参与国的经济效率。

2. 对外贸易值指一国的对外贸易，包括出口和进口的价值总额，使用当年价格计算，可以本币或者外币来表示。对外贸易量则是使用基年价格来计算的对外贸易的总额。大体上可以理解为：前者以当年价格计算，后者以不变价格（基年价格）计算。

3. 贸易依存度反映一国经济对世界其他经济体的依赖程度。可以使用出口总额的GDP占比，进口总额的GDP占比，以及对外贸易值的GDP占比来表示。贸易条件表示一国出口商品价格与进口商品价格之比，用于反映贸易对一国的有利程度。在多商品贸易中使用出口商品价格指数和进口商品价格指数之比来计算。

4. 最优生产点由生产可能性曲线（*PPF*）与等收入线（*IL*）的切点来决定。相应的生产者最优代数条件是$MRT=\frac{P_X}{P_Y}$。该点对应的生产组合（唯一的）能够带来最大的收入（在成本一定的情况下意味着利润最大化）。最大的收入水平就是经过切点的等收入线所代表的收入水平。最优消费点由预算约束线（*BCL*）与无差异曲线（*IC*）的切点决定。相应的消费者最优代数条件是$MRS=\frac{P_X}{P_Y}$。该点对应的消费组合是唯一的，能够带来最大的效用；最大的效用水平等于穿过该点的无差异曲线所代表的效用水平。等收入线与预算线的斜率（绝对值）都等于横轴表示商品的相对价格，所以可以相对价格曲线来称呼它们。

5. 封闭经济的最优点是最优生产点和最优消费点的重合点。实际上是生产可能性曲线、无差异曲线和相对价格曲线的共同切点。一个经济体既是生产者又是消费者，消费所用的预算来源于生产带来的收入，所以预算线和收入线重合在同一条相对价格曲线上。

6. 开放经济的最优生产点和最优消费点是分离的，贸易的存在使得这种分离成为可能。以最优生产点和最优消费点为锐角顶点的直角三角形称为贸易三角形，两条边的长度反映出该经济体的出口产品数量和进口产品数量。

7. 相对供求模型（RS-RD）中相对供给曲线和相对需求曲线的交点决定贸易前一个经济体（封闭经济）内部均衡的产品相对价格。不同国家在资源、技术、偏好、收入方面的差异，导致它们的相对供给曲线和相对需求曲线不同，最终会导致国内市场形成的均衡相对价格不同。国家之间产品相对价格的差异，导致了相互之间的贸易的产生。

8. 提供曲线模型说明国家之间进行贸易的均衡贸易条件的形成。两种产品的提供曲线的交点，称为贸易均衡点。贸易均衡点与原点连线的斜率表示均衡贸易条件。一个国家在出口产品上的生产效率、使用资源禀赋的数量、本国的收入水平和对于进口商品的偏好，会影响到提供曲线的形状和位置，从而影响到贸易条件的决定。

9. 消费者剩余指在消费产品的行为中，消费者的支付意愿与实际支付价格差额的总和；其大小由均衡价格曲线、需求曲线与纵轴围成的三角形的面积的大小表示出来。生产者剩余指产品的销售价格与生产者愿意接受的最低支付价格之间差额的总和；其大小相当于均衡价格曲线、供给曲线与纵轴围成的三角形的面积的大小。消费者剩余和生产者剩余构成了社会剩余。社会剩余就是一个经济体从生产和消费中获得的社会福利。

思考与练习

1. 关于国际贸易，判断分析以下说法的对错，并说明理由。

（1）国际贸易就是国家之间的贸易。

（2）国际贸易指不同经济体之间的货物贸易。

（3）国际贸易的本质功能在于促进世界各国的专业化分工，促进资源配置行为由国内扩张到世界范围；从而提高各国的经济效率。

（4）类似日本这样的国家，国际贸易是成就其世界经济大国地位的最重要经济条件之一。

（5）商品就是用于交易的货物。

（6）独立关税区经济体是能够独立地决定关税制度并予以执行的经济体区域。一个国家只有一个独立关税区。

（7）国际贸易值又称国际贸易总额，等于世界上所有独立关税区经济体对外贸易值之和。

（8）对外贸易量是以不变价格计算的对外贸易值。不变价格指统计期内认定的基期年份当年的价格。

（9）贸易条件（TOT）指开展国际贸易的各种条件。

（10）间接贸易一定包含转口贸易。

（11）转口贸易就是间接贸易。

（12）转口贸易意味着其他国家的商品输出到外国时必须经过本国国境，所以一定是过境贸易。

2. 中国在2009年度的经济贸易数据如下表所示，请计算出口依存度、进口依存度和贸易依存度。

2009年中国国民生产总值与进出口（单位：亿美元）

GDP	出口总值	进口总值
49 928	12 016	10 056

3. 近几年来，随着中国经济的高速增长，中国对外国资源的需求大幅度增加。另一方面，中国庞大的生产能力，又导致国际市场上的制造业制成品的大量增加。以至于媒体戏称为“出口什么什么贱，进口什么什么贵，中国两头都吃亏。”从贸易条件的角度，分析这种现象产生的原因及其对中国的影响。

4. 关于*PPF*曲线，判断下列说法的对错，并说明理由。

（1）*PPF*曲线既可以用来表示一个国家的资源禀赋的多寡，也可以用来表示该国生产技术水平的高低。

(2) 对应于规模报酬递增、递减和不变的三种生产技术，*PPF* 曲线分别表现为凸向原点的曲线、凹向原点的曲线和直线。

(3) 两种产品 X 和 Y 都属于规模报酬递减技术的产出品时，它们一定也都是机会成本递增的产品。

(4) 生产可能区域内任何一点，都表示一种特定的生产组合：在资源完全使用的情况下，生产没有达到最高效率的生产组合。

5. 当市场上只有两种产品 X 和 Y 时，它们的价格为 $P_X=10$ 元，$P_Y=5$ 元。请回答以下问题：

(1) 等收入曲线的斜率等于多少？为什么？

(2) 最优生产点上，X 商品的机会成本等于多少？为什么？

6. 请解析边际替代率（*MRS*）递减的现象。

7. 孔夫子有 1 000 元的生活费。市场上只有两种商品——茶籽油和大米，它们的价格分别为 100 元和 200 元。请回答以下问题：

(1) 孔夫子的预算约束线的斜率等于多少？截距为多少？

(2) 孔夫子的最优消费点上，茶籽油的边际替代率为多少？

8. 解析封闭经济的社会最优生产点和最优消费点为什么一定重合。

9. 生产可能性曲线—无差异曲线（PPF-IC）模型、相对供求模型（RS-RD）和提供曲线模型都可以用于对开放经济进行一般均衡分析。比较它们各自的优缺点。

10. 画图并找出贸易三角形，回答贸易三角形能够告诉我们哪些有用的信息？

11. 相对供求模型中，假定一开始两国的技术、资源和收入、偏好都完全相同。请画图分析并回答以下问题：

(1) 开始时两国是否有贸易机会？为什么？

(2) 其他条件不变，其中一国在商品 X 的生产技术上出现了突飞猛进的进步，则贸易是否会发生？专业化分工如何进行？

12. 中国进口铁矿石，出口服装。使用提供曲线模型分析以下场合，中国的贸易条件会出现何种变化。

(1) 为了防止国际金融危机带来的经济衰退，中国突然之间启动了铁路、公路和城市基础设施的大规模建设。

(2) 外国媒体对于中国制造产品的舆论一夜之间变得高度统一。它们统一指责中国服装制造企业存在使用童工、克扣工资、肆意加班和工作环境极端恶劣等“血汗工厂”现象，导致海外消费者对中国制造服装产生强烈的、普遍的反感。

案例与资料

两千年历史的昭示：中国的盛衰变迁与国际贸易

但凡懂点中国历史的人，都知道真正大规模的中国对外贸易源于汉武帝时代，著名的“丝绸之路”就是在这个时代开通的。无论东西方，古代的贸易大多是在军事力量的保护下开展的。

经过汉武大帝的励精图治，汉朝进入一个鼎盛时期。元狩二年（公元前 121 年）春夏两次，汉武帝派霍去病出征匈奴，一举征服河西走廊。汉朝先后置武威、张掖、酒泉、敦煌四郡，从此开通著名的丝绸之路。西域之路的开通，使得中国的对外贸易得到较大规模的发展，也奠定了“西罗马，东长安”所昭示的中国的历史地位。汉朝时期中国的 GDP 总量占到世界的 26%。唐朝的疆域更是远达今日的新疆和田一带，设置了西域都护府。此时，整个丝绸之路的主要部分都在自己的掌控之下，对外贸易相对汉朝有了更大的发展。世界的中心也形成双核结构，一个是位于现在的中东的波斯及后来的替代角色阿拉伯帝国，一个就是东方的唐帝国。唐朝时代的 GDP 世界占比与汉朝相比毫不逊色。汉唐盛世，一直都是中国人心中最为光彩夺目的一段历史记忆。其遗风余韵直到今日也比比皆是，以至于海外的炎黄子孙向人介绍自己时不说“汉人”就说“唐人”。

到了宋朝，中国对外贸易的路径为之一变。由于唐末尤其是五代十国时期中原地区的内战，周边少数民族迅速发展起来。东北为辽国，北边是契丹，西北则有西夏，中国对外贸易的陆路主要贸易通道完全被隔绝，陆路的主要贸易为陆地边境贸易。但是，宋朝的海运已经非常发达，从今日广州、泉州等地为起点，联通中东、非洲的海上丝绸之路得以完成。宋朝的疆域并不算大，但是其经济异常发达。在当时世界极有可能为最发达的经济体。有相当多的文献资料显示，宋朝的人均 GDP 为同时代的世界之最。中国的对外贸易达到了鼎盛时期。

到了明朝初期，朱元璋因为倭寇的存在实施海禁，洪武 3 年撤销太仓黄河渡市舶司，洪武 7 年（公元 1374 年）撤销自唐宋以来一直都设立的泉州、广州、明州（位于浙江）市舶司，使中国的对外贸易几近断绝。其后，随着永乐年间的郑和下西洋，海上的对外贸易得到恢复和发展。经过嘉靖年间的反复，隆庆元年（1567 年）完全撤销海禁，对外贸易得到进一步的恢复与发展。

明成祖朱棣时代的中国是世界上最开放的国家。郑和 7 次下西洋，运去了茶叶、瓷器、丝绸和其他中国产品，带回了阿拉伯的香料、印度的砖石、非洲的狮子和长颈鹿，以及泰国的大象和硬木。1424 年明成祖驾崩，明政府突然实行了闭关锁国政策。

贸易量急剧减少到 GDP 的 1%。

而几乎在同一时期，西方的葡萄牙、荷兰和西班牙，先后发现了海上贸易东方路线和西方路线（也就是发现新大陆），海外劫掠和对外贸易得到突飞猛进的发展。随后英、法两国也在相互之间的百年战争结束后，加入对外掠夺和贸易的行列，获取了巨大的财富，为后来 17 世纪发生的工业革命奠定了坚实的基础。

1644 年，清兵入关建立清朝。清朝初期沿袭了明朝的闭关锁国政策。随着收复台湾大业的完成，又重新开放海上贸易。清朝至乾隆年间，海上贸易达到鼎盛时期，中国依然是当时世界上最先进的国家之一。

然而，1757 年 6 月，发生了“洪任辉事件”。历史上的一件小事，改变了中国对外开放和贸易的格局，也改变了整个中国近代史的演变轨迹。此年英国东印度公司商人洪任辉直抵天津，以状告广州海关腐败为名，要求开放其他关口直接贸易。处于盛世时期的高傲皇帝乾隆非但不允许，反而一怒之下撤去松江、宁波、福建三海关，只准外商通过广东一关贸易。由此进入长达 85 年的“一口通商”时期。虽然明朝嘉靖时期也实行了 40 多年的一口通商，但是当时的国际背景远远不同，其影响也没有乾隆的一口通商那么严重。乾隆的一口通商政策，亦为近代中国走向衰落的一个巨大的历史转折点。1840 年，鸦片战争爆发，英国用“坚船利炮”轰开了对中国进行贸易的大门。此后，中国开始“五口通商”，在外部压力和洋务运动的推动下，对外贸易不断得到恢复。但是此后的对外开放几乎都是在被动、主权被阉割的情况下展开的。中国由此进入长达一百多年的屈辱时期。

其实，中国实行一口通商的时期，正是后起之秀英国对外贸易进行得如火如荼、工业革命高歌猛进的时期。这种在对外贸易上截然相反的政策选择，后来也被历史证实给两个国家带来截然不同的历史命运。东西方的力量颠倒，世界格局的颠覆性变迁从此进入真实显现的阶段。

中国曾经是世界上最发达的国家，15 世纪之前，中国的人均收入为世界最高，技术之先进、文化之发达令其他任何一个国家望其项背。15 世纪的欧洲开始了文艺复兴运动，到 1500 年，欧洲的人均收入开始超过中国。即使这样，当时中国的 GDP 总量依然维持在世界第一，一直到 1820 年其 GDP 总量约占世界的 30%。20 年后，鸦片战争开始，中国从此进入一个持续 100 多年的持续衰退和挨打受辱的时期。到 1950 年，中国的 GDP 只占世界的 5%以下。

1949 年内战结束，世人本来期待看到一个因对外开放而强盛的国家诞生。但是此后的 30 年间，由于东西方意识形态的碰撞以及国内错误的对外政策，在西方贸易禁运等措施的困扰下，经济与对外贸易始终没有大的起色。

鸦片战争结束 138 年后的 1978 年，中国第一次真正认真看待对外贸易的重要性。此年国家推行改革开放政策，1986 年申请恢复中国的关贸总协定地位；2001 年加入世界贸易组织。中国再次积极主动地参加国际贸易和国际市场竞争。中国的平均关税也从 1992 年的 41%下降到 2001 年的 6%。加入了 WTO 之后，中国的对外贸易实现了突飞猛进的发展。

2004 年中国的进出口贸易总额占 GDP 的比例高达 75%，高于美国、日本、印度和巴西等任何一个大国。2008 年中国对外贸易总额高达 25 616 亿美元，贸易总额 GDP 占比也依然维持在约 56%的高水平。2009 年中国 GDP 达到 5.17 万亿美元，2010 年第 2 季度，中国 GDP 以 1.34 万亿美元高于日本的 1.29 万亿美元，近代以来第一次居世界第二位。而 2010 年度中国在 GDP 上的世界排序也夺得世界第二的位置。虽然人均 GDP 离先进国家平均水平还大幅落后，虽然今后的富强之路依然艰难；但是 30 年来的巨大成就有目共睹，历经磨难的国人终于欣慰地感觉到“又见盛世”。大多数预测认为，中国将会在 2030 年前后取代美国成为世界第一大经济体。更有英国的谢菲尔德大学的研发报告认为，以购买力平价汇率计算的 2015 年中国 GDP 世界占比将会达到 27%，将会大体恢复到中国汉朝时代的水平（26%）。

闭关锁国使一个曾经世界第一的泱泱大国沦落为任人欺凌的东亚病夫。改革开放 30 年，我们又慢慢地复兴着我们昔日的辉煌。在两千多年来中国朝代变迁的历史长河中，盛世华年好像总是与兴旺的对外贸易相伴而生，屈辱衰时则与闭关锁国形影不离。究竟是盛世带来了旺盛的对外贸易？还是旺盛的对外贸易成就了盛世？抑或是两者相宜得彰？值得你我深思与探究。

资料来源：由作者根据历史资料整理而成；部分数据来自中国国家统计局网站；部分数据来自网络上转载的英国谢菲尔德大学“2015 年世界经济力量地图”报告（http://news.sina.com.cn/w/2006-08-28/02309862561s.shtml）。

17 世纪荷兰的崛起——走向海洋贸易的海上马车夫

一提及荷兰，首先映入大家脑海的是其在足球领域中“无冕之王”的称号——阵容何其强大，偏偏总与世界杯冠军失之交臂。然而，在 17 世纪，荷兰却真真正正成为过世界海上霸主。

17 世纪为荷兰的“黄金时代”，其历史一直为学者所重视。延续一个世纪的荷兰经济奇迹造就了欧洲的“第一个现代经济体”。即使这时的荷兰人口不过 200 万，只有英国人口的 2/5，国土面积要小得多，但是 17 世纪后期荷兰的国民收入比英伦三岛之和还高出 30%～40%。是什么原因让 14 世纪还以捕鱼业为主的荷兰一跃成为世界上第一个资产阶级掌权的国家即第一个资本主义国家，成为世界经济中心的呢？答案显而易见，凭借着世界上最发达的造船业和航海技术，荷兰控制了海上贸易的 80%，从而经济迅猛发展，称霸世界。

17 世纪时，荷兰的造船业居世界首位。仅在首都阿姆斯特丹就有上百家造船厂，全国可以同时开工建造几百艘船。荷兰的造船技术是世界上最先进的，船的造价比英国低 1/3 到 1/2。欧洲许多国家都到荷兰订购船只。荷兰的商船吨位占当时欧洲总吨位的 3/4，拥有 1.5 万艘商船，几乎垄断了海上贸易。挪威的木材、丹麦的鱼类、波兰的粮食、俄国的毛皮、东南亚的香料、印度的棉纺织品、中国的丝绸和瓷器等等，大都由荷兰商船转运，经荷兰商人转手销售。当时的阿姆斯特丹是国际贸易的中心，港内经常有 2 000 多艘商船停泊。

以荷兰和中国的海上贸易为例。17 世纪初期，荷兰殖民者迫切追求的中国商品主要是生丝、丝织品、瓷器和糖。当时在欧亚市场上供给的生丝虽说有中国丝和波斯丝两种，但中国生丝所取得的利润最大，根据荷兰的估计，中国丝所取利润同波斯丝之比是 1.5∶1。在日本市场上，荷兰人售卖中国生丝可望获得厚利，而售卖波斯生丝只能蚀本。在欧洲市场上，中国生丝的要价亦最高。在阿姆斯特丹的价格表上，中国生丝每磅开价 16.20 荷盾，这在生丝的要价中为最高，比波斯生丝要高出相当多。在当时情况下，荷兰船只要把中国生丝从亚洲载运回国均可获得巨利，盈利约为 300%。正因为利润高昂，荷兰许多贸易公司，如荷兰东印度公司就指示它在印度的雇员要特别努力同中国建立贸易关系，以取得大量生丝来攫取高额的利润。

资料来源：李金明：《十七世纪初期中国与荷兰的海上贸易》，载《南洋问题研究》，1989 (4)。

21世纪国际经济与贸易系列教材

第二章

比较优势理论

学习目标

- 理解绝对优势、相对优势（比较优势）等基本概念及其表示方法；
- 理解作为国际贸易理论基石的最基础理论即比较优势理论；
- 掌握如何使用比较优势理论（李嘉图模型）去解析贸易收益的产生和专业化分工格局的决定；
- 理解国际贸易得以实现的充分必要条件；
- 理解一国是如何通过工资水平的调整来实现本国由绝对劣势向比较优势的转换。

2.1 基本概念：绝对优势与相对优势

绝对优势（absolute advantage）指对于生产某种产品来说，一国比另一国生产效率更高的状况。生产效率更高，一般情况下意味着使用同样量的资源能够生产出更多的产品，或者生产同样量的产品耗费的资源更少。在只使用一种生产要素劳动进行生产时，绝对优势就可以理解为劳动生产率更高，或者单位产出劳动投入更少。

劳动生产率（labor productivity）表示劳动生产效率的高低，又称为劳动生产性。通常使用单位劳动的产出量来表示。我们使用 LP 来表示劳动生产率。

单位产出劳动投入（unit labor requirement）指生产一个单位产品所需要耗费的劳动的数量。我们经常使用单位产出劳动投入系数，或者更进一步简单地以单位劳动投入或劳动投入系数来指代这个概念。使用 ∂_L 这个符号来表示单位劳动投入系数。

比较优势（comparative advantage）指在同时生产数种产品的时候，对于某种产品的生产来说，一国的相对生产效率比另一国更高的状况，又称为**相对优势**。换言之，在只使用一种要素劳动的情况下，比较优势可以理解为相对劳动生产率更高，或者单位产出中所耗费的相对劳动投入量更少。

与绝对优势使用“绝对”概念来衡量相对照，比较优势涉及“相对”概念。但凡提及相对的概念，一定是以另一个绝对量为标准衡量出来的东西。类似于上一章中提到的相对价格或者相对供给。

如果存在两个国家 A 和 B，生产两种产品 X 和 Y，A 国生产 X 的相对劳动生产率，要么是以 B 国生产 X 的劳动生产率为标准衡量的，要么是以 A 国自己生产 Y 的劳动生产率为标准衡量出来的。判定 A 国是否在 X 生产上具有比较优势，从定义上看是通过比较依据第二种标准衡量出来的 A、B 两国在该产业上的相对劳动生产率来进行的；如果 A 国的相对劳动生产率更高，我们就说 A 国在 X 产业上具有比较优势。也可以通过依据第一种标准衡量出来的，A 国在 X、Y 两个产业上的相对劳动生产率来进行比较，如果 X 产业的相应数字更大，我们就可以说 A 国在 X 产业上具有比较优势。

当然，我们也可以使用 A、B 两国在 X、Y 两个产业上的相对单位产出劳动投入系数进行比较，更低的国家具有比较优势。

我们来看美国、中国 CPU/衣服的生产例子。表 2—1 表示出了中国和美国在生产计算机 CPU 和衣服的生产效率方面的数据，包含了两国在这两种产品生产上的单位劳动投入系数和劳动生产率。就生产一枚 CPU 来说，美国工人需要投入 100 小时，中国工人需要投入 200 小时；美国 CPU 单位产出劳动投入更低，我们可以依此判断出美国在 CPU 产业上具有绝对优势。另一方面，美国工人的劳动生产率为 0.01 枚/小时，中国工人的劳动生产率是 0.005 枚/小时；显然美国的生产效率更高，所以也可以依此判定美国在 CPU 的生产上具有绝对优势。相反，在生产一件衣服上，美国工人需要投入 20 小时，中国工人需要投入 10 小时；中国衣服的单位产出劳动投入系数更小。另一方面，美国工人的劳动生产率为 0.05 件/小时，中国工人的劳动生产率是 0.1 件/小时，显然中国的生产效率更高。所以可以判定中国在衣服的生产上具有绝对优势。

表 2—1　　　　　　　　　　中美两国的生产效率

		CPU	衣服
美国	单位产出劳动投入（工人小时）	100	20
	劳动生产率（枚、件）	0.01	0.05
中国	单位产出劳动投入（工人小时）	200	10
	劳动生产率（枚、件）	0.005	0.1

接着，我们使用相对的概念来判定优势。以中国为标准，美国生产 CPU 的相对劳动生产率为 2(0.01/0.005)，生产衣服的相对劳动生产率为 0.5(0.05/0.1)。前者大于后者，所以我们可以认定美国在 CPU 的生产上具有相对优势或者说比较优势。同样，以中国为标准，美国在生产 CPU 上的相对单位产出劳动投入为 0.5(100/200)，在生产衣服上的相对单位产出劳动投入为 2（20/10），前者小于后者，说明美国在生产 CPU 上相对来说效率更高，美国在 CPU 的生产上具有比较优势。

类似地，我们可以依据表中的信息，得出中国在衣服的生产上具有比较优势的结论。

2.2　优势表示：绝对成本与相对成本、机会成本

2.2.1　成本、生产率与优势

在这里，我们整理一下绝对优势和相对优势的表示方式。我们都在限定于一种生产要素劳动的情况下进行讨论。

绝对优势可以使用劳动生产率 LP 来表示，也可以使用单位产出劳动投入量 ∂_L 来表示。其实按照定义，∂_L 与 LP 存在倒数关系。

$$LP = \frac{1}{\partial_L} \tag{2.1}$$

由于存在这种关系，在判断绝对优势时，单位要素投入系数标准和劳动生产率标准是等价的，而在判断相对优势时，相对成本（相对单位要素投入）判断标准和相对劳动生产率判断标准也是等价的。只不过，在表现形式上，劳动生产率越高表示一国具有比较优势，单位产出劳动投入系数越低也表示一国具有比较优势。

如表 2—2 所示，我们使用 ∂_{LX}^{A}、∂_{LY}^{A}、∂_{LX}^{B}、∂_{LY}^{B} 分别表示 A、B 两国在 X、Y 两种产品上的单位产出劳动投入系数；LP_X^A、LP_Y^A、LP_X^B、LP_Y^B 分别表示 A、B 两国在 X、Y 两种产品上的劳动生产率；使用 LP_{AB}^X、LP_{AB}^Y、C_{AB}^X、C_{AB}^Y 分别表示 A 国在 X、Y 产品生产上的相对劳动生产率和相对成本（又称为比较成本）。这两个系列的相对概念都以

B国为标准。

当 $\partial_{LX}^{A} < \partial_{LX}^{B}$ 时，我们说A国在 X 商品的生产上具有绝对优势。同样，当 $LP_X^A > LP_X^B$ 时，我们也说A国在 X 商品的生产上具有绝对优势。其实，当存在 $\partial_{LX}^{A} < \partial_{LX}^{B}$ 时，必有 $LP_X^A > LP_X^B$。另一方面，当 $C_{AB}^X < C_{AB}^Y$ 时，我们说A国在 X 商品的生产上具有相对优势。当 $LP_{AB}^X > LP_{AB}^Y$ 时，我们也说A国在 X 商品的生产上具有相对优势。

表 2—2　　成本、生产率与绝对优势、比较优势

	单位产出的要素投入		劳动生产率	
	X 商品	Y 商品	X 商品	Y 商品
A国	∂_{LX}^{A}	∂_{LY}^{A}	$LP_X^A = \dfrac{1}{\partial_{LX}^{A}}$	$LP_Y^A = \dfrac{1}{\partial_{LY}^{A}}$
B国	∂_{LX}^{B}	∂_{LY}^{B}	$LP_X^B = \dfrac{1}{\partial_{LX}^{B}}$	$LP_Y^B = \dfrac{1}{\partial_{LY}^{B}}$
相对成本	$C_{AB}^X = \partial_{LX}^{A} \div \partial_{LX}^{B}$	$C_{AB}^Y = \partial_{LY}^{A} \div \partial_{LY}^{B}$		
相对生产率			$LP_{AB}^X = \dfrac{LP_X^A}{LP_X^B}$	$LP_{AB}^Y = \dfrac{LP_Y^A}{LP_Y^B}$
绝对优势判断标准	$\partial_{LX}^{A} < \partial_{LX}^{B}$		$LP_X^A > LP_X^B$	
绝对优势判断结果	A在X的生产上具有绝对优势		A在X的生产上具有绝对优势	
比较优势判断标准	$C_{AB}^X < C_{AB}^Y$		$LP_{AB}^X > LP_{AB}^Y$	
比较优势判断结果	A在X的生产上具有相对优势		A在X的生产上具有相对优势	

绝对优势的两个判断标准是等价的，相对优势的两个判断标准也是等价的。我们可以严密证明绝对优势的两个判断标准等价。同样，我们也可以类似地证明相对优势的两个判断标准等价。

1. 绝对优势判断标准的等价关系。

为了证明绝对优势的两个判断标准等价，只需要证明当存在 $\partial_{LX}^{A} < \partial_{LX}^{B}$ 时，必有 $LP_X^A > LP_X^B$。

当存在 $\partial_{LX}^{A} < \partial_{LX}^{B}$ 时，　　(2.2)

对（2.2）式两边取倒数，由于其中的变量>0，得到：

$$\frac{1}{\partial_{LX}^{A}} > \frac{1}{\partial_{LX}^{B}} \tag{2.3}$$

将（2.1）式代入（2.3）式中得到：

$$LP_X^A > LP_X^B \tag{2.4}$$

所以无论根据（2.2）式还是（2.4）式来进行判断，都得出共同的结果：A国在生产 X 上具有绝对优势。两个判断标准是等价的。

2. 相对优势判断标准的等价关系。

相对优势两个判断标准等价的证明如下。

当存在 $C_{AB}^{X} < C_{AB}^{Y}$ 时， (2.5)

根据定义就有，

$$\frac{\partial_{LX}^{A}}{\partial_{LX}^{B}} < \frac{\partial_{LY}^{A}}{\partial_{LY}^{B}} \tag{2.6}$$

对（2.6）式进行两边取倒数操作，得到：

$$\frac{\partial_{LX}^{B}}{\partial_{LX}^{A}} > \frac{\partial_{LY}^{B}}{\partial_{LY}^{A}} \tag{2.7}$$

对（2.7）式进行变形得到：

$$\frac{\dfrac{1}{\partial_{LX}^{A}}}{\dfrac{1}{\partial_{LX}^{B}}} > \frac{\dfrac{1}{\partial_{LY}^{A}}}{\dfrac{1}{\partial_{LY}^{B}}} \tag{2.8}$$

将（2.1）式代入（2.8）式得到：

$$\frac{LP_{X}^{A}}{LP_{X}^{B}} > \frac{LP_{Y}^{A}}{LP_{Y}^{B}} \tag{2.9}$$

按照相对劳动生产率的定义改写成：

$$LP_{AB}^{X} > LP_{AB}^{Y} \tag{2.10}$$

所以无论根据（2.5）式还是（2.10）式哪一个标准进行判断，都可以得出同样的结论：A 国在 X 的生产上具有相对优势。换言之，相对优势的两个判断标准是等价的。

2.2.2 比较成本、机会成本与比较优势

李嘉图本人曾经使用比较成本或者相对成本来表示比较优势。但是，时至今日，表示比较优势更多的是使用机会成本。

我们在上一章中定义了机会成本（opportunity cost）。在只生产两种产品的情况下，一种产品的机会成本可以定义为：生产要素一旦使用于该产品的生产以后再也无法使用于另一种产品的生产所导致的代价。

具体而言，我们把 X 商品的机会成本定义为：

$$C_{XY} = \frac{\partial_{LX}}{\partial_{LY}} \tag{2.11}$$

上式表示一单位商品 X 的机会成本为几个单位的 Y 商品。式子右边分子表示生产一单位 X 商品所耗费的劳动量，分母表示生产一单位商品 Y 所耗费的劳动量；二者的

比值，反映的是为了生产一单位 X 商品所耗费的劳动，如果不用于生产 X 商品，而是拿去生产商品 Y 的话，能够生产几个单位。

当 A 国在生产 X 商品上的机会成本小于 B 国的机会成本时，我们说 A 国在 X 的生产上具有比较优势。

表 2—1 提到的例子中，在 CPU 的生产上，美国的机会成本等于 5(100/20)，中国的机会成本等于 20(200/10)；前者小于后者，所以我们就可以判断美国在 CPU 的生产上具有比较优势。而在衣服的生产上，美国的机会成本等于 0.2(20/100)，中国的机会成本等于 0.05(10/200)；后者小于前者，我们就说中国在衣服的生产上具有比较优势。

表 2—3 中 C_{XY}^{A}、C_{XY}^{B} 表示在 X 的生产上 A、B 两国的机会成本，C_{YX}^{A}、C_{YX}^{B} 表示在 Y 的生产上 A、B 两国的机会成本。其他各变量与表 2—2 相同。从表中可以看到，无论是使用比较成本还是使用机会成本作为比较判断标准，得到的结论是一致的，都是两种成本越小表示比较优势越强。

表 2—3　　比较成本、机会成本与比较优势

	单位产出要素投入		机会成本	
	X 商品	Y 商品	X 商品	Y 商品
A 国	∂_{LX}^{A}	∂_{LY}^{A}	$C_{XY}^{A}=\partial_{LX}^{A}\div\partial_{LY}^{A}$	$C_{YX}^{A}=\partial_{LY}^{A}\div\partial_{LX}^{A}$
B 国	∂_{LX}^{B}	∂_{LY}^{B}	$C_{XY}^{B}=\partial_{LX}^{B}\div\partial_{LY}^{B}$	$C_{YX}^{B}=\partial_{LY}^{B}\div\partial_{LX}^{B}$
相对成本	$C_{AB}^{X}=\partial_{LX}^{A}\div\partial_{LX}^{B}$	$C_{AB}^{Y}=\partial_{LY}^{A}\div\partial_{LY}^{B}$		
判断标准	$C_{XY}^{A}<C_{XY}^{B}$		$C_{XY}^{A}<C_{XY}^{B}$ $C_{YX}^{A}>C_{YX}^{B}$	
X 商品的比较优势	A 国		A 国	

当 $C_{AB}^{X}<C_{AB}^{Y}$ 时，我们就说 A 国在 X 商品的生产上具有比较优势。当存在 $C_{XY}^{A}<C_{XY}^{B}$ 时，我们也可以据此判定 A 国在 X 商品的生产上具有比较优势。仔细观察一下，相对成本和机会成本的定义使用的相对衡量标准是不同的。一国在一种产品上的相对成本，是以同种产品在另一个国家的生产成本作为衡量标准测度的成本高低。与此相对照的是，一国在一种产品上的机会成本，是以该国的另一种产品的生产成本为衡量标准测度出来的成本高低。

本质上，比较优势的相对成本表示方法与机会成本表示方法是一样的。换言之，无论采用哪一个标准进行判断，其结果是一样的。

以下是比较成本与机会成本两个判断标准等价的代数证明。

当 $C_{AB}^{X}<C_{AB}^{Y}$ 时，根据定义有：

$$\frac{\partial_{LX}^{A}}{\partial_{LX}^{B}} < \frac{\partial_{LY}^{A}}{\partial_{LY}^{B}} \tag{2.12}$$

将（2.12）式变形得到：

$$\frac{\partial_{LX}^{A}}{\partial_{LY}^{A}} < \frac{\partial_{LX}^{B}}{\partial_{LY}^{B}} \tag{2.13}$$

将（2.11）式代入（2.13）式得到：

$$C_{XY}^{A} < C_{XY}^{B} \tag{2.14}$$

所以无论根据比较成本的比较标准（2.12）式，还是机会成本的比较标准（2.14）式来进行判断，得到的结论必定相同。

2.3 亚当·斯密的绝对优势理论

绝对优势理论可以表述为：绝对优势是国际贸易和分工的基础；每个国家都按照自己的绝对优势参与国际贸易和分工，本国的社会福利便都能从中得到提高。

斯密根据他的观察，认为每个国家都会存在一种或多种具有绝对优势的产品。这种绝对优势要么是自然优势，要么是获得性优势。前者来源于国家独特的优越天然条件，包括适宜的气候、具有某种特质的土壤以及大量的某种矿藏。后者则源于干中学所导致的劳动者的累积生产技能。

继续参照表2—1中的美国、中国CPU/衣服的生产例子，假定全世界只有美国和中国两个国家。每个国家都拥有1 000工人小时的劳动。贸易前两个国家都自给自足，都将劳动平均分配到CPU和衣服的生产上。

一旦两国同意开放贸易，根据前面的绝对优势判断，美国和中国分别在CPU和衣服的生产上具有绝对优势。美国将把它所有的资源都用于CPU的专业化生产，而中国将把它所有的资源都用于衣服的专业化生产。贸易前后每个国家和世界的产出分别如表2—4所示。

根据表2—4，贸易前世界的CPU产量是7.5枚，衣服的产量是75件。贸易后，世界CPU和衣服的产出量分别为10枚和100件，两种产品的产出量净增加2.5枚和25件。这就是通常我们所说的“通过合作，把饼做大”的结果。饼做大以后怎么分的问题，我们姑且不论。之所以能够把饼做大，主要就是美中两个国家依照各自的绝对优势开展了贸易和分工。

亚当·斯密在批判重商主义理论的基础上提出了绝对优势理论。这是国际贸易理论上第一个系统的自由贸易理论。在被奉为经济学圣经的《国富论》中，斯密提出了劳动分工定理。事实上，分工定理确实是支撑现代产业高效率发展的微观基础，因而也成为经济学中几乎永恒的研究主题之一。

表 2—4　　美中两国基于绝对优势贸易的收益

		CPU 产量（枚）	衣服产量（件）
贸易前	美国	5	25
	中国	2.5	50
	世界	7.5	75
贸易后	美国	10	0
	中国	0	100
	世界	10	100
贸易前后对比	世界	+2.5	+25

在以劳动价值论为基础的斯密时代，劳动是唯一被认可的生产要素。经济效率就取决于劳动生产率。而劳动生产率与分工有着极为紧密的联系。斯密认为，分工是提高劳动生产率的源泉。分工在以下三个方面对劳动生产率起到促进作用：（1）分工能够使得劳动者专业化，劳动技能不断得到提高；（2）分工减少了劳动者在不同工序中转移而导致的时间浪费；（3）分工导致高效的专业化机械的发明。

而分工与市场又存在密切的联系。市场越大，分工越细。进行国际贸易，实质上是将分工的范围由国内市场扩张到国际市场；其结果必定是分工的细化和深入。

2.4　李嘉图的相对优势理论

亚当·斯密的绝对优势理论存在致命的弱点。这个弱点就在于把贸易和分工原因归结为绝对优势的论断。虽然斯密根据他对时代的观察作出感性的认识，认为每个国家都拥有一种或几种产品生产上的绝对优势。但现实中极有可能存在落后国家在每个产业上都是绝对劣势的情况。

表 2—1 的例子中，如果中国在衣服生产上的单位产出劳动投入不是 10 劳动小时，而是 22 劳动小时，这种情况便出现了。在现实世界中，落后国家在绝大部分产业上的生产效率都低于先进国家。这样，依据绝对优势理论进行判断，我们很容易得出一个结论：中美两国或者说落后国家和先进国家之间将无法进行贸易。但现实中，无论多么落后的国家，几乎没有一个不参与国际贸易。很显然，斯密的理论缺乏解析力。

针对斯密的绝对优势理论遇到的困难，李嘉图将斯密的理论进行了一般化，发展出相对优势理论，很好地突破了斯密理论的困境。实质上绝对优势只是相对优势的一个特例。李嘉图的比较优势理论具有强大的解析能力，直到现在都是国际贸易理论中最基础最重要的理论。

2.4.1 李嘉图模型的主要假定

李嘉图的比较优势理论（模型）建立在以下假定之上。

1. 2×2×1 模型。世界上只有两个国家，只生产两种产品，只使用一种生产要素劳动。

2. 劳动要素是同质的。生产要素在国内具有充分的流动性，但不能在两国之间移动。

3. 所有市场都是完全竞争的市场。

4. 规模报酬不变。

5. 充分就业。

6. 没有交易成本。

7. 国际收支平衡。

这些假定中，最主要的假定就是第 2、3、4 条。根据第 2 条，将可以推论出：一国内部各产业的要素收入即工资水平将完全一致。根据第 3 条，主要的推论为：任何市场都将不会存在经济利润，商品价格等于商品的平均成本。根据第 4 条，可以得到的主要推论是：生产可能性曲线是一条直线；机会成本维持不变，单一要素情况下边际成本不变。

2.4.2 比较优势理论的主要思想

比较优势理论可以表述为：每个国家都拥有具有比较优势的产业；各国都按照自己的比较优势参与国际贸易和分工，社会福利都能够得到提高。

这里包含了两层意思。第一是每个国家都拥有具有比较优势的产业。第二是依据比较优势参与贸易和分工能够带来福利的提高。

比较优势理论的本质含义在于说明：通过国际贸易和分工，使得资源由原来局限于各国内部的配置转向世界范围的配置，从而实现世界范围的更高效率。

与绝对优势理论不同，除了极端特殊的情况以外，没有任何一个国家在所有产业上都拥有比较优势，也没有任何一个国家在所有产业上都是比较劣势。换言之，一个国家可能在所有产业上都有着绝对优势，但是绝对不可能在所有产业上都具有比较优势。极端的情况是两个国家在所有产业上机会成本相等。

以下为一国不可能在所有产业上拥有比较优势（或比较劣势）的代数证明。

当 A 国在 X 生产上拥有比较优势时，存在：

$$\frac{\partial_{LX}^{A}}{\partial_{LY}^{A}} < \frac{\partial_{LX}^{B}}{\partial_{LY}^{B}} \tag{2.13}$$

$$C_{XY}^{A} < C_{XY}^{B} \tag{2.14}$$

对（2.13）式两边分别取倒数，得到：

$$\frac{1}{\frac{\partial_{LX}^{A}}{\partial_{LY}^{A}}} > \frac{1}{\frac{\partial_{LX}^{B}}{\partial_{LY}^{B}}} \tag{2.15}$$

再变形为：

$$\frac{\partial_{LY}^{A}}{\partial_{LX}^{A}} > \frac{\partial_{LY}^{B}}{\partial_{LX}^{B}} \tag{2.16}$$

根据机会成本的定义，（2.15）式两边正是 A、B 两国在 Y 生产上的机会成本，表示为：

$$C_{YX}^{A} > C_{YX}^{B} \tag{2.17}$$

根据（2.17）式，我们知道 A 国在 Y 的生产上具有比较劣势；或者说 B 国在 Y 的生产上具有比较优势。

结论是当 A 国在 X 生产上具有比较优势时，在 Y 生产上具有比较劣势；而 B 国在 X 生产上具有比较劣势时，在 Y 生产上则具有比较优势。换言之，一国不可能在所有产业上都拥有比较优势，也不可能在所有产业上都拥有比较劣势。

假定在表 2—1 美国、中国 CPU/衣服的生产例子中，关于服装生产中的单位劳动投入，美国是 10 工人小时，中国是 12.5 工人小时，并且贸易前两国都将总劳动量 1 000 工人小时中的 600 工人小时和 400 工人小时投到 CPU 和衣服的生产上，其他假定不变。我们就会发现，美国在 CPU 和服装的生产上都具有绝对优势。但是以机会成本来衡量，美国只在 CPU 的生产上具有比较优势，在服装的生产上则是比较劣势。中国虽然在所有两个产业上都是绝对劣势，但在服装的生产上依然具有比较优势。

表 2—5 描述了在两个产业上美国都具有绝对优势、中国都具有比较劣势的情况下，美国和中国按照比较优势开展国际贸易前后的收益对比情况。一旦开放贸易，美国和中国分别专业化于 CPU 和服装的生产。在表 2—5 最后一行，我们列出了贸易后与贸易前的产出净增加量。就全世界来说，CPU 的产出净增加 1 枚，服装净增加 8 件。

由此，我们依然可以得出结论：依据比较优势开展国际贸易和分工，能够提高生产效率，带来产出的增加，从而使得社会整体福利得到提高。

表 2—5　　美中两国基于比较优势贸易的收益

项目	国家	CPU 产量（枚）	衣服产量（件）
贸易前	美国	6	40
	中国	3	32
	世界	9	72
贸易后	美国	10	0
	中国	0	80
	世界	10	80
贸易前后对比	世界	+1	+8

2.4.3 李嘉图模型几何解析

图 2—1 是将前面的美中生产例子使用几何方法演绎出的一般均衡分析版本。图中坐标的横轴表示衣服的数量，纵轴表示 CPU 的数量。

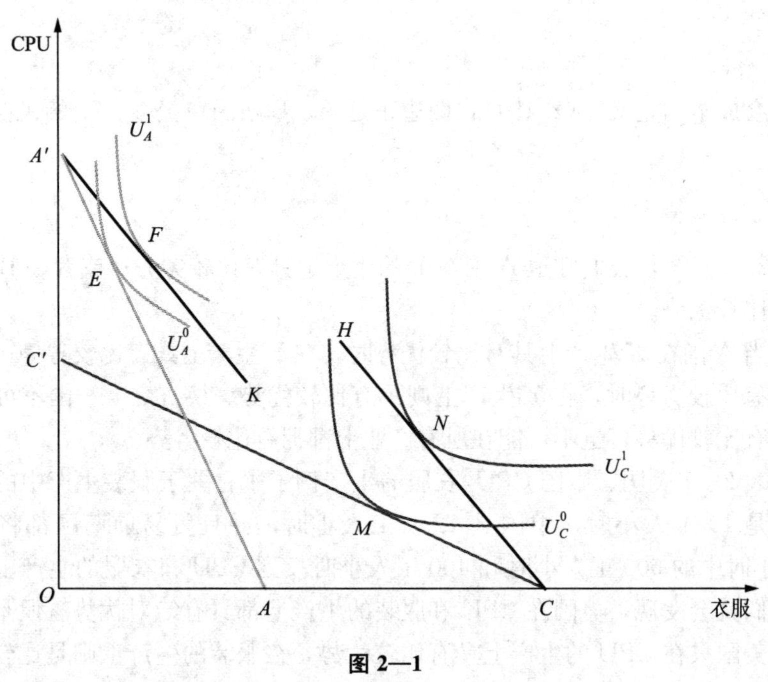

图 2—1

由于两国无论在 CPU 的生产上还是在服装的生产上，生产技术都是规模报酬不变的，所以两国的生产可能性曲线 *PPF* 都是一条直线。AA' 和 CC' 分别是美国和中国的 *PPF*。在美国和中国的偏好或者效用函数已知的情况下，两国的无差异曲线就是特定的，图 2—1 中分别使用 U_A、U_C 来表示。

一开始，由于美国和中国没有贸易机会，两者都属于自给自足的封闭经济。封闭经济的**自足点**（autarky point）即均衡点就是 *PPF* 曲线与无差异曲线的切点。所以美国的自足点是图 2—1 中的 *E* 点，中国的自足点是 *M* 点。也就是说，美国在 *E* 点生产和消费，*E* 点对于美国来说既是最优生产点，也是最优消费点，达到的效用水平为相切的无差异曲线 U_A^0。同理，*M* 既是中国的最优生产点，也是最优消费点，达到的效用水平为 U_C^0。

一方面，一旦开放贸易，则美国和中国会分别专业化于自己的比较优势产业。美国由于在 CPU 的生产上具有比较优势，将会充分利用这种比较优势，将生产点由 *E* 点转移到 *A* 点。另一方面，由于已经可以贸易，消费点将不用与生产点重合。美国将按照贸易后形成的新的 CPU 价格和服装价格 P_X^T、P_Y^T 以及相应的相对价格 P_X^T/P_Y^T，出口自己生产的 CPU 到中国，并从中国进口服装。在新的相对价格下的预算线就是图中的 $A'K$ 线，其斜率等于 P_X^T/P_Y^T。在这个预算约束下，美国的最优消费点是 F 点。达到的效用或者说福利水平为无差异曲线 U_A^1 表示的 U_A^1。

贸易前后的效用水平 U_A^0 与 U_A^1 比较，后者大于前者。因此，我们可以总结出以下结论：美国按照自己的比较优势参与国际贸易和分工，提高了美国的福利水平。

类似地，我们可以通过分析看出，中国按照自己的比较优势参与国际贸易和分工，福利水平由 U_C^0 提高到了 U_C^1。

图 2—1 中，还隐藏着美国和中国的比较优势信息。这一点隐含在两国的生产可能性曲线的不同的斜率上。我们可以直观地看到，AA'较之于CC'更加陡峭。原因在于 PPF 曲线的斜率等于横轴表示商品的机会成本；而美国服装的机会成本大于中国服装的机会成本。

假定使用 L_A 表示美国的劳动要素总量，X、Y 分别表示服装和 CPU，∂_{LX}^A、∂_{LY}^A 表示美国在服装和 CPU 生产上的单位产出劳动投入。用 C_{XY}^A、C_{XY}^C表示美国和中国在服装生产上的机会成本。

回想起来，PPF 曲线反映的是资源的约束和生产技术效率的约束情况。在技术一定的情况下，我们通常称为资源约束曲线。则资源约束的方程式可以表示为：

$$\partial_{LX}^A X + \partial_{LY}^A Y = L_A \tag{2.18}$$

将（2.18）式变形为一个 Y 关于 X 的函数，得到：

$$Y = \frac{1}{\partial_{LY}^A} L_A - \frac{\partial_{LX}^A}{\partial_{LY}^A} X \tag{2.19}$$

（2.19）式正是二维坐标系上美国的 PPF 曲线的相应函数式。同理，中国的相应 PPF 函数也将是类似的；只不过劳动总量和单位产出劳动投入系数不同而已。

所以，我们知道，一个国家的 PPF 曲线的斜率就是该国 X 产品的相对单位产出要素投入系数，也就是 X 产品单位产出的机会成本。

由于我们假定中国在 X 产品上具有比较优势，也就是机会成本更小，所以中国的 PPF 曲线的斜率就较美国小，所以更加平坦。

另外，我们也可以直观地使用几何方法上的“两点定线”原理来解析这个问题。取美国在 X、Y 产品上的最大生产量点，利用这两点来定该国的 PPF 曲线。美国的 PPF 曲线的两个端点 A 和 A'表示的是美国把所有资源即劳动全部用于 CPU 生产和全部用于服装生产时 CPU 和服装的最高产量。当美国把所有资源全部用于 CPU 生产时，此时的 CPU 产出量就是 CPU 的最大产出量；当它把全部资源用于服装生产时，此时的服装产出量就是服装的最大产出量。

$$OA = L_A / \partial_{LY}^A$$

$$OA' = L_A / \partial_{LX}^A$$

$$AA'\text{的斜率}=\frac{OA}{OA'}=\frac{L_A/\partial_{LY}^A}{L_A/\partial_{LX}^A}=\frac{\partial_{LX}^A}{\partial_{LY}^A}=C_{XY}^A$$

很显然，美国的生产可能性曲线（PPF）的斜率等于每单位美国产 X 产品（服装）的机会成本。

同理，中国的 PPF 曲线 CC' 的斜率等于中国在服装生产上的机会成本。

$$CC'\text{的斜率}=C_{XY}^C$$

根据已知，在服装生产上，美国具有比较劣势，中国具有比较优势，所以有：

$$C_{XY}^C < C_{XY}^A \tag{2.20}$$

（2.20）式说明 AA' 直线的斜率大于 CC' 直线的斜率；所以相对中国的 PPF 曲线而言，美国的 PPF 曲线显得更加陡峭。

更进一步而言，一个国家的比较优势最直接的表现就是贸易前该国某种产品的相对价格较别国低。所以，中国在服装产业上的比较优势就应该表现为贸易前中国国内服装的相对价格更低。

但是我们在图 2—1 中，并未看到丝毫的相对价格曲线的影子。其实，美国和中国的相对价格曲线隐含在它们的生产可能性曲线上了。在完全竞争市场的假定下，一种产品的相对价格等于其机会成本。所以，贸易前中国服装的相对价格等于中国国内服装的机会成本，美国服装的相对价格等于美国国内服装的机会成本。而上面（2.19）式说明各国 PPF 曲线的斜率等于该国服装的机会成本。这样，在贸易开始前，两国的相对价格曲线的斜率与 PPF 曲线的斜率就完全相同。

贸易前，美国和中国的自足点依然是生产可能性曲线、相对价格曲线和无差异曲线的共同切点。此时，相对价格曲线与该国的 PPF 曲线重合在一起了。虽然我们直观看到的自足点只是 PPF 曲线和无差异曲线的切点，但是本质上与第一章的 1.2.4 节中所示的封闭经济自足点由三线的共同切点决定的情况并无两样。

正是由于贸易开始前，美中两国国内服装的相对价格如图 2—1 中两国 PPF 曲线所示的差异，中国服装的相对价格更低，导致了中国服装被出口卖到美国。同样，相对更低的美国产 CPU 的相对价格（表现为美国服装相对价格更高），导致了 CPU 在贸易开始后被运到中国。一方面，在中国市场，中国服装的出口将会拉高中国国内服装的价格；美国产 CPU 的进口则压低中国市场 CPU 的价格；两个方面的共同作用下，中国国内的服装的相对价格必定上升。另一方面，在美国市场，进口中国产服装必定压低国内服装市场的价格，出口 CPU 到中国则会拉高国内 CPU 市场的价格，所以美国国内服装的相对价格必定下降。

相对价格的差异，导致了被称为贸易的商业套利活动。商业套利活动又导致两国的相对价格出现方向完全相反的调整，从而慢慢接近。当两国的相对价格最终达到完全一致时，两国之间也就没有更进一步的商品套利机会了。此时，贸易也就达到了均衡状态。所以，我们在图 2—1 中可以看到，在贸易达到均衡状态时，两国的相对价格曲线$A'K$和CH的斜率完全相同，从而成为两条平行的直线。其背后反映的正是贸易均衡时，美国和中国的服装的相对价格在贸易后完全相同的事实。

2.5 国际贸易的必要充分条件

我们知道任何一件事情的发生，必须存在其充分必要条件。关于国际贸易，其必要条件可以通俗地表述为“能够把饼做大”，充分条件就相应地可以表述为“分饼分得合理”。前者暗含着贸易双方有参加贸易的可能性，后者暗含着双方有参加贸易的现实性。

通过前面的分析，我们大体上知道，在适当的安排下，参与国际贸易的双方，既有可能把饼做大，也有可能把做大后的饼分得合理。我们把国际贸易的必要充分条件整理如下。

1. 必要条件：两国在生产 X、Y 上的机会成本不相等。

其数学表达式为：

$$C_{XY}^{A} \neq C_{XY}^{C} \tag{2.21}$$

按照机会成本的定义，(2.21) 又可以表示为：

$$\frac{\partial_{LX}^{A}}{\partial_{LY}^{A}} \neq \frac{\partial_{LX}^{C}}{\partial_{LY}^{C}} \tag{2.22}$$

其实 (2.21) 式包含了服装生产上美国的机会成本大于中国或小于中国两种情况。在两种产品的李嘉图模型中，两国的机会成本不相等意味着两个国家各在其中一个产业上具有比较优势。

贸易的必要条件的证明可以使用反证法。我们知道，两国之间要发生贸易，必定是在它们的相对价格不相等的时候。因为贸易本质上是一种套利活动；如果它们的相对价格相等，则贸易不能为任何一方带来任何额外的收益。而在完全竞争市场中，商品的相对价格等于其机会成本。所以，机会成本不相等，就成为贸易得以发生的必要条件。

贸易的必要条件可以使用代数方法加以严格的证明。

在完全竞争条件下，商品的相对价格等于其机会成本，有：

$$\frac{P_X^A}{P_Y^A} = \frac{\partial_{LX}^{A}}{\partial_{LY}^{A}} \tag{2.23}$$

$$\frac{P_X^C}{P_Y^C} = \frac{\partial_{LX}^{C}}{\partial_{LY}^{C}} \tag{2.24}$$

贸易无非在两种情况下发生，第一种情况为美国出口 X 到中国，并从中国进口 Y；

第二种情况刚好相反。

对应于这两种情况，必有：

$$\frac{P_X^A}{P_Y^A} < \frac{P_X^C}{P_Y^C} \tag{2.25}$$

将（2.23）式和（2.24）式代入（2.25）式得到：

$$\frac{\partial_{LX}^A}{\partial_{LY}^A} < \frac{\partial_{LX}^C}{\partial_{LY}^C} \tag{2.26}$$

整理为：

$$\frac{\partial_{LX}^A}{\partial_{LY}^A} \neq \frac{\partial_{LX}^C}{\partial_{LY}^C} \tag{2.27}$$

由此，贸易的必要条件得证。

2. 充分条件：贸易条件（TOT）位于两国的机会成本之间。

其数学表达式为：

$$\frac{\partial_{LX}^C}{\partial_{LY}^C} < TOT < \frac{\partial_{LX}^A}{\partial_{LY}^A} \tag{2.28}$$

$$TOT = \frac{P_X^T}{P_Y^T} \tag{2.29}$$

（2.23）式意味着，贸易后 X 商品的相对价格高于贸易前中国国内的相对价格，低于贸易前美国国内的相对价格。只有在这种情况下，中国才愿意出口 X 商品即服装给美国，美国也愿意进口中国的服装。同时，美国才愿意出口 CPU 给中国，中国也愿意进口美国的 CPU。

充分条件可以按照如下代数方法加以严格的证明。

在贸易得以发生的时候，也就是进出口条件得以实现的时候。对于中国而言，除非 X 的价格高于（至少是等于）贸易前在本国销售的价格，否则它不会有任何的动机出口。让它出口 X 的条件（出口条件）是：

$$P_X^T \geqslant P_X^C \tag{2.30}$$

同样，除非进口 Y 的价格低于（至少是等于）贸易前在国内可以购入的价格，否则它不会有任何动机进口。此谓之进口条件，表示为：

$$P_Y^T \leqslant P_Y^C \tag{2.31}$$

同样，美国的出口条件和进口条件可以分别表示为：

$$P_Y^T \geqslant P_Y^A \tag{2.32}$$

$$P_X^T \leqslant P_X^A \tag{2.33}$$

（2.30）式除以（2.31）式得到：

$$\frac{P_X^T}{P_Y^T} \geqslant \frac{P_X^C}{P_Y^C} \tag{2.34}$$

（2.33）式除以（2.32）式得到：

$$\frac{P_X^T}{P_Y^T} \leqslant \frac{P_X^A}{P_Y^A} \tag{2.35}$$

将（2.34）式与（2.35）式合并表示为：

$$\frac{P_X^C}{P_Y^C} \leqslant \frac{P_X^T}{P_Y^T} \leqslant \frac{P_X^A}{P_Y^A} \tag{2.36}$$

因此，我们只要证明如果（2.28）式成立，则（2.36）式成立，就证明了贸易的充分条件。

另外，我们从假定中知道，由于劳动在一国之内具有充分的流动性，必然导致国内只存在单一的工资。也就是说，美国国内无论是 X 产业还是 Y 产业都支付相同的均衡工资 W_A，中国国内都支付相同的均衡工资 W_C。另外，由于各国国内各产业市场都是完全竞争市场，不存在经济利润，商品价格等于单位商品的平均成本。则有：

$$P_X^C = W_C \partial_{LX}^C \tag{2.37}$$

$$P_Y^C = W_C \partial_{LY}^C \tag{2.38}$$

$$P_X^A = W_A \partial_{LX}^A \tag{2.39}$$

$$P_Y^A = W_A \partial_{LY}^A \tag{2.40}$$

由（2.36）式变形可得：

$$\frac{\dfrac{P_X^C}{W_C}}{\dfrac{P_Y^C}{W_C}} \leqslant \frac{P_X^T}{P_Y^T} \leqslant \frac{\dfrac{P_X^A}{W_A}}{\dfrac{P_Y^A}{W_A}} \tag{2.41}$$

化简后得到：

$$\frac{P_X^C}{P_Y^C} \leqslant \frac{P_X^T}{P_Y^T} \leqslant \frac{P_X^A}{P_Y^A} \tag{2.36}$$

由此，贸易的充分条件得证。

2.6 贸易与工资：绝对劣势向比较优势转变的秘密

令我们非常纳闷的一件事是，一个在某种产品的生产上具有绝对劣势的国家究竟是如何取得该产业的比较优势的？比如说，美国在几乎所有的产业上较之中国都具有绝对优势，包括我们常见的纺织品产业。但是现实却是，中国在纺织品产业上具有全球无可比拟的竞争优势。

其实，相对较低的工资水平是具有绝对劣势国家利用自己的比较优势参与国际贸易的关键所在；换言之，这也正是绝对劣势转换成比较优势的奥秘所在。

依照国内劳动力具有充分流动性的假定，每个国家国内都维持统一的工资水平。依照完全竞争的假定，商品价格等于平均成本。中国将服装出口到美国的条件和美国将 CPU 出口到中国的条件分别为：

$$P_X^C \leqslant P_X^A \tag{2.42}$$

$$P_Y^A \leqslant P_Y^C \tag{2.43}$$

将（2.37）式和（2.39）式代入（2.42）式，整理后得到：

$$\frac{W_C}{W_A} \leqslant \frac{\partial_{LX}^A}{\partial_{LX}^C} \tag{2.44}$$

将不等式右边分子分母变形得到：

$$\frac{W_C}{W_A} \leqslant \frac{\frac{1}{\partial_{LX}^C}}{\frac{1}{\partial_{LX}^A}} \tag{2.45}$$

代入（2.1）式进一步变形为：

$$\frac{W_C}{W_A} \leqslant \frac{LP_{LX}^C}{LP_{LX}^A} \tag{2.46}$$

同样，将（2.39）式和（2.40）式代入（2.43）式，整理后得到：

$$\frac{W_A}{W_C} \leqslant \frac{\partial_{LY}^C}{\partial_{LY}^A} \tag{2.47}$$

进一步变形后可以得到：

$$\frac{W_A}{W_C} \leqslant \frac{LP_{LY}^A}{LP_{LY}^C} \tag{2.48}$$

（2.44）式说明，即使中国在服装（X）的生产上具有绝对劣势（体现为中国服装的单位产出劳动投入较美国高），但是只要它的相对工资（以美国的工资为标准）足够低，低于美国在该产业上的相对成本，就能够形成产品的价格竞争力，从而形成比较优势。

（2.46）式则更加明了地告诉我们：相对较低的劳动生产率可以通过相对较低的工资来弥补，从而维持本国在某个产业上的比较优势。就算我们在服装产业上劳动生产率较美国低，成为绝对劣势产业；但是，当我们愿意领取较低的工资时，我们就可以获取服装生产上的比较优势。比如说，我们在服装产业上的劳动生产率只相当于美国的五分之一；如果我们愿意拿相当于美国工人六分之一的工资，我们的服装品就可以卖得比美国产的便宜，从而拥有比较优势。

这种关系从（2.37）式中也能够直观地看出。由于价格等于工资与单位产出劳动投入系数的乘积，当后者较大（也就是劳动生产率较低）时，只要前者较低（换言之中国工人愿意领取较低的工资），则依然可以保证中国生产出来的服装的价格低于美国产服装的价格。

同样的道理，美国人领取高工资，一样可以不影响他们的产品出口。参看（2.47）式，美国的相对高工资，只要不高于中国在CPU（Y产品）上的相对成本，就可以具有CPU产品价格上的竞争力，从而形成美国在CPU产业上的比较优势。（2.48）式则进一步说明，美国人领取相对高工资，只要不高于美国在CPU产业上的相对劳动生产率，就可以维持美国在该产业上的比较优势。

总　结

1. 绝对优势表示一国与另一国相比生产效率更高的状况。使用生产效率或者单位产出要素投入量来表示。在使用一种生产要素劳动的情况下，生产效率就是劳动生产率。生产效率更高或者单位产出要素投入量更少，意味着一国拥有绝对优势。绝对优势包括源于自然资源禀赋的优势和技术积累的获得性优势。

2. 相对优势表示一国与另一国相比，相对生产效率更高的状况。使用相对生产率、相对成本（比较成本）或者机会成本来表示。相对成本反映一国在生产某种产品时的绝对成本与另一国在同种产品生产上的绝对成本的比值。通常使用两国的单位产出要素投入量之比来表示。一国在甲种产品上的相对成本小于在乙种产品上的相对成本时，我们就可以判定该国在甲种产品生产上具有比较优势。相对生产率是相对成本的倒数。机会成本反映一国在生产甲种产品时的绝对成本与该国在生产乙种产品时的绝对成本之比。一国在某种产品上的机会成本小于另一国，我们就说该国在这种产品生产上具有比较优势。

3. 绝对优势理论认为国际贸易与分工是基于各国的绝对优势而进行，并给贸易参与国都带来收益。实际上，绝对优势是相对优势的一个特例。相对（比较）优势理论对绝对优势理论进行了一般化的展开。

4. 比较优势理论认为每个国家都拥有具有比较优势的产业，都按照自己的比较优势进行国际贸易和分工，就能使本国的社会福利得到提高。李嘉图模型是所有国际贸易模型中最基础的模型。比较优势理论是解析所有国际贸易的根本性理论，构筑了国际贸易理论的坚硬基石。

5. 使用几何方法解析李嘉图理论时可以看到：贸易前一国作为封闭经济，最优生产点与最优消费点重合为一点（社会最优点）。该点称为自给自足点。贸易后最优消费点与最优生产点得以分离；最优生产点显示本国的生产专业化于自己具有比较优势的产业；最优消费点的效用水平高于贸易前最优消费点的效用水平，显示贸易提高了贸易参与国的社会福利水平。

6. 国际贸易要成为现实，需要满足贸易的必要充分条件。必要条件说明参与贸易的两国生产产品的机会成本不相等。充分条件说明贸易条件（TOT）必须位于两国的机会成本之间。

7. 贸易与工资的关系显示，工资的调整是实现一国在某种产品的生产上由绝对劣势转换成比较优势的关键。在单一要素和完全竞争市场的假定下，由于产品的价格等于工资率与单位产出劳动投入量的乘积。具有绝对劣势时，单位产出劳动投入量较大；只要本国的工资率适当调低，就能够实现本国产品的低成本，从而低价格。低价格正是一国产品具有竞争力，具有比较优势的表征。反过来一国的高工资可以通过提高本国的劳动生产率（即降低单位产出劳动投入系数）来保证本国产品的低价格，从而拥有比较优势。

思考与练习

1. 中国和美国在生产手机和飞机上的相关数据如下：

单位产出劳动投入（单位：工人小时）

产品 国家	手机	飞机
中国	100	20 000
美国	200	10 000

请回答以下问题：

（1）计算中国和美国在手机生产上的劳动生产率，并据此判断哪一个国家具有绝对优势。

（2）使用单位劳动投入系数分析哪一个国家在手机生产上具有绝对优势？这个判断结果与（1）的判断结果比较，是否有差别？

（3）计算中国在手机和飞机生产上的相对成本，据此判断中国在哪一个产业上具有比较优势？

（4）计算中国在手机和飞机生产上的相对劳动生产率，判断中国在哪一个产业上具有比较优势？

（5）将（3）和（4）的结果进行比较，看是否一致。

（6）计算中国和美国在手机生产上的机会成本，据此判断哪一个国家具有比较优势？

（7）计算中国和美国在飞机生产上的机会成本，据此判断哪一个国家具有比较优势？

（8）比较（6）和（7）的结果，就“一国可能在所有产业上都具有比较优势”或者“一国在所有产业上都可能具有比较劣势”的说法进行判断，可以得到什么结论？

（9）将（3）、（4）和（6）的判断结果进行比较，看看是否一致？

2. 根据李嘉图模型的主要假定，判定以下说法正确与否：

（1）国内所有产业都提供同等水平的工资；

（2）产品的价格必定等于其平均成本；

（3）在只有一种要素劳动被使用的情况下，规模报酬不变意味着边际成本不变，同时也意味着机会成本不变；

（4）一种产品增产了，意味着另一种产品必定减产。

3. 中国与朝鲜比较，中国的比较优势在于机电产品等制造业产品，朝鲜的比较优势在于矿石、煤炭等资源性产品。使用PPF-IC分析模型，画图分析中国与朝鲜的贸易对于两国福利的影响。

4. 说明贸易得以实现的充分必要条件。

5. 每逢总统选举，美国对中国的贸易政策总会成为候选人争论的主要焦点之一。美国工会一直坚持认为，中国人的低工资是中国人在国际市场上实施不公平竞争的一种表现。而相当多的中国人又反过来说，美国人的高工资导致了美国人的比较劣势。请谈谈你的看法，并说明理由。

案例与资料

低工资时代的终结与产业的转型

《21世纪经济报道》9月30日报道：浙江一家连锁餐饮公司的管理层非常发愁。该公司近期在贵州招聘员工没有成功，其包吃住再开出1 000多元工资外加奖金的待遇，没有打动多少人。而且最关键的是，在乡村已经基本上找不到年轻人。“公司的利润越来越薄，下一步公司要转向高端的餐饮服务，放弃快餐了。”该公司总经理建斌对记者说。事实上，整个中国劳动密集型产业都面临转型的挑战。

中国企业家调查系统刚刚公布的8月份调查显示，人工成本上升已经成为民营企业尤其是中小民营企业发展面临的主要困难。对于“当前企业经营发展中遇到的最主要困难”，选择比重最高的是“人工成本上升”，占73%，比2009年提高了11.7个百分点，排在所有16个选项的第一位。国务院发展研究中心人力资源研究培训中心副主任李兰指出，这表明今年以来人工成本大幅上升，人才缺乏问题日益突出。

国家发改委社会发展研究所所长杨宜勇认为，中国劳动力成本可能面临一个大的拐点，因为中国近10年来首次出现了农民工工资收入比城市工人收入增长更快的情况。这在前三季度已经有所证明。为此，中国的农民工可能要进入用手投票的阶段，国内制造业需要尽快向中高端转型。

“过去我们很多的民营企业或者出口加工型企业，不习惯于向上竞争，只习惯于向下竞争，我把加工费往下压，但现在不行了。”他说。

1. 农民工收入首次大涨。

杨宜勇指出，在5年前已经有劳动力市场出现拐点的说法，不过这种情况真正出现，是在今年前三季度，部分地区农民工资收入比城市工人收入增长要快。

“这种工资的调整不仅有利于劳资关系、城乡关系或者工农关系的改变，我认为这三个关系都开始改变了。”他说。

国家统计局的数字显示，1998—2009年的12年中，每年的农村居民人均现金实际收入的增速，一直低于城镇居民人均可支配收入。其中2003年上述差距甚至高达4.7个百分点。

不过，今年上半年的情况有些不同。2010年上半年农村居民人均现金收入、城镇居民同期人均可支配收入分别达到3 078元、9 757元，分别增长12.6%、10.2%；扣除价格因素，实际增长分别为9.5%、7.5%。因此无论是名义还是实际收入，农村居民同期收入增速比城镇居民收入增速要快。

更具体而言，农村居民今年上半年工资性收入增长18.0%，超出城镇居民家庭工资性收入9.7%的涨幅约9个百分点。

全国人大常委、内务司法委员会副主任委员、民建中央副主席辜胜阻认为，劳动力成本上升加快，其实是刘易斯拐点（人口红利结束，劳动力供小于求）的表现。

辜胜阻每年都在各地10多个省份进行大规模调研，他发现2008年调研企业反映最大的问题是融资难，2009年调研反映的问题是市场萎缩、订单减少，2010年调研无论是沿海的东部、中部还是西部，普遍反映的是用工难问题。

“现在用工难成了第一大难题，主要是劳动力已经由无限供给转向局部短缺，这样一种机制会推动我们的工资形成机制发生变化。”他在9月26日人民大学举行的一次论坛中说。

辜胜阻还发现一个重要的变化，即很多企业不仅仅涨了工资，也涨了福利待遇，比如为了鼓励招工，有的企业提出谁找到10个工人就奖励一枚金戒指，但是招工仍很困难，这可能与新生代农民工的出现有关。70后、80后、90后的农民工已经超过1亿人，这部分人出去打工，已经不仅仅是为了收入增加。

比如在安徽的调研就发现，很多新生代农民工之所以离开原先的工厂，是因为下班以后附近没有娱乐的场所，因此这些农民工找工作通常问招工的厂家附近有无网吧。“没有网吧不愿意去。”

2. “十二五”产业升级将加快。

国家主管部门已经认识到上述问题，考虑到中国人口红利在“十二五”期间将趋于消失，为此，国家已经在编制“十二五”规划时，提出要大力发展战略性新兴产业和现代服务业，并强调在制造业中突出先进制造业，以逐步替代过去一些低端的制造业。

此前，广东、上海、浙江、福建等地都提出了上述计划。工信部部长李毅中今年年初也提出要大力发展先进制造业，把电子信息等高新技术和先进适用技术应用到机械、汽车等制造业中，显著提升工业产品的科技含量和制造水平。

人力资源和社会保障部研究院研究员张丽宾指出，中国传统的产业像纺织等同样面临技术升级，进而提高生产率的压力，这样在提高职工工资时企业的利润也在快速增长。

辜胜阻认为，国内农民工工资快速增加，有利于形成企业创新的倒逼机制。因为过去低工资是建立在低利润、低端市场背景上的，背后产业有高排放、高污染的特征，其弊端是虽可大量生产商品，却无法创造品牌。

目前广东、上海、浙江、福建四省需要转出的产业总值将增至 4 000 亿。这些省份将面临的情形有可能如同 60 年代的日本，在当时出现刘易斯拐点、迫使工资上涨以后，“带来的是产业的升级换代，并非坏事”。

中国企业家调查系统也发现，当人工成本上升已经成为目前民营企业的主要困难时，企业进行的产业转型和结构调整速度也在加快。比如打算未来一年“增加创新投入”的企业家占 62.2%，排在所有 13 个选项的第 2 位。

资料来源：《中国劳动力迎来拐点：农民工收入 10 年首次大涨》，载《21 世纪经济报道》，2010 - 09 - 29。

中国在制造业上的比较优势能够保持下去吗?

至少从短期来看，出口仍然是将来中国经济增长和就业的主渠道。如果世界工厂地位有失，中国经济增长的前景就会蒙上阴影。因为无论是扩大内需，还是国民收入分配结构的调整，增加居民收入，打破强势部门的垄断，扩大民间投资，都不是短期内可以完成的任务。

伴随着经济增长，以及物价和生活费用上涨，工人会要求增加工资。这在所有的发达国家和当年的亚洲“四小龙”的经济增长历史上都有过明显的轨迹。在劳动力工资维系多年不变后，2010 年以来中国各地区尤其是沿海地区普遍出现“涨薪潮”，大大压缩了东部沿海地区劳动密集型产业的生存空间。据有关资料，2009 年东部人均工资高于中西部人均工资接近 30%。跟中国经济快速增长和工人的贡献相比，这一轮工资上涨，来得算是迟了。多年以来，我们已经习惯了制造业的低工资，所以本轮“民工荒”倒逼下的工资增长，才显得突然了些。工资水平提高，制造成本也会水涨船高，对出口部门来说自然不是什么好消息。但是，由此断言中国世界工厂地位不保，未免太匆忙了些。

第一，出口部门中，不同行业的成本构成差异很大，比如制鞋业80%是人工成本，但机电业人工成本只占10%，人工成本上升，远不至于全部行业受影响。

第二，中国能成为世界第一出口大国，证明中国的出口部门具有突出的比较优势。这个优势是综合性的，除了劳动力成本低之外，还有管理的优势以及相对较低的环境标准。严格说，没有纯粹的成本低廉的劳动力，其中定蕴含管理技术，如果工资提高的同时，管理的方式和方法进步了，比较优势就不必然丧失。

第三，劳动力价格主要取决于供求关系。中国仍然是劳动力资源最丰富，也就是最过剩的国家。特别是在农村，有着数以亿计的劳动力等待着进入世界工厂。沿海出口企业，是他们最佳的就业选择。部分地区出现的民工荒，是出口部门不景气、劳动力需求与供给不匹配，以及新一代员工与上一代员工迥然相异的对劳动和闲暇的偏好关系等新变化造成的暂时现象。总体上说，出口部门工资的上涨空间有限，经过此次急速的补偿性调整后，会趋于稳定。

第四，中国出口部门的比较优势存在与否，主要不是与中国自己，而是与其他国家比较的结果。也就是与中国具有竞争关系的发展中国家，特别是与印度、东南亚、东欧等国家相比较的结果。虽然我国的工资提高，但如果总的制造成本，或者质量，仍然强于它们，那么中国的出口部门就不会收缩，相对份额反而可能继续扩大。

第五，出口部门的劳动生产率一直在提高。现在的劳动力的主体，主要是80后和90后的年轻人，他们的教育背景和素质更好，学习能力更强，因此，相比前一代的工人，他们具有更高的劳动生产率。即便工资提高了，企业的实际成本却并非同比例上升。如果工资上涨速度低于劳动生产率提高的速度，企业的实际成本甚至可能是下降的。

当然，应该承认，中国劳动密集型出口产业的比较优势正在收窄，与后起新兴国家的差距正在缩小，而且最终可能会失去世界工厂的地位。但是至少在短期内，出现这种变化的几率极低。就国家整体而言，即使在受到工资上涨影响最为严重的劳动密集型产业，通过产业在国内处于不同发展梯度地区之间的转移，依然可以维持较长时间的国际比较优势。

部分内陆地区已在积极准备承接沿海地区转出的部分产业，事实上这种转移也正在发生，特别是制造业的转移。不过，现在只是开始，大规模的产业转移将会在今后发生。

从理论上而言，产业的空间转移是区域发展格局调整的必然结果。区域间相对地位以及相互间竞争优势和比较优势的变化，必然要反映到产业空间分布格局上，并引发新一轮产业转移。把生产环节配置到成本更低的区域，就成为企业规避风险的必然选择。为了降低成本，减少风险，拓展市场，企业往往将对土地、资源、劳动力、运输等成本敏感的生产环节迁移到成本相对较低或市场潜力更大的区域。从宏观上看，这种转移有利于产业结构调整升级和生产布局优化。

从中国产业转移的实际看，最主要的驱动因素还是成本倒逼。近年来，受土地、能源、劳动力和生态环境成本快速上升的影响，劳动密集型产业和资源密集型产业的发展受到制约，东南沿海地区产业向中西部梯度转移步伐加快。劳动力成本变化是这一轮产业转移最基本的动力。这直接推动一批劳动密集型企业向中西部转移。与此同时，中西部一些钢铁、石化等原材料产业因原料对国际市场的依赖程度不断提高，也出现了向沿海地区转移和布点的现象。

例如，中国东部沿海地区的许多劳动密集型产业，最近都受到了“涨薪潮”和其他成本上升的压力。譬如东莞地区制鞋业，在这寸土寸金的地区，工人都嚷着需要提高工资以抵御通货膨胀的影响。工资率上去了，说要接上国际市场轨道，但是劳动生产率却没有更快或者同步提升。这样的结果，只能使该地区的制鞋业相对成本一步步上升，最终达到并高于国外同行业的相对成本水平，从而失去在该行业的比较优势，失去国际竞争力。

于是，中国东部沿海地区的劳动密集型产业纷纷进入内地，寻求更好的商机以便使自身能持续发展。在内陆地区，产业转移后的企业主会发现这些地区的工资水平还比较低下，完全满足劳动密集型企业需要大量低工资率劳工的条件，从而延续了中国在劳动密集型产业上的比较优势，让许多该类型的企业得以生存发展。这无论对于企业主还是员工、抑或是政府而言，都是一个利好的消息。

市场拓展也是产业转移的另外一个重要因素。如电子、家电企业纷纷在成都、重庆设立新的生产基地，主要的考虑除了当地给出的优惠政策（意味着成本的降低）外，另外就是看中了西南地区两亿人口的市场；一些纺织服装企业向河南转移，也与河南近一亿人口的市场吸引力是分不开的。

归结而言，在短期内中国依然可以维持在以劳动密集型产业为主的出口产业上的比较优势；长期来说，随着产业构造的高级化，新的资本密集型产业、技术密集型产业甚至知识密集型产业将会替代劳动密集型产业成为中国的比较优势产业。

资料来源：王福重：《中国制造仍有较强比较优势》，载《经济参考报》，2010-06-28；王一鸣：《中国产业转移规模将会越来越大》，载《财经国家周刊》，2010-07-19。

低工资是维持比较优势的必要条件吗？

位于我国东南沿海地区的出口加工企业，一直靠大量招收来自中西部地区的农民工从事生产加工工作，多年来，那里吸收的外商投资和出口的产品在不断增加，而农民工的工资却增加很少。例如在用工量最大的珠三角地区，农民工工资 12 年来只提高了 68 元。若扣除物价上涨因素，农民工的工资水平几乎原地不动。如此低的工资水平被国内一些学人解释为“中国具有的比较优势”，并就此认为，中国必须保持廉价劳动力在国际经济中的比较优势，舍此别无捷径。实在有必要指出，这类流行的说法似是而非。

经济学里讲的比较优势指一个人、企业乃至国家如果放弃机会成本较高的活动，集中从事各自机会成本较低的活动，则他们都可以通过交易而共同获益。例如，裁缝不必自己制作鞋子，而是选择从鞋匠那里买鞋子；鞋匠也不必自己制衣，而是选择从裁缝那里买成衣。这也是为人们所熟悉的贸易可获双赢的原理。其成立的前提是交易双方的基本权利可以得到保障，因而双方都可在交易时做出自主选择。

同理，现代的企业也是劳资双方通过交易发挥各自比较优势的产物。一个老板招募工人，以支付工资的方式换取工人替他工作；工人则放弃自己办公司的机会，选择受雇于人，用自己的工作能力换取工资收益。这一交易产生也是因为双方各具有不同的机会成本，他们都选择了机会成本较小的工作，如此便发挥了各自的比较优势。需要指出，上述各方比较优势都得以发挥，能够出现双赢结果的基本前提是：老板和工人均拥有平等的人格，交易双方都能在基本权利得到保障的条件下，做出自主选择。

这意味着：老板有经营企业以得到并增加利润的权利，工人也有按时按量得到和提高工资的权利。在上述条件下，形成的工资水平方能体现比较优势。它可以是低工资，有利于企业在收益不变时降低成本；它也可以是高工资，使企业在成本提高时，收益可提得更高。两者都可体现为做出了机会成本较小的选择，产生了有效率的结果，并实现双赢。

然而，今天在国内东南沿海地区企业表现出的长期低工资，甚至血汗工厂的出现，处于弱势并受到侵害的一方已非企业主，而是众多的农民工。这些农民工不仅在身份上受到歧视，没有集体谈判工资的权利，而且也缺少基本的福利和社会保障。

国内流行的比较优势之说的毛病在于，只看结果，却忽视过程——只看到低廉的劳动力成本能够吸引外商，而无视这样的低廉是怎么来的。我们知道，一个行业在国际市场上有无竞争力，要看其是否有比较优势，也就是这个行业生产产品的比较成本是否比其他国家同行业的低。以中国服装业为例，该行业的工人工资水平比较低下，企业主或一些社会舆论美其名曰“保持中国服装业的比较优势”。

低工资其实是劳动生产率较低的产物，更确切地说，低工资是在劳动生产率较低，同时又必须维持比较优势的条件下参与国际贸易的产物。当劳动生产率不断得到提高的时候，工资的同比例上升完全不会破坏比较优势的存在。

在经历了30多年经济高速增长后的今天，中国服装业的劳动生产率已经大大提升。其产生的经济效益也在逐步增大，那么理所当然的，工人的工资水平也应该随着劳动生产率的上升而同步增加。中国工人领取较之以往相对高的工资，只要不高于主要海外竞争对手在服装产品上的相对成本，就可以维持服装产品在价格上的竞争力，从而维持中国在服装产品上的比较优势。因此，我们不能肤浅地认为，只有保持服装行业工资的低水平，才能保证服装行业在国际市场上的比较优势。相反，如果劳动生产率上去了，工资水平却没有上升，工人只会怨声载道，在工作中故意拖拖拉拉，不负责任，导致产品数量和质量都不过关，那样才真正影响了整个行业的经济效益，使整个行业的比较优势荡然无存。

经济发展的目的是提高国民的生活水平。而对于绝大多数国民来说，工资是最主要或者是唯一的收入来源，是他们借以改善生活的主要手段。低工资只是一个国家在劳动生产率较低时候的无奈选择。我们的最终目标是通过劳动生产率的提高去提高工资。把低工资固化为一个国家的比较优势，实际上就是一种本末倒置的思维。

资料来源：兰纪平：《流行的比较优势之说谬在何处》，载《中国青年报》，2006－03－27。

比较优势真能“把饼做大”吗？

我们可以证明在两国机会成本不相等的情况下，依据各自比较优势开展贸易确实能够做到“共同把饼做大”。

假定世界由两个国家 A 国（美国）和 C 国（中国）构成，只生产两种产品 X（飞机）和 Y（服装），生产只使用一种生产要素劳动。两国拥有的劳动量完全相同。两个国家在生产 X 上的机会成本不相等（同时也就意味着它们生产 Y 的机会成本不相等）。分别使用 ∂_{LX}^{A}、∂_{LY}^{A} 表示贸易前美国在 X、Y 两种商品上的单位产出劳动投入量；使用 ∂_{LX}^{C}、∂_{LY}^{C} 表示贸易前中国在 X、Y 两种商品上的单位产出劳动投入量。使用 P_X^A、P_Y^A 表示贸易前美国市场上 X、Y 两种商品的均衡价格，使用 P_X^C、P_Y^C 表示贸易前中国市场上 X、Y 两种商品的均衡价格，使用 P_X^T、P_Y^T 表示贸易后两国市场上 X、Y 两种商品的均衡价格（贸易均衡时两国同种商品的价格趋于一致）。再假定贸易前，美国将 $\beta(0<\beta<1)$ 比例的劳动使用于商品 X 的生产，余下的部分（$1-\beta$）用于商品 Y 的生产；中国则将 $\gamma(0<\gamma<1)$ 比例的劳动使用于商品 X 的生产，余下的部分（$1-\gamma$）用于商品 Y 的生产。

贸易发生时必有：

$$\frac{\partial_{LX}^{A}}{\partial_{LY}^{A}} \neq \frac{\partial_{LX}^{C}}{\partial_{LY}^{C}}$$

由于两国在商品 X 的生产上机会成本不相等，我们姑且具体化为美国产 X 商品的机会成本小于中国产 X 商品的机会成本（相反的情况的证明方法完全相同），则有：

$$\frac{\partial_{LX}^{A}}{\partial_{LY}^{A}} < \frac{\partial_{LX}^{C}}{\partial_{LY}^{C}}$$

再根据贸易得以发生的进出口条件有：

$$P_X^A < P_X^T < P_X^C$$

$$P_Y^C < P_Y^T < P_Y^A$$

使用 V_0、V_1 分别表示贸易前后世界（由中美两国构成）的生产价值，使用 V_0^A、V_0^C 表示贸易前美国和中国的生产价值，则有：

$$V_0^A = \frac{\beta L_A}{\partial_{LX}^A} P_X^A + \frac{(1-\beta) L_A}{\partial_{LY}^A} P_Y^A$$

$$V_0^C = \frac{\gamma L_C}{\partial_{LX}^C} P_X^C + \frac{(1-\gamma) L_C}{\partial_{LY}^C} P_Y^C$$

根据假定，有：

$$L_A = L_C = L$$

则贸易前两国的产出可以写成：

$$V_0^A = \frac{\beta L}{\partial_{LX}^A} P_X^A + \frac{(1-\beta) L}{\partial_{LY}^A} P_Y^A$$

$$V_0^C = \frac{\gamma L}{\partial_{LX}^C} P_X^C + \frac{(1-\gamma) L}{\partial_{LY}^C} P_Y^C$$

那么贸易前世界的总产出价值为：

$$V_0 = V_0^A + V_0^C = \left(\frac{\beta L}{\partial_{LX}^A} P_X^A + \frac{(1-\beta) L}{\partial_{LY}^A} P_Y^A\right) + \frac{\gamma L}{\partial_{LX}^C} P_X^C + \frac{(1-\gamma) L}{\partial_{LY}^C} P_Y^C$$

贸易后，根据比较优势原理，美国和中国会完全专业化于 X、Y 商品的生产，则世界的总产出价值为：

$$V_1 = \frac{L}{\partial_{LX}^A} P_X^T + \frac{L}{\partial_{LX}^C} P_Y^T$$

使用 V_d 表示贸易后世界总产出与贸易前世界总产出的差额，则有：

$$\begin{aligned}
V_d &= V_1 - V_0 \\
&= \left(\frac{L}{\partial_{LX}^A} P_X^T + \frac{L}{\partial_{LX}^C} P_Y^T\right) - \left[\left(\frac{\beta L}{\partial_{LX}^A} P_X^A + \frac{(1-\beta) L}{\partial_{LY}^A} P_Y^A\right)\right. \\
&\quad \left. + \left(\frac{\gamma L}{\partial_{LX}^C} P_X^C + \frac{(1-\gamma) L}{\partial_{LY}^C} P_Y^C\right)\right] \\
&= \left[\frac{L}{\partial_{LX}^A} P_X^T - \left(\frac{\beta L}{\partial_{LX}^A} P_X^A + \frac{(1-\beta) L}{\partial_{LY}^A} P_Y^A\right)\right] \\
&\quad + \left[\frac{L}{\partial_{LX}^C} P_Y^T - \left(\frac{\gamma L}{\partial_{LX}^C} P_X^C + \frac{(1-\gamma) L}{\partial_{LY}^C} P_Y^C\right)\right]
\end{aligned}$$

在完全竞争条件下，商品的相对价格等于其机会成本，有：

$$\frac{P_X^A}{P_Y^A}=\frac{\partial_{LX}^A}{\partial_{LY}^A} \qquad \frac{P_X^C}{P_Y^C}=\frac{\partial_{LX}^C}{\partial_{LY}^C}$$

分别变形为：

$$\frac{P_Y^A}{\partial_{LY}^A}=\frac{P_X^A}{\partial_{LX}^A} \qquad \frac{P_Y^C}{\partial_{LY}^C}=\frac{P_X^C}{\partial_{LX}^C}$$

代入贸易前后差额式子右边，得到：

$$\begin{aligned}V_d &= \left[\frac{L}{\partial_{LX}^A}P_X^T-\left(\frac{\beta L}{\partial_{LX}^A}P_X^A+\frac{(1-\beta)L}{\partial_{LX}^A}P_X^A\right)\right] \\ &\quad +\left[\frac{L}{\partial_{LX}^C}P_Y^T-\left(\frac{\gamma L}{\partial_{LY}^C}P_Y^C+\frac{(1-\gamma)L}{\partial_{LY}^C}P_Y^C\right)\right] \\ &= \left[\frac{L}{\partial_{LX}^A}P_X^T-\frac{L}{\partial_{LX}^A}P_X^A\right]+\left[\frac{L}{\partial_{LX}^C}P_Y^T-\frac{L}{\partial_{LY}^C}P_Y^C\right] \\ &= \frac{L}{\partial_{LX}^A}[P_X^T-P_X^A]+\frac{L}{\partial_{LX}^C}[P_Y^T-P_Y^C]\end{aligned}$$

由于劳动 L 和美国、中国在 X 商品生产上的单位产出劳动投入量都大于 0，而且根据进出口条件知道最后一个等号右边式子中的两个中括号中的部分皆为正，所以 V_d 必定为正。

V_d 为正数，表明贸易后的世界总产出价值大于贸易前的世界总产出价值。换言之，只要两个国家的机会成本不相等，通过贸易就可以“共同把饼做大”；实际上也只有这样，两个国家才会参与贸易。

21世纪国际经济与贸易系列教材

第三章

基于要素禀赋的比较优势理论

学习目标

- 理解要素禀赋、要素充裕度、要素密集度的含义和表示方法。
- 理解产品价格、要素价格与要素密集度三者之间的关系。
- 理解要素禀赋差异对 *PPF* 曲线形状的影响。
- 理解赫克歇尔-俄林定理的内涵，把握一国要素禀赋的差异对于该国比较优势形成的作用。学会使用 PPF-IC 模型去解析和应用 H-O 定理；学会使用相对供求模型去解析和应用 H-O 定理。
- 理解斯托尔帕-萨缪尔森定理，把握贸易对于一国充裕要素和稀缺要素的不同影响。理解要素价格均等化定理，把握在严格理论条件下贸易均衡状态时要素价格趋于一致的逻辑。

李嘉图的比较优势理论确立了国际贸易理论的基础。该理论能够明确地解析国际贸易与分工的依据，也说明了国际贸易能够给参与贸易的国家带来福利水平的上升。逻辑上，接下来我们会进一步地问，那又是什么确定了各个国家的比较优势，或者说每个国家的比较优势由什么因素决定。李嘉图理论并没有给出直接的答案。

给出明确答案的，就是本章将要介绍的**要素禀赋理论**（factor endownment theory）。创立这一理论的是一对师生赫克歇尔-俄林，所以有时候该理论又称为**赫克歇尔-俄林理论**（Heckscher-Ohlin theory），简称 **H-O 定理**。该理论认为，每个国家的比较优势决定于该国的要素禀赋。

3.1 主要概念：要素禀赋与要素充裕度、要素密集度

3.1.1 要素充裕度与要素密集度

要素禀赋理论中使用到的基本概念包括要素充裕度和要素密集度。前者用于反映一国的要素禀赋的丰富程度，后者用于描述一个产品在生产上究竟倚重于哪种生产要素。

要素禀赋（factor endownment）指一个国家可以用于生产的要素总量。生产要素，包括劳动、资本、人力资本、土地和其他自然资源。

要素充裕度（factor abundance）表示一个国家的要素禀赋状况；具体而言，就是特定要素的充裕程度。要素充裕度是一个专门用来刻画一个国家要素禀赋特征的概念。

要素充裕度通常使用相对概念来表示，包括以下两种表示方法。

1. 要素实物总量比值表示法。

在两种要素的限定条件下，一个国家的要素充裕度就等于该国两种要素的资源总量的比值。如果一个国家的资本总量为 K，劳动总量为 L，则该国的资本充裕度就是 K/L。按照这个标准来衡量，美国的比值大于中国的比值，我们就称美国是一个资本充裕的国家，中国是一个劳动充裕的国家（因为此时，中国的 L/K 比值大于美国的 L/K 比值）。

需要强调的是，这里所使用的是一个相对的概念。这种相对包含两层意思。第一，一个国家某种要素充裕，说的是这个国家的这种要素相对于其他要素而言比较充裕，并不意味着绝对量很大。比如说，中国的资本总量肯定大于新加坡的资本总量，但是我们不能因此说中国是一个资本充裕型国家。事实上，现阶段，新加坡相对中国来说是一个资本充裕型国家。中国的土地总量远大于泰国，我们也不能因此说中国是一个土地充裕型国家。通俗地说，我们平时所说的“地大物博”指的是国家的资源绝对量，不能说明这个国家是一个资源丰富的国家。相反，人均资源量反而接近资源充裕度这个概念。比如说人均土地面积，使用的是土地总量除以人口总量得到的比值。而土地充裕度，使用的是土地总量除以劳动力总量得到的比值。由于人口数量大于劳动力数

量；前者的分母大于后者的，所以数值上前者小于后者。相对于绝对量来说，人均量接近于资源充裕度的概念。第二，一个国家是不是某种要素充裕的国家，是与另一个特定国家相比较的结果。没有特定的参照国家，我们根本无法判断中国是一个资本充裕国家还是一个劳动充裕国家。与德国相比，中国是一个劳动充裕国家；但是与越南相比中国则是一个资本充裕国家。与巴西相比，巴西是一个土地充裕国家，中国是一个劳动充裕国家；但是与韩国相比，中国则是一个土地充裕国家，韩国是一个劳动充裕国家。

2. 要素价格比值表示法。

在两种要素的情况下，一国关于某种要素的充裕度可以使用该要素价格与另一种要素价格的比值来表示。资本的价格是利率 i，劳动的价格是工资率 w；如果中国的工资与利率之比（$(w/i)_C$），小于美国的相应数值（$(w/i)_A$），我们就可以说中国是一个劳动充裕国家，美国是一个资本充裕国家。

事实上，两种表示方法在本质上是一样的。一个劳动相对较多的国家（比如中国、越南等），其劳动的工资率就相对较低。相对劳动量与相对工资之间存在一种负相关关系。

要素密集度（factor intensity）指一种产品的生产所使用的所有要素中，某种要素的相对使用量；通过一定产出中该要素的相对使用比例来表示。实际上这个概念反映了某种要素在这种产品生产中的相对重要程度，或者反过来说这种产品的生产对该种要素的倚重程度。

要素密集度用生产中所使用的要素比例来表示。

在只有两种要素资本 K 和劳动 L 的情况下，我们使用 ∂_{KX}、∂_{LX} 表示 X 商品的单位产出资本投入和单位产出劳动投入，∂_{KY}、∂_{LY} 分别表示 Y 商品的单位产出资本投入和单位产出劳动投入。使用 ρ 来表示要素密集度，则产品 X 和 Y 的要素密集度可以表示为：

$$\rho_{KX} = \frac{\partial_{KX}}{\partial_{LX}} \tag{3.1}$$

$$\rho_{LX} = \frac{\partial_{LX}}{\partial_{KX}} \tag{3.2}$$

$$\rho_{KY} = \frac{\partial_{KY}}{\partial_{LY}} \tag{3.3}$$

$$\rho_{LY} = \frac{\partial_{LY}}{\partial_{KY}} \tag{3.4}$$

（3.1）式和（3.2）式分别表示产品 X 的资本密集度和劳动密集度，（3.3）式和（3.4）式分别表示产品 Y 的资本密集度和劳动密集度。资本密集度和劳动密集度之间存在一种倒数关系。

当 $\rho_{KX} \geqslant \rho_{KY}$ 时，我们称 X 产品为资本密集型（capital intensive）产品，此时 Y 必

定是劳动密集型（labor intensive）产品。因为当 $\rho_{KX} \geqslant \rho_{KY}$ 时，必有 $\rho_{LX} \leqslant \rho_{LY}$ 。

严格来说，我们上面定义产品的要素密集度时使用单位产出要素投入概念不如使用特定产出下的要素使用量来得准确。因为在两种要素的模型中，同样一单位的产出，可以使用不同比例的要素组合进行生产，因而这样定义的要素密集度就不会是唯一的。单位产出要素组合的变化，同时意味着单位产出要素投入的变化，因而要素密集度就会发生变动。而要素组合又跟要素价格关联。实际上，单位产出要素投入是一个关于要素价格的函数。反过来说，在要素价格维持不变的情况下，上面定义的要素密集度就没有任何问题。

3.1.2 产品价格、要素价格与要素密集度

在使用两种要素资本 K 和劳动 L，而且要素之间可以相互替代的情况下，资本的价格越高，企业会选择使用劳动去替代资本，资本密集度相应下降；反之会使用资本去替代劳动，资本密集度会相应提高。比如说一个服装生产商，在利率较高时，或者在工人工资下降时，会雇佣更多的工人，少买缝纫机，资本劳动比率下降；相反如果工资上升，或者利率下降，她合理的选择必定是多买缝纫机，少雇佣工人，资本劳动比率上升。总结而言，某种要素的要素密度与该要素的相对价格呈一种负相关关系。

另外，我们在微观经济学中曾经学过，要素需求是相应产品需求的派生需求。当某种产品价格升高时，意味着该产品的需求增大，因而会引致使用要素的需求增大，其他条件不变的情况下，必定导致要素的价格上升。而且该产品生产中倚重的那种要素（密集使用要素），受到的影响更大。反过来，当要素中资本 K 的价格 P_K（也可以使用前面的利率 i 来表示）上升，则必定会导致产品的价格上升，而且资本密集型产品的价格上升得更加厉害。在两种要素、两种产品的模型中，这种关系体现为该产品的相对价格与其密集使用要素的相对价格之间的正相关关系。

产品价格、要素价格与要素密集度之间的关系可以使用图 3—1 来表示。右边横轴表示劳动密集度 ρ_L，左边横轴表示产品 X 的相对价格 P_{rX}，纵轴表示劳动的相对价格 P_{rL}。图中的 PP 曲线表示产品 X 的相对价格与劳动的相对价格之间的正相关关系，XX 直线表示在 X 产品的生产中劳动的相对价格与劳动密集度之间的负相关关系，YY 直线表示在 Y 产品的生产中劳动的相对价格与劳动密集度之间的负相关关系。

我们可以看到，当产品 X 的相对价格为 $P_{rX}=P_{rX}^0$ 时，劳动的相对价格为 P_{rL}^o，相对应地 X 产品的劳动密集度为 ρ_{LX}^0，Y 产品的劳动密集度为 ρ_{LY}^0。而当产品 X 的相对价格为 $P_{rX}=P_{rX}^1$ 时，后三者相应为 P_{rL}^1、ρ_{LX}^1 和 ρ_{LY}^1。我们看到，不管劳动这种要素的相对价格为高还是为低，在同一水平的劳动相对价格下，X 的劳动密集度总是大于 Y 的。我们说 X 为劳动密集型产品，Y 为资本密集型产品，正是从这种意义上说的。

总而言之，要素充裕度表示的是，就某一种要素来说，一个国家在该要素上的相对拥有数量较之于另一个国家的相对拥有数量是大还是小。要素密集度表示的是，就

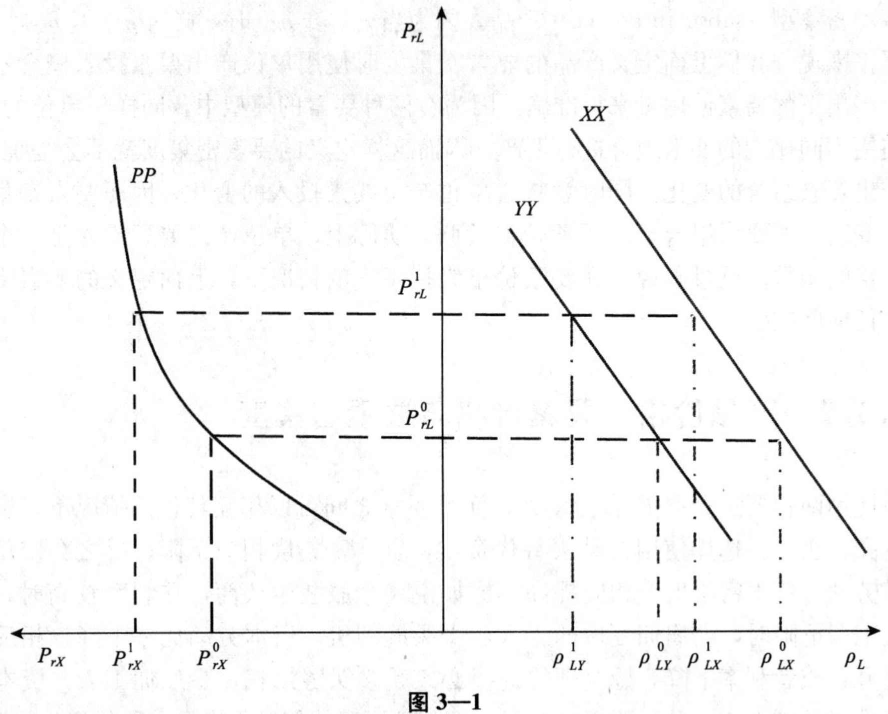

图 3—1

某种要素而言，一种产品生产中的相对使用量与另一个产品生产中的相对使用量孰大孰小。

3.2 主要假定及推论

要素禀赋理论和大多数其他理论一样，都是建立在一套特定的严密假定之上的。以下为要素禀赋理论（模型）的主要假定。

1. 2×2×2 模型。世界上只有两个国家，生产两种产品，使用两种生产要素。
2. 两国的生产技术完全相同。
3. 要素密集度不发生逆转。
4. 规模报酬不变。
5. 生产要素的边际成本递增。
6. 两个国家的偏好相同。
7. 所有市场都是完全竞争市场。
8. 劳动要素是同质的。生产要素在国内具有充分的流动性，但不能在两国之间移动。
9. 没有交易成本。

10. 充分就业。

11. 国际收支平衡。

从这些假定中，我们几乎可以感觉到，两个国家之间除了资源禀赋可能不同之外，其他东西都是相同的。第 1 条假定中存在两种要素，将会出现要素替代的问题。第 2 条将可以推论出两国的生产函数相同。第 3 条说明，如果 X 产品在 A 国是劳动密集型产品，在 B 国也必须是。Y 产品在 A 国是资本密集型产品，在 B 国也必须是。第 4、5 条可以推导出 *PPF* 将是一条凹向原点的曲线，贸易分工也不能导致完全的专业化。第 6 条意味着，不存在来自偏好继而需求方面的因素，影响到国际贸易和分工。第 7 条可以推论出，所有市场都没有经济利润，商品价格等于平均成本。第 8 条可以推论出，每个国家内部各个产业之间将只存在唯一的相同的要素价格。

3.3 要素禀赋差异与 *PPF* 曲线的偏向性

PPF 曲线是表示资源约束和技术约束的一条曲线。H-O 模型中的 *PPF* 曲线是使用两种要素情况下的曲线，而且单位产出要素投入系数随着产出量的变化而变化（即体现为边际成本递增），相对较为复杂。为了导出这么一条曲线，我们首先忽略第 5 条假定，即“生产要素使用上的边际成本递增”。在放弃了这个假定的前提下，两种要素的单位产出投入系数都将是固定不变的，也就意味着生产技术不随产出量而变动。在这种特定的技术约束条件下，*PPF* 曲线取决于两种要素资源的约束。为了进一步简单化，我们暂且假定两种要素之间不能相互替代。这种特殊情况的 *PPF* 曲线，就变成了双资源约束下的一条曲线。

分别使用 X、Y 表示两种产品本身及其产出量，其中 X 为劳动密集型产品，Y 为资本密集型产品。使用 K、L 表示资本和劳动两种要素的资源量。使用 ∂_{LX}、∂_{KX}、∂_{LY}、∂_{KY} 分别表示 X、Y 两种产品上的单位产出劳动投入系数和单位产出资本投入系数。在充分就业的假定下，资源约束可以表示为：

$$\partial_{LX}X + \partial_{LY}Y = L \tag{3.5}$$

$$\partial_{KX}X + \partial_{KY}Y = K \tag{3.6}$$

分别将（3.5）式和（3.6）式变形为 Y 关于 X 的函数，得到：

$$Y = \frac{1}{\partial_{LY}}L - \frac{\partial_{LX}}{\partial_{LY}}X \tag{3.7}$$

$$Y = \frac{1}{\partial_{KY}}K - \frac{\partial_{KX}}{\partial_{KY}}X \tag{3.8}$$

（3.7）式和（3.8）式分别是劳动和资本约束函数。把它们描到横轴表示 X 的产出量，纵轴表示 Y 的产出量的坐标系上，就可以得到图 3—2 中的 LL' 和 KK' 两条直线。

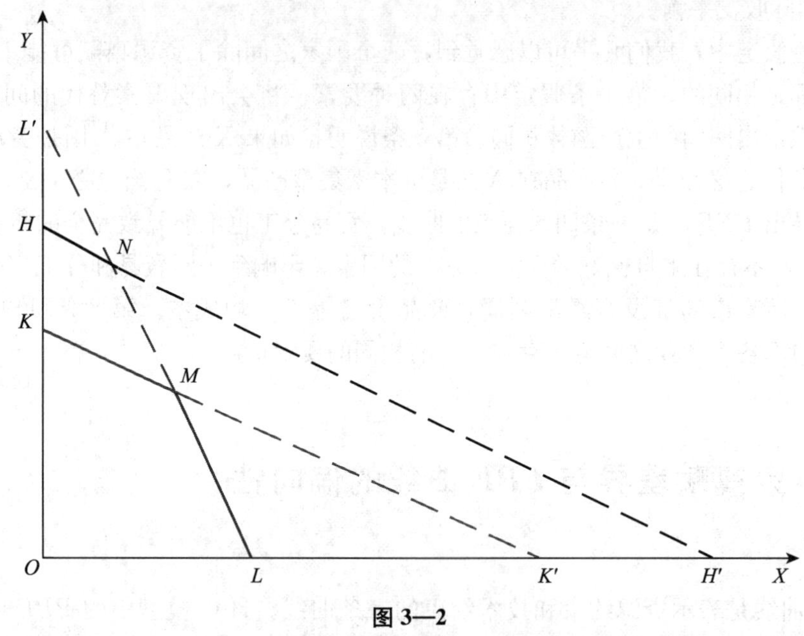

图 3—2

图 3—2 中的三角形 LOL' 和 KOK' 分别是在劳动和资本约束下的生产可能区域，重叠的生产可能区域就是四边形 $KOLM$，相应的边界为折线 KML。这条折线 KML 正是劳动和资本双约束条件下的生产可能性曲线。

PPF 曲线的偏向性与要素禀赋的关系。如果这个国家的资本禀赋更加丰富，资本约束线将由现在的 KK' 向上移动到 HH'。在劳动约束不变的情况下，劳动约束线 LL' 维持不变。如此一来，相应的 *PPF* 就变成了 HNL。HNL 与 KML 比较，我们发现前者更加偏向资本密集型产品 Y。事实上，这种性质对于 H-O 理论非常重要。我们把这种性质称为 *PPF* 曲线的偏向型，归纳为：每个国家的 *PPF* 偏向密集使用其充裕要素进行生产的产品。

另外，我们发现，这里的 *PPF* 曲线都是折线，与我们通常所见的 *PPF* 曲线有差异。这种差异来自我们前面的生产要素边际成本不变和要素之间相互不可替代的假定。一旦我们回归现实，认同边际成本递增和允许要素之间的相互替代，*PPF* 曲线将由一条折线变成一条光滑的、凹向原点的曲线。虽然形状会发生改变，但是前面提到的折线型 *PPF* 曲线的所有性质，尤其是偏向性性质，依然得到很好的维持。

3.4 要素禀赋理论：赫克歇尔-俄林定理（H-O 定理）

赫克歇尔-俄林定理（H-O 定理） 每个国家的比较优势在于那些密集使用该国充裕

要素进行生产的产品；每个国家都按照比较优势参与国际贸易，社会福利都将得到提升。

H-O 定理的本质含义在于说明每个国家比较优势的源泉，清楚地道出了各国比较优势的差异产生于各国的要素禀赋差异。由于前一章中李嘉图的比较优势理论已经说明国家之间的贸易产生于它们之间的比较优势差异；这样就使得李嘉图的比较优势理论更加完美。

森林土地充裕的加拿大和俄罗斯，将会在木材生产上具有比较优势；作物土地丰富的美国和巴西将会在土地依赖型农产品上具有比较优势；矿产资源丰富的澳大利亚、巴西、秘鲁、智利和非洲国家将在金属矿石上具有比较优势；油气资源丰富的中东国家和俄罗斯等国一定在石油和天然气产品上具有比较优势。资本充裕的德国、日本在重化工业产品上具有强大的竞争力，就显得顺理成章。人力资本丰富的美国、日本和欧洲国家，在高技术创新产品上具有比较优势就不会令人惊奇了。而劳动力丰富的中国、印度、印度尼西亚和越南等国，应该在劳动密集型产品上具有比较优势。

从逻辑上来说，H-O 定理大体上可以这样理解。一国某种资源禀赋越是充裕，则该国这种要素资源的相对价格会更低；从而导致该国所产的密集使用这种要素进行生产的产品的价格相对更低，从而表现为更强的国际竞争力或者说比较优势。像劳动充裕的中国，劳动的相对价格更加便宜，则中国产服装（劳动密集型产品）的成本相对更低。更低的相对成本必定表现为更低的产品相对价格。所以中国的服装就能够取得比较优势的地位。

3.4.1 H-O 定理代数证明

赫克歇尔-俄林定理可以通过严密的代数方法加以证明。

假定 X 商品是劳动密集型产品，Y 商品是资本密集型产品，使用 X 和 Y 表示商品 X 和商品 Y 的生产量。$\partial_{LX}>0$，$\partial_{KX}>0$，$\partial_{LY}>0$，$\partial_{KY}>0$ 分别代表 X 产品和 Y 产品的单位产出所需的劳动和资本投入。ρ_{KX}、ρ_{KY}分别表示 X、Y 商品的资本密集度。

使用 L 和 K 表示 Jenleon 经济体（单纯假想经济体）的劳动和资本总量，则要素制约条件可以表示为：

$$\partial_{LX}X+\partial_{LY}Y=L \tag{3.5}$$

$$\partial_{KX}X+\partial_{KY}Y=K \tag{3.6}$$

（3.5）式、（3.6）式两边分别除以 L，得到：

$$\partial_{LX}\frac{X}{L}+\partial_{LY}\frac{Y}{L}=1 \tag{3.9}$$

$$\partial_{KX}\frac{X}{L}+\partial_{KY}\frac{Y}{L}=\frac{K}{L} \tag{3.10}$$

解（3.9）、（3.10）式组成的联合方程组，求出$\frac{X}{L}$和$\frac{Y}{L}$：

$$\frac{X}{L}=\frac{\partial_{LX}\frac{K}{L}-\partial_{KX}}{\partial_{KY}\partial_{LX}-\partial_{KY}\partial_{LX}} \tag{3.11}$$

$$\frac{Y}{L}=\frac{\partial_{KX}-\partial_{LX}\frac{K}{L}}{\partial_{KX}\partial_{LY}-\partial_{KY}\partial_{LX}} \tag{3.12}$$

将（3.12）式除以（3.11）式，得到：

$$\frac{Y}{X}=\frac{\partial_{KX}-\partial_{LX}\frac{K}{L}}{\partial_{LX}\frac{K}{L}-\partial_{KY}} \tag{3.13}$$

将（3.13）式对$\frac{K}{L}$求导，得：

$$\begin{aligned}\frac{\mathrm{d}\left(\frac{Y}{X}\right)}{\mathrm{d}\left(\frac{K}{L}\right)}&=\frac{\partial_{LX}\partial_{KY}-\partial_{KX}\partial_{LY}}{\left(\partial_{LY}\frac{K}{L}-\partial_{KY}\right)^2}\\&=\partial_{LX}\partial_{LY}\frac{(\rho_{KY}-\rho_{KX})}{\left(\partial_{LY}\frac{K}{L}-\partial_{KY}\right)^2}\end{aligned} \tag{3.14}$$

其中，

$$\rho_{KX}=\frac{\partial_{KX}}{\partial_{LX}} \tag{3.15}$$

$$\rho_{KY}=\frac{\partial_{KY}}{\partial_{LY}} \tag{3.16}$$

（3.15）式与（3.16）式分别为商品X和Y的要素密集度定义式。

根据已知条件，商品X为劳动密集型产品，Y为资本密集型产品，有$\rho_{KY}>\rho_{KX}$，故：

$$\rho_{KY}-\rho_{KX}>0 \tag{3.17}$$

现在来观察（3.14）式的正负号决定。由于分母为正，分子中∂_{LX}和∂_{LY}为正，加上（3.17）式为正，分子全体为正。所以（3.14）式为正。

由此知一阶导数为正，意味着$\frac{Y}{X}$与$\frac{K}{L}$之间存在着正相关关系。

具体而言，拥有相对充裕资本的经济体应该更加专业化于资本密集型商品的生产。继而，由于资本密集型产品的相对供给更大，则其相对价格会更低，所以该国一定会出口这种密集使用其相对充裕且便宜的要素（资本）生产的产品；同时会进口其相对稀缺和昂贵的要素（劳动）为主要投入要素生产的产品。由此，H-O定理得以证明。

3.4.2　几何演绎：基于PPF-IC框架的一般均衡分析

依然假定世界上只有两个国家美国和中国，生产的产品只有CPU和服装两种。假定CPU为知识密集型产品，服装是劳动密集型产品。美国是一个人力资本丰富的国家，而知识密集型产品的生产高度依赖于人力资本。有着13亿人口的中国，劳动力极其充裕。

图3—3中，横轴表示服装的数量，纵轴表示CPU的数量。AA'、CC'两条曲线分别表示美国和中国的PPF曲线。P_{rA}^0、P_{rT}^0表示贸易前后美国国内服装（相对于CPU）的相对价格，P_{rC}^0、P_{rT}^1分别表示贸易前后中国国内的服装的相对价格。U_A^0、U_A^1表示贸易前后美国的社会福利水平的无差异曲线，U_C^0、U_C^1表示贸易前后中国的社会福利水平的无差异曲线。由于美国人力资本充裕而劳动短缺，按照PPF曲线偏向性质，图3—3中的美国的PPF曲线AA'偏向于密集使用人力资本的知识密集型产品CPU的生产。对照而言，中国由于劳动充裕而人力资本短缺，我们就可以看到中国的PPF曲线CC'偏向于密集使用劳动的劳动密集型产品服装的生产。

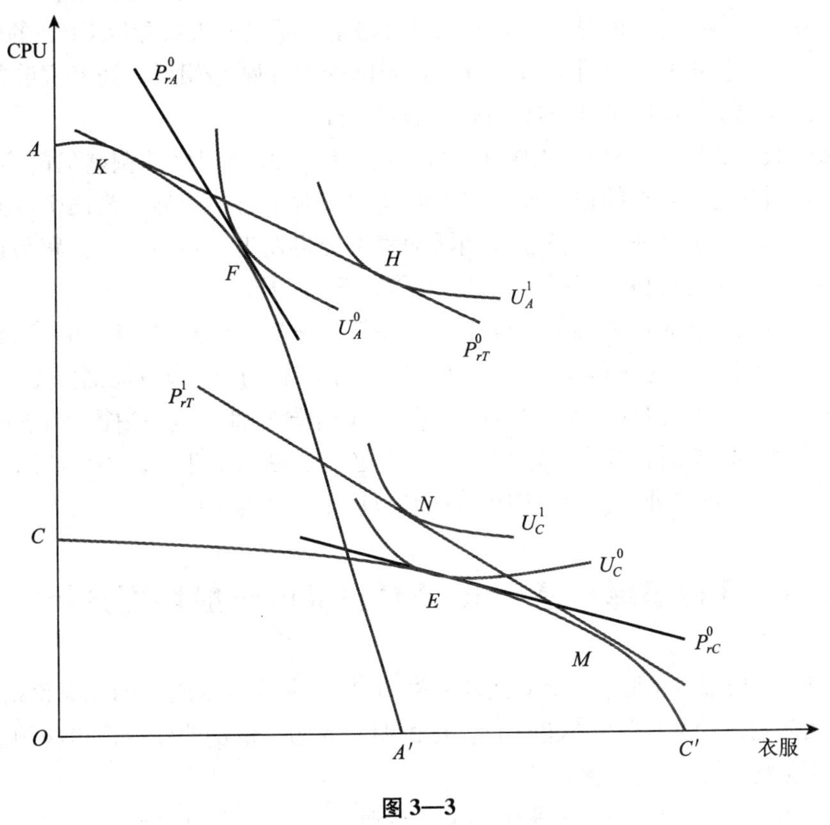

图3—3

贸易开始前，美国的自足点（最优生产点与最优消费点重合点，同时也是经济的均衡点）为 F 点。因为该点是 PPF 曲线与无差异曲线的切点。美国选择在这一点生产和消费，社会福利达到相切的无差异曲线所表示的效用水平 U_A^0。美国国内的服装的相对价格为 P_{rA}^0。

另一方面，贸易开始前，中国的自足点为 E 点。因为该点是 PPF 曲线与无差异曲线的切点。中国选择在这一点生产和消费，社会福利达到相切的无差异曲线所表示的效用水平 U_C^0。中国国内的服装的相对价格为 P_{rC}^0。

此时，中国国内的服装的相对价格低于美国国内的相对价格。图 3—3 中表现为贸易前中国国内的相对价格曲线 P_{rC}^0 比美国的相对价格曲线 P_{rA}^0 更加平坦，斜率更小。一旦开放贸易，无论是中国商人还是美国商人一定会发现，服装在中国卖得便宜，在美国卖得贵。相反，CPU 在美国卖得便宜，在中国卖得贵。这种价格的差异，是导致所有商业活动的根本诱因。因此，必定引起在中国采购服装，转运到美国销售的活动。同样，两国精明的商人也会从美国采购 CPU，运到中国销售。

这种商业套利活动的进行，将会引起中国和美国两国国内服装的相对价格发生变化。由于越来越多的服装从中国运到美国，中国国内市场上销售的服装的数量下降（出口导致了国内供给的减少），服装的价格必定上升。相反，由于从美国进口来的 CPU 越来越多，中国国内销售的 CPU 的数量增多（进口导致了供给增加），CPU 的价格必定下降。而不要忘记的是，服装的相对价格正是服装的价格除以 CPU 的价格；因此，服装的相对价格必定上升。另一方面，美国的情况刚好相反，随着服装的进口和 CPU 的出口，美国国内的服装的相对价格必定下降。

那么，服装的相对价格在中国和美国国内方向上刚好相反的调整何时会结束呢？我们知道，引起这种调整的根本原因在于两国的相对价格的差异。当两个国家的相对价格变为一致时，更进一步的商业套利活动将不会再发生。归结而言，贸易达到均衡时，两国国内的相对价格是相同的。也就是说，$P_{rT}^0 = P_{rT}^1$。

在贸易达到均衡时，中国的最优生产点和最优消费点分别是 M、N，达到的福利水平为 U_C^1，高于贸易前的 U_C^0。另一方面，美国的最优生产点和最优消费点分别是 K、H，达到的福利水平为 U_A^1，高于贸易前的 U_A^0。两个国家都从贸易中得到了好处。

在贸易达到均衡时，两个国家的贸易分工趋向于更加专业化。美国相对于贸易前更加倾向于 CPU 的专业化生产；中国则更加倾向于服装的生产。

3.4.3 几何演绎：基于 RS-RD 框架的一般均衡分析

图 3—4 的横轴表示服装（X）的相对数量 X_r，纵轴表示服装的相对价格 P_r。S_{rC} 和 S_{rA} 曲线分别表示贸易前中国和美国两国的服装的相对供给曲线。假定两国需求全相同，D_r 曲线表示相对需求曲线。

按照假定，美国是一个人力资本充裕、劳动短缺的国家，中国则是一个劳动充裕、

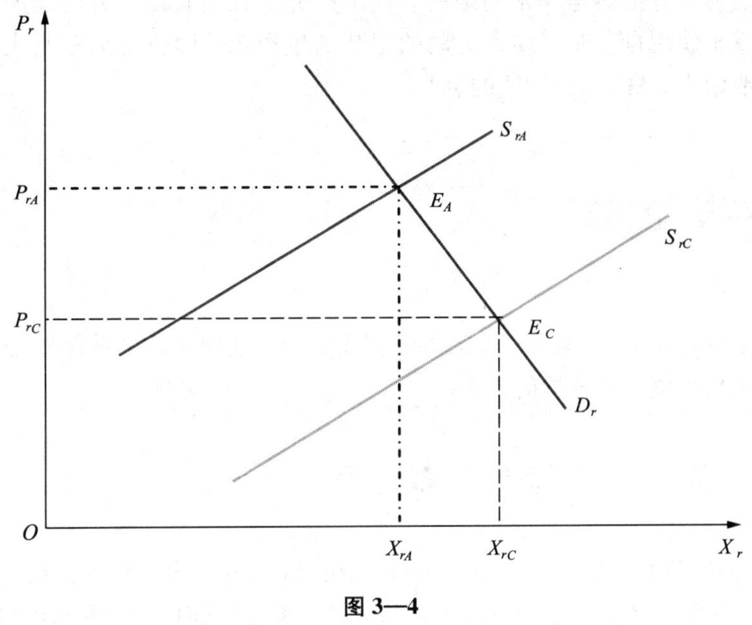

图 3—4

人力资本短缺的国家。则美国国内劳动的价格即工资（现实中体现为蓝领工人的工资，我们使用 w 来表示）与人力资本的价格（现实中体现为高技术工人的工资，我们使用 h 来表示）之比，也就是劳动这种要素的相对价格 w/h，在中国会更低。也就意味着，相对于美国而言，中国的服装生产成本更低。而同等水平的服装相对价格意味着可以得到同等水平的收入。所以可以肯定地说，在任何相同的服装相对价格下，中国的服装生产商一定可以赚到更多的利润；所以中国的相对供给一定大于美国的相对供给。正因为此，我们在图 3—4 中可以看到，中国的相对供给曲线 S_{rC} 在美国的相对供给曲线 S_{rA} 的右边。由于两国需求完全相同，所以它们的相对需求曲线都是 D_r。

在这种情况下，美国的国内均衡点为美国的相对供给曲线 S_{rA} 和相对需求曲线 D_r 的交点 E_A。中国的国内均衡点为中国的相对供给曲线 S_{rC} 和相对需求曲线 D_r 的交点 E_C。在 E_A 点，美国的服装的均衡相对数量为 X_{rA}。在 E_C 点，中国的服装的均衡相对数量为 X_{rC}。这意味着，中国的服装相对供给量大于美国的相对供给量。这源于中国和美国在服装生产上密集使用的生产要素劳动的资源禀赋的差异。

另一方面，中美两国国内形成的服装相对价格分别是 E_C、E_A 点对应的 P_{rC} 和 P_{rA}。在中国，服装的相对价格更低，CPU 的相对价格更高，则中国必定向美国出口服装，从美国进口 CPU。另一方面，在美国国内，服装的相对价格更高，CPU 的相对价格更低。所以，美国会从中国进口服装，向中国出口 CPU。

在这里，贸易的收益是暗含的。当中国出口服装换回 CPU 的时候，意味着使用相同数量的生产要素可以得到比自己生产所能得到的更多的 CPU。同样，当美国出口 CPU 换回服装的时候，意味着使用相同的生产要素数量可以得到比自己生产所能得到的更多的服装。

相反，贸易的分工则是非常明晰的。两国的分工就朝着以下方向发展：中国更加专业化于倚重于使用自己充裕要素劳动的服装的生产，美国也更加专业化于倚重于使用自己充裕要素人力资本的 CPU 的生产。

3.5 H-O 理论拓展

以下介绍的是与 H-O 理论相关的两个扩展定理。这两个定理涉及贸易对要素价格的影响，其实也是贸易对分配的影响。

3.5.1 斯托尔帕-萨缪尔森定理

斯托尔帕-萨缪尔森定理（Stolper-Smuelson theorem）当一种商品的相对价格上升时，该商品生产中密集使用的要素的价格将上升，非密集使用的要素的价格将下降。

将这个定理使用到贸易上，会得出以下**主要推论**：国际贸易使得一个国家的充裕要素的拥有者获益，却导致稀缺要素的拥有者受损。

回顾中国自 20 世纪 80 年代以来的对外开放的历史，作为一个劳动充裕的国家，中国的出口是从劳动密集型产品开始的。时至今日，中国是世界上劳动密集型产品最具竞争力的国家。出口应该会拉动劳动密集型产品的价格，从而拉升中国工人的工资。相反，资本的收益应该会下降。当然，这种结果是在严密的假定条件下成立的。

为什么会导致这种结果呢？其逻辑解析大体如下。

第一，我们得记住假定中含有充分就业一条。也就是说，所有的生产要素包括劳动和资本，在贸易开始前都已经被充分利用。第二，开放贸易后，H-O 定理将起作用。像中国一样的劳动充裕型国家，将会出口劳动密集型产品，进口资本密集型产品。出口将提高对劳动密集型产品如服装、鞋帽等的需求，从而拉升其价格。进口则会提高资本密集型产品的供给，压低资本密集型产品如汽车、家电等的价格。第三，由于服装、鞋帽等产业的出口需求增长，必定引起对于生产要素的派生需求的增长。这种影响对于劳动密集型产品生产中严重依赖的劳动尤甚，终将拉高出口产业的劳动的价格，也就是工资水平。第四，当出口产业的工资被拉高以后，将高于进口竞争产业即资本密集型产业的工资。后者的工人将会选择跳槽到出口产业。这种跳槽活动一直进行到两种产业的工资相等为止。在这个过程中，进口竞争产业将不得不提高工资以挽留工人。结果是所有工人的工资都被拉高。第五，受进口的挤压，国产的进口竞争产品的需求和价格将会下降。也必将引起对于派生生产要素的需求的下降。这种影响对于密集使用的要素即资本的影响尤甚。资本需求将下降得较为厉害。第六，当资本需求下降时，将导致资本价格下降。这种下降不单单体现在进口竞争产业上，也会同时拉低出口部门的资本价格。因为所有的生产要素都具有充分的流动性。

斯托尔帕-萨缪尔森定理可以使用代数方法加以严格的证明。

假定 X 商品是劳动密集型产品，Y 商品是资本密集型产品。$\partial_{LX}>0$，$\partial_{KX}>0$，$\partial_{LY}>0$，$\partial_{KY}>0$ 分别代表 X 产品和 Y 产品的单位产出所需的劳动和资本投入。资本和劳动的价格也就是这两种要素的报酬分别表示成 P_K 和 P_L，商品 X 和 Y 的价格分别表示成 P_X 和 P_Y。

ρ_L 是两种商品的劳动密集度，分别如下：

$$\rho_{LX}=\frac{\partial_{LX}}{\partial_{KX}}>0 \tag{3.18}$$

$$\rho_{LY}=\frac{\partial_{LY}}{\partial_{KY}}>0 \tag{3.19}$$

由于 X 商品为劳动密集型产品，而 Y 商品为资本密集型产品，则有：

$$\rho_{LX}>\rho_{LY} \tag{3.20}$$

根据完全竞争的假定，每个产业都是零经济利润，商品价格等于其平均成本，则：

$$\partial_{LX}P_L+\partial_{KX}P_K=P_X \tag{3.21}$$

$$\partial_{LY}P_L+\partial_{KY}P_K=P_Y \tag{3.22}$$

解（3.21）式和（3.22）式组成的方程组，得：

$$P_L=\frac{P_X}{\partial_{LX}}-\frac{\partial_{KX}}{\partial_{LX}}\times P_K \tag{3.23}$$

将（3.23）式代入（3.22）式中，得：

$$\partial_{LY}\left(\frac{P_X}{\partial_{LX}}-\frac{\partial_{KX}}{\partial_{LX}}\times P_X\right)+\partial_{KY}P_K=P_Y \tag{3.24}$$

$$P_K=\frac{1}{\partial_{KY}\times\left(1-\frac{\partial_{LY}}{\partial_{KY}}\times\frac{\partial_{KX}}{\partial_{LX}}\right)}\times P_Y-\frac{\partial_{LY}}{\partial_{KY}\partial_{LX}\left(1-\frac{\partial_{LY}}{\partial_{KY}}\times\frac{\partial_{KX}}{\partial_{LX}}\right)}\times P_X \tag{3.25}$$

再将（3.25）式代入（3.23）式中，得：

$$P_L=\frac{1}{\partial_{LX}}\times\left[1+\frac{\partial_{KX}\partial_{LY}}{\partial_{KY}\partial_{LX}\left(1-\frac{\partial_{LY}}{\partial_{KY}}\times\frac{\partial_{KX}}{\partial_{LX}}\right)}\right]\times P_X-\frac{\partial_{KX}}{\partial_{KY}\partial_{LX}\left(1-\frac{\partial_{LY}}{\partial_{KY}}\times\frac{\partial_{KX}}{\partial_{LX}}\right)}\times P_Y \tag{3.26}$$

分别将 P_K 和 P_L 对 P_X 求导，得：

$$\frac{\mathrm{d}P_K}{\mathrm{d}P_X}=-\frac{\partial_{LY}}{\partial_{KY}\partial_{LX}\left(1-\frac{\partial_{LY}}{\partial_{KY}}\times\frac{\partial_{KX}}{\partial_{LX}}\right)} \tag{3.27}$$

将（3.18）式和（3.19）式代入（3.27）式，变形后得到：

$$\frac{\mathrm{d}P_K}{\mathrm{d}P_X}=-\frac{\rho_{LY}}{\partial_{LX}\left(1-\frac{\rho_{LY}}{\rho_{Lx}}\right)} \tag{3.28}$$

同理，可得：

$$\frac{\mathrm{d}P_L}{\mathrm{d}P_X}=\frac{1}{\partial_{LX}}\times\left[1+\frac{\partial_{KX}\partial_{LY}}{\partial_{KY}\partial_{LX}\left(1-\frac{\partial_{LY}}{\partial_{KY}}\times\frac{\partial_{KX}}{\partial_{LX}}\right)}\right] \tag{3.29}$$

将（3.18）式和（3.19）式代入（3.29）式，进一步改写成：

$$\frac{\mathrm{d}P_L}{\mathrm{d}P_X}=\frac{1}{\partial_{LX}}\times\left[1+\frac{\rho_{LY}}{\rho_{LX}\left(1-\frac{\rho_{LY}}{\rho_{Lx}}\right)}\right] \tag{3.30}$$

由已知条件知 $\partial_{LX}>0$，而且根据（3.18）式、（3.19）式、（3.20）式知，$\rho_{LX}>0$，$\rho_{LY}>0$，$\rho_{LX}>\rho_{LY}$，则有：

$$\frac{\rho_{LY}}{\rho_{LX}}<1 \tag{3.31}$$

则（3.28）式等号右边，分母中的第二项：

$$\left(1-\frac{\rho_{LY}}{\rho_{LX}}\right)>0 \tag{3.32}$$

所以有：

$$\frac{\mathrm{d}P_K}{\mathrm{d}P_X}<0 \tag{3.33}$$

同理，得：

$$\frac{\mathrm{d}P_L}{\mathrm{d}P_X}>0 \tag{3.34}$$

（3.33）式与（3.34）式表明，资本和劳动的价格也就是这两种要素的报酬 P_K 和 P_L，与劳动密集型产品 X 的价格 P_X 分别呈负相关和正相关的关系。当 X 商品的价格 P_X 上升时，将会导致资本的价格下降，却会导致劳动的价格上升。由此 S-S 定理得到证明。

3.5.2 要素价格均等化定理

要素价格均等化定理（factor price equalization theorem）国际贸易将导致参与贸易的各个国家的同质生产要素的价格趋于一致。

要素价格均等，包括两个层次的内容。第一是相对要素价格一致；第二是绝对要素价格一致。

图 3—5 中体现了产品的相对价格与要素的相对价格之间存在一种正相关关系。这种关系来自市场完全竞争的假设，以及要素需求是产品需求的派生需求的性质。在第二章中的 2.5 节，我们在说明国际贸易的必要条件时说明，产品的相对价格差异引起国际以套利为目的的商业活动。这种活动将一直进行到两个国家之间同种产品价格上没有套利空间为止。换言之，国际贸易源于国家之间产品价格的差异，其扩张也最终使差异消失。而产品相对价格的差异源自要素相对价格的差异。当贸易均衡时，产品的相对价格差异消失，由于与要素价格之间的正相关关系，也必将导致要素价格之间的差异消失。

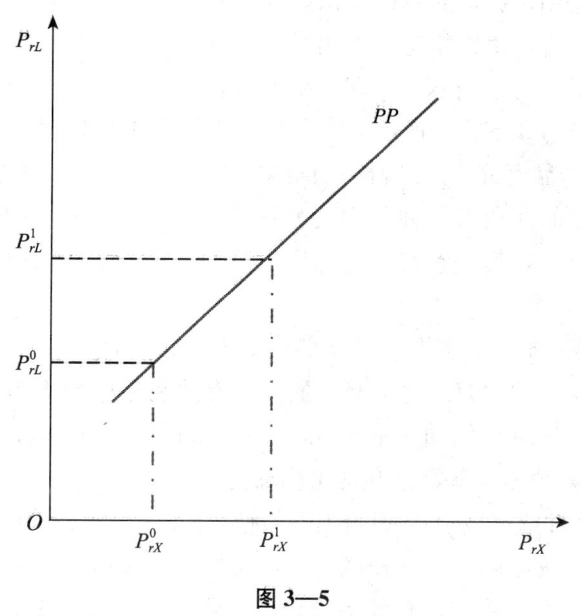

图 3—5

根据斯托尔帕-萨缪尔森定理，贸易将拉高出口国充裕要素的价格，降低进口国稀缺要素的价格。而出口国的充裕要素正是进口国的稀缺要素。比如说，中国的充裕要素是劳动，美国的充裕要素是资本。则同时可以说，中国的稀缺要素是资本，美国的稀缺要素是劳动。所以，中国和美国之间的贸易，将导致中国的充裕要素劳动的价格即工资上升，导致美国的稀缺要素即劳动的价格下降，最终两国的工资将趋于一致。同样，最终两国的资本价格也将一致。

要素价格均等化定理是在严密的假定条件下成立的。包括：参与贸易的国家之间存在完全竞争；国家之间没有任何的贸易壁垒；每个国家使用相同的生产技术。在这些假定都得以满足的情况下，意味着当贸易得以充分展开时，参与贸易的两个国家的工资将会一样，资本的收益利息也会一样，土地的租金也无差异，等等。

总　结

1. 要素禀赋指一个国家可以用于生产的生产要素总量。要素充裕度用于表示一国要素禀赋的丰裕程度。通常使用要素充裕度来描述一个国家的要素禀赋状况。要素充裕度可以使用不同要素的实物总量的比值来衡量，也可以使用不同要素的价格之比来衡量。一国与另一个国家相比，某种要素的实物总量比值越高，要素价格比值越低，我们就说这个国家是该要素的充裕国家。

2. 要素密集度指一种产品在生产过程中使用某种要素的程度。本质上要素密集度反映了一种产品的生产对于某种要素的倚重程度。通常使用该要素的相对使用量来表示，具体而言，就是用该要素的单位产出投入系数与另一种要素的单位产出投入系数之比来表示。严密而言，使用特定的产出数量条件下，一种要素的投入使用量与另一种要素的投入使用量之比来表示。在国际贸易理论分析中，产品的本质分类标准就是要素密集度，所以有劳动密集型产品、资本密集型产品和技术密集型产品等等。

3. 对于特定的产品而言，产品价格与要素价格之间存在着一种正相关关系；要素价格与要素密集度之间存在着一种负相关关系。一种产品与另一种产品相比，不管在任何水平的要素价格下，其要素密集度都高于后者，我们就认为这种产品是该要素的密集型产品。

4. *PPF* 曲线是一条反映资源和技术约束的曲线；在技术特定的情况下，*PPF* 曲线就反映资源（要素）的约束。要素禀赋的差异反映在相应的 *PPF* 曲线的偏向性上。劳动充裕国家的 *PPF* 曲线偏向于表示劳动密集型产品的坐标轴；资本充裕国家的 *PPF* 曲线偏向于表示资本密集型产品的坐标轴。

5. 赫克歇尔-俄林定理显示：一国的比较优势在于那些密集使用该国充裕要素进行生产的产品；各国都按照自己的比较优势参与国际贸易和分工，社会福利都将得到提高。H-O 定理是对于李嘉图的比较优势理论极为重要的补充。李嘉图理论说明了贸易方向和分工格局取决于国家之间的比较优势差异，H-O 定理则说明了各国比较优势源自各国要素禀赋的差异。这样就使得国际贸易的主流理论达到了一个前所未有的完美程度。

6. 使用 PPF-IC 模型去解析和应用 H-O 定理，关键在于对国际贸易作为国际商业套利活动这种本质的认识。在贸易达到均衡状态时，商业套利活动也将不再扩张；此时产品在两国的相对价格将会趋于一致。一国在贸易后的最优生产点和最优消费点将实现分离。贸易后最优消费点的效用水平较之于贸易前最优消费点的效用水平更高，反映贸易提高了贸易参与国的社会福利。贸易后最优生产点将向着密集使用该国充裕要素进行生产的产品的方向移动，反映了贸易分工格局向着更能发挥本国比较优势的方向转变。

7. 使用相对供求（RS-RD）模型去解析和应用 H-O 定理，能够非常清晰地说明要素禀赋不同的国家在贸易前形成的产品相对价格会不同。产品相对价格的差异是导致国际贸易产生的最直接原因。一国的资源和技术将会影响到该国的相对需求曲线，偏好和收入将会影响到该国的相对供给曲线。在假定除了要素禀赋以外其他条件完全相同的要素禀赋模型中，要素禀赋差异实质上将会导致两个国家的相对供给曲线位置的不同。要素充裕国家的相对供给曲线将会位于要素稀缺国家的相对供给曲线的右边。最终，两个均衡点将会不同，从而导致两国在贸易前形成的国内相对价格的不同。要素充裕的国家的相对价格更低，将会向另一国出口这种产品。这样，就暗含着贸易参与国收益的提高和贸易分工格局向着有利于发挥本国比较优势的方向转变。

8. 斯托尔帕-萨缪尔森定理显示：当一种产品的相对价格上升时，将会导致该产品生产中密集使用要素的价格上升，相反也会导致非密集使用要素的价格下降。关联到国际贸易的主要推论可以表述为：贸易提高一国充裕要素拥有者的收入，却降低稀缺要素所有者的收入。第一个因果关系来源于要素需求是产品需求的派生需求的性质。第二个因果关系源自所有要素都被充分利用的假定。在要素充分就业的前提下，产品相对价格的变动必然会导致要素需求比例的变动，从而改变要素价格。

9. 要素价格均等化定理显示出贸易达到均衡状态时，同质要素的价格（包括绝对价格和相对价格）在所有的贸易参与国将会趋于一致。背后逻辑在于产品价格与要素价格之间存在一种固定的正相关关系，以及贸易均衡时各国的产品价格将会趋于一致的事实。

思考与练习

1. 假定中国拥有普通劳动力 4 亿人，拥有资本的总量为 20 万亿元。越南拥有普通劳动力 3 000 万人，拥有资本的总量为 1 万亿元。

（1）分别计算中国和越南的劳动充裕度和资本充裕度，判断哪一个国家为劳动充裕国，哪一个国家为资本充裕国?

（2）中国和越南哪一个国家劳动的相对价格（即工资率与资本收益率的比值）更高?

2. 生产一台汽车，需要耗费劳动 1 000 工人小时和资本 200 万元。生产一辆自行车，需要耗费劳动 50 工人小时和资本 1 万元。生产一条连衣裙需要耗费劳动 20 工人小时和资本 1 000 元。

（1）分别计算自行车的劳动密集度和资本密集度；

（2）分别计算连衣裙的劳动密集度和资本密集度；

（3）自行车与连衣裙相比，哪一种是劳动密集型产品，哪一种是资本密集型产品?

（4）计算汽车的劳动密集度和资本密集度，与自行车相比哪一种是劳动密集型产品，哪一种是资本密集型产品?

（5）将（4）和（2）的结果进行比较，自行车属于何种产品，发生了什么变化? 由此可以得到什么一般性的结论。

3. 生产手机需要使用劳动和资本，请回答以下问题：

(1) 当手机价格上升时，劳动和资本的价格会发生何种变化？为何？

(2) 如果手机是一种资本密集型产品，则手机价格上升对工资率和资本收益率的影响是什么？哪一个更大？为什么？

(3) 其他条件不变。当工资上升时，劳动的相对价格会变得更高。此时，生产商对于生产同等数量的产品将会作出何种生产方法上的改变？劳动密集度和资本密集度又会发生什么变化？

4. 要素密集度不发生逆转意味着什么？

5. 资本充裕的德国与劳动充裕的缅甸，它们的生产可能性曲线会有什么主要区别？

6. 使用 PPF-IC 模型，画图并分析中国和铜矿丰富的非洲国家赞比亚之间的贸易。分析贸易前后两国福利和专业化分工方向发生了什么变化。

7. 使用相对供求模型（RS-RD），对中国与越南之间的贸易进行分析。

8. 根据斯托尔帕-萨缪尔森定理，贸易将会对以下要素拥有者的收入产生什么影响？

(1) 美国种植小麦的农场主；

(2) 中国种植大葱的农民；

(3) 中国台湾地区的电脑代工厂厂主；

(4) 德国的高科技工人。

9. 根据要素价格均等化定理，改革开放以来中国产业工人的工资应该会发生什么变化？现实情况又如何？为什么？

案例与资料

中国的呜呜祖拉响遍南非

足球，一直都是中国最让人看不懂的运动。投入资金最大、最受社会关注的足球，每一次到了国际大赛都让国人无比失望，在男子世界杯的历史上，中国队除了 2002 年韩日世界杯以外都扮演着尴尬的看客角色。与差劲的中国足球队相比，中国制造的世界杯相关产品却占据了一个重要得多的地位。

2010 年南非世界杯与往届相比，令人印象最深刻的莫过于那充斥于大街小巷的呜呜祖拉“嗡嗡”作响的声音。这个原本用来驱赶狒狒的南非传统乐器有 90%来自中国。从 2002 年韩日世界杯开始，中国制造业就开始为世界杯举办国提供大量廉价的相关产品，一开始只是供应球迷假发，随着这几年中国制造业的飞速发展，中国在劳动密集型的小商品制造上的优势体现得淋漓尽致，今年中国制造的国旗、假发、足球、喇叭、墨镜、望远镜等一切可能与世界杯有关的商品都可谓持续热销，据义乌海关的统计显示，当地体育用品的月度出口额连续半年超过了 1 000 万美元，今年前 5 个月的出口额比去年同期增长了 110%。尤其是 4 月和 5 月，每月都有 1 500 万美元以上的体育用品出口。可以这样说，在火热的世界杯电视转播画面中，无论是球迷声势浩大的呜呜祖拉还是球场上作为主角的“普天同庆”阿迪达斯足球，大部分都来自中国。

中国制造的与世界杯相关的产品能在南非如此畅销，最主要的原因是因为中国此类产品的价格便宜。以最吸引眼球的呜呜祖拉为例，中国制造的喇叭离岸价只卖大约 2.5 元人民币，而其他国家的制造商报价最低都要 5 元人民币。

以呜呜祖拉为代表的小商品都是密集使用劳动要素制造的劳动密集型产品，而中国就是一个劳动充裕的国家，低廉的劳动力成本使得中国生产该类产品具有比较优势。由于中国的劳动充裕，劳动密集型产品的相对供给更大，则其相对价格会更低。正是因为市场上供给的劳动要素充裕，与其他国家同行业工人高昂的工资相比，浙江义乌生产呜呜祖拉的女工每个月的平均工资仅为 2 000 元人民币，低廉的劳动力成本给制造商提供了很大的空间来压低呜呜祖拉的报价，以价格的优势获得大量的国际订单。

义乌等地生产呜呜祖拉的厂商表示，它们已经开始准备争取 2014 年巴西世界杯的相关产品订单的工作。

资料来源：冯源：《追踪“呜呜祖拉”利润链：中国制造缺少含金量》，载《经济参考报》，2010-07-16。

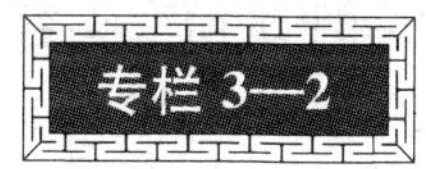

美国高科技产业为何独领风骚

在现在很火的新浪微博上，苹果公司的新产品 iPad 是一个很热的话题，网友们都在分享购买使用这个高科技时尚产品的经验与心得。细心的人可以发现，在这个 Web 2.0 时代，我们的生活已经被美国的高科技产业公司的产品和服务占据。微软和英特尔这些“老牌”企业有着强大的技术和资金优势，而雄心勃勃的谷歌不仅仅为我们提供互联网搜索服务，它还试图改变我们生活着的这个世界，苹果公司的产品在全球大受追捧，而 Facebook、Twitter、Youtube 这些新兴的网站和它们的模仿者也在吸引大量的用户使用。硅谷，这个地方是全世界所有极客梦寐以求的圣地，（极客：通常用来形容对计算机和网络技术有狂热兴趣并投入大量时间钻研的人）也是创造大量财富的地方，硅谷以不到 1%的人口，每年创造出的国内生产总值占美国总量的 5%～6%，高科技行业在美国的地位越来越重要。

高科技产业想获得成功，首先要有充足的人才和资金。斯坦福、哈佛、麻省理工等著名学府对高科技产业的人才培训所起的作用不用多说，每年都有大量的全球优秀学生入读这些名校的相关专业，毕业之后进入美国高科技行业的企业去工作。源源不断的人才储备保证了美国高科技公司的智力支持。

高科技行业也是一个烧钱的行业，每年需要投入高昂的研发费用才能保证企业的产品可以走在行业的前列。美国的高科技产业公司一向都重视R&D投入，每年的R&D经费不断上升，2004年数据显示，全球研发密度最大的公司，15家里面美国公司占了11家。美国发达的风险投资体制为这些高科技公司提供了大量的资金来源，在整个高科技产业化过程中，R&D成果、R&D成果工业化、R&D成果产业化三个阶段的资金比例通常为1∶10∶100，有了前期大量的资金注入，才使R&D成果较好地转化为商品，为公司赚取利润。以硅谷为例，平均每5天就有一家公司上市，平均每一天就有62人进入百万富翁之列，全球最大的100家电脑公司，就有20家坐落在奇迹般的硅谷。发达的风险投资体制为高科技行业的发展带来了必不可少的发展资金。

如果只是有钱，这也解释不了为什么美国的高科技产业可以独领风骚，以美国另一高科技研发中心波士顿128公路与硅谷作对比：波士顿128号公路是一个比硅谷早成立的半导体产业集群，但是为什么它在发展的过程中被硅谷超越了，自己却没落了呢？值得注意的是，波士顿附近有两所著名的大学——哈佛大学和麻省理工学院；又有充足的资金——波士顿靠近纽约这一全球著名的金融和商业中心。而且在20世纪80年代前，128号公路周围的高科技产业遥遥领先于硅谷。但到了20世纪80年代以后，硅谷却超越了前者。业内研究人员普遍认为，硅谷的人才流动频繁，伴随人才流动的是信息的流动和知识的传播，宽松开放的人才政策降低了硅谷内高科技产业公司的人力管理成本，而且加州的法律环境较为宽松，使跳槽变得容易，另外行业内人才技术的交换成本更加低廉。而硅谷人允许失败的文化也鼓励了硅谷人的开拓创新。从硅谷和波士顿128公路的对比可以看出，高科技劳动力的充裕不止需要知识和资金支持，还需要有创新的文化和宽松的环境。而美国与其他国家相比，鼓励创新的文化和自由的生活环境也是吸引全世界的高科技人员到美国去工作的一个很重要的原因。

美国在资本和高科技劳动力上的充裕禀赋（大约占世界的30%）造就了美国高科技行业的强大，美国依据资本和高科技劳动力的比较优势去发展高科技产业是美国高科技产业独领风骚的根本原因。

资料来源：王立军、范文明：《美国高科技产业为何一枝独秀》，载《中国科技信息》，2001-03-04；曹译丹、肖斌：《论美国高科技产业政策及其启示》，载《现代商贸工业》，2010（1）。

日本的动漫产业为什么能够抓住全球的心

你有没有看过卡卡罗特一边用西班牙文说着“元气弹”一边保护着我们的地球，漩涡鸣人这些“NINJA”的故事在美国的各大书店畅销，而宫崎骏的作品更是在全球各大电影院上映……日本早已成为世界上最大的动漫制作和输出国，动漫作品在全世界各地都受到青少年甚至成年观众的欢迎。据统计，目前全球播放的动漫作品中，有60%以上来自日本，欧美的动漫业只占20%左右。从2007年开始，日本动漫产业的年营业额超过200万亿日元，成为日本第三大产业。日本销往美国的日本动画片以及相关产品的总收入是日本出口到美国的钢铁总收入的4倍。日本的动漫不仅仅是广受欢迎的流行文化，更是一个能带来很好收益的产业。

日本的动漫产业并没有美国动漫产业悠久的百年历史。日本动漫从60年代开始起步，在短短的几十年间就占据了动漫行业的宝座，与日本涌现了一批思想深刻、画风细腻而又风格各异的漫画家密不可分。

60年代，日本漫画家手冢治虫创作出了脍炙人口的漫画作品《铁臂阿童木》，开创了不一味追求画面质感，而注重剧情发展以及刻画人物性格的日式动漫风格。与美国漫画单打独斗的英雄形象相比，日本漫画更注重团队之间的合作以及在描绘朋友之间的友情方面更加细致和有血有肉。日本漫画另一显著的特点是风格和题材多变，有儿童漫画、少年漫画、少女漫画、青年漫画、成人漫画等，取材也涉及社会上的各行各业，能满足社会不同阶层不同年龄段读者的需求。

日本动漫有着庞大的体系，作为动漫创作的灵魂——漫画家，就显得尤为重要了。动漫人才的培养在日本经过了多年的摸索后形成现在这样一个状况：日本动漫人才培养机构主要有学院、大学、短期培训机构，动漫教育这一块大概有1 000所学校，如东京大学等高等学府也开有动漫教育专业。而且日本的动漫教育不只重视技术上的培训，而且也很看重学员想象力的开发和与企业的结合，企业会派遣老师到学校里面直接教育学生，进一步地拉近学生与市场间的距离。

日本独特的动漫教育体系培养出了大批优秀继承日本动漫优良作风又可以根据自己的生活经验和体会来进行创新的动漫行业从业人员。日本在动漫创作人才上的禀赋充裕保证了日本动漫产业链上游的牢固，使日本在动漫创作上具有比较优势。

看得出来，大量优秀而又各有特色的动漫从业人员是日本动漫能抓住全球动漫爱好者的心的根本原因。

资料来源：林舒舒：《当前日本动漫风靡现象探析》，载《江苏社会科学》，2006（2）。

21 世纪国际经济与贸易系列教材

第四章

基于生命周期和代表性需求的比较优势理论

学习目标

● 理解和把握在存在不可流动要素（专用要素）的情况下，国际贸易是如何影响出口产业和进口竞争产业所使用的各种要素的收入的；

● 理解对于存在生命周期的产品，比较优势是如何由要素禀赋特定的一国转移到要素禀赋不同的另一国的途径与逻辑；

● 理解一国的代表性需求如何培育了一国潜在出口产业的竞争力和比较优势。

在以要素禀赋理论为中心的新古典理论模型中，有大量的非常严格的假定。H-O 理论的成立依赖于这些假定的存在。但是由于过多的假定，导致理论无法解析相当多的国际贸易现实问题。

由 H-O 定理可以推论出，由于要素禀赋在发展中国家和发达国家存在非常巨大的差异，因此发展中国家和发达国家的贸易在世界贸易中所占的比例应该很大。至少，这种贸易占比应该比发达国家之间的贸易占比高。

但是现实却恰恰相反，现实世界中，发达国家之间贸易的占比远超过发展中国家与发达国家之间贸易的占比。再者，部分现代产品尤其是电子产品在不同的时期，其生产和出口由不同的国家占有；换言之，比较优势随着时间的变化出现了在不同国家之间的转移。而这些国家的要素禀赋并没有随着时间而发生变化。这似乎就意味着，比较优势与要素禀赋之间没有直接的联系。另外，每一个国家在面对国际贸易摩擦时，利益集团远远超过劳动和资本这两种要素所有者。而且就算是劳动力这个集团内部，也不统一。因此，我们需要讨论一些超过两种要素的其他情况。以下介绍的专用要素模型，就为这种情况。

4.1节将介绍H-O理论的拓展模型——专用要素模型。该节的主要目的在于说明贸易对于不同要素收入的不同影响。还有，与传统的农产品、资源性产品不同，现代贸易中占比越来越大的电子产品会不断地变换它们的生产国和出口国。似乎这些产品生产上的比较优势，并不依赖于哪一个国家的资源禀赋。而这又与H-O定理不符合。类似的问题催生了4.2节中的产品生命周期理论。4.3节中的代表性需求理论能够很好地解析发达国家贸易占比较高的现象。产品生命周期理论和代表性需求理论是解析比较优势起源的当代贸易理论之一。

4.1 专用要素模型下的国际贸易

专用要素模型与上一章中的H-O模型的不同之处在于放松了“所有要素在国内的产业间具有充分的流动性”的假定。其他假定都没有变更。假定每个产业有一种生产要素不能在产业间流动。这些不能流动的要素就成为“专用要素”。专用要素模型是一个2×2×3模型。在两种产品的模型中，每种产品使用两类要素，一类为专用要素，一类是流动要素。专用要素中包括了两种要素，流动要素包括一种要素，所以合计起来有三种要素。

4.1.1 专用要素的定义

专用要素（specific factor）指只能专用于某种特定产业生产上的生产要素。换言之，专用要素只能用于某一个特定的产业，不能自由地转移到其他产业中使用。这些要素就变成了一种固定的、非流动的生产投入。与此相对照的就是流动要素，可以自由地在不同产业间流动和使用的要素。

很显然，专用要素是一个短期内的概念。因为从长期来说，没有任何一种生产投入要素是非流动的。简单来说，长期和短期划分的标准是生产中所有要素都能够充分流动与否的时间长度。经济学上关于长短期的划分，我们在微观经济学中学习“固定成本”的概念时曾经涉及过。因此，专用要素就可以理解为，短期内使用用途调整速度较慢的那些生产要素。

4.1.2 生产函数、边际产出与要素价格

专用要素模型研究的中心是，在存在专用要素的情况下，国际贸易对于不同的要素收入产生的影响。由于重心在于研究贸易对分配的影响，所以我们只需要将焦点对准参与贸易的其中一个国家即可。参与贸易的其他国家的贸易对收入分配的影响与作为分析对象的被选国家没有什么本质的区别。

考虑只有两个国家中国和泰国，两种产品分别为服装（C）、水果（F）和三种生产要素劳动 L、资本 K 和土地 T 的情况。中国在这三种要素上的禀赋量为 L、K、T。假定服装的生产使用劳动和资本（主要体现为缝纫机），水果的生产使用劳动和土地。短期以内，缝纫机不能用于水果的生产，也就是说资本是专用于服装生产上的一种专用要素。同样，短期内，土地也不能用于服装的生产，意味着土地是水果生产上的一种专用要素。但是，劳动却可以充分地在两个产业间自由流动，因此是一种流动要素。分别使用 w、i、r 表示三种要素的报酬或者说要素价格，其实就是我们通常所说的工资、利息和地租。我们将分析的焦点聚集在中国。

在三种资源禀赋的约束下，加之充分就业的假定，中国在两种产品上的生产函数为：

$$Q_C = F_C(L_C, K) \tag{4.1}$$

$$Q_F = F_F(L_F, T) \tag{4.2}$$

$$L = L_C + L_F \tag{4.3}$$

因为资本和土地的数量是固定的，我们直接在函数中使用 K、T 表示相当于资源禀赋量的特定数量，所以在上面的生产函数的约束条件中，并没有列入资本 K 和土地 T 的约束。这种约束已经隐含在函数中了。

由于模型假定所有市场，包括产品市场和要素市场都是完全竞争市场。我们知道，在完全竞争的要素市场中，企业支付给每种生产要素的价格等于这种要素在生产中创造的边际产品价值。所以有：

$$w_C = VMP_{LC} = MP_{LC}P_C \tag{4.4}$$

$$i = VMP_{KC} = MP_{KC}P_C \tag{4.5}$$

$$w_F = VMP_{LF} = MP_{LF}P_F \tag{4.6}$$

$$r = VMP_{TF} = MP_{TF}P_F \tag{4.7}$$

（4.4）式—（4.7）式表示各种要素的名义收入或者名义价格。所有产品的名义价

格内部都包含了影响商品价格的因素。排除了商品价格影响因素之后的价格，称为真实价格。

$$w_C/P_C = MP_{LC} \tag{4.8}$$

$$i/P_C = MP_{KC} \tag{4.9}$$

$$w_F/P_F = MP_{LF} \tag{4.10}$$

$$r/P_F = MP_{TF} \tag{4.11}$$

（4.8）式—（4.11）式表示各种要素的真实（real）收入。真实收入反映的就是我们通常所说的收入购买力。假定一个白领李梅梅在美的公司广州分公司和成都分公司拿到的月工资都是 5 000 元。同样是 5 000 元的月工资收入，在广州和在成都的购买力是不一样的。广州的物价水平高，所以这 5 000 元工资的购买力就比较低。因此，我们就可以说李梅梅在广州的真实收入较低。要素的真实收入等于名义收入除以价格，而且由该要素的边际产出决定。所谓的边际产出指多雇佣一个单位要素时带来的产品的增加量。任何影响要素边际产出的因素都将影响到要素的真实收入。

而从数学上来说，在使用多种要素进行配套生产的时候，其中某种特定要素的边际产出等于产品总产出对于该要素的偏导数。

$$MP_{LC} = \frac{dQ_C}{dL_C} \tag{4.12}$$

$$MP_K = \frac{dQ_C}{dK} \tag{4.13}$$

$$MP_{LF} = \frac{dQ_F}{dL_F} \tag{4.14}$$

$$MP_T = \frac{dQ_F}{dT} \tag{4.15}$$

在这里就存在一个非常有趣的现象。两种以上要素的联合生产和一种要素的单一生产，要素的贡献非常奇怪地不一样。

通常，在只使用单一要素生产的过程中，随着要素投入量的变动，总产出出现变动，要素的边际产出会跟着变动。要素投入量本身维持某种水平不变，相应地该要素的边际产出也不会变动。比如雇佣工人清扫大街，雇佣人数由 1 人不断增加到 100 人时，每天能够扫的街道的数量肯定增加，而且这不断增加的最后一名工人（即边际工人）每天多扫的街道数也是变动的。但是如果当工人数量增加到 50 人时，停止增加工人，则每天这 50 名工人能够清扫的街道数和第 50 名工人每天清扫的街道数会维持不变。

其实，我们通常讨论单一要素的边际产出时，都隐含着其他配套要素。尤其是在讨论某种要素的边际产出递减，也就是我们通常所说的边际收益（报酬）递减的时候更是这样。我们知道，在数种要素的联合生产中，只要其中一种要素的投入量维持不变，作为考虑对象的其他任何另一种要素的边际收益都是递减的。

但是，与此相对照的是，在两种以上要素的配套生产中，某种要素的使用量维持不变，该要素的边际产出也有可能出现变动。比如说，在服装的生产中，使用到资本（缝纫机）和劳动。有家名叫中山服装的小型服装生产商，像大多数企业家一样，刚开始的时候，老板的资金有限，所以开业雇用了 100 个工人，从手工作业起家。资本就只有剪刀等简单工具。后来随着资金的积累，老板就购入了越来越多的缝纫机，而且购入的缝纫机越来越高级，从人力缝纫机到电动缝纫机，从简单工序的缝纫机到拥有开扣子眼、缝边等诸多功能的缝纫机；资本的支出越来越大。在这个过程中，我们看到，工人的人数一直维持在 100 人，边际工人就是编号为 100 的那个工人。工人的边际产出，就说的是第 100 号工人每天的产出。但是随着缝纫机的添购和功能高级化，这个同样的第 100 号工人每天能够制造的服装数量会越来越多。这就意味着工人的边际产出在提高。

这里边包含的奥秘是什么呢？其实就在于多种要素的联合生产和我们对于边际产出的定义上面。某种要素的边际产出被定义为最后增加一个单位某种要素所带来的总产出的增加量。从数学上来说，其实就是总产出函数对该要素的数量求偏导数。就像前面的（4.12）式—（4.15）式所示一样。在这种情况下，某种要素的数量维持不变，该要素的边际的那一个单位也维持不变，但是其他配套使用的要素增加的时候，总产出是增加的。这样，按照定义衡量出来的工人的边际产出一定是增加的。也可以这样理解，在中山服装的例子里，工人数虽然维持不变，但是资本增加了，导致了每一个工人包括位于边际位置的那个工人的配套使用资本增加了，这提高了他的生产效率。效率的提高就体现在他的边际产出的提高上。

图 4—1 能够很好地说明这个问题。该图由上下两个坐标系合成。上面的坐标系，横轴表示劳动使用量，纵轴表示总产出。下面的坐标，横轴表示劳动使用量，纵轴表示劳动这种生产要素的边际产出。

图中上坐标系中的 Q 曲线是总产出曲线。Q_0、Q_1 分别是（4.1）式所表示的函数，在资本取值为特定值即 $K=K_0$、$K=K_1$ 时候的几何版本。下坐标系中包含了两条曲线，分别是 MP_L^0 和 MP_L^1 曲线。这两条曲线表示的是对应于上图中的 Q_0、Q_1 曲线的劳动的边际产出曲线。具体而言，MP_L^0 曲线是反映 Q_0 曲线各点的切线的斜率的一条曲线。按照定义，边际产出等于总产出曲线任何一点的切线的斜率。下图中的 M'、N' 所对应的纵坐标值就是上图中的 M、N 两点的切线的斜率。所以正好是对应的边际产出曲线。MP_L^1 曲线也是以同样的方法导出来的。

综合上下两图，我们可以得出以下结论：

（1）随着劳动使用数量的增加，总产出是增加的。这体现在总产出曲线是一条向右上方倾斜的曲线上。总产出与劳动使用量是一种正相关关系。

（2）随着劳动使用量的增加，劳动的边际产出是递减的。体现在上图中的总产出曲线的斜率越来越小，也体现为下图中的边际产出曲线是向右下方倾斜上。

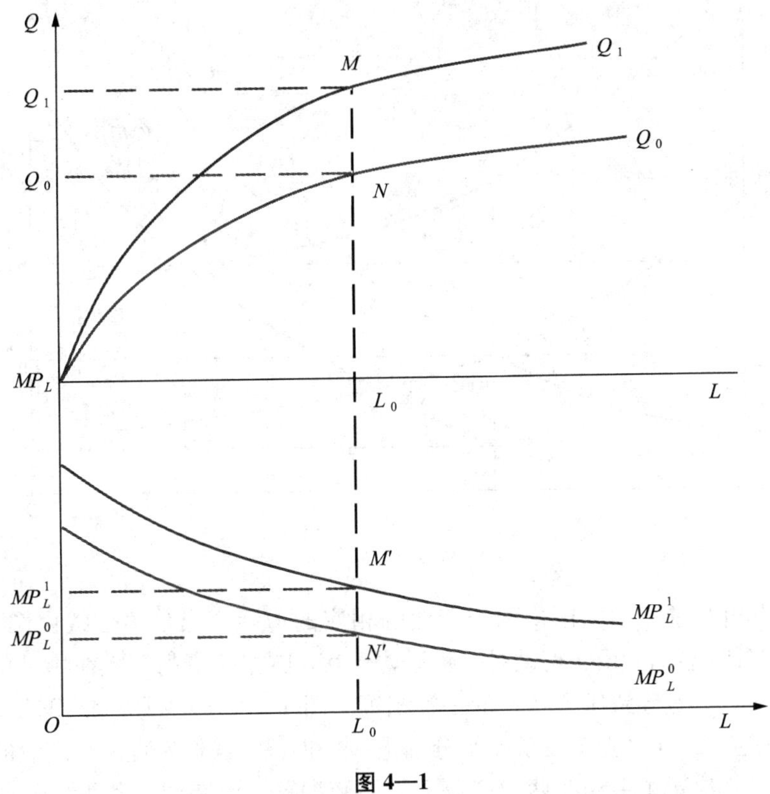

图 4—1

（3）劳动的边际产出在劳动使用量为特定的时候，如果配套使用的资本量是特定的，则是特定的。否则，即使劳动使用量维持不变，劳动的边际产出也会随着资本使用数量的增加而提高。体现在图中当劳动使用量等于 L_0 时，如果资本使用量维持 K_0 不变，劳动的边际产出为唯一的确定值 MP_L^0。但是，如果资本使用量由 K_0 增加到 K_1 时，则劳动的边际产出由 MP_L^0 增加到 MP_L^1；虽然劳动的使用量依然维持在原有水平不变。

4.1.3 贸易对流动性要素收入的影响

图 4—2 是反映服装产业和水果产业的坐标合成图。左坐标反映的是服装生产中的工资决定，右坐标反映的是水果生产中的工资决定。所以左右两个原点分别是 O_C 和 O_F。两个原点之间的长度 O_CO_F 反映了中国劳动的资源总量。图中的 VMP_{LC} 和 VMP_{LF} 分别表示服装产业和水果产业的边际产出价值曲线。边际产出价值曲线上任何一点，反映的就是边际产出价值与劳动雇佣量之间的关系；又由于工资作为劳动这种生产要素的价格，与劳动的边际产出价值相等，所以可以直接认为反映的是工资和劳动之间的关系。

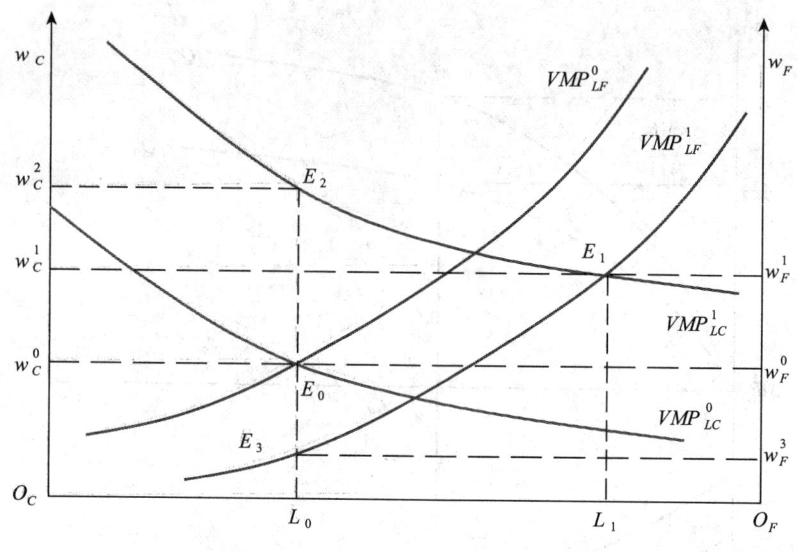

图 4—2

假定贸易开始前，中国国内两个产业的相应的边际产出价值曲线由图 4—2 中的 VMP_{LC}^0 和 VMP_{LF}^0 表示。由于劳动是一种流动要素，哪里工资高工人往哪里跳槽；当劳动市场均衡时，必定导致所有产业的工资相等。图 4—2 中 VMP_{LC}^0 和 VMP_{LF}^0 曲线相交于 E_0 点，决定了两个产业的工资水平分别是 w_C^0 和 w_F^0。我们发现两个产业的工资是相等的。同时，也决定了劳动在两个产业上的均衡配置。服装产业和水果产业的劳动配置量分别是 O_CL_0 和 O_FL_0。两者相加刚好是 O_CO_F，满足充分就业的假定。

贸易开放后，将会引起两个效果。第一是出口产品的价格将被拉升；第二是进口产品的价格将被压低。根据反映工资和边际产出价值的（4.4）式，出口产品服装的价格 P_C 上升，将导致服装的边际产出价值上升，所以图 4—2 中的服装的边际产出价值曲线将由 VMP_{LC}^0 曲线向上移动到 VMP_{LC}^1 曲线。类似地，依据（4.6）式，进口竞争产品水果的价格 P_F 下降，将导致水果的边际产出价值下降，图 4—2 中的水果的边际产出价值曲线将由 VMP_{LF}^0 曲线向下移动到 VMP_{LF}^1 曲线。

贸易后，国内劳动市场的均衡点是 VMP_{LC}^1 和 VMP_{LF}^1 曲线的交点 E_1 点。该点决定了贸易后两个产业的均衡工资分别是 w_C^1 和 w_F^1。两个产业的工资依然相等。同时，也决定了劳动在两个产业上的新的均衡配置。服装产业和水果产业的劳动配置量分别是 O_CL_1 和 O_FL_1。两者相加刚好是 O_CO_F，满足充分就业的假定。

其实，贸易引起的两个产业的工资调整是经历一个较为复杂的过程达到的。当由于出口拉动引起服装的价格上升时，中国的服装生产商会发现订单较多，现行雇用的劳动不敷需要。也就是通常所说的“民工荒”现象。而在充分就业的假定下，市场上没有任何闲置的劳动。于是，服装生产商们就会提高工资，以吸引更多的劳动转业。这个时候，对应于原来的劳动雇佣量，工资会被调高到 w_C^2。另一方面，由于进口水果的冲击，水果价格下跌，必定会压低利润，水果生产商们发现日子越来越不好过。于是她们会理性地压低工人的工资，以减缓利润的下降压力。这个时候，对应于原来的劳动雇佣量，工资会被调低到 w_F^3。在这两种力量的相互博弈下，两个产业之间将出现巨大的工资差异，势必引起较大规模的劳动移动，原先属于水果产业的工人们纷纷选择跳槽到服装产业。随着跳槽现象的不断发生，服装生产商会发现招工已经没有以前那么困难，于是慢慢将工资往下调整。相应地，水果生产商会发现如果再不提工资，所有的工人都将走空，生意将无以为继。于是她们会慢慢提高工资。只要两个产业在贸易后给出的工资水平不相等，跳槽现象不会停止。最终，两个产业方向正好相反的工资调整将使得两个产业提供的工资水平一致。劳动力经历了从水果产业流向服装产业，总量为 L_0L_1 的调整。

归结而言，可以得出结论：贸易将导致可流动要素收入的提高，而且同时会引起可流动要素由进口竞争产业向出口产业的资源配置变动。

至于贸易后劳动的真实收入是升是跌，则要看以哪种商品的价格来衡量。参见（4.8）式，以服装价格来衡量的劳动真实收入等于贸易后的劳动的边际产出 MP_L。贸易后的服装产业的劳动的边际产出是下降的。因为，贸易后，服装产业的专用要素资本的使用数量维持不变，而使用的劳动不断增加，每个工人的配套使用资本减少，所以出现边际收益递减效应。原因在于虽然名义工资上升了，但是服装价格上升得更高，所以以服装价格衡量的贸易后的真实劳动收入就下降。（4.10）式则反映了以水果价格衡量的劳动的真实收入，可以肯定是上升的。因为水果产业的专用要素土地数量不变，工人由于跳槽减少，每个工人的配套使用土地增加，出现劳动的边际收益递增效应。从数学上，也可以认为，由于名义工资增加，且由于进口的冲击而导致进口竞争产品水果的价格下跌，所以二者之比出现上升。

4.1.4 贸易对出口产业专用要素收入的影响

贸易对出口产业中使用的专用要素收入的影响可以表述为：贸易将提高出口产业的专用要素的收入水平。

图 4—3 中，横轴表示资本的使用量，纵轴表示资本的价格利息。S_0 表示贸易前的资本供给曲线；D_0、D_1 分别表示贸易前后的资本需求曲线。由于服装生产中使用到的专用要素资本的总量就是这个国家的资本禀赋总量，而且在充分就业的假定下，资本使用量维持 K_0 的水平不变，所以供给曲线是一条垂直于横轴的直线。

贸易前，资本市场的均衡点是 E_0 点，相应的资本价格也就是资本的要素收入，等于 i_0。

贸易后，资本的需求曲线由 D_0 向右移动到 D_1。我们需要永远记住，要素需求是产品需求的派生需求。因此，由于出口拉动作用，出口产品服装的需求在增加，所以会导致服装产业使用的生产要素包括资本的需求增加。资本需求曲线的向右移动正好体现了这种影响。但是，不管需求如何变动，资本的供给始终维持 K_0 的水平不变，相

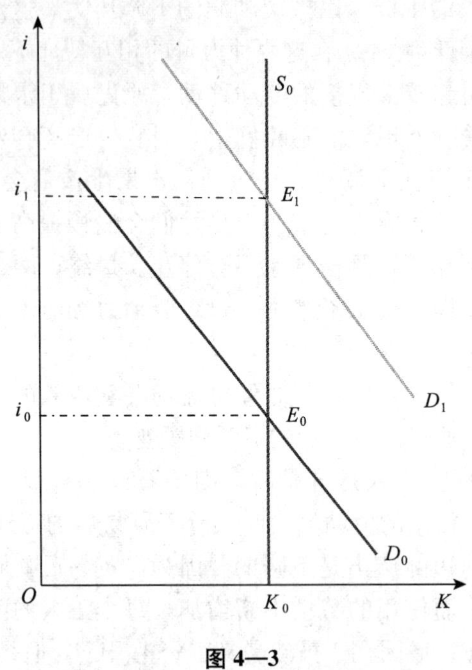

图 4—3

应地，供给曲线维持 S_0 不变。结果，贸易后的资本市场均衡点为 E_1，对应的资本价格为 i_1。相对于贸易前而言，资本价格提高了。

实际上在任何供给量固定不变的市场中，需求的变动只会引起价格的变动。就好像世界就只有一个章子怡，供给是不变的，邀请她拍电影的公司越多，导致的唯一结果只是章个人拿到的片酬更高而已。邀请姚明打球的球队越多，也只会导致姚的身价更高。

资本价格的提高也就是资本收入的提高，由于服装产业中的资本数量维持不变，而劳动大幅增加，导致了每单位资本配套使用的劳动数量提高，从而提高了资本的生产效率，资本的边际产出 MP_{KC} 提高。另一方面，出口拉动导致服装的价格提高，所以共同推高了资本的收入。从（4.5）式右边相乘的两项都增大上就可以清楚地理解这一点。

而资本的真实收入由于资本的边际产出 MP_{KC} 的提高而得到提高。（4.13）式清楚地反映了这种影响。

归结而言，贸易对出口产业专用要素收入的影响可以表示为：贸易提高了出口产业专用要素的收入；无论从名义上还是实质上都如此。

4.1.5　贸易对进口竞争产业专用要素收入的影响

贸易对进口竞争产业专用要素收入的影响可以表示为：贸易压低了进口竞争产业

专用要素的收入。

图 4—4 与图 4—3 大体上类似，只不过横轴表示土地的使用量，纵轴表示土地的租金。S、D 曲线由原来表示资本的供给和需求，变成了表示土地的供给和需求。

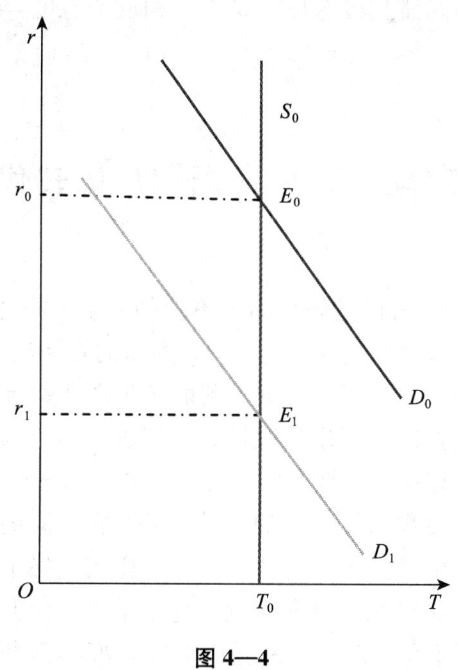

图 4—4

贸易前，土地市场的均衡点在 E_0 点，决定了土地租金为 r_0。而土地的使用量维持在充分就业水平的 T_0 不变。也就是所有土地都被使用。

贸易后，由于进口水果的挤压，对国产水果的需求下降，所以也会导致其对水果生产中使用的土地这种要素的派生需求下降。体现为图 4—4 中需求曲线由 D_0 向左移动到 D_1。由于土地资源不变，而且处于充分就业状态。土地的供给曲线维持原位置不变。新的均衡点在 E_1 点形成。新的均衡地租为 r_1，我们看到地租下降了。这种效果就类似一个已经过气的电影明星。当逐渐没有人请她拍电影的时候，片酬会逐渐下降。

从要素价格由要素生产率决定的角度来看。（4.7）式表示了名义地租的决定，关注该式右边两项。首先，由于进口水果的挤压，水果价格 P_F 下降；其次，由于服装产业工资比水果产业工资高，导致了流动要素劳动从水果产业转移到服装产业。随着配套劳动的减少，而使用的土地量不变，土地的生产率必定下降，边际产出 MP_{TF} 下降。贸易导致的结果是这两项都下降，所以名义地租必定下降。

而真实地租也会下降。因为真实地租等于土地的边际产出，土地的边际产出 MP_{TF} 下降。

归结而言，可以得出以下结论：贸易会导致进口竞争产业专用要素的收入下降；不论从名义收入还是真实收入的角度来衡量都是如此。

从上面几个小节我们可以看出，当两种产品的生产中存在专用要素的时候，贸易对不同的要素拥有者的收入存在较为明显的分配效果，而且利益格局中不是简单的资本、劳动两大利益集团。相对于所有要素都具有充分的产业间流动性的模型而言，专用要素模型更加接近现实。贸易对多种利益集团的收入产生影响的方向和程度都不同，将会导致它们对贸易持不同而且极有可能是恰好相反的态度。更加详尽的分析留待第十章具体铺开。

4.2 产品生命周期理论：生命周期与比较优势的动态变化

通常来说，一个国家的比较优势是固定不变的，至少在比较短的时期内是如此。某些产品简直就成了某个国家的名片。比如说，中东的石油产业，美国的飞机制造业，德国的机械产业，法国的葡萄酒产业，意大利的箱包产业；有些持续了数个世纪。按照古典、新古典贸易理论，这些现象都比较容易解析。因为每个国家的充裕要素在短期内通常不会发生改变。诺贝尔经济学奖获得者弗农（Vernon R.）在观察了大量的现代高科技电子产品以后，发现对于同样的一种产品，在不同的时期，却是不同的国家具有最强的竞争力并进行生产和出口的产品。这种比较优势不断在要素禀赋不同的国家之间“漂移”的现象，在传统的要素禀赋理论中是无法得到合理解析的。弗农创立了一种称为产品生命周期的理论。这种理论能够很好地解析这种“比较优势漂移”现象。

4.2.1 主要概念与理论表述

产品生命周期理论（product life cycle theory）可以表述为：产品具有生命周期；在周期的不同阶段，同一种特定产品在生产技术上所要求的要素密度会发生改变。当产品生命周期转入密集使用某种要素的阶段时，该种要素禀赋充裕的国家就相应拥有该产品的比较优势。

产品的生命周期指产品具有的类似人类一样的从出生、成长、衰老到死亡的过程。具体而言，包括产品的导入期、成长期、成熟/标准化期。

导入期（introduction）指新产品通过研发活动被发明出来，并进入市场的初级阶段。在这个阶段，这种新产品，主要是作为一种大量研究开发活动的结果而存在。因此，从生产要素的投入上，非常倚重于知识和技术。换言之，产品在这个阶段是一种知识技术密集型产品。

成长期（growth）指产品的生产技术被确定下来，市场得到较大规模扩容，供给不断扩大的阶段。在这个阶段，技术出现一定程度的扩散，相关的技术也逐渐得到发明和完善，生产商不断增加，市场需求急剧增大。生产上所倚重的生产要素是技术和资本。相应地，这种产品就变成了技术资本密集型产品。

成熟/标准化时期（advanced standardization）指产品的核心技术和关联技术已经非常系统化和成熟化，而且在世界范围内广为传播，生产上已经高度标准化的时期。由于技术已经高度成熟和扩散，产品在这个时期已经不再是高技术产品。生产上成本的差异，主要依靠大规模生产带来的规模经济效应和劳动工资的低廉。归结而言，产品一旦转入这一个阶段，就变成了一种劳动密集型产品。

依据知识、技术、资本和劳动这几种生产要素的资源禀赋不同，世界上所有国家被分为创新领先国家、先进国家和发展中国家三大类。

创新领先国家指拥有丰厚的知识、技术沉淀，在创造发明新产品上能够领先于全球的国家。一般来说，这种国家拥有最高端的知识技术型人才，在基础研究、应用研究上都走在世界前面。其实，在弗农的眼里，这种国家只有一个，那就是美国。我们知道，得益于兼收并蓄和开放的文化氛围以及稳定和有效的制度环境，第二次世界大战以来，美国在学术上一直走在世界前面，实际上长期成为世界的领袖。不单单是基础研究，大量的高校、公司和研究机构投入了大量的资金，长期不懈地坚持研究开发活动，也使得美国在绝大多数现代高技术领域的应用研究方面维持世界第一的实力。

先进国家指仅次于领先国家的一般发达国家。这些国家工业化已经完成，经济发展已经进入成熟阶段，积累了比较系统而充分的技术和资本，进入后工业化时期，它们在制造业上具有很强的能力，在管理技术和一般的工业技术开发和应用方面都显得比较成熟。其实除了美国以外，像欧洲的德国、法国、意大利、英国等西欧国家和芬兰、瑞典等北欧国家，以及日本、加拿大等国，属于生命周期理论中所指的先进国家。

发展中国家指工业化尚未完成，尚处于发展途中的国家。这些国家一般拥有大量的人口，经济发展水平较低，教育普及程度不高，资本、技术欠缺。相对来说，尤其与发达国家相比较来说，这些国家属于落后的国家。它们既包括类似中国、印度和巴西等已经有一定发展的“新兴国家”，也包括孟加拉国、埃塞俄比亚等通常被认为是世界上赤贫的国家。这些国家的一个最大特点就是：什么都缺，就是不缺人。也许这是唯一共同的长处，拥有充足而低廉的劳动力。就此而言，这些国家是典型的劳动充裕型国家。

4.2.2 产品生命周期理论的图形解析

图 4—5 可以用于解析生命周期理论。该图横轴表示时间，上半部纵轴表示出口量，下半部表示进口量。我们使用传统的 CRT 彩色电视机为例来说明生命周期理论。

图中的 t_0-t_3 时期属于创新导入期。在这个时期，产品是典型的高科技产品，生产上主要体现为研发创新活动，主要倚重的要素为知识和技术。创新国是聚集了世界顶尖科技的国家，毫无意外地成了具有比较优势的国家。利用这种比较优势，创新国大量生产和出口。在图中的 t_1 时间点，美国以外的先进国家的需求被唤起，美国开始

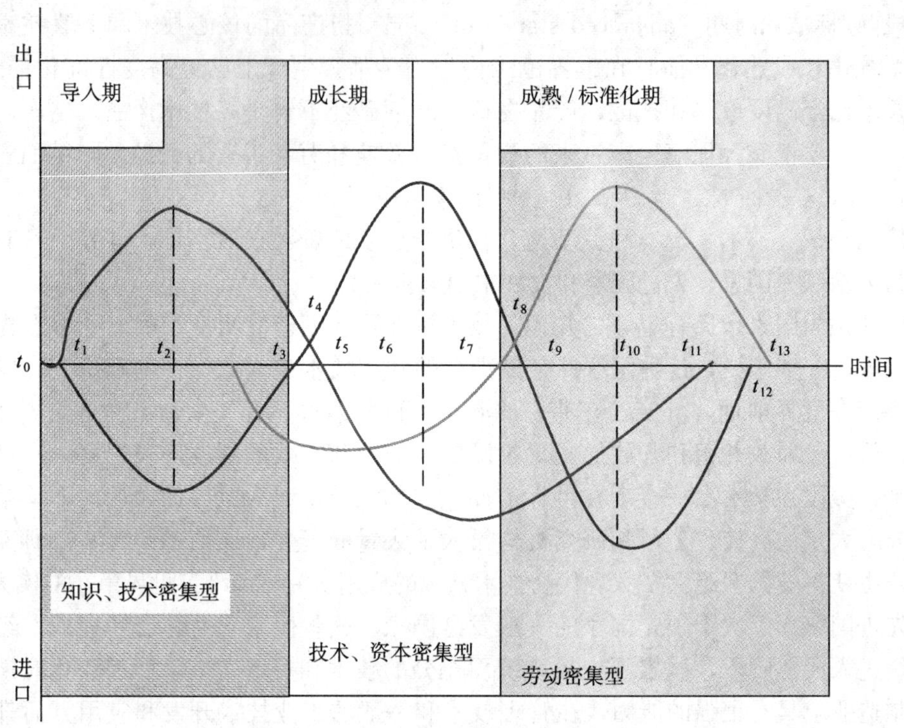

图 4—5

对这些国家出口，于 t_2 时间点达到顶峰。之后，技术开始向其他先进国家转移和扩散。稍后，发展中国家的需求也被唤起，进入进口国家行列。一直持续到 t_3 时间点，创新国一直维持最大的生产国和出口国的地位。

图中的 t_3—t_7 时期属于成长期。这个时期，随着创新国对先进国的技术转移和扩散，后者的生产技术能力扩大。核心技术被定型下来，关联的应用技术，不断在先进国家被开发出来。产品的生产主要倚重技术和资本。拥有充裕技术和资本要素的先进国家自然而然地成了这个阶段的比较优势国家。从 t_3 时间点开始，先进国家开始成为出口国，到了 t_4 时间，则超越创新国，成为世界上的主要出口国。到了 t_5 时间点，创新国开始转换成进口国。时间到了 t_6，先进国家的生产和出口都达到顶峰，劳动工资和厂房租金不断攀高，生产商面临的成本压力不断加大；经营的压力促使技术和生产都向更低成本的发展中国家转移或扩散。这个时期，发展中国家的产品普及速度不断加快，市场不断扩大。

图中的 t_7—t_{13}时期属于成熟标准化时期。在这个时期，产品的生产技术已经完全成熟，产品本身已经从昔日的高科技产品变成了普通商品。生产也高度标准化。生产的主要工作在组装环节，倚重的要素变为了劳动，产品变成了劳动密集型产品。拥有丰裕劳动力的发展中国家就成了具有比较优势的国家。从 t_7 时间开始，发展中国家开始出口，至时间点 t_8 出口超越先进国家，继而到时间点 t_9，先进国家转换成纯进口国。等到时间点 t_{10}，发展中国家的出口达到顶峰。之后，创新国、先进国和发展中国家先后出现该产品被更新的产品替代以至于消亡的现象。产品完成了全部的生命周期，走到了生命的终点。

4.2.3 小结

生命周期理论从本质上来讲，与 H-O 定理并没有太大的不同。其实，生命周期理论就是 H-O 定理的动态版本。在生命周期的不同阶段，表面上同一种产品的要素密集度不断出现动态的变化；从而成为实质上不同的另外一种产品。虽然就整个完整周期而言，没有特定国家对这种产品拥有固定的比较优势，好像与 H-O 定理相悖。但是，单纯就生命周期中任何一个阶段而言，H-O 定理依然都在起作用。通观整个产品生命周期，H-O 定理的连续作用导致了我们所观察到的比较优势在不同资源禀赋国家间动态转移的现象。

生命周期理论在很多现代产品的技术和生产的国际转移和国际贸易方面具有很好的解析能力。但是也不能对所有现代产品贸易现象进行解析。比如说，飞机制造业和半导体制造业就没有出现这种现象。从 1903 年飞机由美国的莱特兄弟发明创造出来，到现在已经过去一个世纪，美国却一直是世界飞机主要制造国和出口国。至少就现在看来，我们还看不到任何成长期和成熟期出现的迹象。而对于传统的产品尤其是资源依赖型产品来说，生命周期理论就更加缺乏解析力。不过，我们依然可以把生命周期理论看作是对比较优势理论的非常有用的补充；因为它能够很好地说明具有生命周期类产品比较优势产生的根源。

4.3 代表性需求理论：收入、需求与贸易分工

以 H-O 定理为核心的要素理论无法解析现代贸易中发达国家之间的贸易比发达国家与发展中国家之间的贸易明显更多的现实。它也无法解析产业间贸易占比越来越大的问题（严密而言，根本无法解析产业间贸易的问题）。反过来说，这是现实对 H-O 理论的挑战。而理论对于现实的解析和预测能力是其生命所在。

林德尔（B. Linder）放松了之前要素禀赋理论中国内消费者偏好完全相同的假定（用于导出社会无差异曲线），进而认为消费者的偏好是千差万别的；偏好主要取决于收入水平，并以此为基础创立了**代表性需求理论**，又称**相似需求理论**（the theory of demand similarity），或者**重叠需求理论**（the overlapping demand theory）。

4.3.1 主要概念和理论表述

代表性需求理论（the theory of representative demand）可以表述为：需求决定供给；一个国家的代表性需求培育了相应产业的竞争力，从而成就该国在该产业上的比较优势。

消费者行为与偏好。根据凯恩斯的偏好理论，消费者的偏好主要与其收入有关。凯恩斯认为，消费偏好与收入、价格、利率、财产、分配状况、制度以及风俗习惯等因素有关。其中主要的决定因素就是国民的收入水平。收入不同则偏好不同，收入相同则偏好相同或者相似。这个规律适用于国内的消费者，也适用于外国的消费者。换言之，具有相同收入的消费者，不论国籍是否相同，都具有相同或者相似的偏好。由此得出结论：两个经济体之间的收入水平越相似，则消费结构就越相似。

当一个国家和另一个国家有部分消费者的收入水平相同时，就会产生相同或者相似的需求，称为**相似需求**。

代表性需求又称为**主流需求**，指来自一个国家代表性收入阶层或者说主流收入阶层的需求。通俗来说，代表性收入阶层或者主流收入阶层也就是我们通常所说的一个国家的中产阶级阶层。

非代表性需求，又称**非主流需求**，则指来自一个国家中主流收入阶层以外的阶层的需求。其实，非主流阶层可以简单理解为中产阶级以上的阶层和以下的阶层两个部分。

另一方面，需求决定供给。每一个企业决定究竟生产什么，生产多少，是根据它所面对的市场需求来作出的。据此逻辑，两个国家之间如果具有重叠需求，则也就会有相类似的供给。相似的需求和供给，则构成了这两个国家之间潜在的贸易的坚实基础。

虽然说需求决定供给，但还存在一个量的问题。过少的需求量不会导致有效的供给，至少在国内不会形成竞争力较强的供给。波特的产业竞争力模型也证明了这一点。一个国家有竞争力的产业是那些国内竞争非常激烈的产业。合理的逻辑推理就是，一个国家的主流需求将会把这个国家的相关产业培育成强竞争力的产业，也就是一种潜在出口产业，一旦存在来自国外的需求，将变成现实出口产业。相反，国内的非主流需求，包括高收入阶层和低收入阶层的需求，由于需求量相对较少，在国内要么不足以支撑相关产业的存在，要么相关产业的竞争力也不强，这些产业将成为潜在进口产业，一旦存在来自外部的强竞争力的供给，就会变成现实进口产业。

4.3.2 代表性需求理论的几何解析

图 4—6 表示相似收入与相似需求的关系。横轴表示国民收入（y），纵轴表示产品

质量。我们以汽车产品在中国（A 国）和德国（B 国）之间的贸易问题为例来说明。图 4—6 中 *QQ* 直线表示的是消费者对产品质量的需求与他们的收入之间的关系，往右上方倾斜表示收入越高的消费者对商品的品质要求越高。

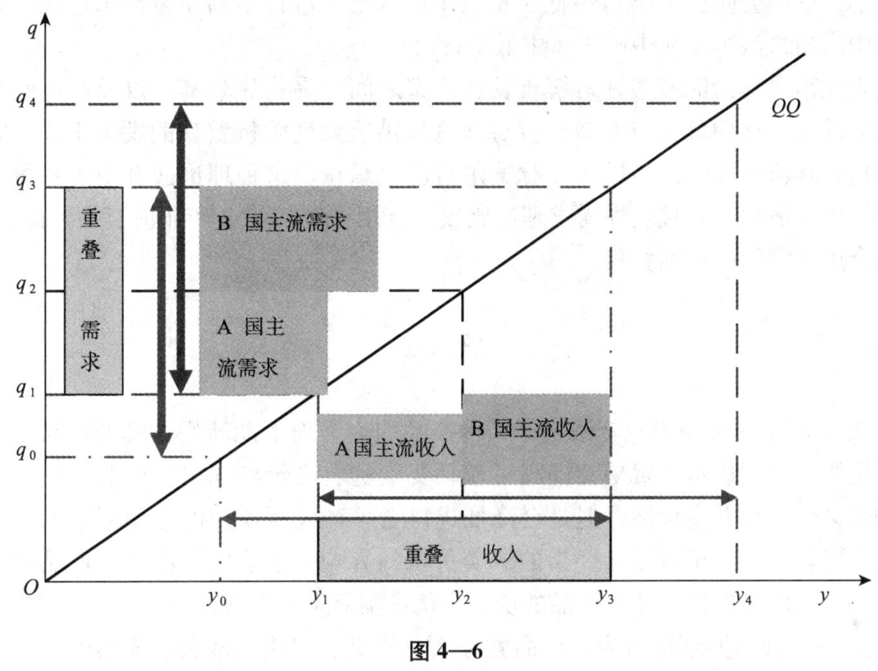

图 4—6

A 国的收入水平分布于 y_0 至 y_3 之间，*B* 国的收入水平分布于 y_1 和 y_4 之间。相应地，A 国消费者对于产品需求的分布就位于质量 q_0 至 q_3 之间，B 国的消费者对于产品的需求就位于 q_1 至 q_4 之间。

我们发现，A 国的收入分布与 B 国的收入分布有一部分是重叠的。也就是说位于 y_1 至 y_3 之间的收入段，同时属于两个国家的收入分布。我们可以把这部分收入段称为重叠收入区或者相似收入区。由于收入对需求的决定作用，必定会存在一段相对应的重叠的需求区。图中位于 q_1 至 q_3 之间的需求段就是重叠需求段，在两个国家都存在需求。我们所说的相似需求或者重叠需求就指的是这一段的需求。

至此，可以肯定的是，两个国家之间的贸易就限定于位于重叠需求区的质量从 q_1 至 q_3 之间的产品。

但是在这些潜在的贸易产品中，至于中国出口什么产品到德国，德国又出口什么产品到中国，则涉及代表性需求和非代表性需求。在图 4—6 中可以看到，位于相似需求区间的产品中，以质量 q_2 为划分标准，下半部分处于 q_1 至 q_2 之间的产品（姑且称为中低质量汽车）恰好是中国的代表性需求或者主流需求产品；而位于 q_2 至 q_3 之间的产品（也姑且称为中高质量汽车）恰好又是德国的主流需求产品。按照前面的分析，由于主流需求的支撑，中国在中低质量汽车的生产上具有强大的竞争力，这些产品是中国的潜在出口产品。而德国则在中高质量汽车的生产上培育出强大的竞争力，这些产品则是德国的潜在出口产品。另一方面，位于 q_2 至 q_3 之间的产品（中高质量汽车）却又是中国的非主流需求产品，对中国而言是潜在进口产品；处于 q_1 至 q_2 之间的产品（中低质量汽车）也恰好是德国的非主流需求产品，对德国而言是潜在进口产品。

于是，中国会向德国出口中低质量汽车，从德国进口中高质量汽车；德国则向中国出口中高质量汽车，从中国进口中低质量汽车。

代表性需求理论能够很好地解析发达国家之间贸易占比较高，以及产业间贸易越来越多的现实。这种理论与大多数贸易理论从供给角度解析贸易的发生不同，它从需求的视角来解析贸易的发生原因。林德尔自己也承认，这种理论适合用于解析工业品的贸易。更一般地说，代表性需求理论比较适合用于解析工业产业内贸易，而 H-O 理论则适合用于解析产业间贸易。

总　结

1. 专用要素是短期内只能限定于某种产品的生产而不能转用于其他产品生产的要素。专用要素模型显示：贸易会提高可流动要素的名义价格和出口产业所使用的专用要素的名义价格和真实价格，但是会降低进口竞争产业所使用的专用要素的名义价格和真实价格。贸易对于可流动要素的真实价格的影响并不确定；以出口产品的价格来衡量显示为下降，以进口竞争产品的价格来衡量则显示为上升。

2. 产品生命周期理论认为，产品就像人一样具有出生、成长、成熟到死亡的演化过程，一个周期经历导入期、成长期和成熟期（标准化时期）等三个阶段。在生命周期的不同阶段，同一种产品在生产过程中的要素密集度会相应发生改变，由知识技术密集型产品变成资本密集型产品，由资本密集型产品蜕变为劳动密集型产品。按照要素密集度标准来划分产品种类的话，表面上的同一种产品，实质上在不同的阶段蜕变成不同的产品。在每一个阶段，H-O 定理都依然成立；但是就整个生命周期而言，比较优势表现为在拥有不同要素禀赋的国家之间进行“漂移”的现象。实质上，生命周期理论是要素禀赋理论的动态版本。

3. 代表性需求理论说明：一国的代表性需求培育了国内相应产业的竞争力，从而成就了该国在这些相关产业上的比较优势。简单来说，代表性需求就是国内市场的主流需求，即源自一国的主流收入群体的需求。在收入决定需求、需求决定供给的逻辑下，一国的主流需求将会形成足够大的规模以至于能够孕育、培养国内相应产业的生产商，使得这些产业具有越来越强的竞争力，最终成为该国具有比较优势的产业。一国的非代表性需求则会成为一国的潜在进口产业，源自存在国内需求但是不足以培育出有足够竞争力产业的现实。这种需求的不足，最终使得相关产业成为该国的比较劣势产业。代表性需求理论是第一个从需求的角度解析一国比较优势起源的贸易理论。

思考与练习

1. 太平洋上一岛国只生产两种产品椰子和粗布，生产椰子需要劳动和钩刀，生产粗布需要劳动和织布机。椰子卖 1 美元一只，粗布是 10 美元一米。各个产业都按照生产效率的高低雇用要素，所有要素都能够充分就业。两个市场都是完全竞争市场。开始状态，椰子产业所雇用的最后一名工人每天可以生产 50 只椰子，织布工人每天可以织布 2 米。请回答以下问题：

(1) 开始状态下，椰子产业和粗布产业的名义日工资各为多少?

(2) 开始状态下，椰子产业和粗布产业的真实日工资各为多少?

(3) 劳动可以充分流动，由哪一个产业流向哪一个产业? 为何?

(4) 劳动在得到充分流动以后，椰子产业和粗布产业的名义日工资会发生什么变化? 真实日工资又会发生什么变化?

(5) 假定椰子产业所雇用的工人越来越多，则工人的劳动生产率会如何变化? 边际产出、名义工资和真实工资又如何变化?

(6) 假定钩刀的数量变得越来越多，而且由原始的短柄钩刀变成可伸缩的长臂半自动新钩刀。工人站在地上通过拉动伸展长臂上的绳索就可以使用新钩刀摘取椰子。则椰子产业工人的劳动生产率会发生什么变化? 真实工资和名义工资又会发生什么变化?

2. 假定上题中的岛国和中国开展了贸易。该国出口椰子到中国，从中国进口粗布。回答以下问题?

(1) 岛国上工人的名义工资和真实工资会发生什么变化? 为什么?

(2) 岛国上钩刀出租者的名义收入和真实收入将会发生什么变化? 为什么?

(3) 岛国上织布机出租者的名义收入和真实收入将会发生什么变化? 为什么?

3. 如果世界上只有三个国家，美国、德国和中国。它们分别是知识、资本和劳动充裕的国家。磁带式录音机曾几何时，是世界上的高科技产品；现在则早已被录音笔、手机、MP3 等产品所取代。不管你是否了解磁带式录音机的历史，参照生命周期理论，推理出录音机从发明到消亡整个过程的发明、生产、出口历史，并请说明理由。

4. 为什么说生命周期理论和 H-O 定理之间没有本质的区别? 请解析。

5. 解析一国代表性需求、市场规模和该国的比较优势之间的关系。

6. 使用代表性需求理论解析为什么中国向德国出口中低端汽车，而德国向中国出口宝马、奔驰等高档汽车?

7. 使用代表性需求理论解析为什么中国的山寨手机天下无敌?

案例与资料

改革开放30年来中国的劳动收益变化

改革开放以来，中国强力推进国际贸易。国际上的制造业企业纷纷在中国设厂。招聘了大量中国工人。与此同时，中国国内的本土制造业也开始蓬勃发展，国内出现大量生产外贸产品的工厂，大量的农民都进城成为产业工人。整个国家尤其是珠江三角洲和长江三角洲，成为名副其实的“世界工厂”。直到最近，劳动密集型产品一直是中国具有比较优势的产品。即使是表面上出口的高科技产品，其实也只是我们从事了其中的劳动密集型生产环节的生产而已。“中国制造”的商品源源不断地运往世界各地。

劳动作为短期内可流动的要素，而且也是中国的充裕要素，无论按照斯托尔帕-萨缪尔森定理，还是按照专用要素模型的结论，其收入会因为贸易的增多而提高。至少理论上的推论如此。

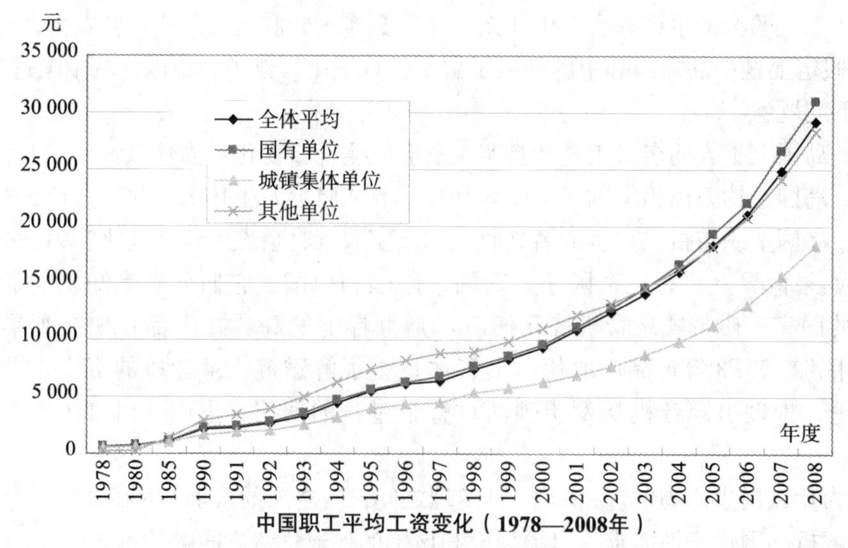

中国职工平均工资变化（1978—2008年）

使用国家统计局《中国统计年鉴》(2009) 的数据，我们看到中国职工平均工资在30年间出现了大幅度的增长，符合以上的推论。

但问题是，支撑中国成为世界工厂的中坚力量——民工的工资，并没有统计入年鉴之中。事实上从20世纪90年代中期至21世纪10年代中期，珠江三角洲和长江三角洲的民工工资几乎就固定在月工资1 000元左右。直到最近两三年，随着“民工荒”现象的出现和加剧，民工平均工资才出现较大幅度的上涨。至2010年，民工的平均月工资大概上升到 1 500 元左右。冷静观察，这不能不称为一种现实倒逼下的工资增长。

那么，我们不得不问：20 世纪 90 年代中期以来长达 10 年的工资无增长又是如何一种结果？是什么原因导致了现实与理论相悖？

其实，中国的现实未必就与理论所要求的前提条件吻合。至少，就理论假定中所要求的充分就业一条而言，中国劳动就业率远远不能满足这个假定。众所周知，改革开放前中国存在大量的隐性失业。这种隐性失业绝大部分存在于中国的广大农村之中。在改革初期，如果按照西方的统计标准，中国至少存在数亿的失业者。

农村以家庭联产承包责任制为核心的改革与城市用工制度、进城制度的相关改革，解放了大量农村闲置劳动力。当国际资本和中国本地资本利用改革开放的机会急速在城市扩张时，招募配套使用的劳动就如同从一个巨大的劳动水库中取水一样；好像取之不尽，用之不竭一般。正是这种无穷的劳动供给，导致了长达 10 年的民工工资冻结期。

贸易尤其是出口增长导致的劳动需求的增加，本来会必然地带来对于劳动需求的增加，从而导致劳动价格即工资的上升。但是另一方面，旧制度下造就的巨大劳动水库也源源不断地补充着城市产业的劳动供给。如果对劳动需求的增长与对城市劳动的供给以同等幅度增加，就会形成一个动态的均衡价格，而且其结果是劳动价格维持不变。

2010 年以来位于广东深圳市的富士康公司、位于广东佛山市的本田零部件公司的以提高工资为目的的罢工事件成为全国的标志性事件。这可看作是“民工荒”现象的最高潮演出。这一系列的现实，导致了较为快速的民工工资上升。从现在开始，中国的现实会渐次满足斯托尔帕-萨缪尔森定理和专用要素模型的前提条件，我们也应该可以观察到与理论推导相一致的结果。

资料来源：部分数据来自《中国统计年鉴》。

CRT 彩色电视机的生命周期

CRT 电视于 1925 年被发明创造出来。同年英国人贝尔德发明了机械式电视，美国人斯福罗金发明了电子式电视。1940 年美国人古尔马发明了彩色电视机。1951 年，同样是美国人发明了彩色显像管；之后晶体管电视机、集成电路电视机、电子调谐功能电视机，不断在美国被发明。大体上可以认为从 1940 年到 20 世纪 70 年代中后期，相当于 CRT 彩色电视机的创新导入期。

就 CRT 彩电而言，20 世纪 70 年代末到 20 世纪 80 年代末，就相当于成长期。日本于 1972 年开发出彩色投影机，1981 年开发出便携式电视，1984 年制造出相当于 210 英寸的“宇宙电视”，1985 年制造出相当于 1 857 英寸（屏幕大约 1 000 平方米）的超大型彩电。可以说，日本在这个阶段达到了世界的顶峰，整个 20 世纪 80 年代，日本成为世界最主要的CRT彩电出口国。其他的先进国家如德国、法国和荷兰也有不少的出口。之后生产向海外转移，先是东南亚、墨西哥，之后是中国。

20世纪90年代中期开始，CRT彩电产业进入了成熟标准化时期。中国作为一个劳动充裕型国家，毫无意外地获得了比较优势。中国天津712厂于1958年制造了第一台北京牌黑白电视机，1970年制造了第一台彩色电视机。三年后，开播彩色电视节目。真正的发展是在改革开放后。1978年上海电视机厂（现在的上广电前身）引入第一条彩电生产线，1982年投产。之后，咸阳彩色显像管厂投产，开始进入急速扩张阶段。1985年电视机生产量1 663万台，超越美国，仅次于日本，成为世界第二；1987年国产电视1934台，成为世界第一。20世纪90年代初，企业大规模扩产彩电；1996年开始打价格战，导致外资品牌彩电在中国的市场份额急速下降。产业洗牌结束后，TCL、长虹、康佳、创维成为“四大天王”。2004年彩电总销量3 500万台，达到顶峰，进入黄宏生所称的白菜价时期。2005年开始，平板彩电开始进入中国主要城市的市场。先后在2007年前后，美国和日本等创新国的市场上，传统的CRT彩电全面被平板彩电超越，进入生命周期的最后时光。中国也被认为将于2010年进入全面的平板彩电时期，CRT彩电的时代宣告结束。其他的更为落后的亚非拉国家，CRT彩电消亡的日子也为期不远。整个20世纪90年代的中后期，中国成为世界CRT彩电的主要生产和出口国。

资料来源：百度百科。

台式机风光不再

很多年前，在电视上经常可以看到台式电脑的销售广告，而高昂的价格也让许多人望而却步，购买一台新款台式机成为心底那份追求新潮产品的愿望。现在的电脑销售广告，不再有主打台式机的，大都是针对笔记本系列的电脑，或者是针对新款的处理器，台式机已经不再有多年前的风光。这是因为个人电脑产品更新换代的速度很快，台式电脑已经进入了生命周期中的成熟标准化时期，不能给电脑厂商带来丰厚的利润，电脑厂商为了维持它们的利润而不再像以前那样重视台式电脑的营销与宣传。

1981年8月12日是一个普通的日子，但对全球计算机产业来说则是一个值得纪念的日子。在这一天，IBM公司正式推出了全球第一台个人计算机——IBM PC，该机采用主频4.77MHz的Intel 8088微处理器，运行微软公司专门为IBM PC开发的MS-DOS操作系统。这开创了个人电脑使用的新时代，价格便宜、体积小、使用方便、运算能力强大的特点使得个人电脑的市场发展得很迅速，1984年个人电脑已经进入了美国的很多家庭，形成了一个很大的市场，而IBM为使整个个人电脑行业健康发展，向别的厂商开放了标准，现在已经被惠普收购的康柏以IBM的兼容机为卖点，抢占了市场的不少份额。而以用户亲和力高、忠诚度高著称的另一 IT 业巨子苹果公司也同时推出了独有的 PC—MAC 机，台式机在那个时候前途无量，大批现在的 IT 业巨头在那个年代迈出了成功的第一步，英特尔和微软这两个现在的 IT 业巨无霸在那个时候已经崭露头角。在这个时期，美国大量地研发和生产台式电脑，向世界各地以高昂的价格出口，传播着个人电脑这一划时代的产品。

随着台式电脑的应用变得广泛，日本发挥了自己善于改良的优点，为个人电脑的应用与发展也作了很大的贡献。日本利用自己在机器人研究方面的优势，为个人电脑带来了不少的改良，索尼公司在 1981 年推出了 3.5 寸的软驱系统，此系统在很长的一段时间内都是个人电脑的标准配置。随着美国的生产技术越来越成熟，订立的行业标准越来越容易操作，日本的个人电脑业务也开始引入美国的技术，利用自己充足的资金和有特点鲜明的制造系统也在个人电脑这一行业发展出东芝、NEC、索尼很有实力的公司。

随着应用软件数量的增多和生产技术的进一步发展带来生产成本的下降，台式电脑在全球的热度上升，成为人类处理信息最重要的终端。伴随着互联网的普及，销量也达到一个新的高度。美国的电脑厂商开始把台式电脑配件的生产放到中国台湾等劳动力较为便宜的地方。

当技术更加成熟，行业的标准也更加容易执行后，台式电脑的整机生产更多是分成许多部分，把劳动密集型的那部分搬到具有比较优势的地方如中国台湾、韩国生产。这个时候的台式电脑生产与以前相比，利润空间已经下降很多，而用户买来零件自己组装的 DIY 方法也因有了大量充足的零件支持而变得相当普遍。

随着利润的进一步下降，中国台湾、韩国的许多个人电脑的生产线都开始搬到中国的广东一带。这个时候台式电脑已经彻底式微，给厂家带来的利润远远不如笔记本电脑，产品的生产也是全球都用一个标准，许多有实力的美国厂商都不把主要的力量放在生产台式电脑上，除了苹果的 MAC 机以外，其他 PC 机都是以打价格战为主，利润空间进一步下降，主要的生产国已经变成了印度、中国这种发展中国家，台式机的风光已不再。

资料来源：《维基百科》。

中国山寨手机的国际竞争力

如果你去过深圳的华强北路的手机交易市场，一定会被那沸沸扬扬的交易场面吓到：各种款式的手机被装进一个个大袋或者是大箱子里，由操着不同语言、有着不同肤色的各国人拉上货车，从南海运向世界各地……

2006 年，自从中国台湾的联发科技开发了 MTK 平台，手机这一产品再也不存在核心技术一说，中国的山寨手机迎来了发展的春天。生产商利用联发科技芯片，配上手机外壳和电池，就可以组装出一款手机。如此简单的手机生产方式，使各行各业的人士都加入手机生产的行列。2007 年以来，在深圳电子市场上，国际品牌手机或者国内品牌手机高仿后仅几百块钱就可买到，拼装这些手机的厂商既不是地下加工厂，也算不上正规军，这些手机以价格便宜、造型独特、语言世界化、手机电池容量大、研发速度快等优点异军突起，是我们平常在广告上见不到的各种各样陌生的机器，所以它们得了个外号叫山寨手机。

山寨手机的推出极为震撼国内的市场，特别是 2007 年 10 月，国家实施了长达 9 年的“手机牌照”制度取消，给山寨机取消了上牌的苦恼，山寨机的产业发展从此走上一条高速发展的道路。一条分工明细的山寨手机产业链正在逐渐形成，从专门设计电路、专做主板设计到外观设计、元器件制作，从专门做整合、国包到省包、地包销售，手机产业分工日益精细化，形成了一个很有生命力的产业，山寨机在国内的火爆销售情况令人咋舌。

分析山寨手机在市场异军突起的原因，可以概括为：一是产品有特点，也就是价格便宜，外形比较好看或新颖，名字个性化，满足了一部分人的消费需求；二是推出新产品的速度极快；三是成本低。在广东、深圳，不用注册登记，不用办理入网许可证，直接照搬其他公司的手机方案，再到市场采购手机所需的材料，然后租用别人的厂房设备或者进行手工组装就可以生产上市了。

归根结底，山寨机热卖的原因是它的出现满足了中国真正主流消费人群的需要。中国的社会结构并不是一个中产阶级占大多数的情形，而是中低收入人群占绝对数量上的优势。对基数庞大的中低收入人群来说，山寨机价格低而富有个性化的外表最切合他们的需求，他们成为山寨机的主要消费人群。为了争取这部分虽然不富有但是数量庞大的消费群体，山寨机厂商之间展开了激烈的竞争，形状各异而又功能强大而且安全性不断提高的山寨机层出不穷，令人眼花缭乱。根据波特的理论，国内竞争激烈的行业是一个国家真正具有竞争力的产业，山寨机在激烈的国内竞争中形成了款式多、功能多、设计满足客人要求、更新速度快的特点。

当山寨机走出国门的时候，激烈的国内竞争造就的特点令中国的山寨机很快也在国外市场具有很大的竞争力。在大多数国家为发展中国家的亚非拉地区，主流的消费群体就像中国一样，都是中低收入人群，对物美价廉的山寨手机也有着强烈的需要。巨大的国内需求早就使山寨机锻炼出一身本领，面对这些数量庞大的亚非拉的订单，山寨机游刃有余，高峰期在深圳一天就能产出超过十万的山寨手机，在加纳、尼泊尔等国，来自中国的山寨手机就是物美价廉、样式新奇有趣的代名词。

中国山寨手机奇特的创新在世界手机市场上杀出属于自己的血路，而山寨手机之所以能具有那么强的竞争力就是因为先有竞争激烈的国内市场作为山寨手机的试练场，能走出去的都是身经百战有着强大竞争力的山寨手机厂商。

资料来源：刘娜：《破坏性创新的跃迁模型：山寨手机的市场行为个案解析》，载《北方经济》，2008 (12)。

第五章

基于规模经济的比较优势理论

学习目标

- 理解内部规模经济和外部规模经济的概念；
- 掌握规模经济存在场合关于贸易收益与分工的 PPF-IC 框架分析方法；
- 理解内部规模经济是如何导致了一国相关产业的比较优势；
- 理解外部规模经济是如何导致了一国相关产业的比较优势；
- 理解存在规模经济情况下，一国相关产业先发优势的形成及其自我强化的过程和逻辑，以及干中学效果对先发优势的强化作用；
- 理解异质产品产业内贸易与同质产品产业内贸易发生的原因及收益。

国际贸易理论在要素禀赋理论出现以后，形成了表面上比较完美而系统的新古典贸易理论体系。但是，随着国际贸易实践的深入，逐渐出现了越来越多的要素禀赋理论所无法解析的贸易现象，而且也有着相当多的实证分析与该理论不相吻合甚至相悖。比如说，产业内贸易尤其是同质产品的贸易，在 H-O 理论看来连发生的可能性都没有，更不用说解析了。为了解析新的贸易现象，后来的经济学家大多放宽了要素禀赋模型中的假定，以求贴近现实。20 世纪 70 年代末，以克鲁格曼为主的经济学家通过这种尝试，成功地使停滞了 60 多年的国际贸易理论有了较大的突破。这些理论被克鲁格曼称为新贸易理论。

克鲁格曼等人主要放弃了要素模型中的完全竞争市场与规模报酬不变假定。在此基础上，创立了以规模经济为基础的贸易理论。基于规模经济的贸易理论，与要素禀赋理论一样，都没有撼动李嘉图的比较优势理论的基石性地位。相反，它们都是李嘉图比较优势理论的重要补充。主要的贡献都体现在说明了比较优势得以形成的源泉。只不过他们是从不同的角度来说明这种源泉而已。

规模经济贸易理论（the trade theory based on scale economy）可以表述为：在存在规模经济的产业，一个国家的企业规模更大或者处于集聚状态的产业规模更大，将会导致该国在该产业上更低的生产成本，从而成就该国在该产业上的比较优势。

基于规模经济的贸易理论的主要思想是揭示了比较优势的又一个重要起源，规模经济可以成为一个国家在某种特定产业上比较优势的来源。与要素禀赋理论、生命周期理论和代表性需求理论一样，本质上基于规模经济的贸易理论也是用于解析比较优势起源的理论。

5.1 规模经济：内部规模经济与外部规模经济

规模经济（scale economy）指由于生产规模扩大导致产品的平均成本下降的效应。有时候，规模经济又被称为规模报酬递增（increasing returns to scale）。马歇尔以企业内部还是外部为标准，把这种规模导致的成本下降效应分为内部规模经济和外部规模经济。

内部规模经济（internal economy of scale）指由于企业内部生产规模的扩大导致的产品平均成本下降的效果。

外部规模经济（external economy of scale）指由于企业外部存在正的外部性，产业生产规模扩大导致企业的产品平均成本下降的效果。

图 5—1 横轴表示单个企业的产品的生产量 Q，纵轴表示该企业生产的产品的平均成本 AC。图中的 AC 曲线表示单位产品的平均成本与企业的总产量之间的关系。由于存在（内部）规模经济，所以这条曲线是向右下方倾斜的。

首先把焦点放在曲线 AC_0 上。我们看到，当企业的总生产量为 Q_0 时，每个产品的平均成本为 AC_0，当总生产量为 Q_1 时，平均成本为 AC_1。当企业的生产量也就是生产规模扩大时，平均成本是下降的，这种效果就是内部规模经济。在几何上就表现为随着生产量的扩大，企业单位产品的平均成本沿着同一条平均成本曲线下降。其实，内

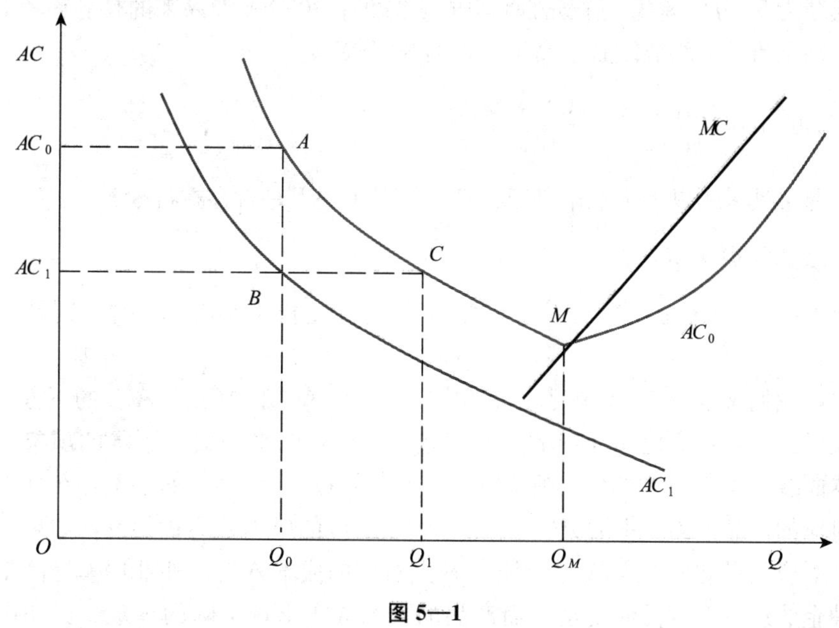

图 5—1

部规模经济的存在就体现在企业的平均成本曲线向右下方倾斜上。比如说广汽公司年产 10 万辆汽车的时候，每辆车的平均成本是 8 万元，当产量扩张到每年 100 万辆时，每辆车的平均成本下降为 5 万元。

内部规模经济的存在，源于产量扩张时每个产品摊销的固定成本下降。因为产品的平均成本包括了平均可变成本和平均固定成本，参看下面的（5.1）式。

$$AC=AVC+AFC=VC/Q+FC/Q \tag{5.1}$$

长期平均成本曲线是一条 U 形的曲线，存在一个最低点 M 点（也有可能存在一个线段），该点对应的产量为 Q_M。而且边际成本曲线 MC 穿过该点。当产量低于该点对应的产量 Q_M 时，存在规模经济；当产量超过了 Q_M 时，反而出现了规模不经济（成本随产量扩大而上升）。平均成本曲线向右下方倾斜部分是存在规模经济的，向右上方倾斜部分则存在规模不经济。表现在图 5—1 中，前者是 AC 曲线在 MC 曲线上方，后者是 AC 曲线在 MC 曲线下方。

其实，我们也可以从数学的角度去理解这个问题。因为单位产品的平均成本，等于总成本除以产量。当企业的生产量为 Q 时，用 C、MC 分别表示总成本和边际成本，Q_i、MC_i 表示第 i 个产品，则总成本 C 等于产量为（$Q-1$）时的平均成本 AC_i 乘上 i，加上最后一个产品的边际成本。如果最后一个产品的边际成本等于之前的平均成本，则增加这么一个产品不会导致 AC 变化；如果最后增加的这个产品的边际成本小于之前的平均成本则必定导致平均成本 AC 下降；如果最后增加的这个产品的边际成本大于之前的平均成本则必定导致平均成本 AC 上升。就好像一个班上的平均成绩为 80 分，如果来了一个成绩为 80 分的插班生，包括他在内的全班平均成绩依然是 80 分；如果来的是个成绩为50分的差生，全班的平均成绩将低于80分；如果来的是能够考100分的尖子生，则全班的平均成绩必定高于原来的80分。

$$AC_{i+1}=\frac{C_{i+1}}{Q_{i+1}}=\frac{i\times AC_i+MC_{i+1}}{Q_{i+1}} \tag{5.2}$$

所以通常就采用以下标准来判断在某个产量水平上是否存在规模经济。

$$t=AC(Q)/MC(Q) \tag{5.3}$$

如果 $t>1$，则存在规模经济。$t<1$，则存在规模不经济。$t=1$，则是规模报酬不变。

其次，我们观察图5—1中另一条平均成本曲线 AC_1。AC_1 在 AC_0 的下方。当存在外部规模经济时，就出现在任何的生产产量下，企业的平均成本下降的现象。体现为平均成本曲线向下移动。当企业维持原来的生产量 Q_0 不变时，如果不存在外部规模经济，则对应的产品平均成本为 AC_0 曲线上 A 点对应的成本 AC_0；相反，如果存在规模经济，则对应的平均成本为 AC_1 曲线上 B 点对应的成本 AC_1。外部规模经济正是用于表示这种企业产量没有任何变动，而产品的平均成本出现下降的现象。比如广汽依然维持年产汽车10万辆时，每辆车的成本由原来的8万元下降到5万元的现象。

外部规模经济可以使用以下数学式加以判定。

$$Q_i=Q^TF(L_i,K_i) \tag{5.4}$$

$$Q=\sum_{i=1}^{n}Q_i$$

$$0<T<1$$

其中，i 代表第 i 家企业。Q_i 表示企业 i 的生产量，Q 为产业的生产量。L_i、K_i 分别表示企业 i 在生产中投入的劳动和资本。只有当 T 为零时，Q^T 等于1，企业的产出与产业规模无关。T 大于零时，企业的产出与产业规模正相关。当 T 越接近于1时，外部规模经济越大。

需要强调的是，外部规模经济与内部规模经济没有必然的联系。图5—1中我们看到的是存在内部规模经济的产业，出现了外部规模经济。但是，如图5—2所示，存在内部的规模报酬不变或者规模不经济的产业，外部规模经济照样可以存在。

图5—2中，如果平均成本曲线如 AC_2 和 AC_3 所示为水平直线，则显示平均成本与产量无关，也就是企业生产上存在规模报酬不变。如果 AC_0 和 AC_1 如图所示为向右上方倾斜的曲线，则显示平均成本随着产量增加而上升，也就是企业生产上存在规模报酬不经济。但是，就算是在这两种情况下，如果存在外部规模经济，企业在生产量为 Q_0 时，产品的平均成本依然会由 A 点对应的 AC_0 下降到 B 点对应的 AC_1。

企业内部的情况都不变，为什么单位产品的平均成本就下降了呢？现代的产业尤其是高端的技术产业需要专业的设备、服务和人才以及高度专业的技术和生产技巧。

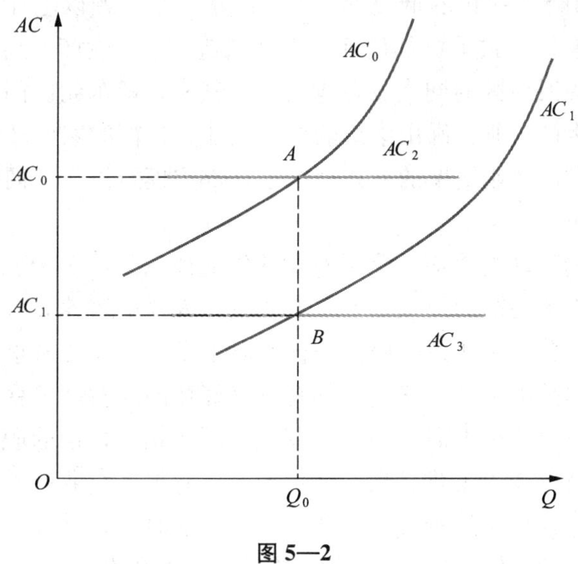

图 5—2

当同类企业集中在同一个地域的时候，就形成产业集聚（industrial cluster）。只有在产业集聚的状态下，才能较好地满足现代产业的发展需要。马歇尔将外部规模经济归于专业化供应商、劳动池效应和技术溢出三个源泉。

专业化供应商体系的形成。现代产业的发展所需要的专用设备、零部件和专业服务，有两个途径可以提供。一个是单个企业内部制造生产，另一个是由外部的专业供应商进行委托生产。当采用第一个途径时，企业可能变得非常巨大，导致管理成本居高不下。另外，由于自己内部制造的专业设备和零部件只供应企业自己使用，生产量必定有限，如果这个产业属于存在内部规模经济的产业，成本也就会有可能高到无法接受的程度。所以，委托生产的外包方式应该是一个适当的方式。可以有效避免内部制方式下高额的企业内部成本。但是，如果一个地域只有一家企业，就算是这家企业愿意外包了，承包的供应商也极有可能因为生产量太少而不能维持经营。因此，大量的同类企业的集聚，就可以形成足够大规模的专用设备市场、专用零部件市场和专用服务市场。在足够大市场的支撑下，专业的供应商才具备条件开始和维持经营。而且在市场足够大的条件下，可以培育出一批专业供应商，这些专业供应商相互之间展开竞争，从而可以导致专业技术的快速开发和成本的有效下降。

美国硅谷在半导体产业方面的巨大的竞争力，与这种专业化供应商体系的形成分不开。原来的一些在大公司中就职的员工，经常会选择在某个合适的时机，离职独立创立企业。这些新创立的企业有相当多的部分都是从专业化供应商开始的。然后，这些专业化供应商和最终产品企业之间就可以形成稳定而有效的发包和承包关系。

中国的深圳—东莞产业带，聚集了大量的电子产业企业，形成了非常高效的产业配套生产体系。所以，我们发现所谓的“山寨”现象出现在这些地域，而不是出现在中国的其他地方。撇开法律问题不谈，“山寨”手机体现了非常高的产业生产效率。这种高效率导致了“山寨”手机的低成本，是“山寨”企业赖以生存的基础。大量的专业供应商的存在，使得一款手机从设计、模具制造、正式生产，到走上柜台销售，需要的时间比其他非集聚地区的同类企业少得多。其实，像东莞虎门镇的服装产业、广州新塘镇的牛仔服生产产业、佛山南海的纺织企业、顺德的家电产业和中山的灯饰产业，无不是以充分利用产业集聚的方式获取了外部规模经济，从而构建了珠江三角洲世界工厂的强大竞争力。

专业技术人才的劳动池效应。除了专业的供应商以外，对于现代生产来说，专业的技术人才是另一类很关键的投入要素。专业技术人才的培养和维持，需要一个稳定的雇佣市场。但是与普通劳动力的雇佣一样，对于专业人才的需求也是一种产品市场需求的派生需求。但是由于每一家企业都有景气好坏的经营动荡变化，产品的需求是高低起伏的，也就导致其派生需求的起伏变化。不能相对长期的职业雇佣，会导致专业人才的培养和维持都变得艰难。当一个地域，仅有单个企业的时候，对于专业人才的雇佣就完全依靠这家企业的景气的好坏。景气好的时候，就有可能雇佣不到所需的足够的人才；景气坏的时候，就有可能导致专业人才被解雇。

其实，如果出现较为长期的景气低迷，专业人才市场萎缩以后，有时候很难重新启动，导致人才“断代”现象的出现。广州的陈家祠是广州市内最出名的文物保护点，以石雕、木雕、灰雕和砖雕著称于世。而且砖雕工艺与全国其他地方的砖雕都不相同。其他地方的砖雕是先雕后烧，陈家祠的是先烧后雕。但是新中国成立后，由于其他相类似的建筑纷纷被拆除，对于这种独特的砖雕技术的需求大规模萎缩，加之20世纪50年代的社会主义改造，导致老一批工艺匠人失业和去世后，砖雕工艺无人为继。现在连修理都比较困难。

当大量的同类企业聚集在一起的时候，不同企业的景气水平差异会相互抵消，就好像保险市场众多买保险人的加入相互抵消了风险一样。从单个企业来说，景气变动依然没有改变，但是就产业的角度来看，景气变动被有效地熨平。特定企业外部的其他企业组成了一个有效的专业人才蓄水池。景气好的时候，可以自由从中取用，景气差的时候，向其中排放。像美国加州的硅谷，一个工程师周五被现在雇用的公司解雇，却可以在下周一被另外一家同类企业雇用。产业集聚有效防止了人才断代的现象，维持了产业发展的长期人才环境。

技术溢出效应。生产技术包括两个层次，一个是主要的制造技术，物化于产品上的技术；另一个是生产制造过程中的窍门、秘方、技巧。前者往往以专利登记形式予以保护，后者则是非系统的知识技巧，一来难以描述，二来难以申请专利保护，而且就算可以申请，掌握的企业也不愿意申请。所以前者易于为其他同类企业相互借鉴，甚至于可以通过解剖新产品进行逆向开发。所以在产业的聚集地和非聚集地设厂的企业，受到的影响大体上是相同的。当然，聚集地内的企业还可以先人一步，毕竟是存在“近水楼台”效应的。但是，第二种技术也就是技巧类技术的传播就相当困难。只有实际工作者之间的直接沟通，才可以实现有效的溢出和相互影响。在这个方面，产业集聚地和非集聚地就出现非常巨大的落差。设厂于非集聚地的企业，将不能有效得到这些非正式的技术。现代的高科技产业中，由于专业化分工非常之细，不同的技术分散在不同的水平或者垂直分工企业中，只有各种各样新技术尤其是关联技术、技巧的经常碰撞，才可能加快整套新技术的出现。因此，产业集聚将为集聚地内各家相关企业带来比较明显的技术溢出效应。

其实除了以上三个主要的领域外，产业集聚还有相当多的包括其他公共设施、公共信息等领域的“共享”，正是这些共享产生了外部规模经济效应。

5.2 规模经济与贸易收益：一般均衡分析

在存在规模经济的时候，不管是外部规模经济还是内部规模经济，一个国家的相应的 *PPF* 曲线是一条凸向原点的曲线。凸向原点原因在于该曲线的中间的点，表示资源相对平均地分配到两个产业上，每个产业的生产规模都较小，所以都不能很好地利用规模经济。当生产组合由中间的点，往任何一边偏移时，意味着处于偏移方向的一方的产业规模扩大，规模经济起作用，出现边际报酬递增的现象。存在内部规模经济时，我们可以认为这种生产调整是通过偏向产业的企业规模扩张而实现；存在外部规模经济时，我们可以认为是通过增加企业数目的方式导致了产业的扩张。

图 5—3 横轴表示家电的产量，纵轴表示 CPU 的产量。世界上只有两个国家，美国和中国。两种产品都具有规模经济。两个国家的资源禀赋、生产技术、居民偏好都完全相同。这样，两个国家的 *PPF* 曲线都可以图中的 *AC* 曲线来表示。贸易前两个国家的社会无差异曲线都可以图中的 U^0 曲线来表示。贸易前的社会最优点，对两个国家来说都是相同的。就是 *PPF* 曲线和 U^0 曲线的切点 *E*。每个国家达成的社会福利水平就是该相切的无差异曲线 U^0 所代表的效用水平 U^0。

一旦开放贸易，*E* 点就将成为一个不再稳定的社会最优点。因为，这个点只是在原来国内生产满足国内对于两种产品的需求的一个不得已的生产和消费点。但是在开放贸易的情况下，这个点显然已经不再是效用最大化的点。作为规模报酬递增的 *PPF* 曲线的生产的最优点，其实一定是与坐标轴相交的那两个端点。两个国家都不用再考虑，国内哪一种产品因为国内没有生产而得不到满足的问题。它们会选择其中一个产业作为专业分工的产业来生产，体现为生产点由原来的 *E* 点，转向 *A* 点或者 *C* 点，以获取规模经济。至于哪一个国家转向哪一方，这里无法固定下来。具体留待后面两节来作进一步的分析。姑且假定中国把它的生产全面转向了家电生产，实现了家电产业的完全专业化。美国则实现 CPU 产业完全的专业化。每个国家在这个时候，只生产一种产品。

之后，美国将出口它生产的 CPU，进口没有生产的家电。中国就刚好相反，出口

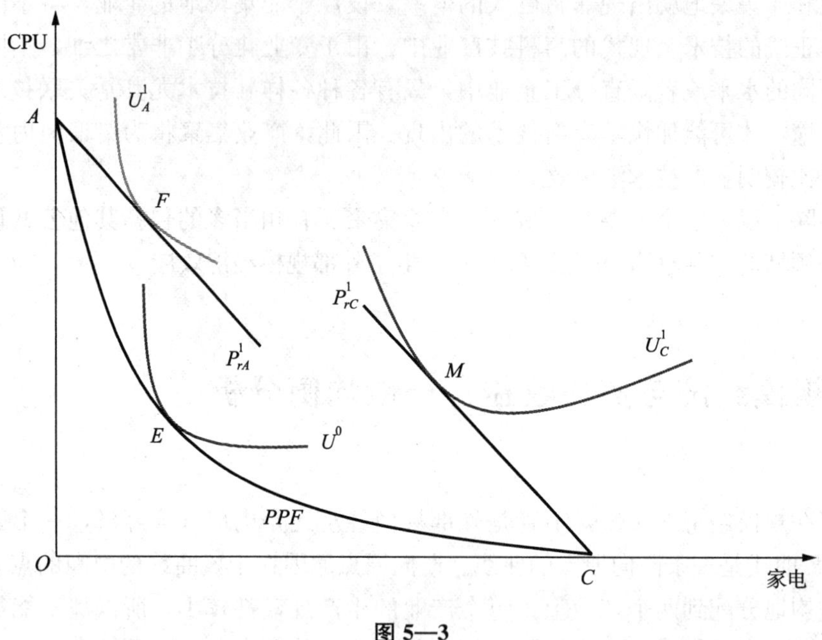

图 5—3

它生产的家电，进口没有生产的 CPU。这种贸易的开展，在最后达到均衡状态时，必定在两个国家内形成相同的相对价格。家电的相对价格在两个国家都一样（也意味着 CPU 的相对价格也是一样）。所以图 5—3 中的 *CM* 曲线（即 P_{rC}^1）和 *AF* 曲线（即 P_{rA}^1）的斜率是一样的，体现的就是两国中家电产品的相对价格一致。这两条相对价格曲线分别是中国和美国的预算约束线（也是收入曲线）。这样，中国和美国的最优消费点就分别是 *M* 点和 *F* 点，它们达到的社会福利水平分别是相切的无差异曲线所代表的效用水平 U_C^1 和 U_A^1。

我们发现，无论对于美国，还是对于中国，贸易后的社会福利水平都得到了提高。只是，单单依靠以上分析，我们无从得知贸易后两个国家的专业分工方向。

5.3 内部规模经济与比较优势

在上面的一般均衡分析中，我们无法确定两个国家的专业分工方向。本节专门针对内部规模经济进行局部均衡分析，以便解析清楚内部规模经济是如何成就一国的比较优势地位的。

图 5—4 反映家电市场的情况。横轴表示家电的数量，纵轴表示家电的价格和平均成本。在完全竞争或者垄断竞争的情况下，市场达到均衡时产品的价格和产品的平均成本相等。图中的 S_0 和 D_0 分别表示贸易前中国和美国的家电产业中代表性企业面临

的供给曲线和需求曲线。由于两个国家什么都相同，所以贸易前两个国家的企业面临的供给和需求曲线相同。两个国家的家电生产的平均成本为 AC_0，均衡状态下出口的价格等于这个成本，所以两个国家的销售价格都相同。通常情况下，两个国家都不会有欲望向外国出口。当然，贸易前如果两个国家都足够理性，通过谈判决定双方的专业化分工方向也是可能的。因为，毕竟贸易后能够给双方都带来收益。

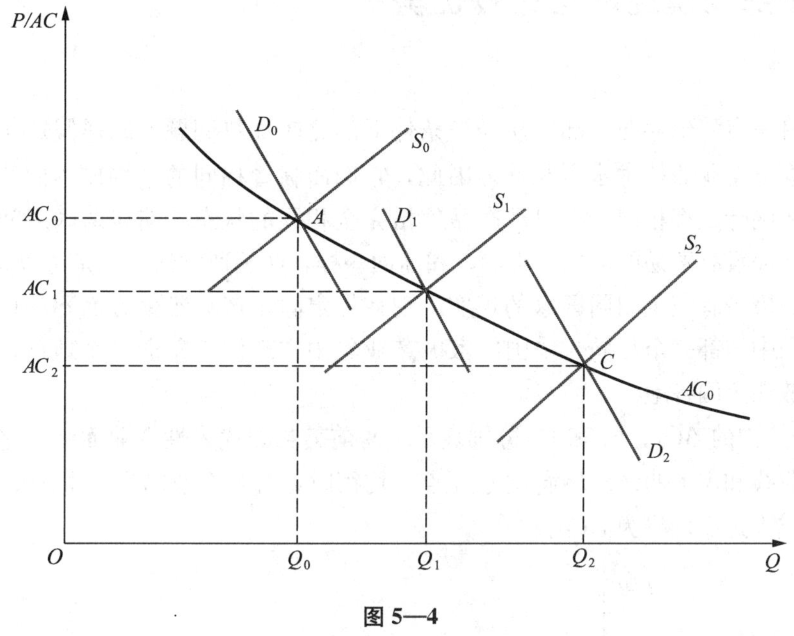

图 5—4

回归到现实中，很少两个国家情况完全相同。如果说贸易前中国的家电市场比美国的大，中国的家电企业面临的需求曲线必在美国的相应曲线的右边。图 5—4 中的 D_1 曲线在 D_0 曲线的右边，反映的就是这种情况。在均衡的状态下，中国企业的供给曲线会调整以跟上更大的需求，体现为图中的 S_1。中国国内代表性家电企业的生产规模为 Q_1（大于美国的 Q_0），在内部规模经济的作用下，家电成本将下降到 AC_1，价格也下降到这个水平，从而低于美国的价格水平（等于 AC_0）。这样，中国就会在家电产业上拥有比较优势。

一旦开放贸易，中国的国内企业将由于产品价格低于美国，而接到来自美国的订单。需求扩大，导致需求曲线向右移动到 D_2。受需求的影响，供给也会跟着扩大，供给曲线移动到 S_2。形成的新的均衡点落在平均成本曲线的 C 点上，对应的平均成本和价格等于 AC_2。

贸易后的价格低于贸易前两个国家的价格。这种价格的下降，源自贸易后承接生产的企业的生产规模得到扩大所获得的规模经济。

由此可以归结为：存在内部规模经济的产业，哪个国家的代表性企业生产规模越大，企业能够享受到的规模经济就越明显，成本就越低，进而具有该产业的比较优势。贸易后该国的这种优势得到进一步的强化，并成就该国在这个产业上的专业化分工地位。

通常，如果其他条件都相同，一个国内市场更大的国家，相关产业内的代表性企业的生产规模会更大；因此，贸易前由于规模经济而带来更低的产品平均成本和价格，从而具有比较优势。

5.4 外部规模经济与比较优势

本节将焦点移到存在外部规模经济条件下的比较优势问题。同样假定美国和中国的代表性家电企业的技术水平相同。因此，它们面临着相同的平均成本曲线 AC_0。贸易前假定两国什么都相同，将出现产品价格完全相同的状态，使得两国之间不存在套利空间，从而没有贸易的可能。当然，和前面一样，两国通过谈判还是可以贸易的。

回归到极少有完全相同国家的现实。现在假定除了产业集聚方面不同以外，其他方面美国和中国都完全相同。中国的家电产业集中在珠江三角洲一个地域，美国的家电产业分散在全国各地。

图 5—5 中的 AC_0、S_0 和 D_0 分别表示贸易前美国的代表性企业面临的平均成本曲线、供给曲线和需求曲线。均衡点为 A 点。均衡时，每个企业的生产量为 Q_0，单位产品的平均成本进而价格为 AC_0。

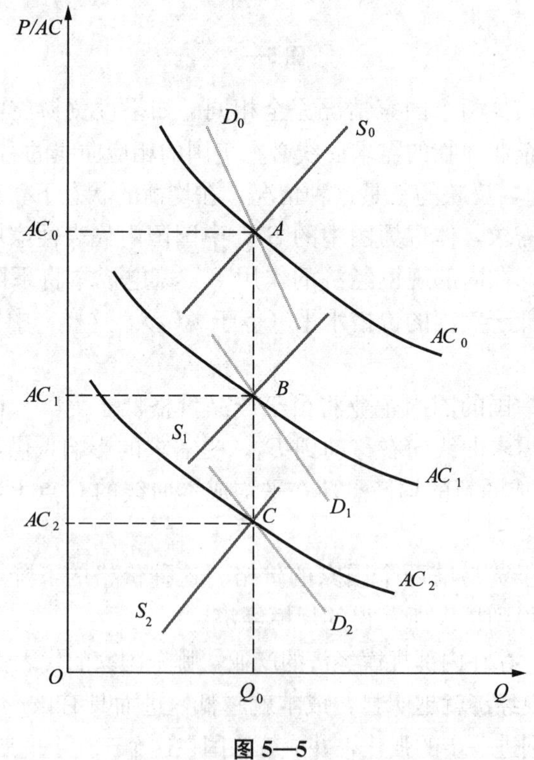

图 5—5

AC_1、S_1 和 D_1 分别表示贸易前中国的代表性企业面临的平均成本曲线、供给曲线和需求曲线。均衡点为 B 点。均衡时，每个企业的生产量为 Q_0，单位产品的平均成本进而价格为 AC_1。

与美国相比，我们发现，中国的家电产品成本更低，价格更低。意味着中国在家电产业上具有比较优势。这种比较优势，就来自中国的家电产业集聚带来的外部规模经济。

一旦开放贸易，中国在家电产业上的比较优势将变成现实。中国将向美国出口家电。假定这种出口导致的需求拉升，全部被新增的企业分摊，而且这些新加入的企业和原有企业处于同一地域生产，则单个企业的生产规模不会发生改变，每个企业的生产量还是 Q_0。但是由于产业规模的扩大，外部规模经济发生作用，中国的代表性家电企业的平均成本曲线将由 AC_1 向下移动到 AC_2。成本的下降导致供给曲线右移到 S_2。但是由于新加入企业的影响，企业面临的需求曲线左移到 D_2。贸易后中国国内市场的均衡点落在 AC_2 曲线上的 C 点。对应的单位产品成本是 AC_2，产品价格也是这个水平。

由此可以将结果归结为：存在外部规模经济的产业，哪个国家的产业集聚程度越高、产业规模越大，规模经济效应就会发挥得越充分，产品的平均成本就会越低，最终成就该国在对象产业上的比较优势；贸易后该国的这种优势得到进一步的强化，确立该国在这个产业上的专业化分工地位。

5.5 先发优势、干中学效果与贸易分工

5.5.1 基本概念

其实，在上面两节中，无论是关于内部规模经济还是关于外部规模经济引起的比较优势，其本质都在于贸易前对象国家拥有更为明显的规模经济和相应更低成本的优势。在存在规模经济的产业中，先行加入的企业甚至国家通常占有更大的国内、国际市场，因此这种比较优势更加明显。我们把这种由于先行加入市场所获得的优势称为**先发优势**。

另外，有相当多的产业存在干中学效果。**干中学效果**（learning by doing effect）指随着经时累计生产量的增加，由于工作经验积累引发技术提高而导致的成本节约。

大多数的产业或者工作都或多或少存在干中学效果。生产第一千架次飞机的成本通常要远低于第一架次飞机的成本。一个老师傅通常比一个新手干同样的手工艺活要快很多。中国民间有句古话说“姜是老的辣”，如果用在产业生产上，反映的正是干中学效果。在存在干中学效果的时候，先发优势将会得到淋漓尽致的发挥。

图 5—6 用于说明先发优势和干中学效果。

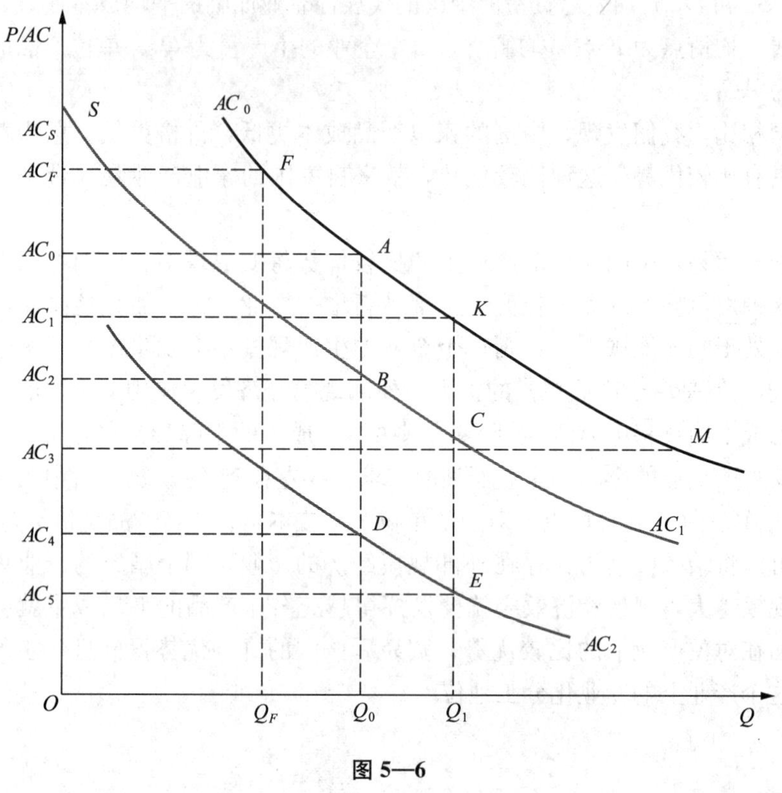

图 5—6

1. 存在内部规模经济情况下的先发优势。

这里分两种情况。第一是后加入者的生产技术与先发者的生产技术完全相同。第二是后加入者的生产技术较先发者的生产技术效率更高。对应第一种情况，假定中国和美国家电企业使用的技术完全一样，存在内部规模经济的时候，两国企业的初始平均成本曲线都由 AC_0 表示。再假定中国在家电产业上已经发展多年，中国代表性企业的生产量为 Q_0，作为后来者的美国代表性企业的生产量为 Q_F。[①] 在内部规模经济的作用下，中国企业的相应平均成本为 AC_0，美国企业的相应成本为 AC_F，中国的成本更低。这成为中国的先发优势，也是中国在家电产业上的比较优势。对应第二种情况，假定后加入者美国企业的生产技术较先发者中国企业的技术生产效率更高，则在初始阶段，中国和美国的代表性企业的平均成本曲线分别为 AC_0 和 AC_1。中国企业的生产成本依然是 A 点对应的 AC_0，美国企业由于从来没有进行过生产，虽然潜在的成本（同等产量下）较中国低，但是一旦进入生产，将面临一个高企的启动成本（start-up cost），如图 5—6 中的 S 点对应的 AC_S。我们看到，AC_0 远低于 AC_S。这也表示中国的先发优势。

① 这里姑且不考虑美国企业的启动成本问题。如果考虑启动成本，则美国的启动产量更低，启动成本会更高。

后来者空有更低的潜在成本，现实中无法进入市场。

2. 存在外部规模经济情况下的先发优势。

外部规模经济引致的先发优势也分先发者和后发者生产技术完全相同和后发者技术更高两种情况。第一种情况下，初始状态两个国家的企业的平均成本曲线由 AC_0 表示。每个企业的生产量为 Q_0，对应的平均成本为 AC_0。但是作为先发国家的中国，拥有的企业数目更多，集聚状态下的产业规模更大。在外部规模经济作用下，中国企业的平均成本曲线下降到 AC_1。在每家企业生产量维持不变的情况下，对应的成本点为 B 点，平均成本为 AC_2。比较而言，中国企业的成本 AC_2 较美国企业的成本 AC_0 为低。这就存在外部规模经济下的先发优势。而就第二种情况而言，假定美国企业的生产技术更高，潜在的平均成本曲线如 AC_1 所示；中国代表性企业的平均成本曲线如 AC_0 所示。但是，就算在这种情况下，美国企业依然面临着高企的启动成本 AC_S，高于先发者中国企业的平均成本 AC_0。中国依然可以维持先发优势的存在。除非，作为后来者的美国企业的生产技术高到导致潜在的平均成本曲线比图中的 AC_2 曲线还低，以致它的启动成本大幅度降低，低于中国的现实成本水平，才会颠覆这种先发优势。

5.5.2 先发优势的自我强化

先发优势在贸易中具有自我强化功能。在前面两节的分析中，我们都可以看到，原先具有先发优势的国家，企业规模或者产业规模在贸易后由于获得了海外市场而得到进一步扩大，从而导致规模经济更加明显，成本得到更进一步的下降。先发优势由此获得自我强化。

我们在模型中假定只有两个国家，每种产品的特定市场的需求为两个国家需求的总和。但是，现实中远非两个国家。一个国家的比较优势产业由于先发优势获得了与另一个国家贸易中的专业分工机会。这反过来会进一步强化这个国家的先发优势，使得该国进而获得第三个、第四个……第 n 个国家的贸易订单。在这种逻辑下，先发优势的作用就显得非常重要，正应了俗话说的“一步先，步步先”的说法。

以下分别就内部规模经济与外部规模经济引致的先发优势的自我强化路径进行分析。

1. 内部规模经济引致的先发优势的自我强化。

假定美国和中国是世界上最富有的两个国家；初始时，只有这两个国家对家电产品有需求。其他国家因为收入较低，在高企的家电价格下暂时没有需求。中国是家电产业的先发国家，成本点为图 5—6 中的 A 点，对应的成本为 AC_0。美国是后发国家，成本点为图中的 F 点，对应的成本为 AC_F。中国企业具有的先发优势在开放贸易的场合，就变成中国的比较优势。中国企业将获得来自美国所有家电需求所产生的订单。这又必然导致中国企业的生产规模扩大。在内部规模经济的作用下，成本点移到图 5—6 中的 K 点，生产成本相应下降到 AC_1。产品价格在均衡情况下，也必将下降到等于

AC_1 的水平。这强化了中国的先发优势。但是，故事并非到此结束。产品价格的下降，将唤起原来没有家电需求的国家的需求。假定德国是世界第三（中美之后）富国，该国对家电产品的需求将首先被唤起。在先发优势的影响下，中国企业必定会接到来自德国的所有家电订单。这样，中国企业的生产规模将进一步扩大。内部规模经济进一步起作用，导致成本点由 K 点移向 M 点，对应的成本将下降为 AC_3。产品价格在均衡情况下，也必将下降到等于 AC_3 的水平。先发者的先发优势再次得到强化。理性的逻辑推理为，在内部规模经济还存在的情况下，这种自我强化过程会一直持续下去。最终，导致先发者的比较优势越来越明显，后来者则望尘莫及。

2. 外部规模经济引致的先发优势的自我强化。

同样假定美国和中国是世界上最富有的两个国家。两个国家的代表性企业的生产规模都是 Q_0；而且一直保持不变。初始状态时，中国是先发国家，家电企业更多，而且产业集聚较美国好。美国企业的平均成本曲线为 AC_0，中国企业的平均成本曲线为 AC_1；AC_1 位于 AC_0 之下。这样，中国企业就存在外部规模经济带来的先发优势。一旦开放贸易，中国企业将获得来自美国的全部家电订单。在企业生产规模维持 Q_0 不变的情况下，意味着将有更多的家电企业进入市场，中国的家电产业规模必定扩大。在外部规模经济的影响下，中国企业的成本将出现下降。平均成本曲线由图中的 AC_1 向下移动到 AC_2。产品平均成本下降到 AC_4 水平。市场均衡时，产品价格也将相应下降到等于 AC_4 的水平。这强化了中国企业的先发优势。同时，下降后的产品价格将唤起第三富有国的需求，中国企业将获得更多的订单，产业规模进一步扩大。外部规模经济继续起作用，导致中国企业的平均成本曲线进一步下移。在单个企业生产规模不变的情况下，产品的平均成本和价格都将继续下降，再次强化了中国企业的先发优势。在外部规模经济还存在的情况下，这种先发优势的自我强化过程将一直持续下去。最终，与内部规模经济情况下先发优势的自我强化结果一样，将导致中国企业具有其他国家无法企及的比较优势。

5.5.3 干中学效果与动态的外部规模经济

干中学效果是指随着经时累计生产量的增加所伴随的技术积累导致的成本下降现象。通常使用一个横轴表示经时累计产量、纵轴表示平均成本的坐标系中的向右下方倾斜的学习曲线来表示。但是，我们可以依然使用横轴表示静态产量，如图 5—6 所示。在这种情况下，图中的平均成本曲线的定义需要稍稍作出更改。AC_0、AC_1、AC_2 分别表示首批次产品、第二批次产品和第三批次产品的平均成本曲线。通常，学习效果与批次关联紧密，呈现出跳跃式的成本下降；而非学习曲线所示持续不断的成本下降。所以图 5—6 的批次表示方法更加贴近现实。

首批次生产时，中国家电企业的成本点为 A 点，产量为 Q_0，对应的成本为 AC_0。第二批次的时候，由于学习效果的出现，平均成本出现下降，表现为成本曲线下移到

AC_1 曲线。在产量维持在 Q_0 水平不变时，成本点为 B，对应的成本为 AC_2。同样，第三批次的平均成本曲线为 AC_2，成本点为 D，对应的成本为 AC_4。

选择家电产业中的空调产业为例。假定原材料和工艺技术以及产业规模都没有发生变化。珠海格力空调公司，在基期的第一个空调年度生产首批次一万台空调的时候，每台空调的生产成本为 1 000 元；在第二个空调年度生产一万台空调（与第一批次数量相同）的时候，每台空调的成本下降为 900 元；在第三个空调年度，生产第三批次一万台空调（与第一批次数量相同）的时候，每台空调的成本进一步下降为 800 元。这种平均成本的下降，源于格力公司干中学效果的出现。

我们看到，这三个批次中产量都维持不变，但是产品的平均成本不断出现下降。这非常类似于外部规模经济效应。但是，两者之间又有着非常不同的起源。外部规模经济效应，是在产业规模不断出现扩大的过程中产生的；学习效果却是在企业规模和产业规模都不变的情况下，随着生产批次的增多而由于经验型技术进步所导致。只是，从成本下降的形态来看，学习效果与外部规模经济的下降轨迹完全相同。所以，有时候，学习效果被称为动态的外部规模经济效果。其中的“动态”一词，源自学习效果是随着时间的动态变化而出现的事实。

当存在规模经济，不管是内部规模经济还是外部规模经济，同时存在干中学效果时，源自先发优势的比较优势，除了前面所示的自我强化效果以外，还由于学习效果导致低成本加速下降为更低的成本。先发优势得到最大限度的自我强化；则先发国家的比较优势会愈发明显，一旦开始某个产业的出口，将持续不断地拥有这个产业的比较优势。

5.6　产业内贸易之一：异质产品贸易与产品多样性收益

在大多数教科书中，产业内贸易通常被归为源于垄断竞争的贸易理论体系中。本书依然把它归为源于规模经济比较优势的贸易理论。这两种归类方法本质上并无不同。毕竟垄断竞争市场可以看作存在内部规模经济的场合产生的一种市场结构。

产业内贸易包括同一产业终端产品的贸易，也包括产业内不同生产环节中间产品之间的贸易，以及终端产品与中间产品之间的贸易。对于后两种产业内贸易，如果我们按照同一个产业内各个生产环节的产品为独立产品的标准进行产业细分，则所有的产品就属于不同产业的产品。这样一来，原来属于产业内贸易的问题，就相应转化成产业间贸易的问题。所以，对于这两种产业内贸易的分析，就与 5.2 节中对于一般产业间产品的一般均衡分析没有差别。故此，本节和下一节将把注意力集中在终端产品的产业内贸易的分析上。

在这里，我们先考虑存在内部规模经济的一个产业，依然以家电产业为例。家电市场属于垄断竞争市场。就像现实中的中国，存在海尔、格力、美的、TCL 等数家大家电企业，也存在大大小小数量甚多的中小家电企业。为了简单化，作出以下几个假定：(1) 产业门槛并非高不可攀，一般情况下可以自由进入；(2) 每家企业只生产一种产品，这些产品属于异质的同种类产品，相互之间存在一定的替代但不能完全替代；(3) 存在内部规模经济；(4) 各企业把同产业内其他企业的定价看作在给定的前提下进行本企业的自由定价；(5) 市场规模固定不变；(6) 边际成本固定不变。

使用 n 表示家电产业中存在的企业数量，由于每个企业只生产一种产品，所以市场中就有 n 种同类但是不同质的产品。自然，n 也同时表示了市场上的产品种类的数量。

进一步简单化，我们假定同一产业中各个企业的实力旗鼓相当，则企业定价将相同，占有的市场份额也相同。

现在我们来考虑企业生产家电的平均成本与产业中企业数量之间的关系。企业数量越多，每个企业分得的市场份额将下降，也就是说生产规模将下降。生产规模下降将导致原本可享受到的内部规模经济部分地消失，所以平均成本将上升。也就是说，平均成本与企业数（或者说产品数）之间存在一种正相关关系。

接下来考虑产品价格与企业数量之间的关系。当企业数量越多时，每个企业分得的市场份额会下降，竞争将更加激烈。这种激烈的竞争，将压低市场的价格。其实，当垄断竞争市场的参入者越来越多时，每个企业面临的（向下倾斜的）需求曲线将向左移动，边际收益曲线也将向左移动，如果边际成本曲线不变（MC 固定，为一条水平直线），根据 $MR=MC$ 原则决定的产量和价格都将下降。总而言之，产品价格和企业数量之间存在着一种负相关关系。

对于社会来说，产品越多越好，价格越低越好。但是上面推论的一个正相关关系和一个负相关关系，意味着这两个目标是相互矛盾的。那么市场的均衡点在哪里呢？

就长期均衡状态下的利润水平而言，垄断竞争市场的均衡结果，与完全竞争市场并无二致，都不存在经济利润。最终，市场均衡价格将等于单位产品的平均成本。

图 5—7 中的横轴表示企业数量，也是产品种类数量；纵轴表示产品价格和平均成本。CC 曲线表示产品的平均成本与企业数量之间的正相关关系，向右上方倾斜。特定的 CC 曲线对应于特定的市场规模（平均成本与市场规模之间为一种负相关关系）。PP 曲线表示产品价格与企业数量之间的负相关关系，所以向右下方倾斜。

在自给自足的封闭经济中，国内的 CC 曲线为 CC_0。均衡点是使得平均成本与产品价格相等的点，也就是图中的 CC_0 曲线和 PP 曲线的交点 A。对应的企业数量为 n_0，产品价格为 P_0。也就是说，在没有贸易的情况下，国民可以价格 P_0 消费 n_0 种家电产品。

一旦开放贸易，原来被分割的两个封闭市场将形成一个统一的市场，市场规模为原来两家之和。市场规模的扩大将导致内部规模经济发生作用，导致贸易后继续生存下来的企业的 CC 曲线由 CC_0 向下移动到 CC_1。因为在任何特定的延续企业数量下，每个企业的生产规模都变大了。在内部规模经济的作用下，对应于任何企业数量的平均成本都将下降。

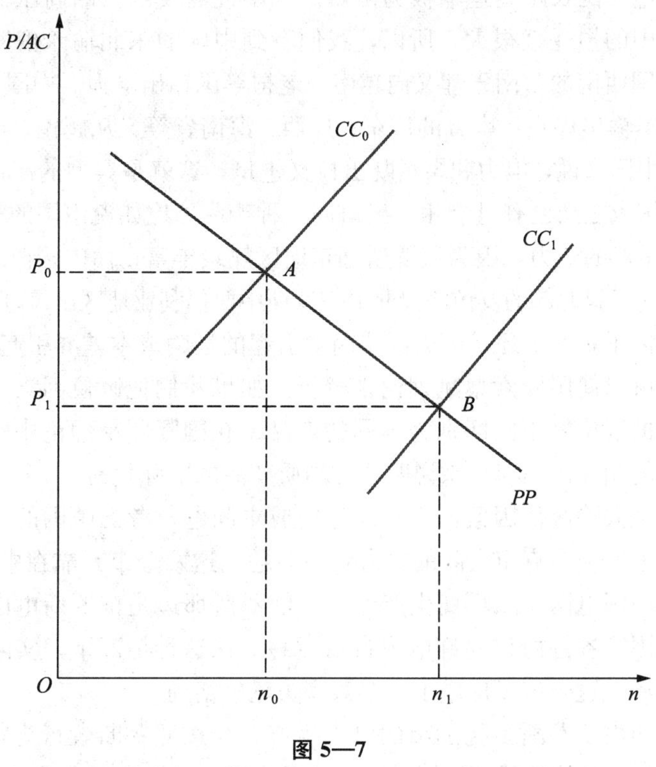

图 5—7

贸易后国内市场的均衡点就是 PP 曲线与 CC_1 曲线的交点 B。对应的企业数量为 n_1，产品价格为 P_1。我们看到，企业数量也就是产品种类数量增加了，而且产品的价格下降了。两个国家的国民都共享这个新的统合市场的产品种类和价格。这就是垄断竞争市场下的国际贸易的收益。真正做到了“又想鸡肥，又想轻秤”。也只有在国际贸易的情况下，才可能同时实现原来相悖的两个目标。

5.7 产业内贸易之二：同质产品的国际贸易

产业内贸易并非只限于产业内异质产品的国际贸易。有时候，同一产业内同质产品也有可能出现贸易。比如说电力，世上没有什么比电力更加同质化的了。俄罗斯生产的一度电和中国生产的一度电没有任何的区别。俄罗斯的一度电不会比中国的一度电质量差，不会做更少的功（比如说提供热量）；反过来也一样。不像电视机，你可以说 TCL 的电视机和创维的电视机依然会有些差别；你可以说我喜欢伊利的牛奶胜过蒙牛的牛奶。这些产品至少还有个品牌上的区别，而电力就连品牌上的区别都没有。同样，像煤炭、石油等产品也是如此，没有什么区别。

我们知道，电力的长距离运输极为困难。且不说需要巨大的高压输电设备和线路的投资，运输途中的损耗就很大。所以，我们看到中国的东北输入俄罗斯远东地区的电力，而同时中国西南的云南省却又向越南、老挝等国输出电力。中国北方的山西、河南和山东省向日本输出煤炭，南方的广东、广西、海南省等又从越南、澳洲和印尼等国输入煤炭。对于中国来说，电力和煤炭既出口又进口；这就是典型的产业内同质产品的国际贸易。两个国家之间也有可能相互出口同一种产品。比如说中国的东北进口俄罗斯东西伯利亚地区生产的电力，因为俄罗斯远东地区煤炭丰富；而中国西北的新疆由于煤炭丰富，也可以向新疆北部的友谊峰以北的俄罗斯中西伯利亚地区出口电力。

上面提到的例子基本上还是因为区位因素引起的运输成本差异引起的产业内贸易。这些贸易，依然可以使用要素禀赋理论来解析。如果我们把区位因素考虑进去，同样的电力，可以根据区位的不同区别为不同的产品。在国际贸易理论中，通常使用国际垄断竞争格局中的相互倾销模型来说明这种同质产品的国际贸易。

现在我们完全去除区位因素，不考虑运输成本问题。考虑中国的东北边境的抚远市和俄罗斯的哈巴罗夫斯克市之间的电力贸易问题。这两个市紧靠在中俄国境的两边。假定中国这边是中国电网一家厂商生产电力，俄罗斯那边是俄罗斯电网一家厂商生产电力。但是两个国家签订协议允许电力自由贸易。在这种情况下，实际上两市之间形成了一个统一市场。这个市场形成了一个双寡头竞争格局。

中国电网公司由于垄断了抚远市的电力生产，会按照垄断者行为行动。因为允许电力贸易，它会向自己的垄断市场以外的哈巴罗夫斯克市场出口电力，如果其他条件不变，这肯定会增加它的利润。同样，俄罗斯电网公司也做着同样的梦。一边用手抚着自己碗，一边想着把筷子伸到对方的碗里——哪怕从对方的碗里夹过来一小块肉也是好事。

当两家企业都这样想并付诸于实践的话，相互倾销就出现了。另外，电力生产中的边际成本 MC 是固定不变的；因为在电厂和电网都已经建好的时候，多生产一度电多加一份煤炭进锅炉就行。而且我们假定中国电网公司和俄罗斯电网公司签有协议，相互开放自己的电网给对方免费使用。所以国内、国外电力的边际成本相同。

另外，由于一些现实的障碍，包括一些隐性的贸易障碍和运输成本等，也包括与用户关系营销网络等因素，本国企业通常占有更大比例的国内市场，而占有较低份额的外国市场。本国企业对外国的影响力相对较弱。换言之，企业在国内市场和国外市场面临着价格弹性不一样的市场需求曲线，国外市场上的需求价格弹性更大，而且同等条件下国内的需求要大于国外的需求。在这种情况下，中国电网公司和俄罗斯电网公司都会实施价格差别化。价格差别化要求满足两个条件。一个是垄断竞争市场，一个是市场分割。电力市场显然满足第一个条件，而且电力是绝对不可能产生本国消费者回购现象的商品，也极好地满足了第二个条件。

由于两家企业的行为性质和方向都完全相同。所以我们只需要单独考察中国公司即可。

图 5—8 中，D_H、D_F 分别表示中国电网公司在中国市场和俄国市场上所面临的需

求曲线，由于在俄国市场上的价格弹性更大，前者比后者更加陡峭一些。相应地，图中的 MR_H、MR_F 分别表示公司在国内外市场上销售电力的边际收益曲线。由于边际成本不变而且国内外相同，所以两个市场上都面临着同一条边际成本曲线 MC。

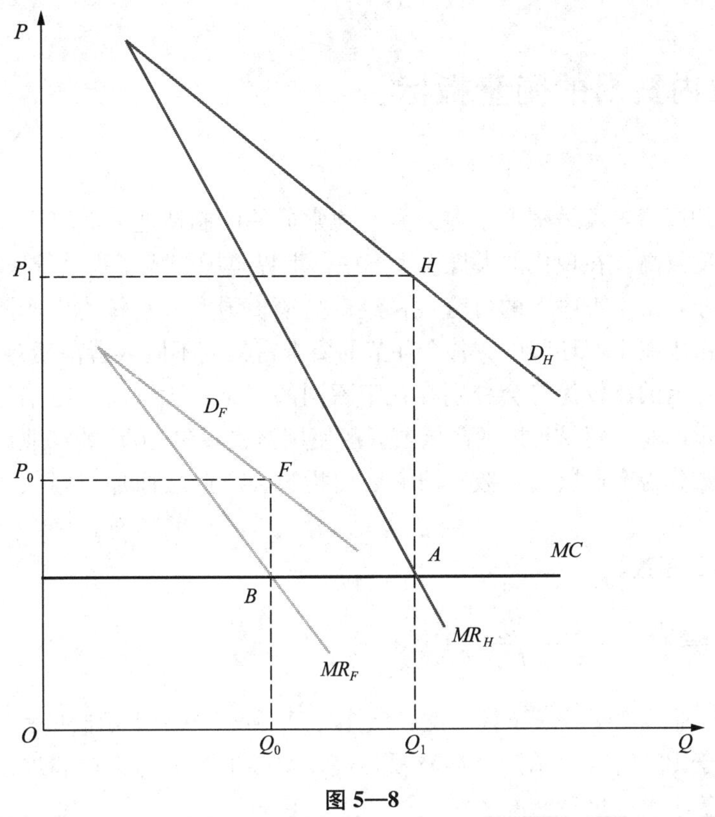

图 5—8

实行价格差别化时，利润最大化的条件是两个市场的边际收益等于边际成本。图 5—8 中 MR_H、MR_F 曲线与 MC 曲线分别交于 A 点和 B 点。A 点和 B 点对应的供给量分别是 Q_1 和 Q_0。也就是说，中国电网公司生产总额为（Q_0+Q_1）的电力，并在国内外市场上分别销售 Q_1 和 Q_0 的话，将可以保证 $MR_H=MR_F=MC$，从而使利润最大化条件得以满足。

价格方面，中国电网公司会按照将上面设定的电力供给量在国内外市场上刚好销售出去为目标进行设定。其实，就是在国内外的相应需求曲线上寻找出相应的点 H 和点 F，再找出它们对应的价格 P_1 和 P_0。我们发现，按照这样来设定的国外价格 P_0 低于国内价格 P_1，而这正是价格差别化倾销的结果。

同样，俄罗斯电网公司也会在中国市场上进行同样的价格差别化倾销。最终形成相互倾销的局面。其结果就表现为同质产品的产业内贸易。

如果运输成本和销售成本像这里的电力贸易一样不太高的话，相互倾销而成的产业内贸易的成本就几乎可以忽略不计。由于相互倾销大多发生在垄断产业，可以将原来纯粹垄断的市场改变成垄断竞争市场。贸易会有效降低原来各国国内的垄断程度，使得产品价格降低，垄断产量提高，改善贸易参与国家的资源配置状态，从而提高相互的经济效率和福利。

5.8 产业内贸易的衡量指标

各种产业的产业内贸易程度千差万别，通常成熟的制造业尤其是组装型制造业的产业内贸易程度较高。在现代的大规模生产中，世界范围变成了一个统一的生产体系。像组装型制造业，由于工序上的可分性，经常是很多国家分别作为生产链条上的一环来作用。而且由于在生产环节中，各个环节的要素密集度不同或者由于存在规模经济，产业内部各个环节的比较优势会分别存在于不同的国家，所以产生越来越多的产业内贸易。为了表示产业内贸易程度的高低，一般使用格鲁贝尔-劳埃德产业内贸易指数来衡量。这种指数分为产业层面指数、国家层面指数、产业层面加权指数、国家层面加权指数。

1. 产业层面指数。

$$IIT_i = \left(1 - \frac{|X_i - M_i|}{X_i + M_i}\right) \times 100 \tag{5.5}$$

IIT 表示产业层面指数。下标 i 表示产业 i。X 和 M 分别表示出口和进口。

当指数等于 100 时，表示产业内贸易最高。实际上，只有出口和进口刚好相等时才会出现指数等于 100 这种情况。

当指数等于 0 时，产业内贸易最低。只有出口或者只有进口时，才会出现指数等于 0 的情况，由于只有单方向的贸易，所以产业内贸易不存在，所以指数为 0。一般情况下，指数大于 0 小于 100。

2. 国家层面指数。

$$IIT = \left(1 - \frac{\sum_{i=1}^{n} |X_i - M_i|}{X + M}\right) \times 100 \tag{5.6}$$

下标 i 表示第 i 个产业，n 为全部产业数。IIT 反映整个国家的对外贸易中，产业内贸易程度（占比）的高低。指数越高表示产业内贸易程度越高。

另外，以上指数的计算都依据非加权的简单方法。现实中，由于某个产业内部各个子产业对该产业的贸易贡献度不同，或者一国内部各个产业对国家整体贸易的贡献度并不相同，非加权指数可能产生加大的误差，出现失真的情况。此时，需要采用加权计算法予以矫正。加权法的格鲁贝尔-劳埃德产业内贸易指数计算公式如下。

3. 产业层面加权指数。

$$IIT_i = \sum_{j=1}^{m} w_j \times IIT_j = \frac{\sum_{j=1}^{m}[(X_{ij}+M_{ij})-|X_{ij}-M_{ji}|]}{X_i+M_i}\times 100 \tag{5.7}$$

$$w_j = \frac{X_j+M_j}{X_i+M_i} \tag{5.8}$$

下标 i 表示第 i 个产业，下标 j 表示第 i 个产业中的第 j 个子产业，m 为全部子产业数。w_j 表示第 j 个子产业在 i 产业中的权重，使用该子产业在 i 产业贸易中的贸易占比来计算。

4. 国家层面加权指数。

$$IIT = \sum_{i=1}^{m} w_i \times IIT_i = \frac{\sum_{i=1}^{n}[(X_i+M_i)-|X_i-M_i|]}{X+M}\times 100 \tag{5.9}$$

w_i 表示第 i 个产业在全部贸易中的权重，使用该产业在全部贸易中的贸易占比来计算。

总　结

1. 规模经济指生产规模扩大导致产品的平均成本下降的现象。生产规模包括企业内部生产规模和企业所处产业的规模两个层面。源于企业内部生产规模的扩张带来的成本下降效应，称为内部规模经济。相反，企业内部生产规模不变，伴随着产业（通常指集聚状态下的产业）内企业数量增加而引致的产业规模扩大导致的单个企业生产成本下降的现象，被定义为外部规模经济。外部规模经济并不依赖于内部规模经济存在。即使存在内部规模不经济，也可能存在外部规模经济。

2. 存在规模经济的情况下，一国的 *PPF* 曲线表现为一条凸向原点的曲线。这种形状体现了要素的边际成本递减以及产品的机会成本递减。当贸易成为可能时，由于消费可以和生产分离，生产点由 *PPF* 曲线的中间位置向着两个端点中的某一个的方向移动，最终实现完全的专业化。贸易实现均衡时，两个贸易参与国都分别专业化于某个产业，所有的资源全部集中在该产业的生产上。由此，该产业的生产规模达到最大状态，规模经济发挥得淋漓尽致，生产效率得到最大限度的提高。这也是贸易参与国贸易后社会福利得到大幅提高的源泉。至于哪个国家在哪个产业进行专业化生产，则取决于参与贸易的两个国家在哪个产业上具有比较优势。

3. 存在内部规模经济的情况下，一个国家在特定产业上的代表性企业的生产规模越大，规模经济就越明显，产品平均成本就越低，因而会在该产业生产上具有比较优势。通常如果其他条件一样，一国在特定产品上的国内市场越大，代表性企业的生产规模就越大，规模经济就越明显，因而相对容易占有该产业的比较优势。

4. 存在外部规模经济的情况下，哪个国家的产业集聚程度越好，产业规模越大，规模经济就越明显，产品平均成本就越低，因而会具有在该产业生产上的比较优势。所以，在存在外部规模经济的产业，一国国内市场容量的大小并不是决定性的；真正起着决定性作用的是处于集聚状态的产业规模。

5. 先发优势指先行加入市场而拥有的优势。存在规模经济的场合，先行加入市场的企业（先发企业）和国家（先发国家），通常会占有更大的国内国际市场，从而能够更好地利用规模经济实现更低的生产成本。相反，后发加入的企业（从而后发国家）将会面临高企的启动成本。基于这些原因，先发国家会拥有先发优势，后发国家将会面临后发劣势。而且，存在规模经济的产业，先发优势其实也是一国的比较优势，具有自我强化的性质。随着贸易的展开，先发国家不断占领国际市场从而使生产规模持续得到扩大；这反过来推动了对规模经济的进一步的利用，产品生产成本持续下降，因而先发优势不断得到自我强化。

6. 存在干中学效果的产业，随着经时累计生产量的增加，生产技术和技巧会得到持续不断的积累，导致生产成本出现跳跃式的下降。先发国家的先发优势由于贸易的存在而成为比较优势，并且不断得到自我强化；占领越来越大的国际市场。在这个过程中，经时累计生产量不断增加，因而干中学效果持续出现，导致成本出现跳跃式的下降。实际上，干中学效果对比较优势的影响，类似于一种动态的外部规模经济效果；加剧了先发优势的自我强化进程。

7. 相当多的产业内贸易源自规模经济的存在。异质产品的产业内贸易显示，贸易可以给参与贸易的国家都带来“商品价格下降，同时商品品种增加”的收益。同质产品的产业内贸易，更大程度上是两国的垄断企业相互实施倾销策略的结果；但是依然可以降低两国的垄断程度，使得产品的产量上升、价格下降，从而提高两国资源配置的效率。产业内贸易指数通常用来反映一个国家或者一国的特定产业的产业内贸易程度。

思考与练习

1. 判断以下场合存在规模经济、规模不经济还是规模报酬不变。存在规模经济的情况下，是内部规模经济还是外部规模经济？

（1）广东信宜的一家玉雕工艺店，原来只有 1 名师傅，每月能够雕刻南玉桃花 5 株；现在雇佣的师傅增加到了 5 名，每月雕刻的南玉桃花增加到了 25 株；

（2）养猪的数量由 1 头增加到 100 头时，其他都没有变，只是猪场主人雇佣的工人由 1 人增加到了 5 人；

（3）广东惠州的惠东县是世界有名的女鞋产地；20 世纪 80 年代中前期，只有三两家来自香港客商投资的鞋企。虽然当年劳动成本还是相当的低，但是港商老板发现，每双鞋的成本还是挺高。后来，随着当地生产女鞋、制模、皮革加工等的企业越来越多，港商老板就发现每双鞋子的成本越来越低；

（4）广东顺德可能是全世界家电产业最大的制造地。著名的美的、格兰仕、科龙等企业就位于其中。一开始是科龙公司在生产空调。后来，美的公司加入空调产业后，发现随着空调年产量由数万台增加到百万台，再到几百万台，成本在不断下降。后来，格兰仕也介入了当地的空调生产，还有相当多的配套企业加入了这个产业。美的公司就发现，原来其他同类企业在自己旁边立足并不是一件那么难受的事；至少每台空调的生产成本因此出现了下降。

2. 比较内部规模经济与外部规模经济源泉；并说明二者之间是否存在着某种关系，外部规模经济的存在是否依赖于内部规模经济的存在？

3. 为什么存在规模经济时生产可能性曲线（PPF）会凸向原点？

4. 假定这个世界上只需要和生产两种产品——面包和大炮。两种产品都具有规模经济。再假定法国和德国在资源禀赋、产业生产技术、国民收入和偏好等方面都完全相同。回答以下问题：

（1）新古典贸易理论（H-O 定理）、生命周期理论、代表性需求理论和基于规模经济的贸易理论，对于两国进行贸易的可能性，会得出什么结论？为什么？

（2）采用 PPF-IC 模型，画图分析两国进行贸易的可能性、福利变化和专业化分工问题。

5. 配图解析，内部规模经济是如何带来了一个国家的比较优势？

6. 配图解析，外部规模经济是如何导致了一个国家的比较优势？

7. 阐述一国基于内部规模经济的比较优势，作为先发优势国家是如何实现自我强化的。

8. 阐述一国基于外部规模经济的比较优势，作为先发优势国家是如何实现自我强化的。

9. 分析干中学效果与动态的外部规模经济之间的异同。

10. 在国际上，飞机产业几乎就是美国的独角戏，请分析为什么会出现这种现象？

11. 存在内部规模经济的条件下，异质产品的产业内贸易给参与贸易的国家带来了什么变化？请配图分析。

12. 完全同质的产品，有没有国际贸易的可能？如果回答是肯定的，那又是什么原因导致的？这种贸易对于参与其中的国家的产品价格和福利会带来什么影响？

13. 假定 2009 年中国在汽车产品的贸易方面，出口 150 亿美元，进口 350 亿美元，则当年中国汽车产业的产业内贸易指数等于多少？

案例与资料

格力的“空调专业户”发展战略

格力电器股份有限公司成立于 1991 年，是目前全球最大的集研发、生产、销售、服务于一体的专业化空调企业。拥有巴西、珠海、重庆、合肥四大生产基地，全球员工超过 40 000 人，注册资本 8.35 亿元，总资产达 255 亿元，家用空调产能超 2 500 万（套），实际销量比竞争对手超出近 300 万台，销售收入超 120 亿元之多，商用空调年产值达 50 亿元。

自 1995 年以来，格力空调产销量、销售额、市场占有率连续 14 年位居中国空调行业第一；2005—2008 年格力空调连续 4 年产销量位居世界第一。

"空调专业户"的美誉得益于格力独有的区域代理制加上格力品牌专卖店的渠道模式。产品—品牌—品牌专卖店组成了一个完美的品牌质量。在空调行业原材料价格不断上涨、行业洗牌进程大大提速的情况下，格力继续保持着优势地位，各项市场指标均稳步提升。

格力一贯坚持专一化经营，不仅产品已涵盖了家用空调和商用空调领域的 10 大类、50 多个系列、500 多种品种规格，成了国内目前规格最齐全、品种最多的空调生产厂家，形成了业内领先的主导优势，而且充分地显示了近 20 年来，该企业的专业化技术积累、雄厚的技术开发实力和规模经济的作用。

格力的品牌之路，选择自主创新，不受制于人，完全掌握世界空调业高端核心技术、拥有完全自主知识产权，目前共申请专利近 1 500 项，其中发明专利近 300 项，已授权专利 965 项，是世界空调界拥有自主知识产权和发明专利最多最齐全的企业。

格力电气股份有限公司在空调产业上的成功，很大程度上可以归结为充分利用了空调产业的规模经济。巨大的生产规模，可以有效降低空调的平均生产成本，也可以有效地提高空调技术研发投入的效果。最终成就了一个有着强大竞争力的世界级空调生产专业户。

资料来源：张国勤：《立世界巅峰，唱空调大歌——格力电器世界名牌的必胜之道》，载《中国品牌》，2008 年刊。

东莞市电子信息产业的集聚与国际竞争力

广东东莞 IT 企业集群是我国比较成功的外向型 IT 产品加工基地。20 世纪 90 年代，东莞的土地价格、劳动力成本低廉等优势吸引了台资企业大量投资。台湾将 IT 产业中下游产品向东莞转移和加速外包，方式主要是"三来一补"，即"台湾接单、东莞生产、香港出货"的生产模式。此时企业的地理集聚初步形成。

90 年代中后期开始，全球 PC 市场逐渐成熟，随着跨国公司的投资建厂及其本地嵌入性增强，尤其是外资企业开始把 IT 产业高技术含量的部分转移到东莞后，企业数量增多、业务多样、规模壮大，东莞形成了较完整的产业分工与配套链条，集群效应明显。东莞进入快速发展时期，并逐渐提升了在全球价值链中的地位。

目前，东莞市IT制造企业超过3 000家，大规模以上企业占1/3，IT产品在世界上已经占有重要地位，10多种主要产品如电脑磁头、扫描仪、驱动器、高级交流电容器、微型马达、录像磁头等在世界市场的占有率均超过20%，PC整机的零部件配套率达95%，形成了较为完善的IT产品生产配套网络。下表为2009年度，东莞市主要电子信息类产品的生产量，我们可以看到，电话机、手机、微机、集成电路等产品生产规模都极为庞大。

东莞市主要电子信息类产品产量（2009年）

产 品 名称	计量单位	产 量
电话单机	万台	2 948.81
移动通信手持机（手机）	万台	1 203.47
微型电子计算机	万台	16.80
打印机	万台	54.24
激光视盘机	万台	2 892.25
集成电路	万块	26.40
电子元件	亿只	6 892.10
印制电路板	万平方米	2 077.23
彩色电视机	万台	514.48
组合音响	万台	2 667.76

东莞电子信息产业目前已形成了较大的经济规模、比较稳定的产业链和良好的产业支撑和配套条件。外部规模经济效应明显。把历史归结一下，可以整理出以下经验。

一是能够吸引国际性的大型数码企业进入。尽管这些企业主要的原材料供应和一些高附加值部分仍然留在其本国市场，但出于降低运输成本和提高市场反应能力的考虑，许多在大陆投资的外商开始建设“当地”的供应商和下包商网络，以使其商品链的跨地域延伸不仅获得当地的低成本优势，同时还可以实现组织上的灵活性和对市场需求反应的快捷性。这样，东莞就借此发展一些配套的上、下游厂商，通过合作学习这些企业带来的管理知识与技术扩散，从而提升本地企业的竞争能力。

二是数码制造业集聚效应会吸引更多的企业如国内的一些大的数码制造业（北大方正、华冠科技等）进入这一地区以形成一种较强的竞争性市场。而这种较强的配套优势的确立以及竞争性市场局面的形成，有利于东莞的产业升级。因为在足够强的竞争环境中，出于其竞争战略的需要，它就会不断更新技术与产品，降低成本与价格，以保持在国际市场上的竞争力；而采用深度一体化的企业为了增强在国际市场上的竞争力，必须寻求不断降低成本的途径，从而加强在当地寻求配套企业的动力。这样，东莞的企业就有机会利用国内及国际性大企业的技术溢出效应，这种溢出效应主要通过对当地配套企业提供技术援助和支持、产品和服务的示范作用、与当地企业之间的人才流动及与当地研究机构和大学合作与开发等方式产生。配套企业越多，与投资企业的联系越紧密，其技术溢出的效应就会越明显，也就越有利于当地产业的转型和升级。

三是吸引衍生公司的加盟。衍生公司是指一个地区内高技术企业的科技人员或母公司中的企业家分离出来创办的新公司。企业聚集程度越高，企业的专业化分工就越发达，衍生公司就越多。这些衍生公司通常都靠近母公司选址，利用原来的关系网络和信息资源，开展创新活动。东莞的许多中小型私营企业正是从一些大企业中分离出来的，是具有紧密分工与协作关系的关联企业。它们各自生产或销售专门化的产品或服务，从而进一步分解和细化产业链条。

资料来源：何云：《产业集聚与产业的升级改造——以广东东莞的数码制造业为例》，载《南开管理评论》，2002（1）；王宏起、王珊珊：《高新技术企业集群综合优势发展路径与演化规律研究》，载《科学学研究》，2009（7）；文中表格数据来自《2009年东莞市国民经济和社会发展统计公报》。

第六章

经济增长与国际贸易

学习目标

● 学会使用 *PPF* 曲线的移动表示不同种类的经济增长；

● 理解罗勃津斯基定理，把握特定要素禀赋量的变动对于不同产品产出的影响；

● 理解资本积累和劳动节约型技术进步对于一国比较优势的动态变化的影响，以及对于国家合理的发展路径的意义；

● 理解恶化性经济增长的成因、贸易条件在其中扮演的主要角色；

● 理解出口导向发展战略和进口替代发展战略的本质；

● 理解荷兰病或者去工业化现象的本质。

国际贸易和经济增长之间有着密切的相互影响关系。东亚经济的崛起，印证了国际贸易对于经济增长的巨大作用；反过来，在最近 30 年来尤其是进入了 WTO 后中国经济的迅猛增长与国际贸易的急速扩大之间，又似乎在述说着经济增长对国际贸易贡献甚巨。本章主要将经济增长对国际贸易的影响作为主要的考察对象。

6.1 经济增长与 *PPF* 曲线的变动

像第一章所述，*PPF* 曲线反映的是特定技术条件下的资源禀赋约束情况。也可以反过来，*PPF* 曲线反映的是特定资源禀赋约束条件下的技术约束情况。而经济增长是资源禀赋扩张或者是技术水平提升导致的经济产出的现象。换言之，是资源禀赋的约束放松，或者是技术的约束放松。这种约束放松就体现在 *PPF* 曲线向外扩张上。

假定中国是一个劳动充裕的国家。按照 H-O 定理，中国出口劳动密集型产品 X，进口资本密集型产品 Y。再假定只使用两种要素劳动和资本。

图 6—1 中横轴表示劳动密集型产品 X 的产出量，纵轴表示资本密集型产品 Y 的产出量。经济增长前，生产可能性曲线位于 PPF_0 的位置。经济增长后，PPF 曲线向外扩张，包括扩张到 PPF_1、PPF_2、PPF_3 三种情形。

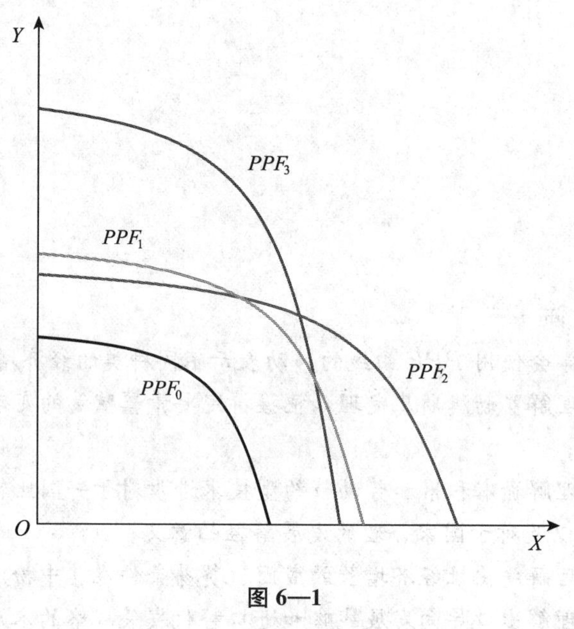

图 6—1

第一种类型的经济增长，导致了两种产品等比例地扩张，我们称这种增长为平衡型经济增长。第二种类型的经济增长导致了两种产品的产出都扩大，但是出口型产品 X 的扩大更加明显，我们把这种经济增长称为出口偏向型经济增长。第三种类型的经济增长中，进口竞争型产品 Y 的扩张更加明显，我们把这种经济增长称为进口竞争偏向型经济增长。后两种偏向型的经济增长，又统称为非平衡型经济增长。

经济增长有两种源泉，一种是要素禀赋的增长，另一种是技术进步。平衡型经济增长，要么是劳动和资本这两种要素等比例增长带来的，要么是这两种要素的使用技术出现同等程度的提升带来的。出口偏向型经济增长，由于出口产品的产出扩张更大，要么是出口产品密集使用的要素劳动的增长较非密集使用要素资本的增长更大（包括前者增长而后者完全没有增长的情况）所致，要么是劳动的使用技术比资本的使用技术进步更大所致。进口竞争偏向型经济增长，则要么是资本要素量的增长大于劳动要素量所致，要么是资本的技术进步较之于劳动的技术进步更大所致。

另外，在技术进步带来的经济增长中，技术进步划分为两种类型。如果劳动的技术进步非常迅速，导致劳动替代资本现象的出现，我们把这种技术进步称为资本节约型技术进步。相反，如果资本的技术进步非常明显，导致资本替代劳动现象的出现，我们则把这种技术进步称为劳动节约型技术进步。

6.2 罗勃津斯基定理

6.2.1 理论表述与几何解析

罗勃津斯基定理（Rybczynski's theorem）可以表述为：在产品相对价格不变的前提下，某种要素的禀赋量增加，将导致密集使用该种要素的产品的产出增加，却导致非密集使用这种要素的产品的产出减少。

在使用两种生产要素生产两种产品的模型中，罗勃津斯基定理反映了特定要素的禀赋变动对两种产品产出的不同影响。

图6—2横轴表示劳动密集型产品X的产出量X，纵轴表示资本密集型产品Y的产出量Y。图中的P_r曲线表示X产品的相对价格P_X/P_Y。图中两条相对价格曲线斜率相同，表示要素增加前后产品的相对价格不变。

要素增加前，最优生产点是E点，对应X、Y的产出分别为X_0和Y_0。首先考虑出口产品所密集使用的要素劳动增加，而资本没有增加时候的情况。当劳动增加时，由于X是劳动密集型产品，所以PPF曲线如图中所示由原来的PPF_0向PPF_1扩张。PPF_1曲线与相对价格曲线相切于A点，该点就是劳动增加后的最优生产点。A点与E点对照，劳动密集型产品X的产出大幅增加，而资本密集型产品Y的产出出现下降。

其次，我们看看资本增加时又会如何？当资本增加时，导致PPF曲线如图中所示由原来的PPF_0向PPF_2扩张。PPF_2曲线与相对价格曲线相切于B点，该点就是资本增加后的最优生产点。B点与E点对照，资本密集型产品Y的产出出现了大幅增加，而劳动密集型产品X的产出出现下降。

以上两种情况都证明了罗勃津斯基定理是成立的。通常而言，劳动增加了，劳动密集型产品增加是顺理成章的事，但资本密集型产品的减少就有点匪夷所思了。其实，

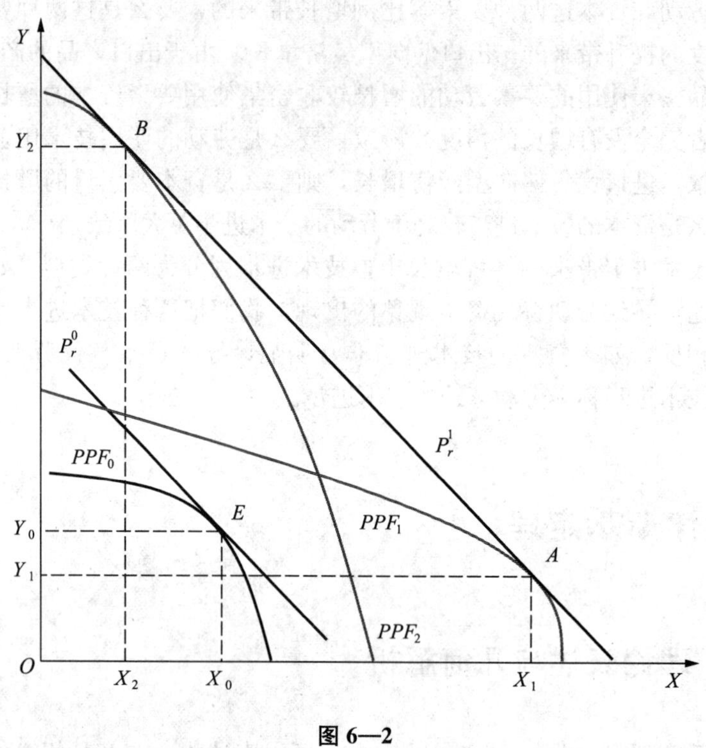

图 6—2

这主要是由于 PPF 曲线的隐形假定：所有的要素全部充分就业。劳动增加以前，劳动和资本都被充分使用。劳动增加后，按照所有要素都必须充分就业的假定，增加部分的劳动必须使用掉。一个自然的解决办法是增加能够大量使用劳动这种要素的产品（即劳动密集型产品）X 的生产。因为 X 的生产是两种要素劳动和资本的联合生产，必须有资本和新增的劳动配套才可以使用。但是，这个时候所有的资本都已经被使用，要么用到了 X 的生产上，要么用到了 Y 的生产上。唯一的办法就是减少 Y 的生产，从而释放出必要的资本来与新增的劳动配套使用。虽然减少 Y 的生产在释放出资本的同时也会同时释放出劳动，但是由于其为资本密集型产品，资本的释放速度会快于劳动的释放速度。只要合理的调整，最终可以利用释放出来的资本与释放出来的劳动和新增的劳动之总和组成恰到好处的搭配。这样就可以使得要素劳动增加后，资本和劳动这两种要素都被充分雇用。但正是这种释放出资本的要素搭配使用方法的调整，导致了资本密集型产品 Y 的产出的减少。

6.2.2 代数证明

罗勃津斯基定理也可以使用代数方法加以严密的证明。

假定 X 商品是劳动密集型产品，Y 商品是资本密集型产品，$\partial_{LX}>0$，$\partial_{KX}>0$，$\partial_{LY}>0$，$\partial_{KY}>0$，分别代表 X 产品和 Y 产品的单位产出所需的劳动和资本投入。分

别使用 X 和 Y 表示商品 X 和商品 Y 的生产量，使用 L 和 K 表示 Leonlook 经济体（单纯假想经济体）的劳动和资本总量。

ρ_K 是两种商品的资本密集度，分别如下：

$$\rho_{KX}=\frac{\partial_{KX}}{\partial_{LX}}>0 \tag{6.1}$$

$$\rho_{KY}=\frac{\partial_{KY}}{\partial_{LY}}>0 \tag{6.2}$$

由于商品 X 为劳动密集型产品，商品 Y 为资本密集型产品，则有：

$$\rho_{KX}<\rho_{KY} \tag{6.3}$$

Leonlook 经济体的要素制约条件可以表示为：

$$\partial_{LX}X+\partial_{LY}Y=L \tag{6.4}$$

$$\partial_{KX}X+\partial_{KY}Y=K \tag{6.5}$$

解（6.4）式、（6.5）式组成的方程组，得：

$$X=\frac{L}{\partial_{LX}}-\frac{\partial_{LY}}{\partial_{LX}}\times Y \tag{6.6}$$

将（6.6）式代入（6.5）式中，得：

$$Y=\frac{1}{\partial_{KY}-\frac{\partial_{KX}}{\partial_{LX}}\times\partial_{LY}}\times K-\frac{\frac{\partial_{KX}}{\partial_{LX}}}{\partial_{KY}-\frac{\partial_{KX}}{\partial_{LX}}\times\partial_{LY}}\times L \tag{6.7}$$

再将（6.7）式代入（6.6）式中得：

$$X=\frac{1}{\partial_{LX}}\times\left(1+\frac{\partial_{LY}\times\frac{\partial_{KX}}{\partial_{LX}}}{\partial_{KY}-\frac{\partial_{KX}}{\partial_{LX}}\times\partial_{LY}}\right)\times L-\frac{\frac{\partial_{LY}}{\partial_{LX}}}{\partial_{KY}-\frac{\partial_{KX}}{\partial_{LX}}\times\partial_{LY}}\times K \tag{6.8}$$

分别将 X 和 Y 对 L 求导，得：

$$\frac{\mathrm{d}X}{\mathrm{d}L}=\frac{1}{\partial_{LX}}\times\left(1+\frac{\partial_{LY}\times\frac{\partial_{KX}}{\partial_{LX}}}{\partial_{KY}-\frac{\partial_{KX}}{\partial_{LX}}\times\partial_{LY}}\right) \tag{6.9}$$

将（6.9）式括号中第二项分子分母分别除以 ∂_{LY}，得到：

$$\frac{\mathrm{d}X}{\mathrm{d}L}=\frac{1}{\partial_{LX}}\times\left(1+\frac{\frac{\partial_{KX}}{\partial_{LX}}}{\frac{\partial_{KY}}{\partial_{LY}}-\frac{\partial_{KX}}{\partial_{LX}}}\right) \tag{6.10}$$

进一步改写成：

$$\frac{\mathrm{d}X}{\mathrm{d}L}=\frac{1}{\partial_{LX}}\times\left(1+\frac{\rho_{KX}}{\rho_{KY}-\rho_{KX}}\right) \tag{6.11}$$

同理，可得：

$$\frac{\mathrm{d}Y}{\mathrm{d}L}=-\frac{1}{\partial_{LY}}\times\frac{\dfrac{\partial_{KX}}{\partial_{LX}}}{\dfrac{\partial_{KY}}{\partial_{LY}}-\dfrac{\partial_{KX}}{\partial_{LX}}}=-\frac{1}{\partial_{LY}}\times\frac{\rho_{KX}}{\rho_{KY}-\rho_{KX}} \tag{6.12}$$

由（6.3）知 $\rho_{KX}<\rho_{KY}$，所以有（6.11）式为正，（6.12）式为负。

这意味着当劳动这种要素增加时，作为劳动密集型产品的 X 商品产量将增加，而作为资本密集型产品的商品 Y 的产量将下降。

由此罗勃津斯基定理得到证明。

6.3 资本积累、技术进步与比较优势的动态变化

一个国家不断的要素积累和技术进步，会导致经济增长和相应的社会产出能力不断扩张。反过来，经济增长会加速要素禀赋的积累和技术进步。二者相互促进，形成一个良性循环，国家就进入一个稳定增长的发展轨道。尤其是资本这种非天然资源性要素禀赋，会在经济增长中不断得到积累，对经济增长的贡献会越来越大。技术本身也可以看作是一种投入要素。技术积累类似资本积累，技术进步可以看做成技术这种投入要素的累积过程。当经济发展达到一定水平以后，技术进步将变成经济增长的主要推动力。所谓要素积累与经济增长的相互良性互动，将主要体现在技术进步与经济增长之间的相互促进关系上。现实中，有相当多技术进步的主要表现方式是物化在资本上的高效新资本，或者是物化在人身上的人力资本。

本节主要关注资本积累及其引致的经济增长与国际贸易的关系，重点关注一个经济体在这种经济增长中比较优势的动态变化。我们的分析对象以中国台湾作为样板。鉴于我们的焦点在生产方面，为了突出重点和简单化，我们假定中国台湾的消费者偏好在经济增长过程中没有发生任何变化。同时由于中国台湾这个经济体较小，其供给和需求的变动对任何产业的世界市场都几乎没有影响，不会影响到世界价格的形成。换言之，商品的相对价格是外生的。

图 6—3 横轴表示劳动密集型产品 X 的数量 X，纵轴表示资本密集型产品 Y 的数量 Y。我们分析考察的时期有三个，启动期 t_0，增长一期 t_1 和增长二期 t_2，分别相当于现实中的中国台湾的 20 世纪 70 年代、20 世纪 80 年代和 20 世纪 90 年代。图中有三条斜率一样的劳动密集型产品 X 的相对价格曲线 P_r^0、P_r^1、P_r^2，表示在三个时期中相对价格

始终没有发生变化。PPF_0、PPF_1、PPF_2 分别表示 t_0、t_1、t_2 三个时期的相应的生产可能性曲线。

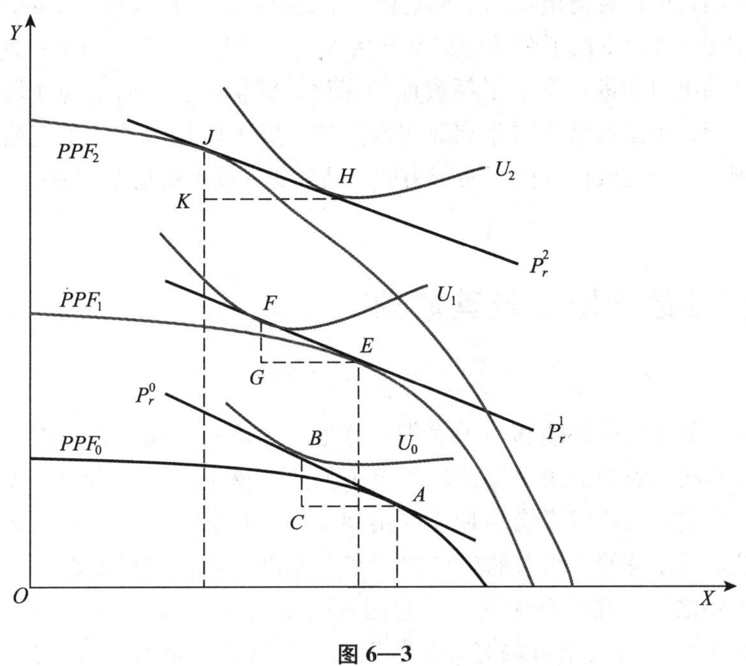

图 6—3

在 20 世纪 70 年代，中国台湾是一个典型的劳动充裕型经济体。所以我们看到图 6—3 中的 PPF_0 曲线是偏向于劳动密集型产品的。在相对价格曲线为 P_r^0 的时候，社会最优生产点和最优消费点分别为 A 点和 B 点。相应的贸易三角形为直角三角形 ABC，表示中国台湾出口 X 产品的数量相当于 AC 的长度，进口 Y 产品的数量相当于 BC 的高度。由于中国台湾的充裕要素是劳动，所以这个时期中国台湾的比较优势在于劳动密集型产品，出口劳动密集型产品，符合要素禀赋理论。

到了 20 世纪 80 年代，台湾历经 20 世纪 70 年代的资本积累后，出现了迅猛的经济增长，而且这种增长是偏向于资本密集型产品 Y 的。所以，生产可能性曲线偏向性地扩张到图中的 PPF_1。产品的相对价格依然没有改变。贸易三角形变成了图 6—3 中的直角三角形 EFG，表示中国台湾依然出口劳动密集型产品 X，数量等于 EG 的长度，进口 Y 的数量等于 FG 的长度。与上一期比较，我们发现中国台湾的出口和进口没有发生变化，换言之贸易分工方向没有发生变化。但是，贸易量上却出现了一些微妙的变化。出口的 X 的数量较之前出现了下降（EG 稍短于 AC），进口的 Y 也出现了一定的下降。我们看到，随着出口劳动密集型产品中资本的积累，这个时期中国台湾的比较优势虽然还是以劳动密集型产品为主，但是已经出现了一定的变化。

到了 20 世纪 90 年代，历经前 20 年的高速经济增长，中国台湾的资本积累已经达到了相当高的水平。进一步的经济扩张，增长愈加偏向于资本密集型产品 Y 的方向，导致生产可能性曲线偏向性地扩张到图 6—3 中的 PPF_2。产品的相对价格依然没有改变，贸易三角形变成了图 6—3 中的直角三角形 HJK，表示中国台湾的进出口贸易格局发生了质的变化。此时，最优生产点是 J，最优消费点为 H。将生产与消费进行对比即可清楚看出：中国台湾出口的不再是劳动密集型产品而是资本密集型产品 Y，数量等于 JK 的长度；进口变成了劳动密集型产品 X，数量等于 HK。与上一期比较，我们发现中国台湾的出口和进口发生了颠覆性的变化，贸易分工方向出现逆转。长期的资本积累，终于导致中国台湾的要素禀赋出现逆转，资本取代劳动成了充裕要素。这最终导致了中国台湾的比较优势由劳动密集型产品转变为资本密集型产品。

6.4 恶化性经济增长及其成因

并非所有的经济增长都能够给国家带来好处。此话初听起来有点不可思议。但是如果你听说过谷贱伤农的故事，应该就不至于如此惊讶了。谷贱伤农的故事说的是大丰收的时节，农民收入非但没有增加反而出现下降的现象。广东省的茂名地区，是全国最大的荔枝、龙眼等岭南水果的生产地，其中尤以高州、信宜等地有名。荔枝这种水果有着大小年之分；在没有天气等异常因素的影响下，一年产量高下一年产量低，更替变换。2006 年，天气出奇的好，又赶上大年，荔枝产量增加得非常明显。结果，往年卖四五元一斤的荔枝，当年价格急剧下跌到一两元一斤。事后有相当多的荔枝农纷纷将荔枝树砍掉当了木柴。同样的故事，在广西、海南等香蕉产地也时有发生。谷贱伤农现象是增产后产出增加效果和价格下跌效果的综合影响结果。

恶化性经济增长（immiserizing growth）指导致社会福利下降的经济增长。其产生的原因与“谷贱伤农”所蕴含的道理并无二致。简单而言，恶化性增长仅仅是“谷贱伤农”的国际版本而已。

图 6—4 演绎了这种恶化性增长的成因。X 代表劳动密集型产品，Y 代表资本密集型产品。我们考虑的国家是一个大国，充裕要素是劳动。再假定增长由国家的充裕要素劳动的增加引起。增长前后，都实行自由贸易政策，而且偏好不发生改变。

增长前的生产可能性曲线为 PPF_0，商品 X 的国际相对价格曲线由 P_r^0 表示，无差异曲线呈图中 U_0 的形状。由于实行自由贸易，均衡状态下，相对价格在国内国外必定均等。生产和消费组织参考这个统一的相对价格。那么，最优生产点为 A 点，最优消费点为 B 点。贸易三角形为直角三角形 ABC。表示国家的出口 X 的量等于 AC 的长度（我们在这里关心的是出口；至于进口的影响姑且按下不表，以下同）。国家能够达到的社会福利水平是与相对价格曲线相切的无差异曲线 U_0 所表示的效用水平 U_0。

由于增长由劳动的增加引致，所以增长后的生产可能性曲线更加偏向劳动密集型产品 X，如图中的 PPF_1 所示。因为对象国家是一个大国，它出口的商品 X 的世界占比很高，增长后的大量出口，导致了商品 X 的价格大幅下跌，国际相对价格曲线变得

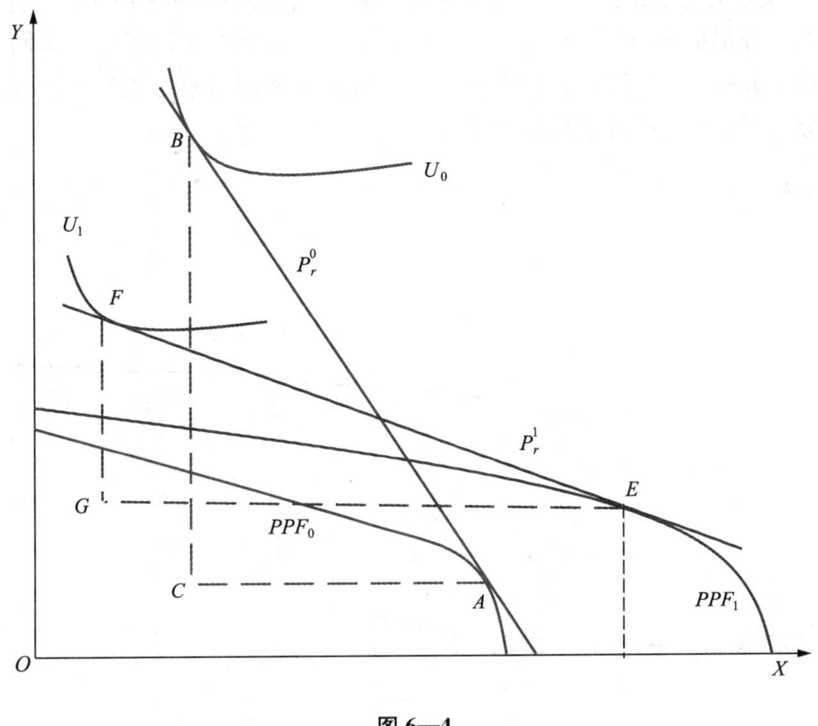

图 6—4

更加平坦，如图中的 P_r^1 所示。偏好没有改变，无差异曲线的形状就不会发生改变。增长后最优生产点为 E 点，最优消费点为 F 点。贸易三角形为直角三角形 EFG。表示国家出口 X 的量等于 EG 的长度；EG 远较 AC 长，表示出口 X 的数量急剧增加。国家能够达到的社会福利水平是与相对价格曲线相切的无差异曲线 U_1 所表示的效用水平 U_1。与增长前比较，我们发现国家的福利水平非但没有提高，反而大幅降低了。

通常，在封闭经济中任何种类的经济增长（排除污染等因素的影响）都只会带来社会福利的提高。因为在封闭经济中，经济增长的效应只体现在一个方面，那就是产品产出量的增加导致的产出效应上。这个效应对于社会福利来说是正的。但是，在开放经济中，如果是发生在出口部门的经济增长，它还存在另外一种效应，那就是贸易条件效应。图 6—4 中我们看到，从产品的生产量来看，增长后无论是 X 还是 Y，都增加了；这是产出效应。但是，另一方面 X 的出口量由原来相当于 AC 的长度大幅增加到相当于 EG 的长度。正是这种大幅度增加的出口，导致了出口产品价格大幅下降，从而产生了巨大的负的贸易条件效应。负的贸易条件效应盖过了正的产出效应，最终导致了社会福利的总体下降。

图 6—5 使用了提供曲线模型，能够非常明了地反映贸易条件的变化。图中 O_A^0、O_A^1 分别表示经济增长前后 A 国的提供曲线。O_B^0 表示 B 国的关于 Y 的提供曲线，由于增长只涉及 A 国，所以增长前后 B 国的提供曲线不会发生任何变化。增长后，由于 A 国生产了更多的 X 产品，在“物以稀为贵，物变滥则贱”的影响下，A 国必定愿意以

更多的 X 去交换同等数量的 Y，所以图中 A 的提供曲线由 O_A^0 右移至 O_A^1。则增长前后贸易的均衡点分别是 E_0 点和 E_1 点，对应的相对价格分别为 P_r^0 和 P_r^1。我们看到，相对价格出现了大幅度的下降。这种变化体现了贸易条件的大幅恶化。正是贸易条件的大幅恶化导致了福利下降的恶化性经济增长。

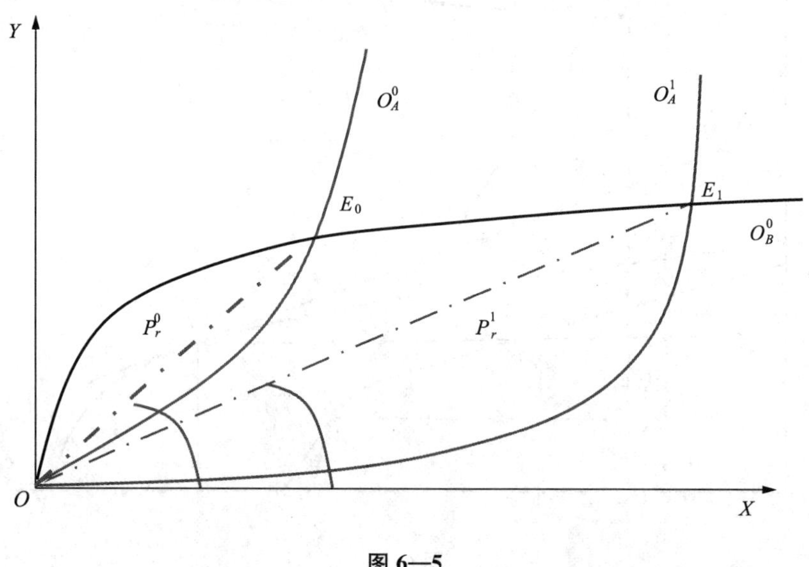

图 6—5

恶化性增长很大程度是理论上的，实际中出现的几率非常小。现实中要出现恶化性经济增长，需要满足以下几个条件：（1）对象国一定是一个大国；（2）增长发生在出口部门；（3）出口产品的外国需求价格弹性非常低；（4）出口国的出口主要依赖对象国的出口商品。

国际贸易上的大国和小国，并非国际政治中的大国和小国的含义，与一个国家的土地面积和人口等因素没有必然的联系。贸易上的大国，指的是一个国家如果在某个产业的出口上占世界该产业整体出口的比例较大，以至于它的出口数量调整对国际价格有影响。另一方面，如果在某个产业的进口上的世界占比较大，同样它的进口量的变化会影响到国际市场价格。像这样，贸易量对国际市场价格有影响的国家称为贸易上的大国，否则称为小国。比如，哥伦比亚、越南是政治上的小国，但是在国际咖啡出口市场上占比很高，所以就是国际咖啡市场上的大国。另外，一个在某种产品的出口市场上称为大国的国家，未必是进口方面的大国。毕竟这涉及不同的产品市场。比如说委内瑞拉出口石油、进口家电；委国是石油出口大国，但是进口家电的量却占世界的比例相当小，所以只是个世界家电产业上的小国。只有在大国的情况下，经济增长导致的某个产业的出口或者进口才有可能影响到国际价格，从而影响到贸易条件，进而影响到国家的社会福利。

只有增长发生在出口产业部门才有可能导致负的贸易条件效应，如果发生在进口竞争产业部门，发生的将是正的贸易条件效应。出口产品在海外市场需求价格弹性较低的时候，出口的大量增加才会导致出口产品价格的大幅下降，进而形成较为明显的贸易条件效应。如果弹性较高，则出口国只要把出口价格稍微往下调整就可以让市场消化掉所有多增加的产品，就不会导致明显的贸易条件效应。最后，当一个国家的出口主要依赖少数或者单一的出口产品时，该种产品的出口对这个国家的社会福利的影响才会足够大，以至于导致社会整体福利的负增长。

6.5 进口替代型发展战略与出口导向型发展战略

6.5.1 进口替代型发展战略：现象与本质

经济增长属于任何一个国家的长期经济运行的主要目标之一，发展中国家尤甚。发展中国家庞大的人口，低水平的国民收入，意味着低水平的国民生活。任何一个发展中国家都想着如何尽快进入发达国家的行列。从“发展中”（developing）到“发达”（developed），需要一个艰难的过程。日语对发展中国家的文字表述为“发展途上国”，相对于中文的表述而言，更为清晰地显示这种过程的必要性。在这个过程中，要实现目标，除了以工业化为中心的经济增长外，别无他途。但是不同的增长方式和增长路径的选择，对于发展目标的实现可能有着迥异的效果。在开放经济的前提下，关于发展中国家的发展战略，在今日经济全球化及各国都是开放经济的大背景下，以进口替代型发展战略和出口导向型发展战略最为典型。

进口替代型发展战略是指发展中国家通过各种国内市场的保护措施，支持国内的工业产业部门在相对较短的时期内建立起来并生产，利用国产的工业产品替代进口的工业产品，以期实现国家的工业化和经济增长目标的发展战略。实行的措施通常包括：(1) 较高的关税和非关税壁垒；(2) 外汇管制；(3) 本币的人为高估。所有这一切措施，都在于人为降低进口竞争型产业的投资成本，同时人为推高这些产业的产品价格，以实现这些产业的快速建立、维持和发展。至于进口替代的理论根据何在，我们于此暂且按下不表，留待后面第八章的贸易保护理论来说明。此节将重点放在这种增长战略的结果分析上。

考虑一个小国，不如说 20 世纪 80 年代的菲律宾。它是一个劳动充裕的国家，出口劳动密集型产品 X，进口部分资本密集型产品 Y（部分自产）。由于是小国，它的出口和进口，都不会对国际价格产生影响。另外，为了问题的简单化，我们假定征收的关税被完全浪费掉，而不存在税收返还国民的情形。

图 6—6 中的坐标系与图 6—3 中一样。图中的 PPF_0 表示经济增长前该国的生产可能性曲线。P_T^1 表示劳动密集型产品 X 的国际相对价格。如果增长前，菲律宾实行完全自由的国际贸易，国内的相对价格曲线也会与国际接轨，由同一条曲线表示。但是，

如果菲律宾推行进口替代，对进口产品 Y 实施了比较高的关税，则势必导致国内市场上进口竞争产品的价格攀升（P_Y 上升）。在出口产品 X 的价格由国际市场决定的情况下，P_X 不会发生改变。这种情况下，国内市场的相对价格将会出现下降；相应的相对价格曲线将会变成图 6—6 中的直线 P_r^0。

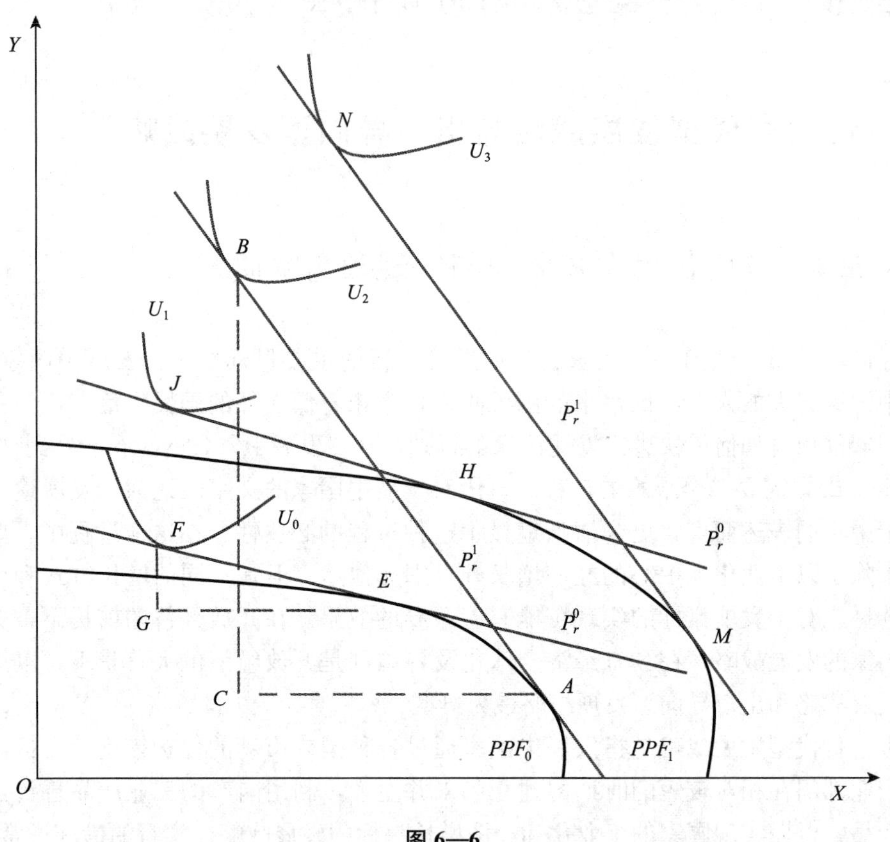

图 6—6

那么经济增长前，自由贸易时的最优生产点和消费点分别为 A 点和 B 点，贸易三角形为直角三角形 ABC，国家能够达到的福利状态为 U_2。如果为了进口替代，实施高关税，则国家的最优生产点和消费点分别为 E 点和 F 点，贸易三角形为直角三角形 EFG，国家能够达到的福利状态为 U_0。我们看到，U_0 小于 U_2，国家的福利水平下降了。但是，当年主张进口替代的经济学家说，这种静态的福利损失不可怕，动态的收益会覆盖而且超过这部分损失。

经济增长后，生产可能性曲线向外扩张到 PPF_1。在继续推行进口替代的战略的情况下，关税措施依然存在，相对价格曲线维持不变。则最优生产点和消费点分别为 H 点和 J 点，国家能够达到的福利状态为 U_1。图 6—6 中清楚地显示 U_1 小于 U_2，增长后的国家福利水平依然没有能够超过增长前自由贸易状态下国家能够到达的水平。

如果我们仔细地对比分析一下，这种结果与上一节中所分析的大国的悲惨的增长情况惊人地一致。实际上，为了推行进口替代而实施的关税政策，导致了事实上的

(本来只有大国才可能遇到) 贸易条件效应。我们可以将进口替代战略所引致结果的本质归结为：人为地创造了悲惨的增长。

这种自我封闭的政策，导致了资源配置的扭曲，使得按照比较优势原理，本来应该能够配置到出口产业的资源，在被扭曲的价格信号下被配置到了进口竞争产业。这种扭曲的资源配置，一来导致静态的福利下降，二来导致增长质量下降，动态的福利增长也不尽如人意。如果这个国家能够迷途知返，于增长后及时放弃进口替代，废弃高关税，实行自由贸易，则增长后的社会福利可以达到图 6—6 中显示的 U_3。事实上，从 20 世纪七八十年代以来，原来实行进口替代战略的国家纷纷放弃了这种效果不佳的发展战略，转入自由贸易或者出口导向型发展战略。相当多的国家，包括东南亚国家等，从这种转换中获得了巨大的收益。

6.5.2 出口导向型发展战略

出口导向型发展战略指一个国家依照本国的比较优势，通过实行自由贸易，不断出口本国的比较优势产品来积累资本，实现工业化和经济增长的发展战略。配套的政策通常与进口替代刚好相反：(1) 降低贸易壁垒；(2) 放松或者废除外汇管制；(3) 低估汇率；(4) 实施出口补贴等促进出口的产业、贸易政策。

对出口导向型发展战略的分析，可以使用图 6—3 来进行。其实该战略的理论基础正是 6.3 节中的经济增长和动态比较优势理论。国家的福利状态，不断由图 6—3 中的 U_0 增加到 U_1 和 U_2。推动出口导向型发展战略的国家实现了国家的工业化，并成功地实现国家比较优势的转换。20 世纪 50 年代后的日本，20 世纪 70 年代以来的亚洲“四小龙”和 20 世纪 80 年代以来的中国，以及 20 世纪 90 年代以来的越南，其实都沿着出口导向型发展道路推进经济的发展，并取得了巨大的成功。被世界银行称为东亚经济奇迹的背后，正是要素积累和经济增长与比较优势动态转换的具体应用实施结果。

6.6 荷兰病与去工业化

荷兰病 (the Dutch disease) 与去工业化 (de-industrialization) 说的是一回事。它指的是一个国家巨大的新矿藏发现和开发或者某个非制造行业的爆发式增长，在给该国带来巨大财富的同时，带来传统制造业萎缩的现象。这种现象通常是在开放经济条件下发生的。

荷兰病名字的由来，与 20 世纪 60 年代荷兰发现了北海天然气后该国的历史有关。突然的巨大天然气田的发现，给荷兰这个国家带来了巨大的财富。与此有关的能源密集型产业得到快速发展。但是在稍后的时间里，人们却发现，很多传统制造业包括机械制造、纺织服装等等出现了较为明显的萎缩和衰退。能源产业和相关产业增长明显，国内房地产和服务业等则出现一定程度增长，至少没有明显的萎缩；但是伴随的却是出口工业部门的大幅萎缩甚至消失。人们把这种现象归结为去工业化现象。

同样的事情，随着英国和挪威于 20 世纪 70 年代在北海发现了大量的油气田后，也发生在这两个国家身上。盛产石油的中东产油国，传统的制造业也极为羸弱。非洲的刚果、尼日利亚等国，要么发现了钻石、黄金，要么发现了石油，与中东国家一样，极大地受惠于上天和祖先的福荫；但是这些国家中也没有一个传统制造业的强国。而且，与中东国家相比，非洲国家的情况更加悲惨。大量的天赐财富，虽然没有给中东国家带来一个强大的制造业，但是总算给国民带来了极为富足的生活。非洲国家不但没有建立强大的制造业，国民生活也没有因为上天的赏赐而得到应有的改善。

事实上，经常有学者把中东、非洲的资源富国与东亚的资源贫国加以对比。然后把结论归结为“资源的诅咒”。经济学家萨克斯（J. Sacks）的实证研究表明，资源丰富国家的经济增长速度比资源贫瘠国家的要慢。陈志武教授写过一篇持有同样观点的文章。他的解析是，资源丰富的国家，由于上天的赏赐，获得食物等生活必需品比较容易；就像生活在热带雨林中的人们一样，伸手就可以摘到成熟果子。久而久之，这种易得性反而慢慢毁灭了这些国家国民的创造力。而除了人，什么都没有的东亚国家，像日本、韩国、中国等等，它们的国民都知道，除了勤奋，除了百分百地发挥自己的创造力，改善自己的生活外别无他途。所以反而是这些国家的经济得到了飞速的发展。

陈志武教授的创造力解析提供了一个带有些许社会学色彩的微观解析视角。我们重新回到国际贸易视角上，来解析荷兰病为什么会产生。

荷兰病的产生，其实是罗勃津斯基定理起作用的结果。

图 6—7 用于解析荷兰病的产生。我们假定在发现北海油气田之前，荷兰原来出口传统制造业的 X 产品，进口油气产品 Y。而且荷兰是一个小国，对国际价格不存在影响力。生产 X 需要使用一组资本和劳动的要素组合，生产 Y 需要使用一组能源和资本的要素组合。

发现油气田前，荷兰是一个资本和劳动组合丰富的国家，所以出口 X。生产可能性曲线如图 6—7 中的 PPF_0 所示，X 的国内相对价格与国际相对价格接轨为 P_r^0。则发现油气田前，最优生产点为相对价格曲线与 PPF_0 曲线的切点 A 点，生产 X、Y 的数量分别为 X_A、Y_A。

油气田发现后进入开发的中前期阶段，由于其带来的巨大财富的贡献，经济得到增长，PPF_0 曲线向外扩张到图中的 PPF_1，偏向于能源密集型产品 Y 的生产。国际相对价格没有变化，一如图中的 P_r^1，直线 P_r^1 与 P_r^0 斜率相同。这符合罗勃津斯基定理的前提条件。则此时的最优生产点为 B 点，对应的 X、Y 的生产量为 X_B、Y_B。我们发现，传统制造业的生产出现了一定程度的萎缩，由原来的 X_A 减少为 X_B；原来的进口竞争性产品 Y 的生产则由 Y_A 增加到 Y_B。这种产出结构的变化，体现的正是罗勃津斯基定理。

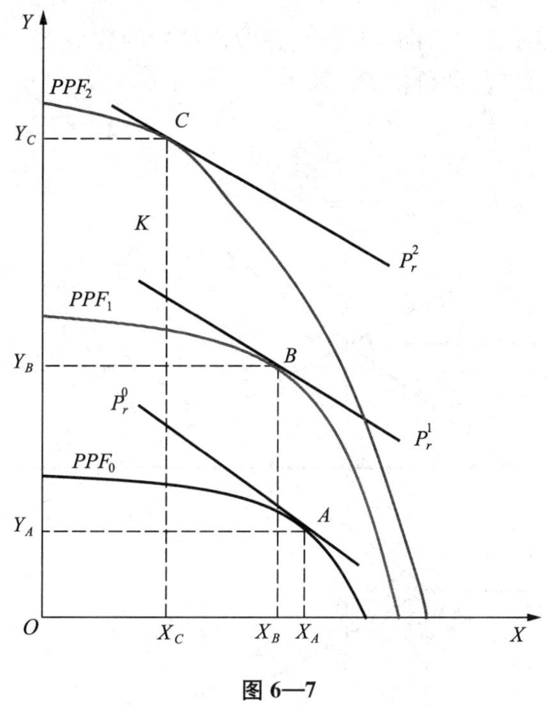

图 6—7

随着油气田开发的完善，经济增长更加明显。PPF 曲线进一步偏向能源产品，向外扩张到 PPF_2。相对价格曲线为 P_r^2，与原来 P_r^0 的斜率相同，显示相对价格没有出现变化。则这个阶段的最优生产点为 C，对应 X、Y 的生产量分别为 X_C、Y_C。X_C 远较 X_A 和 X_B 为小，意味着传统的制造业出现了更大规模的萎缩。相反地，能源产业产品 Y 则大幅度增加到 Y_C。极有可能，在这个阶段荷兰的出口结构出现颠覆性的局面：从出口传统制造业产品为主，变成出口油气产品为主。在这种转换过程中，罗勃津斯基定理体现得更加淋漓尽致。

荷兰病产生的根本原因在于，新生的能源产业强力夺取了原来的传统制造业部门所使用的资源。在原来已经充分就业的情况下，新生的能源产业所需要的生产要素，只能从原来的制造业部门的减产中释放出来。由此导致了传统制造业部门的去工业化现象。

但是，也许你会问：为什么新生的能源产业没有夺取房地产和服务业部门所使用的资源要素？这个问题问得非常有道理。因为在去工业化过程中，房地产业和服务业等部门没有出现萎缩甚至还有所增长。那么我们又该如何作出解析呢？

房地产业和服务业属于非贸易部门。我们很难想象国内生产的房地产可以大规模地卖给外国人，也很难想象我们的理发师怎么给外国人理发和家庭钟点工如何给外国人做菜。我们使用 Z 来表示这一类非贸易产品。

其实，新生能源产业不但与属于贸易部门的传统制造业争夺资源，也会与非贸易部门争夺生产要素。

图 6—8 中横轴表示出口产品（传统制造业产品）的数量 X，也表示非贸易部门产品的数量 Z。纵轴表示产品的价格 P。

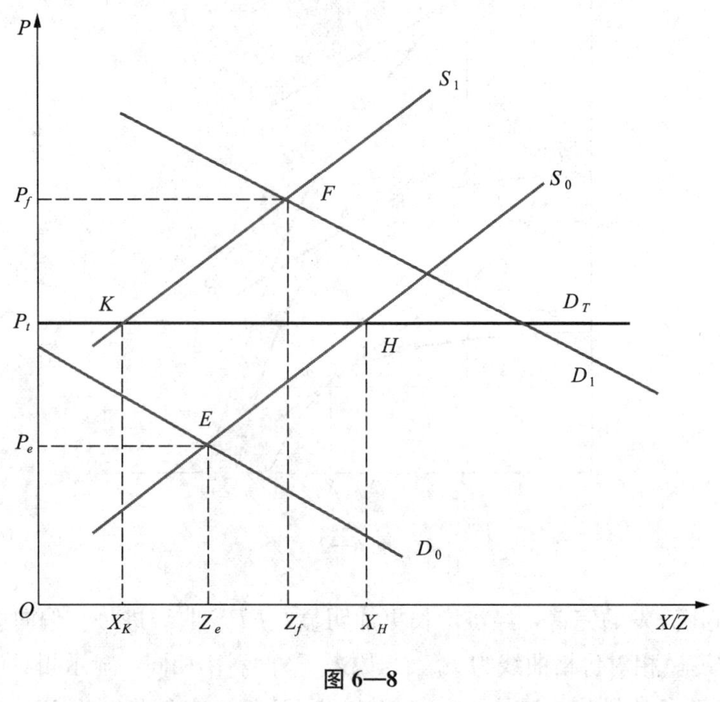

图 6—8

使用 S_0 和 D_0 分别表示荷兰在发现和开发油气田之前对非贸易产品的供给曲线和需求曲线。这样，开发前非贸易产品 Z 的市场均衡点就落在图 6—8 中的 E 点，对应着非贸易产品的均衡数量为 Z_e，对应的价格为 P_e。油气田开发后，非贸易部门 Z 所使用的大量生产要素（包括劳动、资本等）被新生能源部门吸走，导致 Z 部门的供给曲线向左移动到图 6—8 中的 S_1。但是，另一方面，新生能源部门的成长给国民带来了巨大的财富收入；导致对几乎所有产品的需求都产生一种收入效应。这种收入效应对 Z 部门的影响，就体现在图 6—8 中的需求曲线由 D_0 向右移动到 D_1。新的市场均衡点变成了 F 点，对应的均衡产品数量和均衡价格分别是 Z_f 和 P_f。我们看到，非贸易产品的价格不但没有下降反而上升了，产出量也非但没有下降反而有了一定的提高。这种情况，实际上在当年的荷兰是一种历史事实。

所以说，非贸易产品部门，同样也受到了被新生能源产业部门争夺生产要素的影响，但由于新生部门带来的巨大财富导致了收入效应，后者的影响更大，才没有出现生产萎缩的现象。

为了对比，我们在图 6—8 中引入了反映传统制造业部门（也是出口部门）的曲线。图 6—8 中的直线 D_T 表示传统制造业的需求曲线。由于传统制造业的产品主要出口到国外市场，而且荷兰在这个市场上又是一个小国，所以该线是一条水平的直线。水平的直线表示这个市场对于荷兰的制造商来说是一个完全竞争市场，后者只能接受市场决定的价格；市场需求具有无限大的弹性。为了简单化，我们再假定在荷兰开发油气田前后国际制造业市场没有发生变化，所以需求曲线不会有任何移动。供给方面，为了容易对比，我们假定制造业部门与非贸易部门完全相同。

这样，油气田开发前后制造业部门的市场均衡点分别为 H 点和 K 点。对应的均衡价格都是 P_t，对应的产品数量分别为 X_H、X_K。我们可以清楚地发现，产品价格没有发生变化，但是产出量出现了大幅度的下降。

传统制造业部门与非贸易部门的本质区别，就产生于需求方面。后者面对国内市场，当新生产业带来巨大财富时，会产生比较明显的收入效应。前者主要面对国际市场，国内的财富增加，不会产生任何类似的财富效应，所以产业的产出量在新生产业争夺资源的情况下出现了去工业化现象。

总　结

1. 经济增长包括平衡经济增长和非平衡经济增长两大类。后者又分为出口偏向型经济增长和进口竞争偏向型经济增长。经济增长的源泉包括两种：一种是源于要素禀赋的增长，另一种是技术进步。技术进步分为中型技术进步、资本节约型技术进步和劳动节约型技术进步。一国的经济增长表现在几何上，体现为该国的 PPF 曲线由原来的位置向外扩张。

2. 罗勃津斯基定理显示，如果产品的相对价格保持不变，则一种要素的禀赋量增加会导致密集使用这种要素进行生产的产品的产出增加，相反会导致非密集使用这种要素进行生产的产品的产出下降。该定理成立的逻辑关键在于充分就业假定下的资源再配置调整。

3. 要素积累和技术进步都能够促进经济增长。资本积累和经济增长之间、技术进步和经济增长之间都存在相互促进的关系。一个劳动充裕的国家积累的资本会随着经济增长越来越多，罗勃津斯基定理持续起作用的结果，最终会导致该国的比较优势由劳动密集型产品转向资本密集型产品。同样的逻辑，随着经济进一步增长，一个资本密集型国家的技术积累会越来越多，最终会导致该国的比较优势由资本密集型产品转向技术密集型产品。换言之，国家的比较优势会随着经济增长出现动态的变化。

4. 恶化性经济增长是贸易大国面临的一种增长悖论：增长不但没有为国家带来社会福利的增加，反而导致其减少。增长具有产出效应和贸易条件效应；前者对于社会福利的作用永远是正面的，后者对社会福利的作用则取决于增长后贸易条件是改善还是恶化。贸易大国由于其相关产业出口量的世界占比较大，当增长主要发生在出口产业时，出口的大幅增长导致了本国贸易条件的恶化。最终，负面的贸易条件效应超过了正面的产出效应，经济增长的总体效应就表现为恶化性经济增长。恶化性经济增长是开放经济条件下的谷贱伤农现象的国际版本；通常只存在于理论上；现实版的出现需要满足几个严苛的条件。

5. 出口导向型发展战略本质上符合要素积累与经济增长相互促进过程中的比较优势动态变化规律，所以能够较好地促进国家的经济增长和产业结构高级化。相反，进口替代型发展战略本质上违背了比较优势理论，实质上人为地制造了恶化性经济增长。

6. 荷兰病或者去工业化现象本质上是罗勃津斯基定理起作用的结果。在原来充分就业的条件下，新生天然资源部门夺取了既存产业部门原来被配置使用的部分资源，导致既存产业的产出和供给减少。贸易部门面临的主要需求来自完全竞争的国际市场，需求基本上不发生变动，所以供给减少就表现为均衡产出下降。非贸易部门没有出现萎缩，主要原因在于它们面临的是国内市场的需求，后者又由于新生资源部门带来的财富效应而提高。供求双方的同时变动最终导致均衡产出没有出现大幅度的变动。

思考与练习

1. 下列事项中，哪一种是平行型经济增长，哪一种是出口偏向型经济增长，哪一种是进口竞争型经济增长？哪一种是中型技术进步，哪一种是劳动集约型技术进步，哪一种是资本节约型技术进步？

(1) 劳动充裕型国家越南，随着外资的进入，服装、鞋帽、家具等产业的产出与出口都得到大幅增加，导致了经济的快速增长。

(2) 一向在劳动密集型产业上具有比较优势的中国，随着资本的大量、快速积累，资本密集型重化工业出现了快速增长，成了现阶段经济增长的主要推动力量。

(3) 20 世纪 80 年代，韩国的资本密集型产业和劳动密集型产业都出现了几乎同样的高速增长。

(4) 几乎所有的发达国家都曾经走过一段相同的路径：当经济发展到一定程度，劳动成本不断地快速攀升，以至于制造商不得不寻找高效率的自动化设备来组织生产。在这个过程中，生产技术不断得到提升。

(5) 一个非洲的贫穷国家在励精图治、不断强化教育之后，国民的生产效率得到了大幅提高；企业主越来越愿意雇佣更多的工人而不是增加机器设备。

(6) 在现代 IT 技术的促进下，新加坡的工人与生产设备的生产效率得到了几乎同等程度的提高。

2. 可以抽象地认为，中国只生产两种产品，即农产品和工业品。生产上，农产品密集使用的要素是土地，工业品密集使用的要素是资本。考虑一个特殊的情况，如果有一天突然发生一场大地震，导致从印度洋至新疆北部出现一条大峡谷。印度洋的暖湿气流可以直达新疆、青海、甘肃等中国西北地区，昔日的戈壁沙漠一夜之间变成了绿洲和可耕土地。产品价格等因素都不变。使用罗勃津斯基定理，画图分析这种地理变化将会对中国的产出结构产生何种影响?

3. 从比较优势动态变化的角度，分析推理日本从 20 世纪 50 年代的劳动充裕型国家到今天的技术充裕型国家的发展路径。

4. 哥伦比亚是世界上最主要的咖啡生产国之一。20 世纪 90 年代，咖啡曾经有过一次价格猛升的时期。在该时期，哥伦比亚的咖啡生产和出口获得了长足的发展。但是令人惊讶的是，该国国民收入在经历了短暂的上升之后，反而出现了下降，甚至不如咖啡增产以前的水平。画图分析，这种现象是如何出现的。

5. 从 1980 年开始，原来坚定执行进口替代发展战略的亚洲、南美洲的部分国家纷纷放弃原战略，改为出口导向型发展战略或者自由贸易取向的发展战略。论述分析其中原因。

6. 从荷兰病或者去工业化的角度，分析中东、非洲产油大国的普通制造业普遍不发达的原因。

案例与资料

中国台湾经济增长与国际贸易路径变迁

20 世纪六七十年代，中国台湾经济以出口导向型的纺织、食品、鞋业、家电、自行车、运动器材等消费品工业为主体，通过发展劳动密集型产业实现了经济的快速发展。

我国台湾地区是岛屿经济，地域相对较小。一般而言，小规模经济的人口总量不大，市场容量小，有利于采取出口导向型发展模式。积极扩大外贸出口，可以使其生产和出口实现较大的规模经济。由于在 20 世纪 60—70 年代，台湾技术水平相对较低，资本也相对匮乏。唯一可以借用的生产要素，算来算去便只有劳动。于是，台湾选择了劳动密集型产业作为当年的主要发展方向。这种选择充分地发挥了台湾在该时期的比较优势，使台湾经济发展所面临的障碍大大降低。这个时期，台湾以服装、鞋帽等劳动密集型产品为核心的出口迅猛增长。其结果是经济高速增长，这对于中国台湾成功地成为亚洲“四小龙”之一居功至伟。

20 世纪 80 年代后期，由于生产经营成本的上升，劳动密集型产业在台湾难以长久发展。于是，产业向岛外低生产成本地区迁移，其中相当部分转移到中国大陆。台湾劳动密集型产业外移遵循产业资本运动规律，向具有低成本生产优势和有利的投资环境地区转移，是产业结构的主动调整。台湾在大量劳动密集型产业向外转移的同时，历经 20 多年的经济高速增长所完成的资本积累正式起作用。在大量海外学成回岛的高级技术人才的协助下，顺利完成了产业升级；形成了替代中间产品和资本品的资本和技术密集型产业。这种成功的产业升级，不仅带来了规模经济，而且铸就了强大的对外竞争力。

20 世纪 80—90 年代，随着原来在美国硅谷等海外高技术密集地带就职的台湾留学生的回岛创业，半导体、液晶显示屏、笔记本电脑、手机设计等高技术产业迅猛发展。终于成功促成中国台湾的再次产业升级，使其成为一个拥有资讯产业等高技术产业比较优势的经济体。

目前，台湾居前十位的产业中，电子信息产业就占了一半以上的份额，主要是在计算机外围设备、电脑、芯片设计与加工等 IT 产业的硬件产品上。资本密集型产业向以高新技术为代表的知识密集型产业发展，有利地推动了产业结构的调整升级，成为台湾经济增长的主要动力来源。

纵观台湾的发展路径，每个阶段都是沿着要素禀赋变化带来的比较优势动态变化路径发展，从而获得了巨大的成功。充分证明了遵循比较优势动态发展路径不断推动产业升级对于一个经济体发展的极端重要性。

资料来源：马颖、李建波：《从进口替代到出口导向：大陆与台湾贸易发展的路径比较》，载《亚太经济》，2007-03；黄良如、黄家骅：《台湾劳动密集型产业淡出与产业“空洞化”问题研究》，载《福建论坛人文社会科学版》，2004（8）。

俄罗斯的“荷兰病”

20 世纪 60 年代，荷兰发现了丰富的天然气资源。本来是天大的喜讯，但在这些油气田开发后却发现经济尤其是制造业出现了衰退。特别是进入 20 世纪 70 年代，荷兰国内出现了严重的通货膨胀、制造业产品出口下降、经济增长率降低、失业率上升等许多经济问题。理论界习惯把这种现象称为荷兰病。

荷兰病产生的金融学解析是：荷兰通过大量出口初级产品获得了巨额外汇收入，外汇的大量流入引起外币贬值和本币升值。汇率的变动，导致进口商品、劳务的增加和本国商品、劳务出口的减少。最终严重打击了荷兰本国制造业及其他部门的发展，对经济整体发展产生负面影响。

荷兰病是一种经济发展现象，并非荷兰独有。其他经济体也有机会染上荷兰病。以俄罗斯为例，其经济在 21 世纪初期的快速发展主要得益于其拥有的能源要素禀赋。俄罗斯能源部门，特别是石油、天然气部门正逐渐成为支撑经济发展的支柱产业部门。尤其是 1999 年之后国际原油价格的上涨，更突显了石油、天然气部门在俄罗斯经济中的重要性。但是从另一个角度来看，俄罗斯经济对石油、天然气等初级产品的依赖性增强，制造业等产业部门的衰落，表明俄罗斯在某些程度上患上了荷兰病。

荷兰病的一个重要症状是油价上升导致汇率上升。图 1 列示了俄罗斯 Urals 牌石油价格与美元兑卢布汇率的时序图。从该图中可以看出，2003 年 1 月以后，石油价格的上升对应着卢布的持续升值，2008 年 7 月之后，石油价格的急剧下跌对应着卢布的贬值。

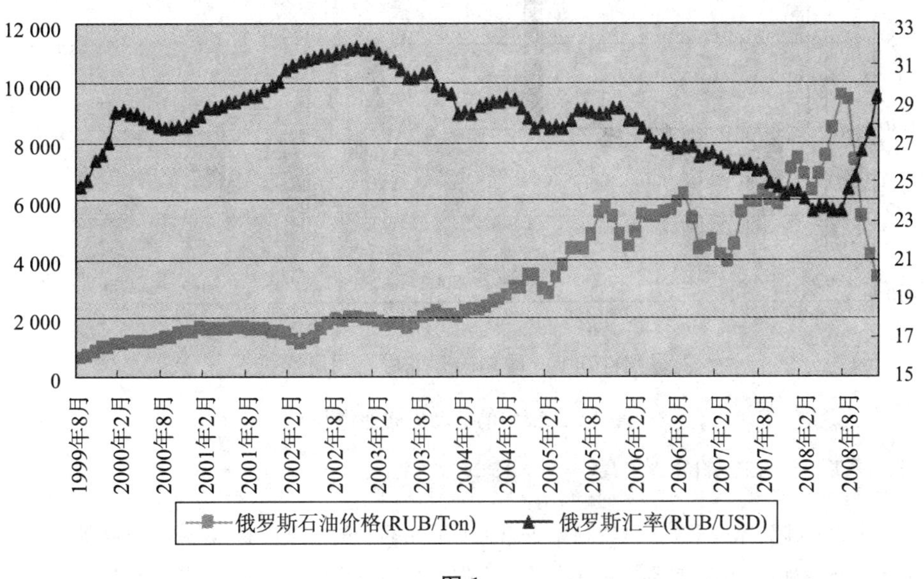

图 1

资料来源：datastring。

2001—2007 年（2005 年与 2007 年除外），制造业部门的产出增长率都低于燃料部门的产出增长率。2005 年制造业部门的产出增长率高于燃料部门的原因恰恰是油价下跌；如图 1 所示，Urals 牌石油价格由 2005 年 9 月的 5713 卢布/吨急剧下降至 2006 年 1 月的 4 443 卢布/吨。2007 年油价经历了两次下跌，一段是 2007 年 1 月至 3 月，另一段是 2007 年 8 月至 11 月，由于下降幅度不大，因此制造业产出增长率只是略高于燃料部门。另外，2000 年之后，服务业的产出增长率一直高于制造业（2005 年和 2007 年除外，这两年存在油价下跌的情况，正好从反向验证了荷兰病），甚至有的年份制造业部门的产出增长率高于燃料部门，这说明俄罗斯的支出效应要强于资源转移效应。

图 2 描述了三部门的劳动力雇佣情况，从该图中可以看出，2000 年之后制造业部门的劳动力雇佣一直呈现负增长。从增长率趋势看，可以划分为 2001—2003 年和 2004—2007 年两个时期。在 2001—2003 年，制造业呈加速下降趋势，而燃料部门则有增有减，这说明制造业部门劳动力的流失现象严重；2004—2007 年，燃料部门和制造业部门的劳动力雇佣有恢复趋势，燃料部门的恢复趋势要快于制造业部门，这说明燃料部门对劳动力的吸引力要高于制造业部门。另外，服务业的劳动力雇佣一直呈正增长，在排除产业结构内生变化规律的前提下，这也是荷兰病的一个表征。

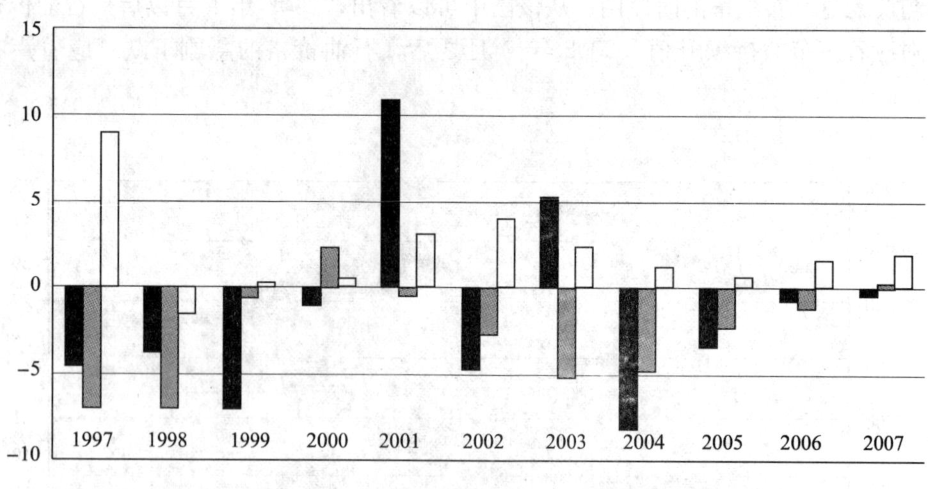

图 2　三部门的劳动力雇佣增长率

资料来源：俄罗斯联邦国家统计局，www. gks. ru。

资料来源：郭晓琼：《关于俄罗斯是否患上‘荷兰病’的实证分析》，载《俄罗斯研究》，2009 (5)；边恕、孙雅娜：《能源要素禀赋与俄罗斯产业结构初级化倾向研究》，载《东北亚论坛》，2008 (4)。

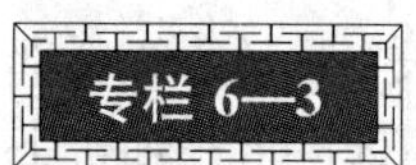

改革开放前中国 30 年间的进口替代发展战略与成败

从中华人民共和国成立（1949 年）到改革开放（1978 年）的 30 年间，我国全面实行具有计划经济特征的进口替代型发展战略。

如同战后刚刚获得政治独立地位的广大发展中国家一样，渴望迅速摆脱经济依附及贫困落后的民族情结促使中国政府力图通过“独立自主、自力更生”来实现工业化。当时西方国家实行的经济封锁使中国内地被阻隔于世界市场之外，内地除了自力更生之外，别无选择。20 世纪 30 年代资本主义世界发生的经济大危机引发了人们对市场经济的普遍怀疑；而前苏联在 30 年代计划经济中的高投资带来高水平的 GDP 增长。这种强烈的对比给广大发展中国家造成了强烈的示范效应。在这些因素的综合作用之下，中国政府做出了具有浓厚计划经济色彩的全方位内向型进口替代发展战略的选择。

为此，我国逐步形成了一整套计划经济的外贸管理体制。1950 年国务院在《关于关税政策和海关工作的决定》中明确强调，“海关税则必须保护国家生产，必须保护国内生产品与外国商品的竞争”。这意味着在关税保护之下发展民族工业。1951 年颁布并实施《海关进出口税则》和《海关进出口税则暂行实施条例》。1951—1983 年（其中，1976—1983 年没有征收关税），我国执行税则的算术平均关税水平为 52.9%，其中农产品关税率为 92.3%，工业品关税率为 47.7% 。这一关税水平大大高于当时关贸总协定缔约国的平均水平。1957 年外贸部公布《进出口许可证签发办法》，1959 年又发布了《关于执行进出口货物许可证签发办法的综合指示》，明确规定“各进出口总公司及其分支机构进出口货物，凭外贸部下达的货单或通知为进出口许可证”。从此，进出口许可证失去其作为贸易政策工具的作用，逐渐被取消，只有在进口少量急需物资的情况下才使用进口许可证。由于各外贸专业总公司及其分支机构必须根据外贸部下达的货单或通知开展进出口业务，计划管理和行政指令实际上成了政府管理和调节对外贸易的政策工具，关税及其他贸易政策工具几乎没有发挥作用的空间。

先是在中苏盟友的框架下，中国开始了 156 项大工业项目的建设。之后，在中苏反目、苏联撤走专家、西方继续封锁的境况下，中国全面开展以“大三线”建设为核心的强制工业化道路。

进口替代可以说是利用对外贸易所开拓的国内市场来促进本国工业发展的一种战略。这一战略的实施，使我国建立了庞大的工业体系，同时也增强了我国自力更生的能力。

但是，进口替代战略的选择，也给我国外贸发展带来了许多现实的问题。比如产品成本居高不下、生产效率低下、产品的国际竞争力不强等。因为进口替代战略的缺点在于过于强调保护国内市场，不利于国内工业生产技术和管理水平的提高，不容易提高本国产品的竞争能力；将重点放在国内市场，往往忽视利用国外市场和国外资源，必然使对外贸易促进国民经济的作用受到限制。这种策略已不再适应我国对外贸易的长期发展。

1996 年林毅夫教授在日本早稻田大学的一次演讲中提到，中国在改革开放前 30 年进行的强制重化工业化战略，导致了整个时期经济资源配置的低效率。这也正是对该时期中国进口替代发展战略的准确归结。

1979 年中国实行对外开放，重新认识比较优势发展战略对于国家发展路径选择的重要性。至今大约 30 年间，基本是沿着能够充分发挥本国充裕劳动力资源产业比较优势的路径，重点发展劳动密集型产业，积极参与国际贸易与分工，获得了巨大的成功。

资料来源：张文：《中国对外贸易战略选择》，载《合作经济与科技》，2008（337）；马颖、李建波：《从进口替代到出口导向：大陆与台湾贸易发展的路径比较》，载《亚太经济》，2007-03。

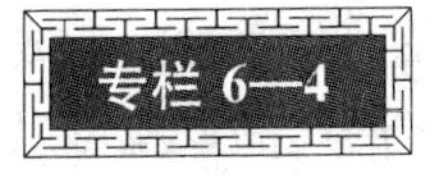

比较优势原理对于国家发展是何等重要

萨缪尔森还在哈佛当学生的时候，一位大学同学要他在所有社会科学原理中，指出一种既正确又重要的原理来。萨缪尔森这个当时已经崭露头角的哈佛高材生，一下子竟被难住了，未能给出一个好的答案。此后，这个问题萦绕在他脑子里竟达 30 年之久。直到 1969 年，也就是在他获得诺贝尔经济学奖的前一年，才终于自认为有了满意的答案。

萨缪尔森认为，李嘉图的比较优势原理，在那些可以称作既正确且重要的社会科学原理中是首屈一指的。学说史表明，这一原理在逻辑上的正确性无需数学家论证，其重要性则为无数重要且睿智的人们所证实。萨缪尔森说，想一想有多少智者从来都没有能够发现这个原理，而且在向他们解释这个原理之前，他们从来未能相信这个原理。

以美国经济持续高速增长并打破了传统经济学预言的经济过热与通货膨胀的关系、资本报酬递减规律、供给曲线和需求曲线的变化轨迹等为代表，人们发现了一种全新的经济增长类型。这种经济增长类型以网络经济或者信息时代来代表十分贴切，而且有着全然不同于以往的、经济学家可以用一组曲线简捷地予以刻画的传统经济的特征。于是，许多人认为传统经济学过时了，我们熟知的经济学的分析手段失效了。

我对所谓的“新经济”没有多少研究，也不敢对这种新型经济是否真正把传统经济学送进了坟墓发表看法。但我对国人惯有的思维方式却有警惕，所以我庆幸自己推荐了萨缪尔森的回答。

我们中国人（许多发展中国家的人们都是如此）被长期以来经济上的落后伤透了心，所以励精图治，充满了赶超精神。这种赶超精神所依据的逻辑是很“硬邦邦”的：如果我们不发起一轮赶超，而总是跟在别人后面，何时才能赶上去，立足于世界民族之林呢？但是，事实却总是告诉我们，这种“赶超”从来不能成功。毋庸置疑，改革开放之前推行重工业优先发展战略，使我们远远地落后于其他国家和地区的发展步伐；“大跃进”也好，“第三次浪潮”也好，也都没有使我们迎头赶上。

相反，靠着乡镇企业生产的劳动密集型产品，我们打开了美国和欧洲发达国家的市场，实现了每年将近 10%的经济增长率，一下子缩小了与发达国家的差距。

任何一次革命性的经济浪潮，无非都是处于技术创新前沿的发达国家，对继续发展所遇到障碍的一次克服。而克服这种发展障碍的前提是，你只有处在技术创新的前沿上，才能为自己提出创新的方向，才具有创新的经济实力和物质手段。如果在国家整体实力上并非处于技术前沿，却偏偏要独立地全面开发新技术，成功的机会将会是很小的。不过，处于技术后进阶段的国家，也有自己的比较优势。那就是相对于其他国家和地区来说，一个国家或地区总是在某些生产要素上面具有较丰富的禀赋。通过在生产中密集地使用这些生产要素，可以生产出具有相对优势的产品，并通过国际或区域间贸易，用富含这些生产要素的产品交换富含相对稀缺生产要素的产品，就可以实现一个国家或地区的比较优势。一旦能够把自身的比较优势发挥出来，缩小与发达国家差距的过程就开始了。

其实，中国人应该最容易理解比较优势原理。历史上每当我们热衷于赶超战略时，不是忘记了自己的发展阶段，就是忘记了自己的比较优势。而改革开放以来中国与世界发展水平距离的缩小，恰恰得益于我们遵循了比较优势原理。赶超的不二法门就是先把自己的比较优势利用起来。随着人均收入水平的提高，比较优势是变化的，我们慢慢地自然会迈向技术创新的前沿。相反，如在物质条件和人力资本环境都不具备的情况下，就慌慌忙忙地去做别人正在做的事情，充其量只能是少数企业和个别产业鹤立鸡群般地发展起来，而并不能提高国家的整体实力。中国固然可以有堪与比尔·盖茨相提并论的企业家，或可以与微软对话的公司，但一个企业的竞争力不能等同于整个国家的竞争力。不顾比较优势的赶超，或追求超越发展阶段的新经济，于国于民都很难说是福音。所以，且不管经济学的其他原理是否还有效，比较优势原理仍然应该坚持。萨缪尔森迟到30年才说出来的答案，30年之后的今天对于我们选择正确的发展战略，仍然具有借鉴意义。

资料来源：蔡昉：《萨缪尔森迟到30年的答案》，载《经济学家茶座》第2辑，济南，山东人民出版社，2000。

另类声音：反思比较优势战略

关于中国过去30多年的经济增长奇迹，一种相当流行的解释是，中国制定了明智的比较优势战略，充分地发挥了自己的比较优势，即廉价劳动力充裕的优势。依据此优势，中国得以成为世界工厂，并为数以亿计的农民安排了就业岗位。

然而，如果仔细观察或可发现，当代中国的经济乃至社会形势，可谓“成也比较优势，败也比较优势”。经济结构、社会结构之严重失衡，似亦源于比较优势战略。今天，恐怕到了对比较优势战略尤其是政府滥用这种战略的做法进行彻底反思的时候了。

1. 比较优势的制度化。

比较优势理论在现代经济学中源远流长，但政府有意识地利用比较优势战略，似乎是中国独创。这一战略的理论阐述，可以林毅夫、蔡昉、李周合作发表于1999年的论文《比较优势与发展战略——对“东亚奇迹”的再解释》为代表。他们所说的比较优势战略以赫克歇尔和俄林的要素禀赋论（factor endowment theory）为基础。

林毅夫等人指出，国家的发展战略要合乎比较优势，而比较优势受要素禀赋结构制约。要素禀赋是指一国拥有的自然资源、劳动力和资本等生产要素的数量。如果一个经济体的产业和技术结构能充分利用其要素禀赋的比较优势，该经济体的生产成本就会低，竞争能力就会强。

以中国这样的发展中国家为例，其禀赋结构是劳动力资源丰富而资本缺乏，因此，宜将劳动密集型产业作为优先发展产业。这样的产业会具有“自生能力”，在国际贸易中享有比较优势，不需政府补贴即可发展起来，从而带动整个经济的快速增长。由此可以实现资本积累，到要素禀赋结构可支持资本密集型产业发展时，就可以转而发展资本密集型产业，提升产业结构水平，最终成为发达国家。

他们也乐观地估计，推行比较优势战略能使劳动力充分就业，可以实现公平与效率的统一。

这一理论的提出与现实是同步的。大约从90年代中期起，珠三角地区的一些地方官员就开始意识到了综合利用海外资金和内地廉价劳动力发展外向型经济的优势。这种认知被越来越多的专家和高层级政府官员接受，政府制定了一系列政策，而构成了一套系统的比较优势战略。不过，在比较优势战略被政府有意识地大规模运用之时，它就已经扭曲走形。

2. 被忽视了的比较优势之制度前提。

当代中国的经济学家的思考和理论，面临着杨小凯教授再三提醒的后发劣势。其中之一是，稍不注意，就会忽视西方经济学的预设。

任何科学、学术研究都有一组不言而喻的预设。现代经济学的几乎所有论述都假定：经济活动主体是平等的自由人，司法体系可以公正地界定、平等地保护每个人的自由和权利。甚至还有更深层次的伦理预设：每个人都可以自主地决定自己的命运，有计算和决策的自由与能力。

现代经济学的整个理论框架都是在此基础上展开的。否则，斯密所说的劳动分工、新古典所说的效率就永远不可能实现。比较优势理论也预设：人们相互之间可以进行自由贸易，每一方均可自由进入、自由退出。它也预设：卷入这一贸易体系中的每个个体、群体均有自主地计算、决策的权利。与此相关的厂商理论也假定，不论是未来的投资人还是未来的雇员，双方都有计算和决策的自由和能力，因此他们才可以组合出一个能够获得效率的企业。

倡导比较优势战略的专家也意识到了这个预设。认同比较优势战略的实施需要市场经济尤其是正确的价格信号引导，“政府的作用首先在于维护市场的竞争性和规则性”。

但是，比较优势战略的倡导者忽略了一个问题：假如政府做不到这一点，是否还允许其实施该战略？假如允许，将会产生什么样的经济与社会后果？在中国语境中，这一问题至关重要。

遗憾的是，比较优势战略的倡导者不但没有讨论这一问题，反而不负责任地赋予政府以巨大权力。他们认为要成功实施比较优势战略，就需要政府灵活地制定、坚决地实施科学的产业政策。科学的含义是，产业政策既能提供关于经济体比较优势的动态变化趋势的信息，其政策目标又不能和现有的比较优势相距太远。这是两个苛刻的标准。现实中的政府几乎不可能具有这样的能力。比较优势战略的倡导者没有深思：政府若不具有这种能力，是否仍可行使这种权力？结果会是什么？

当然，在中国，各级政府可不需要经济学家授权。政府看到了比较优势战略的诱人结果，以一种理性的自负，运用它所掌握的巨大权力，大胆地制定出了一套“超经济的"产业政策，以实现经济学家所论证的廉价劳动力的比较优势。这套政策的基础是禁止人口自由流动的户籍制度。依此，农民进城打工，依然保持农民身份。地方政府大方地赋予投资者以特权。在企业内部，劳工与投资者、经营者就处于权利绝对不平等的位置，他们没有集体谈判工资的权利。正是在这个制度下，企业可以任意延长工作时间，压低工资，克扣、拖欠工资，甚至可以限制、剥夺劳工的人身自由。

这样一套制度当然维持了劳工的低工资。于是，中国的廉价劳动力的比较优势得到了充分发挥——简直是超常规发挥，以至于劳动工资可以在若干年纹丝不动。

3. 比较优势制度化的结果：弱者地位的固化。

然而，劳动力价格始终保持在如此低廉的水准，是否正常？这一现象仅仅是因为农村剩余劳动力充裕吗？

《劳动合同法》从制定到颁布实施过程中，诸多经济学家反应强烈。他们都是比较优势战略的信仰者。他们相信，劳工权益保障水平若有所提高，劳工工资就必然上涨，则以廉价劳动力为基础的中国之比较优势就会丧失，中国企业以低工资所占领的贸易市场就会被工资水平比中国还低的其他国家的企业替代。经济学家们相信，现阶段的中国是绝对不应丧失这些市场的。

这些比较优势战略的鼓吹者犯了一个明显的错误。工资可能无法上涨的趋势，在他们那里变成了必须采取一切措施抑制工资上涨迹象的政策建议。政府的做法则更为坚决。

在此心态支配下，中国在某一阶段的要素禀赋优势被神圣化，劳工的低工资被固定化。工人、企业都不只是经济人，而是完整的人。即便整体上廉价劳动力供应充裕，已经进入劳动力市场的廉价劳动力若享有集体谈判的权利和能力，他们也仍然可以通过经济之外的方式提高自己的工资水平，改善自己的福利待遇。然而，过度迷恋廉价劳动力优势的一整套政策安排，却阻止了这一切的自然发生。

因此，在中国，我们看到的情形不是比较优势的正常发挥：比较优势之前提——市场被取消了，还有比较优势可言么？比较优势只能是具有充分自由和权利的市场主体自主地决策、互动的产物，政府的比较优势政策体系却取消了这样的自由和权利，从而取消了劳工福利提升的自然的自由机制，廉价劳动力丧失了按照市场机制自然地提升为非廉价劳动力的可能性，其劳动力的廉价被永久化，其弱者的政治、社会、法律地位被永久化。当下中国严重的社会结构失衡，就是比较优势迷信与强势政府权力相结合的产物。

4. 比较优势战略与路径锁定。

比较优势畸形地制度化，也已令中国在经济结构方面付出巨大的机会成本。比较优势战略中特别强调劳动力的低廉，因而其所选择的产业多为劳动密集型产业，却通常不包括同样属于劳动密集型产业的中低端服务业。而畸形的比较优势战略的运用从根本上抑制了这类服务业的发展。数额十分巨大的新增劳工收入被抑制在一个极低水平，户籍制度导致劳工工作地与其预期的消费地——农村家乡——的分离。凡此种种做法导致这些劳工的消费能力低下，服务需求被严重抑制，最终的结果是，这类劳工集中地的服务业均与其工业繁荣程度极不相称。

当代中国经济结构之严重失衡，如消费不振，服务业比重偏低，内外失衡等等，均源于此。比较优势战略专家和政府认为，面向出口的劳动密集型加工产业可以产生就业岗位，然而，整个经济体因此损失了同样属于劳动密集型的服务业本可提供的就业岗位，消费因此被抑制。这些看不见的所失未必少于看得见的所得。可以说，以牺牲劳工权利和利益为前提的畸形比较优势战略，让中国经济付出了巨大的机会成本。最大的损失则是，中国经济、政治、乃至社会被锁入（lockin）一个严重依赖面向出口的劳动密集型经济之路径。或许可以说，珠三角地区被锁入的程度可能最为深重。比较优势已经变成了比较甚至绝对劣势。

现在，到了对比较优势战略进行彻底反思的时候了。归根到底，如果这世界上确实存在比较优势的话，它只能是市场自由运转的结果。政府的恰当作用是保障市场机制正常运转，保障每个市场主体——既包括投资人、企业经营管理者，也包括劳工——的自由和权利。这样，经济体内的要素禀赋将被发现甚至被创造出来，比较优势也会被发现甚至被创造出来。由此，经济将自然地增长，并自然地实现产业结构之升级。最为重要的是，这种增长将是正义的，财富在不同群体间的配置将是平均的。

矫正畸形的比较优势战略的关键步骤是，废除户籍制度，承认劳工本应享有的基本自由和权利，从制度上打开弱者上升之门。只有这样，中国才有可能从经济、社会等多个方面摆脱恶性路径依赖，实现良性的发展。

资料来源：秋风：《反思比较优势战略，打开弱者上升之门》，载《南方都市报》，2010-04-18。

21 世纪国际经济与贸易系列教材

第七章

生产要素的国际贸易

学习目标

- 理解劳动的国际流动作为一种要素贸易是如何通过要素的国家间配置调整提高了收益；收益又是如何在国家间进行分配；以及自由劳动移动和管制劳动移动对输入国和输出国不同要素所有者的收入产生何种影响。
- 理解资本的国际流动作为一种要素贸易是如何通过要素的国家间配置调整提高了收益；收益又是如何在国家间进行分配的；以及资本流动对输入国和输出国的不同要素所有者的收入产生了何种影响。
- 掌握使用跨时期流动模型分析资本流动对国家福利的影响。
- 理解要素贸易与商品贸易之间的相互替代关系。

国际贸易除了普通的货物和服务等商品的贸易以外，还有生产要素的贸易，包括劳动和资本以及技术的贸易。只是我们看到的结果是资本和劳动等要素的流动。所以国际要素贸易通常又称为要素的国际流动。本章中，如果没有特别的说明，我们将不加区别地使用要素流动和要素贸易两个概念。从总体上来说，虽然与商品贸易比较，要素贸易的历史与总量没有那么引人注目。但是自从20世纪90年代以来，其中的资本流动量极其庞大，达到几乎颠覆了国际商品贸易带动资金流动的境地。

要素贸易与商品贸易本质上没有太大的区别。都是特定要素充裕的国家输出本国的充裕要素，输入自己的稀缺要素。理论上，要素也是一种商品。比如说劳动充裕的国家像中国、印度、巴基斯坦等亚洲国家会输出劳动，相反进口自己的稀缺要素资本。而资本充裕的国家像欧美、中东等国家，却是输出资本，输入劳动。

7.1 劳动的国际流动

7.1.1 劳动的国际流动概况

劳动的国际流动在18—19世纪曾经有过非常旺盛的时期。美洲大陆的发现，首先导致了以非洲黑奴从非洲被强制运送到美洲为主要形式的大规模劳动流动。随着美国的开发，大量的欧洲国家尤其是爱尔兰大量向美国输出劳动力。在美国西部开发时期，中国也向美国输出了大量的劳动。以广东的恩平、开平、台山等江门五邑为主要输出地，冲着美国的金山开发而漂洋过海谋生的“金山客”或当时被称为“华工猪仔”的移民，存在着极为庞大的数量。今日，原籍台山市的海外华侨，比本地户籍人口还要多。

但是，进入近现代后，各个国家都大幅收紧了移民政策。其中，对中国移民的管制尤其严厉，带有一定的政治歧视。早年对中国人的偏见和担心，时至今日依然存在。在这种严厉的规制下，就出现了比较明显的“人蛇”现象。撇开法律而言，单纯从经济的角度来看，“偷渡”也是一种劳动的输出。

现代合法的劳动流动，包括移民和劳工输出。前者属于一种长期的劳动流动；流动后，劳动者即定居于劳动流入国，成为该国公民。像美国、澳洲和加拿大一直在进行着的高技术移民就属于这一类。后者属于短期的劳动流动，流动后一定时期留在流入国提供劳动，工作完成后重新回国。像中国每年向中东国家大量输出的建筑劳工，也包括各国母公司向海外子公司派遣的商务人员，都属于这一类短期劳动流动。

劳动流动的原因，主要是追逐更高的工资。也就是说，只要存在国家间的工资差异，就存在劳动流动的诱因。其实所有的要素所有者，都天然地存在追逐最高要素报酬的欲望，与把自己的商品卖个最好的价钱没有任何的本质区别。要素价格均衡化定理，显示各国之间在严苛的假定条件下，最终价格（包括绝对价格和相对价格）会趋于一致。但是遗憾的是，现实中，这些苛刻的条件都几乎没有机会得到满足。比如，不存在纯粹的自由贸易，不存在完全竞争的市场，各国使用的技术也不相同。所以，现实中更多存在的是劳动工资在不同国家之间的巨大差异。只要这种差异存在，劳动的国际移动就不会停止；不管是采用合法的移动方式，还是采用非法的移动方式。

我们分析的焦点集中在自由劳动移动时代。这相当于商品市场的自由贸易。当然，由于政治的原因，当代劳动贸易受到极大限制，远远没有达到自由贸易的水平。但是对自由劳动移动时代的分析不失一般性；也适合现在这样的“严管”时代。我们完全可以把现在的“严管”看做是在劳动贸易市场中，存在更高的贸易壁垒。

7.1.2 劳动国际流动收益

在第四章中的 4.1.2 节，我们曾经深入讨论过，在维持完全竞争市场和劳动在各产业间具有充分流动性的假设前提下，不同产业的工资水平也就是劳动这种要素的价格最终形成均衡的一致。图 4—2 采用几何的方法，演绎出了这种结果。既然在国内市场上，劳动的充分流动性会引起劳动价格即工资的均等化，则我们可以合理地推论，劳动在国际市场上的充分流动性也将导致工资在各国的均等化。

图 7—1 与图 4—2 非常类似。但是，前者在图中使用的是边际产出曲线而非边际产出价值曲线。现在假定两国，中国和美国，都只生产同一种产品。在维持自由贸易的情况下，两国的产品价格必定相同。因此两个国家劳动边际产出的比例，与边际产出价值之间的比例完全相同。坐标横轴表示劳动的数量，纵轴表示真实工资水平。在完全竞争的假定下，真实工资等于产品的边际产出，而劳动的边际产出水平由其边际产出曲线决定，所以真实工资就由劳动的边际产出曲线决定。

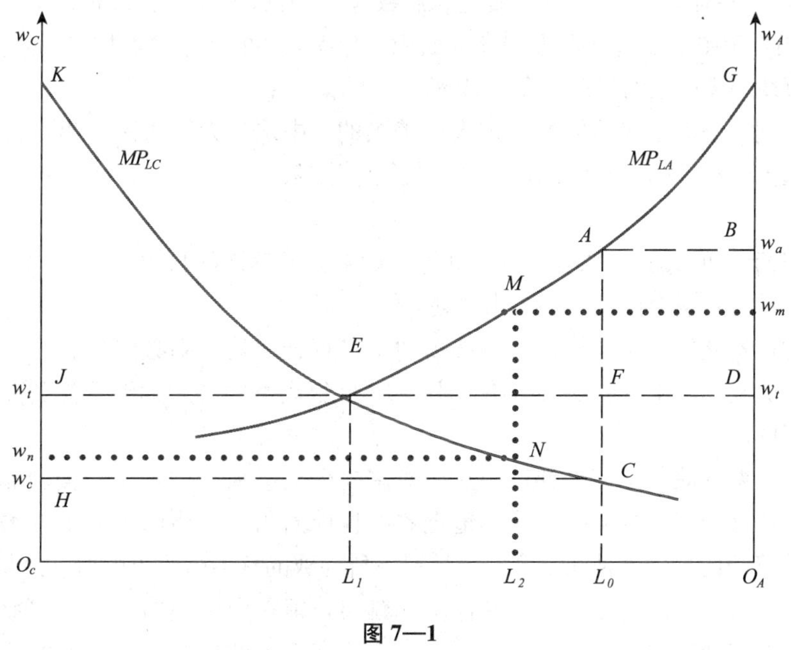

图 7—1

以左下角 O_C 点为原点的坐标衡量中国的劳动市场情况，以右下角 O_A 点为原点的坐标衡量美国的劳动市场情况。中国的劳动总量用图 7—1 中的 O_CL_0 的长度表示，美国的劳动总量用图 7—1 中的 O_AL_0 的长度表示。如果世界只有两个国家美国和中国，则世界的劳动总量显然就相当于 O_AO_C 的长度。

假定开始时两国之间没有劳动移动。中国的劳动边际产出曲线如图 7—1 中的 MP_{LC} 所示。由于中国劳动的最后一个单位是排在第 L_0 位置那个单位的劳动（我们姑且想象把中国的劳动全部排号）。这最后一单位劳动在边际产出曲线上对应的点为 C 点，该点对应左边纵轴上的真实工资为 w_c。这个工资就是所有中国工人拿到的真实工资水平。

这个时候，中国的总产出相当于图 7—1 中的多边形 O_CL_0CK 的面积（以下直接使用相应的集合图形表示）。从数学上来说，这其实是劳动从 0 变化到 L_0 时，边际产出函数的积分。回想起来，我们在第四章中曾经讨论过，边际产出是总产出的微分；现在反过来，总产出自然就是边际产出的积分。总产出包括了劳动和其他要素的所有贡献。因为每一个工人都拿到 w_c 的工资，一共有 L_0 个工人（从左边原点数起），则工人阶层拿到的劳动总报酬等于 $w_c \times L_0$，相当于图中多边形 O_CL_0CH 的面积。劳动以外的其他要素，包括资本、土地等的拥有者获得的报酬就相当于直线 CH 以上的拟似三角形 CKH 的面积。

另一方面，美国最后一单位劳动在边际产出曲线 MP_{LA} 上对应的点为 A 点，该点对应右边纵轴上的真实工资为 w_a。这个工资就是所有美国工人拿到的真实工资水平。美国的总产出相当于图 7—1 中的多边形 O_AL_0AG 的面积。因为每一个美国工人都拿到 w_a 的工资，一共有 L_0 个工人（从右边原点数起），则工人阶层拿到的劳动总报酬等于 $w_a \times L_0$，相当于图中多边形 O_AL_0AB 的面积。劳动以外的其他要素拥有者获得的报酬，就相当于直线 AB 以上的拟似三角形 ABG 的面积。

我们看到，中国工人的数量远远大于美国的；中国工人的边际产出，也就是劳动生产率也远低于美国的，相应地，中国工人能够挣到的工资水平 w_c 就远低于美国的工资水平 w_a。

现在我们转而考虑一个类似美国 19 世纪西部开发时期的自由移民时代。中国和美国都放任劳动力在两个国家之间自由移动。

悬殊的工资差异，一旦禁止劳动移动的闸口打开，其结果必然是劳动力从低工资的地方大量流动到高工资的地方。事实上，19 世纪大量的华工远涉重洋到美国谋生就是一个很好的印证。

理论上，两国放开了劳动移动以后，有多少劳动会从中国输出到美国呢？两国的工资水平最终又会变得如何呢？简单地把答案提前给出，最终两国的工资水平会趋于一致，劳动移动的总量就是在工资一致情况下所导致的从中国流出的劳动总量。

随着追逐高工资的中国工人不断向美国输出，留在中国国内的工人的数量不断减少，在边际产出递减规律的反向作用下，中国留守工人的边际产出和真实工资的决定点都将沿着 MP_{LC} 曲线不断向左边移动，导致工资不断上升。相反，美国那边，随着中国工人的不断涌入，工人人数不断增加，在边际产出递减规律作用下，美国国内工人（包括原来的工人和流入的工人）的边际产出和真实工资的决定点将沿着 MP_{LA} 曲线向左移动，对应的边际产出和真实工资水平不断降低。当两国的工资决定点随着劳动的移动，移到图中的 E 点时，两国的工资水平都变成 w_t，完全一致。此时，由于两国的真实工资水平已经完全一致，不会有中国工人再往美国移动，也不存在相反方向的移动。因为劳动移动的诱因——工资差异已不再存在。

结果是，劳动移动结束后，中国国内留守的工人总量是 O_CL_1，相对于禁止移动时，少了 L_0L_1。相应地，此时美国国内使用的劳动总量由原来的 O_AL_0 增加到 O_AL_1，净增加 L_0L_1。恰好等于中国减少的劳动数量，这就是劳动移动的总量。

接下来，我们再看看，自由移民政策给中美两国带来的收益。

移民开始前，中国国内的总产出是多边形 O_CL_0CK 的面积，美国的总产出是多边形 O_AL_0AG 的面积，世界的产出总和是它们的面积之和。移民开始后，中国国内的总产出是多边形 O_CL_1EK 的面积，美国的总产出是多边形 O_AL_1EG 的面积，世界的产出总和是它们的面积之和。前后比较，我们发现，世界的总产出多出了一个相当于拟似三角形 ACE 的面积。这就是自由移动带来的世界总收入的增加部分。

7.1.3 劳动移动收益的国家间分割

那么这部分增加的收益中，在劳动的流出国和流入国之间又是如何分配的呢？由于给两国收益带来变化的只是移动部分的劳动带来的，我们就仅针对这部分劳动对两国收益的影响进行分析。

自由的劳动移动，还包括两种形式，一种是伴随着国籍变更的移民移动；还有一种是短期的劳动输出。长期的劳动移动和短期的劳动移动对劳动移动收益存在着极大的影响。因为如果是移民的情况，劳动移动发生前和发生后，两国的劳动总量会发生统计上的变化。移民在移动前属于输出国的劳动，移动后则统计入输入国的劳动中。

如果是长期劳动移动（也就是移民这种方式）的话，则移民创造出来的所有价值都归属劳动输入国。所以 ACE 全部为美国获得。不但如此，作为劳动输出国的中国，伴随着劳动的输出，也会减少 CEL_1L_0。这部分收入也变成了美国的收入新增部分（从中国接收的新移民的收入）。我们把它看作给予移民的“嫁妆”也许更加容易理解。

如果是劳动的短期移动（即劳动输出）的话，则情况稍微复杂一点。以下就短期移动分别针对劳动输入国和输出国作出具体分析。

首先，对于劳动输入国美国整体来说，输入的那部分中国工人创造的全部产出为多边形 EAL_0L_1 的面积，而它支付给这部分中国工人的工资总额为 EFL_0L_1，所以收益的净增加为拟似三角形 EFA。

其次，对于劳动输出国中国来说，输出的那部分工人从美国获得的工资收入为四边形 EFL_0L_1 的面积，但是由于劳动输出而导致的机会成本损失为 ECL_0L_1，所以收益的净增加为拟似三角形 EFC。

归结而言，世界收入的纯增加部分，以均衡的工资水平 w_t 为分界线进行了分割，上半部为输入国获得，下半部为输出国获得。

7.1.4 劳动移动对国内要素收入分配的影响

虽然说，美国和中国都从劳动的自由移动中获得了收益。这是国家层面的收益，但依然存在的最后一个问题是，劳动移动对输入国和输出国国内的不同要素拥有者产生何种分配效果。也就是说，工人（劳动的拥有者）和非劳动要素拥有者的收入究竟会受到什么影响。下面以短期劳动移动为例进行分析。

表 7—1 参照图 7—1 将劳动移动对输入国美国国内和输出国中国国内的收入分配影响作了归结。劳动移动前，美国工人（指具有美国国籍）的总收入是 ABO_AL_0；移动发生后，美国工人的总收入是 FDO_AL_0，净减少 $ABDF$。美国的劳动以外其他要素拥有者的总收入，在移动发生前后分别是 ABG、EDG，净增加 $ABDE$。而就输出国而言，中国工人的总收入，在输出劳动前后分别是 CHO_CL_0 和 FJO_CL_0，净增加 $FJHC$。其他要素所有者的总收入，在劳动移动发生前后分别是 CHK 和 EJK，净减少 $CEJH$。

表 7—1　　劳动移动对国内分配的影响

		移动前	移动后	前后对比
输入国美国	工人	ABO_AL_0	FDO_AL_0	减少 $ABDF$
	其他要素拥有者	ABG	EDG	增加 $ABDE$
输出国中国	工人	CHO_CL_0	FJO_CL_0	增加 $FJHC$
	其他要素拥有者	CHK	EJK	减少 $CEJH$

我们发现，如果是短期的劳动移动，虽然增加了劳动输入方和输出方双方的国家整体利益。但是对于两国国内收入却存在不同影响：劳动移动损害了输入国工人的收益，增加了输入国除劳动要素以外的要素所有者的收益；劳动移动增加了输出国工人的收益，减少了输出国其他要素收入所有者的收益。

如果劳动移动是长期的，也就是移民的情况发生，以上结果依然成立。只是，输入国存在新接收移民带来的收益，这部分新国民的收益也是提高的。有关的分析，前面已经完成。

7.1.5 现实中的劳动移动与移民租金

以上的分析，是在劳动自由移动的假定下做出的。现实中，除了欧盟内部，我们极少发现国家之间的完全自由的劳动移动。即使在19世纪美国西部开发的自由移民时期，即使不存在输入国的政策限制，也会存在背井离乡成本（包括实际的和心理的）和适应新环境成本的事实上的障碍，导致完全自由的劳动移动不可能实现。

在现实世界存在不完全的劳动移动的情况下，以上关于劳动自由移动的结论依然不失一般性。只是由于这种不完全性，其创造的福利效果也较小。

假定由于美国严苛的移民管制政策，只允许相当于图7—1中L_0L_2长度的中国公民移民到美国。移民发生后，中国和美国的劳动雇用量分别为O_CL_2和O_AL_2。各自的劳动雇用量在美国的劳动边际产出曲线MP_{LA}和中国的劳动边际产出曲线MP_{LC}上对应的点分别为M和N。M点和N点在左右两边纵轴对应的工资水平分别是w_m和w_n。就世界整体来说，净增加的收益相当于多边形$ACNM$的面积。

我们不难发现，移民发生后，美国和中国之间依然存在巨大的工资差异。w_m比w_n高出很多。劳动移动的诱因异常强烈。但是在严格的移民政策管制下，更进一步的劳动移动已经被禁止。如果我们把劳动自由移动作为标准，那么本来可以获得的世界净收益的另一部分拟似三角形MNE无法实现。这部分损失其实就是移民管制政策的成本。

另一方面，输出国的工资上涨幅度并不大，由原来的w_c略微上升到w_n。美国工人（原来的美国籍工人）的工资下降幅度也较为轻微，只是由原来的w_a略微下降到w_m。所以，美国工人的怨言应该不会太大，也就意味着政治压力是轻微的。这正是移民管制的初衷所在。

那么谁是最大的收益获得者呢？这非实现了移民梦的那部分中国移民（相当于L_0L_2的部分）莫属。他们的工资水平由原来的由w_c急剧上升到w_m，涨幅远较自由移动情况下大。其实，人为的移民政策限制，就像普通的产业进入限制一样，无形之中创造了一种可以称为“移民租金”的租金。幸运的移民资格获得者收取了这部分租金的绝大部分。细细想来，其实这就是美国绿卡故事背后的真相。

7.2 资本的国际流动

7.2.1 国际资本流动概况

资本的国际流动相对劳动的国际流动来说，要活跃得多，所以规模也就大得多。但也并非完全没有政治压力，直到今日也没有实现完全的自由化。法国极力防止外资控股它的所谓“国宝”型企业，日本名义上开放外资投资，实际上存在很多的非制度性进入门槛而导致外资在日本市场的份额极低。中国也对外资投资实施诸多限制，反过来当中国企业收购美国的优尼卡公司、收购澳洲矿山的投资时，也被美国和澳洲的国际投资委员会否决。

但是不管怎么说，今日世界各国对资本市场的开放都已经有了很大程度上的进步。资本的国际流动，如果单单从输出国方面看，就成了对外投资；从资本输入国角度而言，则是外国投资。外国投资，依据投资国在投资后对投资项目有否经营控制权，可分为间接投资和直接投资。

间接投资指单纯以获得投资收益为目的、不参与投资项目经营管理的投资，包括购买外国企业和政府机构发行的债券、基金和股票（在不控股的情况下）。投资者只关心所投资金的保值和增值，对于这笔钱投出去以后是怎么运用的，则不在它的兴趣范围内。通常又称为纯金融资产的国际流动，属于国际范围的金融借贷行为。

直接投资指投资者在投资后直接经营管理投资项目以获取收益的投资。通常我们所说的外国直接投资（FDI，foreign direct invest）就属于这一种。外国直接投资，既可以是在受资国直接建立新企业和工厂，也可以是收购兼并受资国的原有企业。收购兼并也不需要100%的股权，只需要达到控股权程度即可。

当前，外国直接投资有相当部分由跨国公司来实施。跨国公司一般被定义为在国外拥有子公司并经营的公司。子公司未必是全资子公司，也可以是控股子公司。按照美国的标准，只要对一家公司拥有10%以上的股权，就被认为对这家公司实行了控股；投资方就成为控股公司。跨国公司在外国投资中占据主要地位；主要产生于跨国公司在世界各国经济中的影响越来越大，以及它们所进行的全球化运营模式。在一个全球化的时代，资源的配置是世界性的，跨国公司为了追求更高的利润或者尽可能低的成本，经常以生产环节为单位选择生产经营的地址，形成了今日所见到的全球性生产协作体系。当它们把某些生产环节搬到国外时，就出现了对外直接投资。当然，也有很多的单纯为了占领海外市场或者让生产更加接近原材料生产地而进行的投资。一般来说，跨国公司多多少少都会对海外的子公司进行财务投资。所以，很多人产生一种印象，跨国公司就是FDI的一种替代，或者是代名词。其实，这种说法有时候是不对的。跨国公司在海外经营，未必给该国带来FDI，因为它完全可以在该国进行资金募集然后进行经营。

资本的国际贸易或者资本的国际流动，体现的是资本充裕的国家输出资本到资本短缺的国家。本质上来讲与普通商品的国际贸易没有本质的区别。但是我们极少看到过，对外国投资会将机器设备和仓库厂房搬过去的现象。所以说从国际借贷的角度去理解会更加容易把握问题的本质。其实，投资本身就意味着借贷；是投资方贷出，受资方借入。国际投资只是双方分布于不同的国家而已。

7.2.2 跨时期贸易模型：资本流入和流出的决定

到现在为止，我们在前面研究的都是两个国家之间进行的不同产品的国际贸易。严格来讲是同一时期内不同商品之间的贸易。但在资本的国际借贷中，需要考虑的是不同时期同一种产品的贸易问题。其实所有的借贷都意味着这层意思，今天借出一样东西，明天得到更多的同样的东西。就好像你把家里的一只鸡蛋借给曹操家，他家答应一年之后还给你一只鸡外加三个鸡蛋。或者说，身无分文的袁隆平跟你说："你现在借给我 100 公斤稻子，半年后我还给你 150 公斤。"知道他是袁隆平，你会爽快地借给他。这里考虑的是用现在的某种数量的商品，与将来的另一数量（通常更大）的同种商品进行交换或者说贸易。

对于我们来说，消费是终极目的，投资的本质是推迟消费。我们转换一个角度，按照消费时间的不同，人为地把同一种商品划分为两种商品。用于现在消费的，叫"现期商品"；用于将来消费的，叫"未来商品"。这样，问题在形式上与我们所熟悉的两种商品的贸易就没有什么两样了。只不过，从生产的角度而言，生产未来商品是一件相当费解的事。现实中生产未来商品是间接的。也就是说，现在只是生产可用于将来生产的投资品，未来商品在将来由这些投资品生产出来。

所以，任何一个人或者公司，都面临着把自己的资源如何在现期商品和未来商品中进行配置的问题。在资源总量和生产技术一定的情况下，会有一条生产可能性曲线表示供给方面的情况。这种资源的配置与现期商品的相对价格有关。如果现期商品价格更高，未来商品价格更低，则多生产一点现期商品来消费；相反，则多生产点未来商品，少生产点现期商品。

现期商品的相对价格由现期商品的相对供给和相对需求来决定。相对供给主要体现在 PPF 曲线上，相对需求主要决定于人们对现在消费和未来消费的态度，或者说偏好。对未来消费持有强烈偏好的国家，未来消费商品的价格将较高，现期消费商品的价格必定较低。所以这种国家内部形成的现期消费的相对价格就比较低。反之，现期消费商品的相对价格就较高。比如说，现实之中，包括中国在内的整个东亚地区，人们相对来说都更加看重将来，而美国则看重现在。所以，如果其他条件不变，则东亚的现期商品的相对价格就较低，美国则相对较高。至于什么影响了国民的偏好，包括历史、风俗、习惯和对于将来的安全感等等不一而足，相当复杂，我们于此不做深究。

在偏好等因素的影响下，国内现期商品的相对价格就决定了。所以相对价格曲线，也是收入曲线，斜率是已知的，换言之，相对价格曲线的形状是知道的。一般而言，用利息率 r 来表示资金的价格。现在资金的相对价格就是 $\frac{1}{1+r}$。r 其实就是将来的资金折现为现值时的折现率。也就是说，相对价格曲线的斜率（绝对值）等于 $\frac{1}{1+r}$。

图 7—2 用于说明资本的贸易。图中横轴表示现期商品 X 的数量，纵轴表示未来商品 Y 的数量。在国内的资源技术和偏好已知的条件下，生产可能性曲线如图中的 PPF_0 所示，相对价格曲线的形状（斜率）如图中的 P_r^0 所示。在没有资本输出输入的情况下，国内的最优生产点在 E 点。与普通商品的自给自足不一样，严格来说，由于国内不同居民间可以借贷，所以此时的最优消费点无须必定在 E 点；它在 P_r^0 曲线 E 点左上方的 F 点。图中显示，国内有部分居民贷出相当于 EG 长度的现期商品，换取相当于

FG 长度的未来商品。出售现期商品的居民，收益并不高。所以交易量也不算大。在现期和未来两期的消费全部完成的情况下，国内实现的社会福利水平可以达到 U_0 的水平。

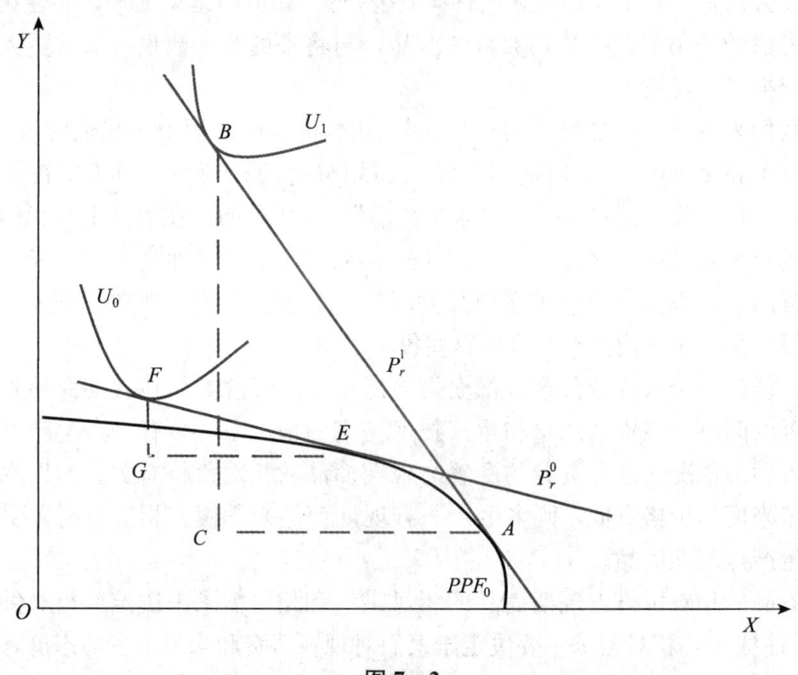

图 7—2

一旦中国开放了资本市场，允许资本在国际自由流动，则会对国内生产资源在现期和未来商品生产上的配置产生重大影响。此时，国内面临的现期商品的相对价格将会是国际价格，如图中的 P_r^1 所示。在新的相对价格下，最优生产点将会是图中的 A 点，最优消费点将会是图中的 B 点。在两期消费都完成的情况下，社会福利达到 U_1 的水平。

在现期商品的相对价格变得更高的情况下，国内借贷的双方都会重新考虑他们的决策。将有更多的中国居民愿意削减现在的消费，节省下来用于换取未来商品。原来借款消费的中国居民数量，在高价格下将会萎缩；为了将问题简单化，我们不妨假定国内借款萎缩为零。

这样，中国将出口相当于图中的 AC 长度的现期商品，进口相当于图中 BC 长度的未来商品。

中国出口现期商品，美国进口现期商品，都比较容易理解。就像现实中我们的服装鞋帽、家具家电源源不断地运往美国一样。但是，中国进口未来商品，美国出口未来商品就相当复杂。与普通商品不一样，因为现在我们看不到，美国将波音飞机、计算机芯片运给我们。其实，中国对未来商品的进口也好，美国对未来商品的出口也罢，真正的实施发生在双方约定的将来的某个时间。现在只是出口方美国给进口方中国写一张借据，写明将来的某年某月某日美国需要归还中国多少商品。在现实中，相当于这张借据的，就是中国购入的美国国债、公司债和公司股票等等，甚至是美国钞票。其实就是我们的外汇储备。

7.2.3 资本国际流动的收益：进一步的说明

在图 7—2 中，我们看到，作为资本输出国的中国的社会福利水平得到了提升，由 U_0 提高到 U_1。图中我们没有把资本输入国美国的相关曲线画出来，无法看到美国的福利变化。其实作为输入国的美国的社会福利也是上升的。

我们完全可以套用 7.1 节中用来分析劳动国际移动的方法来分析资本的国际移动。当我们把图 7—1 中的所有参数，全部换成资本的相应参数时，就可以用来分析资本国际移动的效果了。相当于图中的拟似三角形 ACE 的面积的部分，将是资本移动后，给世界（中美两国）创造的净收益。同样，移动后的资本价格线 EF 为分割线，上半部分为资本输入国的收益的净增加部分；下半部分为资本输出国的收益的净增加部分。净收益增加的来源，就在于移动部分的资本从中国移动到美国，边际产出得到了提升，也就是使用效率得到了提高。

我们也可以从另一个角度，即平均消费效用的角度来思考这个问题。

图 7—3 横轴表示消费的量，纵轴表示从消费中得到的效用。一般情况下（没有出现负效用之前），总效用曲线随着消费数量的增加而提高。所以我们看到总效用曲线是一条向右上方倾斜的曲线。不过，由于边际效用递减规律的作用，曲线的斜率（绝对值）随着消费数量的增加而递减。所以，我们看到曲线越来越平坦。

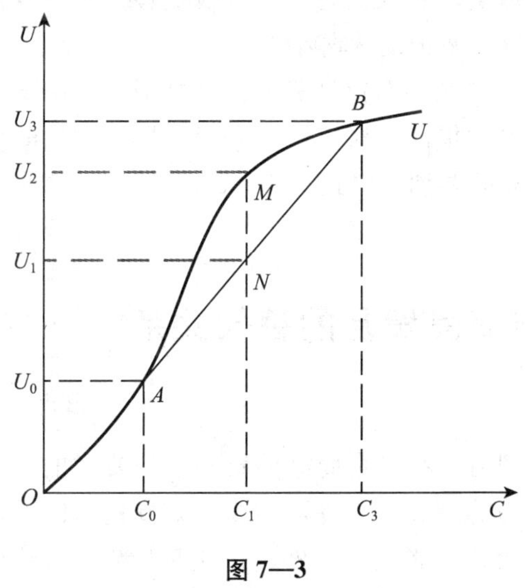

图 7—3

消费分两期进行，一期是现在，一期是未来。假定现期的收入和对应的消费是 C_1，未来的收入和对应的消费是 C_3。对应的消费点为 U 曲线上的 A 点和 B 点，而这两点在纵轴上对应的效用水平分别是 U_0 和 U_3。现在需要问的是，这两期的每一期的平均消费效用是多少呢?

几何的方法就是，将现期和未来期的消费点连接成直线 AB。找出两期的消费量的中点，即图 7—3 中的 C_1 点。中点 C_1 在直线 AB 中对应的 N 点在纵轴上所对应的效用水平 U_1 就是这两期的平均效用水平。

但是如果我们改变消费方式，在现期我们收入少的时候，我们借点钱来消费，等到将来我们收入多的时候我们减少消费把钱还给人家。这样，我们完全可以在现在和将来两个时期都消费同等数量，如图 7—3 中的 C_1 所示。当我们这样均等化消费的时候，我们每一期得到的效用水平就是 C_1 点在总效用曲线上对应的 M 点，效用水平为 U_2。我们发现，U_2 比 U_1 要高，高出相当于图中的 MN 长度。

为什么会出现这种结果呢? 道理很简单，因为边际效用递减。

想象一下，正常时你每餐吃三两饭，刚刚好。但是如果你是一个靠打工为生的民工。你每餐饭的多少取决于你打工的收入。你收入低时，只够买一两饭，收入高时可以买八两。如果你只是按照你收入的高低起伏来消费；则收入低时，你吃完后，每餐都觉得吃不饱，还想吃。任何一两额外增加的饭，对你来说能够带来的满足度都很高。另一方面，当你收入高时，你终于庆幸自己可以饱餐一顿，于是吃八两饭。但是当你吃完时，你很有可能有点撑。比正常时多吃的那五两，也给了你很大的满足，但是绝对不如你饿着肚子的时候那么大。因为这种时候，你已经没有特别想吃的感觉。如果你一生都是这样随着收入的起起落落而时饥时撑地吃饭，可以保证，你这一辈子都没有吃好了的感觉。

但是，如果你可以借贷。收入低时，借点钱吃够三两；有钱时，也只吃三两，把剩下的钱还给人家；你这一辈子也就吃好了。

个人可以这样，一个国家，不管是美国还是中国，也都同样可以通过借贷，使得消费均等化而使总效用得到提高。对于国家来说，景气差的时候从国外借钱，景气好的时候还钱。与个人之间的差别，仅此而已。

7.3 要素贸易与商品贸易的替代关系

至此，我们清楚地知道，不管是商品的贸易还是要素的贸易，其直接原因是不同国家之间存在着相对价格的差异。另外，在 3.1.2 节我们讨论过产品价格和要素价格之间的关系，知道它们会相互影响。另外，在 3.5.2 节要素价格均衡化定理中，我们知道商品贸易的均衡结果是商品价格的均等化，并最终导致要素价格均等化。

其实，商品价格和要素价格之间存在着相互影响关系。没有要素贸易时，完全自由的国际商品贸易在特定的条件下会导致要素价格在参与贸易的各国间均等化。反过来，如果没有商品的贸易，世界各国要素禀赋比例的不同，将导致要素价格的差异，接着进一步导致要素的国际贸易。完全自由的要素贸易将导致上面两节所示的要素价格在参与要素贸易的各国间的一致。要素价格一致，也必定导致商品价格的一致。

所以说，商品的国际贸易与要素的国际贸易导致的结果完全相同。特定条件下，二者之间可以完全替代。出口劳动密集型产品的背后，意味着出口了劳动；出口资本密集型产品的背后，意味着出口了资本。

图 7—4 横轴表示劳动密集型产品 X 的数量，纵轴表示资本密集型产品 Y 的数量。中国是劳动充裕型国家，美国是资本密集型国家。图中的 PPF_0 表示中国初始状态时的生产可能性曲线。图中的 P_r^0 和 P_r^1 分别表示美国对中国开放自由贸易时和实现贸易保护时的商品 X 的相对价格曲线。为了使问题简单化，我们假定即使美国对中国的出口产品施加贸易保护，也不影响产品的价格。所以图中的两条相对价格曲线的斜率是相同的。所有的假定与要素禀赋模型相同。

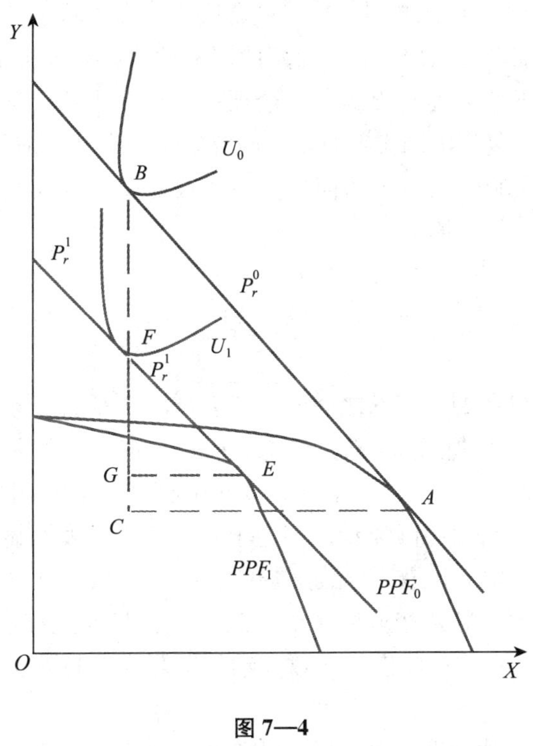

图 7—4

如此，商品进行自由贸易时，最优生产点和最优消费点分别是图 7—4 中的 A、B 两点。贸易三角形为直角三角形 ABC，中国出口相当于 AC 长度数量的 X 商品，进口相当于 BC 长度数量的 Y 商品。中国国内能够达到的社会福利水平为图中与相对价格曲线 P_r^0 相切的无差异曲线所代表的效用水平 U_0。在贸易均衡的情况下，要素价格均等化现象出现。美国和中国国内的资本和劳动价格都将一致。

一旦美国采取贸易保护主义措施，中国的进出口将受到影响。但是可以肯定的是，美国国内 X 商品的价格将飙升，所以 X 产业将在相对较高的价格引导下出现扩张。但是我们知道，X 商品为劳动高密集型产品。根据斯托尔帕-萨缪尔森定理，美国国内劳动的价格也就是工资将出现上升。如此一来，将高于中国国内的工资水平。如果这个时候，劳动移动是自由的，必定出现劳动由中国向美国的流动。劳动流出以后，中国国内使用的要素禀赋减少，生产能力萎缩，生产可能性曲线向内移动，如图 7—4 中由 PPF_0 内移到 PPF_1。由于我们假定商品的相对价格不受影响，罗勃津斯基定理将反向作用。新的最优生产点和最优消费点将变成图中的 E 和 F 点，贸易三角形将缩小为图中的直角三角形 EFG（图中 FG 与 BC 线段恰好重合，只是一种巧合，并非必须）。中国出口 X 商品的数量萎缩为 EG，进口 Y 商品的数量也萎缩为 FG。国内社会福利水平将下降为 U_1。

初看，中国的出口、进口和社会福利都下降了。但是，采用蒙代尔（R. Mundell）在比较苛刻的假定下严密证明过的方法，可以证明中国输出到美国的劳工，将可以为中国带回相当于图 7—4 中两条相对价格曲线之间垂直距离高度（图中刚好等于 BF 的高度）的收入。如果加上了这部分收入，则中国的预算约束线将由 P_r^1 向上移动到 P_r^0。最优消费点将不再是 F 点，而是 B 点；社会福利也不会是 U_1，而是 U_0。

所有的一切都将恢复到美国实行商品市场贸易保护主义之前的情况。唯一的不同，就是受到贸易保护主义影响而减少的商品贸易，被要素（在这里具体指劳动）的国际贸易（或称国际流动）替代掉了。

总　结

1. 劳动的国际流动起源于国家之间的工资差异，包括劳工输出等短期移动和移民等长期移动两大类。劳动的国际移动曾经有过辉煌的时期，但是在现代囿于政治、法律等因素的影响受到各国的严格规制。所以现实中出现了非法的国际劳动移动。

2. 在允许劳动进行自由国际流动的假定下，工资决定模型显示，国家之间的劳动市场会实现劳动的供需均衡并最终导致工资的一致；就像在具有充分流动性的国内市场中，产业间劳动移动会导致产业间工资一致一样。只要还存在工资的国家间差异，国际劳动市场就不会达到均衡状态，导致劳动的国际移动持续进行，直到实现工资一致为止。

3. 劳动的移动会增加世界的净福利（以产出的净增加体现）。这种福利的增加源自劳动由禀赋充裕的输出国流动到禀赋稀缺的输入国带来的移动劳动和输出国留守工人的边际产出的提高，以及输入国其他配套生产要素边际产出的提高。其实，也就意味着输出国的劳动生产率与输入国的其他要素生产率的提高。

4. 劳动的国际移动带来的世界福利净增加部分，以劳动流动达到均衡状态时的国际统一工资为标准进行国家间分割。劳动流入国与劳动流出国的福利都得到了提高。

5. 资本的国际流动比劳动的国际流动更加充分。现代国家大多都在向着资本自由流动（投资自由化）的方向进行着改革。对外投资依据投资国企业对投资项目是否有经营权分为直接投资和间接投资。跨国公司通常会带动对外投资，但是不宜看作对后者的一种替代。

6. 要素价格决定模型，同样可以用于分析资本国际流动带来的收益、收益分割以及对要素收入分配的影响。其应用类似于分析劳动国际流动结果时使用的方法。

7. 资本的国际流动也可以采用跨时期贸易模型来分析。投资的本质是推迟消费——使用现期商品去交换将来商品。国际投资其实就是一种跨时期贸易。贸易开始前，资本输出国与资本输入国资本收益率（代表性收益率为利率）的不同，显示了两国现期商品的相对价格的不同；这引起了资本的国际贸易。资本输出国作为一个现期商品生产上具有比较优势的国家，出口现期商品，进口将来商品；资本输入国作为一个将来商品生产上具有比较优势的国家出口将来商品，进口现期商品。贸易顺差是进口将来商品的一个现实表现，贸易逆差则是出口将来商品的现实途径。跨时期贸易给资本输入国、输出国都带来福利的提升。同样的效果体现在熨平消费的效用高于随收入消费（今朝有酒今朝醉式消费）的效用上。

8. 在比较苛刻的假定条件约束下，蒙代尔证明过要素贸易与商品贸易之间存在一种相互替代关系。这种关系存在的主要原因在于：出口比较优势产品的背后出口了一国的充裕要素，进口比较劣势产品的背后进口了一国的稀缺要素。

思考与练习

1. 偷渡是一种不合法的劳动国际移动。中美洲和加勒比海国家、中国、巴基斯坦、印度和阿尔巴尼亚都是偷渡人口的输出大国或地区。而美国、日本、西欧国家则是偷渡者的主要目的地。撇开法律的角度不谈，谈谈偷渡行为给偷渡者输入国家和输出国家的社会福利带来何种影响?

2. 印度每年向中东国家输出大量劳工。请画图分析，这种劳工输出对于中东国家的资本家和普通劳动者以及印度的资本家和普通劳动者的福利产生何种影响。

3. 中国对美国、欧洲等发达国家年年都有着大量的贸易顺差，多年以后就形成了现在高达 2 万多亿美元的庞大外汇储备。这些外汇储备其实就是中国借给美国的一笔钱。使用跨时期贸易模型，分析中国资金流动到美国的现象对中国福利的影响。另请分析作为穷国的中国，为什么会借钱给富裕的美国。

4. 为什么商品贸易与要素贸易之间存在一种替代关系？世界主要的发达国家对于移民、劳工输入大都持反对态度；如果在 WTO 框架下实现了真正的自由贸易，是否生产要素尤其是劳动的国际流动就不再重要？为什么?

案例与资料

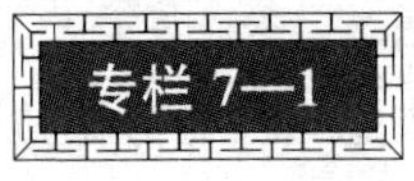

中国的高技术人才流失问题：成因与影响

中国的海外移民是世界最大的移民群体。中国向海外移民可以追溯到元代以前，而当前的移民人数已经达到 3 500 万。虽然这个群体的成员遍布世界 151 个国家，但是欧洲、北美和澳大利亚却是他们最主要的聚集地。新移民在构成上已经与以往不同，所从事的职业也不再局限于老一辈移民的领域。他们中的一部分抓住中国大陆经济高速发展带来的有利机遇，利用中国商品的价格优势，经营商品的批发、零售与进口贸易、超级市场、金融及房地产业。

当前的中国海外移民增长既受国际大环境的影响，又有着自身的不同之处。当今世界正在进入全球化时代，包括人力资源在内的资源都在进行重新配置。低收入地区的劳动力向高收入地区流动已经成为人口流动的基本趋势。与此同时，大多数发达国家的人口出生率都很低，人口老龄化问题相当严重，劳动力短缺日渐成为经济增长的瓶颈。这客观上形成了对移民的自然吸引力。再者，自然和社会条件发展也起到了催化作用，尤其是亲情和社会关系网的作用非常明显。通常情况下，一个 20 世纪 80 年代移民美国的福建长乐人可合法带出 20 多个亲友，甚至创造了 20 年间近 20 万人从一个仅 60 万人的县级市成功移民美国的不敢想象的事例。

当前，在全球化竞争的大背景下，尤其在国家比较优势转型、信息等高技术发展的时期，高技术人才显得更为重要。要在激烈的国际竞争中赢得主动，其中一个重要环节就是赢得人才争夺战的胜利。这是一场从未停止过的不见硝烟的战争。越来越多的国家意识到：所有的战争都没有人才战争更为根本与关键。“人才战争所争夺的对象，正是那些能够影响世界经济、军事、金融、能源、科技等所有重要领域的顶尖人才。人才战争的成败，最终将决定一个国家在全球化背景下的发展命运。”中国欧美同学会副会长、《人才战争》一书作者王辉耀感叹道。对人才的争夺，甚至在一定程度上决定了当今世界格局。

中国人才研究会副会长王通讯指出，从 20 世纪 3 个国家的成功赶超看，实行人才优先战略，是其成功的秘密武器。在 20 世纪的世界历史上，曾经出现过 3 次举世瞩目的成功赶超，即 1900 年美国对英国的赶超、1950 年日本对美国的赶超以及 1960 年韩国对欧洲的赶超。“当时，这都被认为是不可能的事情，但它们都成功了。”学者后来研究发现，实现成功赶超的这 3 个国家都采取了“人才优先”的战略决策。这里讲的“人才优先”，指追赶国对本国人才开发的优先投资与超前投资。王通讯说：“赶超的秘密不在别处，而是在人才资源优先开发与超前投资上。”世界各国发展的轨迹表明，谁抢占了人才培养、吸引和发展的制高点，谁就赢得了未来。

当今世界，经济全球化深入发展，科技进步日新月异，知识经济方兴未艾。人才战争愈演愈烈，大学甚至中小学校也逐渐成为“战场”。

美国IBM公司于2005年宣布在中国启动“人才孵化计划”。该计划主要是与中国最顶尖的一些大学如北大、清华、上海交大等合作，每年挑选10多名软件和工商管理方面的顶尖学生在IBM中国研究中心做项目开发，费用和设备均由IBM提供。比尔·盖茨每次来中国都要到清华、上海交大等高校与学生座谈，物色、选拔人才。座谈的结果是：仅微软总部，就有100多名清华毕业的研究生在此服务。相比企业对高校优秀人才的争夺，美国人的“英特尔奖”（前身是号称“小诺贝尔奖”的“西屋奖”），则像人才收割机，在全球中学生中找出优异的“苗子”。中国的学生有这样一种共识：进入全球顶尖名校并留美发展的一条捷径是，参加“西屋奖”比赛并取得好名次。在这项比赛的获奖者中，有27人后来成为美国国家科学院院士，5人获诺贝尔奖。武汉工程大学原副校长桂昭明说，“摇篮抢才”是发达国家常见的引才方略和抢才手段之一。而中国、印度等发展中国家则是美国吸引未来人才的主要来源国。

专家指出，可以预见，未来数十年内，随着知识经济在全球的进一步发展，争夺高层次人才的竞争将进一步加剧。在世界人才大战中，中国虽然不是人才流失比例最高、受害最深的国家，却是目前世界上数量最大、损失最多的人才流失国。

中国社科院发布的《2007年全球政治与安全》指出：中国流失的顶尖人才数量居世界首位。截至2008年，中国已经派出近140万名留学生，居世界之最，而归国留学人员不到三成，滞留在海外的留学生超过百万。而美国《科学》杂志甚至把清华、北大称为“最肥沃的美国博士培养基地”。

有关专家指出，改革开放30年来，我国的科技人才队伍得到了巨大的发展，但与发达国家相比，整体创新水平仍存在较大差距，高层次人才总量相对偏少的问题仍十分突出。从人才相对量上看，我国离世界主要发达国家还有相当大的差距。特别是我国还缺乏国际一流的科学大师，缺乏具有较强创新精神和能力的现代企业家和产业科技人才，也缺乏大批懂得国际规则、能够参与国际竞争的经营管理人才，这种人才短板将对未来我国经济结构的转型形成强烈的制约。如果人才瓶颈的问题长期得不到解决，我国国家竞争力将长久停留在低级阶段，从而在国际竞争格局中长期受制于发达国家。高端人才缺乏状况已引起我国政府的高度重视。引进和培养高端人才，中国一直在行动，不止是政府，企业也利用高薪吸引人才。

2008年2月，世界著名结构生物学家施一公，毅然从美国普林斯顿大学辞职回到母校清华大学，受聘为清华大学终身教授，并出任清华大学生命科学与医学研究院院长，在海内外引起了不小的震动。施一公是近年来我国一项重要的人才引进计划——“千人计划”中第一批被引进的科学家之一。2009年，中央人才工作协调小组制定了关于实施海外高层次人才引进计划的意见，主要是围绕国家发展战略目标，在未来5到10年内为国家重点创新项目、重点学科和重点实验室、中央企业和国有商业金融机构等，引进一批人才并有重点地支持一批能够突破关键技术、发展高新产业、带动新兴学科的战略科学家和领军人才来华创新、创业。

为解决海外高层次人才的后顾之忧，对于引进的科技创新人才，国家有关部门为其提供了一系列特定的生活待遇。如，外籍引进人才及其随迁外籍配偶和未成年子女，可办理《外国人永久居留证》，或2～5年有效期的多次往返签证；具有中国国籍的引进人才，可不受出国前户籍所在地的限制，选择在国内任一城市落户；中央财政给予引进人才每人100万元的一次性补助等。中国科学技术发展战略研究院常务副院长王元说，未来10年是我国经济、科技、社会发展的重大机遇期，也是奠定未来我国国际强国地位的关键时期。要进一步提高我国的国际竞争力，参与全球高端竞争，前提和关键就在于我国是否拥有一支具有世界水平的人才队伍，能否切实确立人才作为国家战略性资源的地位，确立人力资源优先发展的战略布局。否则，我国可能会在新的人才竞争中处于劣势，失去实现跨越式发展、赶超世界先进水平的历史性机遇。

这一切表明，在人才争夺愈加激烈的国际竞争格局中，中国需要作出面向未来的战略抉择。

资料来源：《人才争夺打响世界大战：中国人才流失数量最大》，载人民网，2010-05-24。

中国的普通劳动输出

阿富汗塔利班2010年1月17日高调宣布绑架了两名中国工程师，这是自2008年6月以来中国人第一次在阿富汗被绑架。一天后，“20名塔利班人弹大闹喀布尔”的消息又令西方震惊——已失去政权9年的塔利班再次向世界证明了其存在。中国与阿富汗是邻国，但又像是远隔万水千山。

中国百姓的第一直觉是那个动荡的国家与我们毫不相干。然而最近几年中国和阿富汗不断在世界媒体中被并列在一起。去年中国公司赢得当地最大铜矿开采权。

中国人在局势动荡国家进行经营，一方面是因为有走出去的勇气，另一方面也是由于经济发达地区已被西方占了先机，中国人只能到被西方挑剩下的地区发展。还有一个很重要的原因是工资的差异。就举一个例子，眉县的500名农民出国当技工，最高月工资达到8 000美元。

近年来，以建材机械制造为主的眉县民营企业发展迅速，其龙头企业及配套生产厂家已发展到40多家，成为国内知名的砖瓦机械生产基地，每年有大量产品出口到国外，仅去年出口到吉尔吉斯斯坦、越南、老挝、俄罗斯、蒙古等国家的砖瓦机产品的交货值就达到3 600万美元。据了解，这些出国的农民技工月工资可挣到500至1 000美元，最高者达到8 000美元。这相比在中国的很多农民工的工资来说，是有相当大的吸引力。尤其是这几年，工资的差异导致中国的普通劳动力的输出越来越大，主要是向阿富汗等一些局势比较动荡的国家。

一位曾在阿富汗工作多年的分析人士18日告诉《环球时报》记者，在阿富汗这个战火纷飞的国家，目前依然有不少中国企业在炮火边缘经营，包括中铁14局、中国水利水电建设集团等，而最引人注目的是中冶和江西铜业联手开发的艾娜克特大铜矿。为保证中国员工的安全，在阿的中资公司雇用了大量当地安全人员，但针对中国人员的袭击活动还是难以杜绝。2004年6月10日，一伙身份不明的武装分子袭击了中铁公司一工地，打死11名中国工人。2008年，一名中国工程师也曾遭人劫持。

近年出现过绑架中国人事件的国家，可列出一个很长的名单，它们至少包括"苏丹、埃塞俄比亚、尼日利亚、伊拉克、巴基斯坦、索马里、阿富汗……"法国《20分钟》杂志2008年3月10日称，中国"恐怕是世界上被绑架人质最多的国家"，根本原因是中国海外利益增多，在海外的中国人也在增多。法新社称，英国保险公司Hiscox去年10月曾推出"最易被绑架分子当做目标国家公民排行榜"，中国人排名第一。该公司称，"在高危地区从事经营活动和旅行的人增多"和"绑架者的成功被广泛复制"是中国人被绑架频率大增的原因。

如果在危险的阿富汗的工地，中国人也有勇气参与工作；那么在相对安全的其他地方，每年就有数以万计的中国工人的劳动输出。其实，在世界的几乎各个角落，都有着中国工人的影子。2010年1—8月，中国对外劳务合作完成营业额55.6亿美元，同比增长23.9%。同时期，累计派出各类劳务人员25.2万人，与2009年同期持平。截至2010年8月末，中国各类在外劳务人员81.3万人，较上年同期增加4.7万人。

资料来源：《塔利班绑架中国工程师：阿富汗未来或成中国麻烦》，载《环球时报》，2008-03-27；《眉县500农民出国当技工，最高月工资达到8000美元》，载《光明日报》，2010-01-20；2010年的对外劳务合作数据来自中国商务部网站。

2010年1—8月中国吸收外商直接投资情况

据《外资快报》统计，2010年1—8月，全国新批设立外商投资企业16 721家，同比增长18.33%；实际使用外资金额659.56亿美元，同比增长18.06%。

8月当月，全国新批设立外商投资企业2 262家，同比增长21.16%；实际使用外资金额76.02亿美元，同比增长1.38%。

1—8月，对华投资前十位国家/地区（以实际投入外资金额计）依次为：中国香港（406.81亿美元）、中国台湾（46.69亿美元）、新加坡（35.59亿美元）、日本（27亿美元）、美国（25.45亿美元）、韩国（17.54亿美元）、英国（11.87亿美元）、法国（7.21亿美元）、荷兰（6.32亿美元）和德国（6.11亿美元），前十位国家/地区实际投入外资金额占全国实际使用外资金额的89.5%。

1—8月，亚洲十国/地区（中国香港、中国澳门、中国台湾、日本、菲律宾、泰国、马来西亚、新加坡、印度尼西亚、韩国）对华投资新设立企业13 341家，同比增长22.39%，实际投入外资金额543.97亿美元，同比增长20.68%。美国对华投资新设立企业1 021家，同比增长1.09%，实际投入外资金额25.45亿美元，同比增长9.05%。欧盟二十七国对华投资新设立企业1 043家，同比增长2.25%；实际投入外资金额44.17亿美元，同比增长18.91%。

而于同一时期，中国对外非金融性直接投资达到了319.8亿美元。总的来说，至少到现阶段为止，中国接受的外国直接投资，比中国对外的直接投资更大；意味着我们依然处于一个纯资本输入国的地位。

（说明：上述国家/地区对华投资数据包括这些国家/地区通过维尔京、开曼群岛、萨摩亚、毛里求斯和巴巴多斯等自由港对华进行的投资。）

资料来源：部分数据来自中国商务部网站。

第八章

贸易保护理论

学习目标

- 理解基于贵金属财富论的传统重商主义和基于凯恩斯乘数理论的现代重商主义的主要思想与理论逻辑。
- 理解幼稚产业保护理论的主要思想和理论逻辑；掌握应用先发优势或者后发劣势概念的几何分析方法。
- 理解战略性产业概念的内涵和判定标准；理解重点战略性产业实施战略性保护的逻辑必要性；理解对国际垄断性产业的保护如何改变了本国企业在博弈中的地位和收益。
- 理解最优关税的含义；大国推行关税保护时产生的资源配置扭曲效应与贸易条件效应，以及它们与最优关税的关系。

第二至第七章，我们讨论了国际贸易理论的主流部分，也就是自由贸易理论。除此之外，还有另一大块可以称为非主流的贸易理论。这就是贸易保护理论。自由贸易理论和贸易保护理论构成了整个国际贸易理论的完整体系。

8.1 重商主义与贸易乘数理论

重商主义贸易保护理论可以表述为：贸易顺差导致一国财富的增加，贸易逆差导致一国财富的减少；因此，出口可以增加一国财富，进口则会导致一国财富减少。

重商主义是最古老的贸易保护主义，也是影响极为深远的一种贸易思想。既然出口带来财富，进口流失财富。贸易政策自然就应该奖励出口，限制进口。这也是基于重商主义理论贸易政策的典型特征。

重商主义通常分为传统重商主义和现代重商主义。前者是对基于金银财富理论的16—18世纪传统保护主义的称呼，后者则是对基于凯恩斯贸易乘数理论的现代保护主义的称呼。

8.1.1 基于贵金属财富理论的传统重商主义

早在15世纪末期，就出现了传统的重商主义。其认为，财富就是金钱，金钱就是财富。当年的金钱就是黄金白银等贵金属。在这种思维下，经济活动的目的就在于追求贵金属。

在财富就是金钱的立论前提下，很容易推导出出口可以给国家创造财富，进口会导致国家财富消失的结论。因为在金本位制的情况下，一旦出口普通商品，换来的就是黄金白银，也就是说国家的财富增加了。反过来，如果进口普通商品，则必须支付黄金白银，所以国家财富就流失了。而且，重商主义者认为，全世界黄金白银的总量几乎是固定不变的；所以一个国家拥有量多了，另一个国家必定减少。换言之，国际贸易导致黄金白银的国际流动，是一场零和博弈。

传统的重商主义在当年的欧洲有过广泛的影响。英国、法国等国都先后实行过重商主义贸易保护政策。早期的传统重商主义主张直接放开出口，限制进口。后来，发现通过扩大贸易顺差可以得到更多的贵金属，慢慢就演变成奖出限进。比较典型的做法是：对出口提供补贴，对进口施加高关税，国家管制重金属的输出输入，实行贸易的国家专营，控制运输等贸易渠道。

休谟依据他的价格—货币—流动机制原理，认为重商主义是行不通的，是不可持续的。因为一国不可能长期通过贸易顺差来赚取、积累贵金属货币。当一国的贸易顺差越来越大时，意味着国内的货币供给量在不断增加。如果没有国内市场商品供给的同步增长，将会发生通货膨胀。事实上，由于大力鼓吹出口，国内商品市场的供给是不会同步增长的，所以物价必定上升。物价上升则削弱该国商品的出口竞争力，最终导致完全失去竞争力。而且，国内的高物价，必定导致进口的增加，导致贸易逆差，一直持续到国内的物价与国际接轨为止。这样，国际收支重新平衡。问题的关键在于原来流入本国的黄金白银重新流出到国外。

亚当·斯密对重商主义进行了彻底的批判。斯密认为，我们不能把金银当做财富；黄金白银充其量也只是我们获得财富的一种工具，一种交易媒介。真正的财富是我们所需要的生活必需品和奢侈品。当金银只是交易媒介，不再是财富本身时，重商主义的立论基础就被彻底摧毁。原来借此基础成立的理论、思想统统倒塌。而且，斯密利用他的绝对优势理论，证明国际贸易不再是一个零和博弈，而是双赢的。因此，国家的贸易政策的最优选择，就应该是自由贸易政策。

8.1.2 基于凯恩斯贸易乘数理论的现代重商主义

一般而言，提到重商主义，我们意识到的就是16—18世纪的传统重商主义。但是除此以外，还有现代重商主义，有时又称为新重商主义。这种重商主义与传统重商主义没有本质的区别，都认为贸易顺差给国家创造财富，贸易逆差于本国不利，都提倡奖励出口限制进口或者其中一方。如果说他们有什么区别，单纯是现代重商主义理论的基础是凯恩斯的贸易乘数理论而不是贵金属财富论。

凯恩斯认为，一国的国民收入由该国的有效需求决定。国民收入（我们也可以直接就认为是国内生产总值GDP）用Y表示，可以表示为：

$$Y=C+I+G+(X-M) \tag{8.1}$$

其中，C、I、G、X和M分别表示家庭消费、企业投资、政府购买支出，出口和进口。为了简单化，通常认为I、G、X是外生变量，C和M是内生变量。

边际消费倾向指收入（严格来说是可支配收入）每增加一个单位时消费所占的比例。**边际进口倾向**指收入每增加一个单位时其中用于购买外国进口商品的比率。这两个变量通常都大于0而小于1。使用α和β表示边际消费倾向和边际进口倾向，有：

$$C=C_0+\alpha Y \tag{8.2}$$

$$M=M_0+\beta Y \tag{8.3}$$

将（8.2）式和（8.3）式代入（8.1）式中，整理后得到：

$$Y=\frac{1}{1-\alpha+\beta}(C_0+I+G+X-M_0) \tag{8.4}$$

乘数是指构成有效需求的各个变量变动一个单位时国民收入的变动量，则出口乘数和进口乘数分别为：

$$k_X=\frac{\mathrm{d}Y}{\mathrm{d}X}=\frac{1}{1-\alpha+\beta} \tag{8.5}$$

$$k_M = \frac{dY}{dM_0} = -\frac{1}{1-\alpha+\beta} \tag{8.6}$$

由于$0<\alpha<1$，$0<\beta<1$，而且$\alpha>\beta$，则$0<1-\alpha+\beta<1$。由此就可以判断（8.5）式、（8.6）式分别是一个大于1的正数、小于-1的负数。也就是说，出口乘数是一个大于1的正数，意味着当出口增加1单位时将会导致国民收入增加k_X倍；进口乘数是一个小于1的负数，意味着进口增加1单位时国民收入将减少k_M倍。比如说出口乘数等于5，进口乘数等于-3；则出口增加100亿元时，国民收入将增加500亿元；进口增加100亿元时，国民收入将减少300亿元。

基于出口能够增加对本国产品的有效需求，进口能够减少对本国产品的有效需求，所以在政策主张上，多是强调奖励出口，限制进口，抑或是双管齐下。尤其是在内需不足时的经济衰退或者经济大危机时期，各国都会面临内需不足的困境；这种政策主张的分贝会格外得到提高。

8.2 幼稚产业保护理论

幼稚产业保护理论可以表述为：由于先发优势的存在，后发国家在推动某一个特定产业的发展时将面临极强的后发劣势；通过放弃短期的静态贸易收益，可以推动幼稚产业的发展，从而获取更大的动态贸易收益。

如果说重商主义保护理论是影响最广泛的一种贸易保护主义理论的话，则幼稚产业保护理论可以说是影响最深远而且理论基础最坚实的贸易保护主义理论。以至于在以推进世界自由贸易为宗旨的WTO框架下也得到了一定的区别对待和认可。

幼稚产业保护理论最初由美国的财政部长亚历山大提出，之后经过德国经济学家李斯特的努力得到系统化。在当时，美国和德国相对于英国和法国等国家而言，属于比较落后的后发国家。李斯特认为，后发国家的产业面临着巨大的后发劣势，依靠本国企业自身的力量是无法快速成长起来的，甚至连建立产业的机会都没有。这种时候，与亚当·斯密主张的国家应该作为“守夜人”角色而存在的结论相反，李斯特认为国家应该积极介入，为本国处于后发地位的产业、企业提供有效的保护。经过适当长度保护期的适当政策作用，本国的产业就会成长起来，最终与先进国家的产业平起平坐，具有充分的竞争力。他把国家的这种作用称为“植树人”角色。

短期而言，国家实施保护会导致本国社会福利出现静态的损失，但是就长期而言，本国产业成长起来以后带来的动态收益，最终会超过这种静态的损失。

在5.5节“先发优势、干中学效果与贸易分工”中，我们曾经深入讨论过先发优势，知道在相当多的产业中存在先发优势，而且在规模经济、干中学效果和开放国际贸易格局的影响下，先发优势会得到强有力的自我强化。换言之，后发国家的对象产业将是一个不折不扣的幼稚产业，存在强大的后发劣势。

图 8—1 中表示对于中国来说为新生产业的汽车产业情况。图中横轴表示汽车的数量 Q，纵轴表示汽车的平均成本和销售价格。假定汽车产业是一个存在规模经济的产业，但是已经发展了数十年，已经有一定的技术扩散。中国由于没有任何的技术积累，从一开始就面临严重的后发劣势。

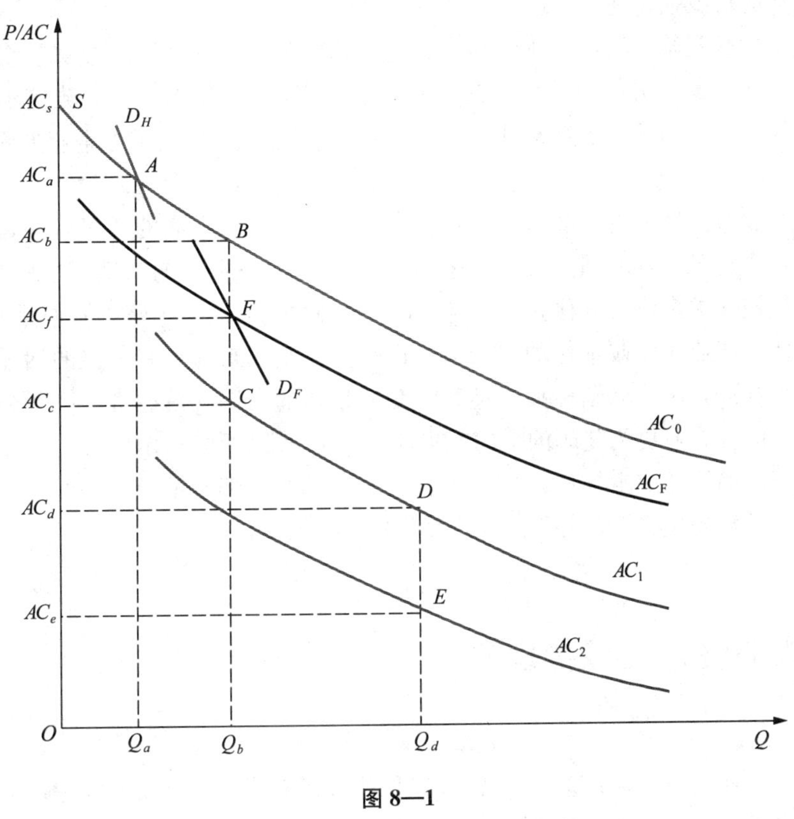

图 8—1

初始状态下，外国的代表性汽车企业的平均成本曲线如图中的 AC_F 曲线所示，中国的代表性企业（也许开始时只有一家，甚至可能是潜在的一家）的平均成本曲线如 AC_0 所示。外国企业面临的需求曲线如 D_F 所示。在市场均衡保证没有经济利润的前提下，外国企业的生产量是 Q_b，对应的生产成本和汽车销售价格为 AC_f。为了使问题简单化，我们假定外国企业属于一种成熟状态，不再发生变化。中国企业由于从来没有生产过汽车，在启动生产数量处，产量无限接近于 0，所以对应着高企的启动成本（start-up cost）AC_s。AC_s 远较 AC_f 高，这就是中国幼稚产业面临的后发劣势困境。在这种情况下，中国的产业断无成长起来的可能。正所谓“大树之下，焉有草生”。

但是如果此时中国政府对汽车产业实行保护政策，使得国内汽车的价格足够高，则中国企业获得来自国内市场的一定数量订单。面临的需求曲线如 D_H 所示。成本点为图 8—1 中的 A 点所示，对应的生产量为 Q_a，相应的平均成本为 AC_a。随着保护的继续，中国企业将会得到扩产的机会，产量扩张到 Q_b，与外国企业处于同一水平；但由于技术落后，对应的成本为 AC_b，依然高于外国企业。另一方面，由于外部规模经济或者是干中学效果的出现，假以时日，中国企业的平均成本曲线将向下移动到 AC_1。意味着从这个时候开始，中国企业的技术提升到国际领先水平，超过了原来的老牌外国企业。对应的成本点位将移动到 C 点，对应的平均成本下降为 AC_c。从这个时候开始，中国企业的市场竞争地位，将由原来的后发优势，转换成先发优势，然后将会出现先发优势的自我强化现象。

从这个时候开始，幼稚产业已经成长起来，原来实施的幼稚产业保护措施就可以完全撤去。在先发优势的自我强化过程中，成本点沿着 C、D、E 的轨迹不断动态变化，对应的汽车平均成本下降到 AC_d、AC_e。中国企业就可以与国外企业平起平坐，自由竞争。

幼稚产业保护理论主张实施临时性保护。这包括两个方面的意思，一是保护的产业只应该是真正的幼稚产业；二是保护期只应该是产业发展的初期，也就是“幼稚”时期。一旦被保护产业具有独立参与自由贸易的竞争力，就必须坚决撤去保护措施。

至于什么产业应该被选作幼稚产业加以保护，则历来都是有争议的话题。一般来说，有三个标准：(1) 穆勒标准。具有潜在的较强的内部规模经济。体现为本国企业具有比国外既存企业更为陡峭的平均成本曲线。(2) 巴斯塔布尔标准。被保护产业符合保护政策上的收益成本核算。(3) 坎普标准。具有外部规模经济。通过保护后，产业可以获取外部规模经济，并由此获得现实的比较成本优势。

8.3 战略性产业保护理论

战略性产业指对于国家发展具有战略性意义的产业。简单来说，就是重要产业。至于什么是重要产业，历来众说纷纭，莫衷一是。通常来说，对于整个国家经济发展具有深远影响的基础产业和高新技术产业可以称为战略性产业。一般认为具有以下特征的产业是战略性产业：(1) 具有广泛的外部经济效应的产业。也就是一般所说的带动效应巨大的产业。像产业链条非常宽长的汽车制造业等。(2) 具有巨大内部规模经济的产业。像很多的重化工业。(3) 具有巨大外部规模经济的产业。(4) 具有可获取的潜在垄断地位的产业。像中国的稀土产业。(5) 重大的尖端技术产业。像时下正在推进的航空航天、卫星导航产业。

通常的教科书，会将这一个部分写成“战略性贸易政策理论”。本书对于战略性产业的定义，更加宽泛一些。战略性产业保护政策包括了传统的博弈论意义上的博弈政策，也包括了一般重点产业保护政策。不管政策的出发点在哪里，这类政策的一个共同特点就是将“保护重要产业”或者“保护战略性产业”作为目标，所以可以把为了同一目标的保护理论归类在一起。

8.3.1 重点战略性产业保护

重点战略性产业保护理论可以归纳为：通过对重点战略性产业进行保护，利用这些产业极强的带动效应，推进国家内部相关产业的成长，促进国家的整体经济发展。

像汽车产业、造船产业，产业链条很长，一旦整车制造和整船制造发展起来，就可以在非常广泛的范围内，带动机械、电子、橡胶等产业的发展，从而推动国家的工业化或者推动整体产业竞争力的提升，最后达到快速实现国家经济发展目标的目的。

重点战略性产业保护理论与幼稚产业保护理论有一定的交叉。如果重点战略性产业处于刚刚发展的时期，处于一个学习过程的开端，这个产业一方面属于幼稚产业，另一方面又属于重点战略性产业。这样，从幼稚产业的角度，要求进行保护就具有合理性。从对国家发展的战略重要性而言，进行保护也非常有说服力。

其实，幼稚产业保护理论和重点战略性产业保护理论的主要区别就在于出发点和着眼点不同。前者注重的是产业发展处于初级阶段，保护是为了发挥这些产业的潜在比较优势。后者着眼的是被保护产业的带动效应，保护不单单是为了该产业本身，而是为了相关产业或者整个经济的快速发展。从这个角度而言，实施保护后，即使受保护的战略性产业本身没有带来很大的经济收益，保护也是值得的。

美国对于已经成熟的汽车产业的保护，欧美对于航空制造业的保护，都能很好地反映重点战略性产业保护理论的重要性。在欧美国家，这些产业已经具有很强的竞争力。不存在幼稚产业的问题。为什么时隐时现地存在政府的补贴和其他非关税壁垒呢?答案的关键就在于这些产业的战略性地位。由此，我们也可以理解，为什么中国拼死都要挤入汽车产业、造船产业的意图，甚至是通过举国体制进入卫星导航（中国正在快速推进北斗卫星导航系统的工程）和“大飞机”制造业（中国计划 2016 年生产出自己的大飞机）的意图。

对于重点战略性产业保护的理论分析。我们完全可以利用图 8—1 来分析。如果重点战略性产业同时是幼稚产业，则分析几乎与幼稚产业的分析完全相同。如果是已经成熟的战略性产业，则分析的初始状态不同。也就是说，本国代表性企业的初始平均成本曲线应该与外国代表性企业的平均成本曲线重合甚至在其之下。分析本身并无任何区别。但是，如果我们进一步考虑到重点战略性产业的带动效应，正外部性的存在，图中的企业成本曲线就有可能高估了产业生产的社会成本。理论上，反映正外部性的企业生产平均成本曲线，应该在没有正外部性的成本曲线的下方。这种情况下，保护的效果就更加明显。反过来也凸显对重点战略性产业保护的价值和必要性。

8.3.2 国际垄断性产业保护

前一节中涉及的重点战略性产业，可能是完全竞争性产业，也可能是垄断竞争性产业，也有可能是国际性的垄断产业。如果是国际性的垄断产业，则有着特定的贸易政策理论“战略性贸易政策理论”（strategic trade policy）的分析。这种理论认为，在国际垄断性产业贸易中，通过国家的保护性政策可以改变本国企业在国际垄断市场格局中的地位，从而可以争夺到更大的垄断收益。

战略性贸易政策一词中“战略”（stratege）二字，本来就针对于寡头垄断市场结构中的企业策略、行为而言。企业的战略决定市场的均衡结果。在以产出作为战略变量的古诺模型中，布兰德、斯宾塞、克鲁格曼等人发现，本国政府的政策干预可以改变双寡头竞争局面中双方的博弈地位。

图 8—2 中，R_0 和 R'_0分别是初始状态下两个企业的反应曲线。假定世界上只有两个国家和两家企业（航空客机市场就非常接近这种情况）。每家企业的反应曲线是其反应函数的几何表示。每家企业在作出自己的决策时，都把对手企业的产量决定作为已知条件，然后根据自己的成本情况，来考虑收益最大化问题。对应于对手企业的每一个特定产量，会有一个特定的自己受益最大化的自家产量。实际上，反应曲线就是这两个对应产量的组合的轨迹。

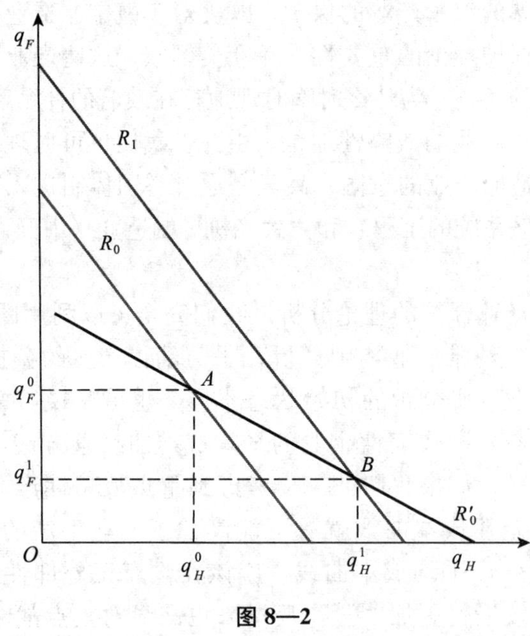

图 8—2

在古诺模型中，国内外的两家企业地位完全相同，行动不分先后。那么最终的均衡，将如图 8—2 中的 A 点所示，本国企业和外国企业分别生产 q_H^0 和 q_F^0 的产量，双方都达到了收益最大化的目的，不会有改变策略的动机。任何改变自己产量的行为，只能使得收益变小。因为改变导致的边际收入小于边际成本，带来的收益变动是负的。

但是，此时如果本国政府对国内企业加以保护，也就是说助本国企业一臂之力。博弈的结果马上会发生变化。本国政府的保护，意味着本国企业现在在任何产量下面临的边际成本都更小，所以从收益最大化的角度而言，产出量应该较之没有保护的时候更大。事实上，在政府提供了保护之后，本国企业的反应曲线将向右移动，移动到如图 8—2 中的 R_1 的位置。只有这样，本国企业的边际收入与接受保护后的边际成本才相等，利润才能实现最大化。

本国政府提供了保护后，本国企业和外国企业之间不再是平等的博弈地位。本国企业变成了先行者，外国企业变成了跟随者。均衡结果如图 8—2 中的 B 点所示，本国企业和外国企业分别生产 q_H^1 和 q_F^1。本国企业的生产量变大了，利润也就跟着扩大了；外国企业生产量缩小了，利润也必然跟着缩小。

至于本国政府提供的政策保护，大体上有两种，一种是出口补贴，另一种是以促进出口为目的的进口保护（import protection as export promotion）。出口补贴的政策会直接降低本国企业的边际成本，比较容易理解。以促进出口为目的的进口保护则是一种间接降低本国企业边际成本的手段。对外国企业的产品进入本国施加障碍，可以扩大本国企业的国内市场占有份额，实现更大的产出量。在存在规模经济的情况下，这将导致本国企业成本的下降，从而可以扩大出口，获得竞争优势。

8.4　最优关税理论

最优关税理论可以表述为：存在一个最优的关税率；在此关税率下国家的福利达到比自由贸易状态下福利水平还要高的最优水平。

最优关税的基础在于关税的存在可以提高国家的福利水平。国家福利水平的提升，源自开放经济前提下关税导入引致的两个效应，资源配置扭曲效应和贸易条件效应。当后者大于前者时，即会导致社会福利的净增加。此时必定存在一个最优的关税率，可以导致这个差额最大，从而社会福利最大化。就此而论，小国是不存在最优关税的，只有大国才有最优关税可言。因为小国引入关税，不存在贸易条件效应。反过来说，小国如果存在最优关税的话，则其必定为 0。任何大于 0 的关税税率都会导致小国福利的下降。具体的分析，留待下一章。

图 8—3 横轴表示关税水平 t，纵轴表示社会福利水平 W。图中的曲线反映社会福利水平与关税水平之间的关系。我们看到，该曲线是一条抛物线加上最后一段直线的形状。

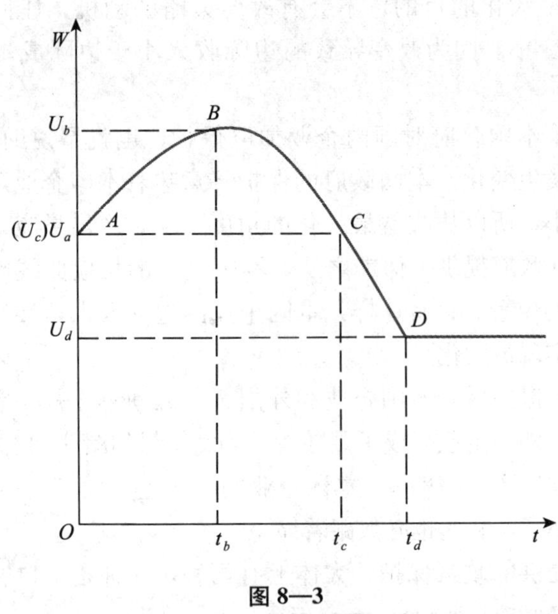

图 8—3

当关税为 0 时，社会福利点为图 8—3 中的 A 点，对应的社会福利为 U_a。随着关税水平的上升，社会福利水平不断增大；当关税上升到 t_b 时，社会福利点为 B，对应的社会福利水平为 U_b。此时社会福利达到最大。此后，当关税水平继续升高时，社会福利水平开始下降。当关税水平上升到 t_c 时，社会福利点为 C，对应的社会福利水平为 U_c。此时的福利水平与自由贸易状态下（0 关税）的水平 U_a 相当。如果关税水平在此基础上进一步上升，社会福利水平将降低到低于自由贸易状态下的水平。当上升到 t_d 时，社会福利点为 D，对应的社会福利水平为 U_d。由此点开始，社会福利水平恒等于 U_d。

如何来看待图 8—3 中福利水平的高与低？对于任何判断而言，都涉及一个标准问题。图中可以看出，有两个标准的社会福利水平。一个是没有贸易情况下，也就是自给自足状态下的社会福利水平。相当于图中 t_d 的关税称为禁止性关税。在这么高的关税税率下，所有进口变得无利可图，经济恢复到自给自足状态，所以 D 点及其后的所有福利曲线上的福利点显示了自给自足状态下的恒定不变的福利水平。另一个标准是自由贸易状态下的社会福利水平，我们看到 U_a 就相当于这么一个福利水平。所以说，正确的标准应该就是自由贸易状态的标准，高于此水平的社会福利可以认为较高，低于此水平被认为较低。如果我们以自足状态为标准，则只能判断出较高而无法判断出较低。

所以，只有当关税税率处于 $0<t<t_c$ 范围时，社会福利才较高。那为什么，B 点又是其中最高的呢？因为 B 点为抛物线的顶点，该点切线的斜率为 0。而福利曲线上任何一点的切线的斜率正好是该点对应的税率的边际效用。按照最优化一阶条件等于 0 的原则，当边际效用等于 0 时总效用最大；所以 B 点的社会福利最大。

8.5 其他贸易保护理论

除了上面四个方面的贸易保护理论以外，还有其他的一些影响不大不小的理论。包括夕阳工业过渡论、公平市场竞争环境论和市场扭曲矫正论等等。

夕阳工业过渡论认为，工业国家面临着发展中国家的激烈竞争，部分产业属于夕阳产业，已无前途可言，但是也不能简单放弃，需要一个过渡时期来完成就业从夕阳产业转移到新兴产业。为了使就业能够安定和平稳地转移，过渡期内就需要政府的贸易保护，以赢得时间，为新兴产业的扩张和劳动力的圆滑转移（包括劳动技能再训练）提供机会。

公平市场竞争环境论认为，一旦参与国际贸易的国家采用不公平的竞争手段，本国的利益将受损失。包括外国的出口补贴、关税、非关税贸易壁垒以及操控汇率等等，都会破坏公平的国际市场竞争环境。因此，为了防止和纠正这种情况的出现，国家需要针锋相对地作出贸易保护，以恢复应有的公平环境或者至少可以部分抵消外国的不公平给本国福利带来的损失。名义上，公平环境论非常有正义感、有吸引力，因而容易得到国民的支持。但是实际上，更多的公平贸易主张是发达国家和部分保守型发展中国家实行贸易保护的一种借口。

市场扭曲矫正论认为，在存在外部性的部分产业中，存在着社会的过度消费或者过少消费，过多生产或者过少生产等问题。因此不能依靠市场自身实现社会最优状态。与对应国内市场上市场扭曲需要政策矫正一样，国际贸易中的市场扭曲也可以通过贸易保护主义手段影响价格信号，引导资源达到社会资源配置的最优状态。比如说，国内的蜜蜂养殖业具有传授花粉的正的外部性。当放开蜂蜜的国际贸易后，国内市场将为外国企业占领。国内蜜蜂养殖将减少。相应地，国内的种植业将会受到不利的影响。为了解决这个问题，需要政府对国际贸易进行限制，以解决国内的过少生产问题。

总　结

1. 传统重商主义的立论基础在于贵金属财富论。在财富就是贵金属的逻辑下，出口或者出超导致一国贵金属（货币）的增加，因而带来了财富；进口或者入超导致一国贵金属（货币）的减少，因而耗费了财富。基于此，一国的最优贸易政策就是鼓励出口，抑制进口。在贵金属也被假定为一定数量的前提下，世界贸易被推论为零和博弈。休谟以价格—货币流动机制理论证明重商主义不可持续；亚当·斯密则完全否认了传统重商主义的立论基础，代之以生活品财富论；并论证了贸易是一个双赢的博弈。

2. 现代重商主义的立论基础在于凯恩斯的贸易乘数理论。出口乘数是一个绝对值大于 1 的正数；进口乘数是一个绝对值大于 1 的负数。这种正负性质的不同显示出口和进口对于国民收入的迥异的影响；前者会导致国民收入的成倍（倍数等于出口乘数）增加，进口会导致国民收入的成倍（倍数等于进口乘数）减少。因此，合理的逻辑推论必然是：净出口能够提高一国的有效需求，从而提高一国的产出或者说国民收入；最优的贸易政策鼓励出口、抑制进口。现代重商主义在经济衰退时期出现的频度和强度都更加明显。

3. 幼稚产业保护理论认为：由于先发优势的存在，后发国家在推动某一特定产业发展时将会面临极为强大的后发劣势；通过放弃短期的静态收益，可以推动幼稚产业的成长和发展，从而获得长期的动态的更大收益。该理论是一种有着坚实理论基础的贸易保护主义理论。关于幼稚产业的认定存在三种判断标准。对幼稚产业的保护应该是临时性的保护。

4. 重点战略性产业保护理论认为：保护对国家经济发展而言关键的、产业带动效应强的产业，可以带动整个经济的快速发展。对产业链条较长、发展带动效应较强的产业提供保护，将可以带动整个产业链条上的产业群发展，从而加快国家的经济发展步伐。而对于国际垄断性产业的保护，则可以改善本国企业在国际博弈中的地位，从而夺取更大的国际市场和垄断利润。

5. 大国的关税政策对于国家福利具有两个效应：一个是价格扭曲效应，导致受保护产业的国内生产过多和国内消费过少，减少国家福利；另一个是贸易条件效应，导致进口商品价格上升、进口量减少进而国际价格下降，改善本国的贸易条件，提高本国从贸易中的收益从而增加本国福利。最优关税理论显示，当大国实施一种能够满足贸易条件效应与价格扭曲效应之差为最大的关税时，本国的福利达到最大。合理的逻辑就是，大国应该推行最优关税。但是这种贸易政策是以牺牲贸易伙伴的利益为前提的以邻为壑政策，容易引起贸易战争，可行性不高。

6. 还存在夕阳工业过渡保护理论、公平市场竞争环境理论和市场扭曲矫正论等其他贸易保护主义理论。

思考与练习

1. 简述传统重商主义与现代重商主义的异同。

2. 新能源汽车产业对于中国来说，是在汽车产业上最有机会实现“弯道超车”的产业。中国政府也对此给予了极大期待。从保护幼稚产业的角度出发，画图分析如何实现这一目标。

3. 简述幼稚产业的判断标准。

4. 论述幼稚产业保护与重点战略性产业保护的异同。

5. 现实中的大型客机市场是由美国的波音公司和欧洲的空中客车公司双寡头独占的国际性垄断市场。“大飞机”产业对于中国来说也是一个极有希望的战略性产业。按照预定计划，中国将会在 2016 年生产出第一架自己的“大飞机”。但是即使能够如期实现第一架飞机的生产目标，其后也将面临与波音、空客公司等既有客机公司的激烈博弈。画图分析如何实现中国政府的政策目标。

6. 为什么会存在理论上的最优关税？大国相对于小国而言，在最优关税上有什么不同？

案例与资料

专栏 8—1

幼稚产业保护与美德日等国曾经的贸易保护历史

新兴产业往往被称为幼稚产业（infant industry）。对幼稚产业进行一定的保护，符合 WTO 的有关规则，是各个国家的通行做法。传统的幼稚产业保护理论的主要观点是以规避竞争来保护幼稚产业，等产业成熟后再参与竞争。但在贸易自由化飞速发展及世界经济日新月异的今天，来自国际社会的激烈竞争已越来越不给幼稚产业以发展成熟的时间。那么，在新形势下，选择保护幼稚产业，使幼稚产业尽快发展壮大，成为涉及产业安全、国家安全的大事。

18 世纪末，美国独立后的第一任财政部长亚历山大·汉密尔顿，提出了用关税保护国内幼稚产业的主张。19 世纪，德国的经济学家李斯特，在汉密尔顿学说的基础上，整理出一套系统的幼稚产业保护理论。他认为应保护那些发展尚且幼稚、受到外国强有力的竞争，但有发展前途，通过一段时期的保护（一般为 30 年）便能成长壮大的产业。20 世纪 80 年代初，以克鲁格曼为代表的一些经济学家提出战略性贸易政策，他们认为，假定存在规模经济，全部产业都存在动态的外部经济，那么政府可以对其未达到规模经济的行业进行保护，直至该行业达到最佳规模，并与国外竞争对手竞争时占优势为止。然后再转向对下一个行业的保护。

一国的幼稚产业由于处于初创阶段，国际竞争力往往很弱。对幼稚产业给予一定的保护，对相应的国外产品在市场准入方面加以一定的限制，这在国际上已达成共识。从理论上看，这是观点针锋相对的自由学派和保护学派唯一可以相互认同的地方；从国际规则方面看，WTO 也专门列有幼稚产业保护的条款；从实践上看，世界上三个最发达的国家美国、德国和日本都是通过贸易保护壁垒走上工业化道路的。美国和德国在 19 世纪对制造业实施了高关税保护，日本一直到 20 世纪 70 年代都对进口实施相当广泛的管制。此外，韩国等国家在其汽车、电子等产业发展的初期，都曾采取了种种保护措施，使新兴产业顺利度过幼稚期。但是，在经济全球化迅猛发展的今天，幼稚产业保护可操作的空间已越来越小。

另一方面，美国学者 D. F. 西蒙认为，经济全球化就是产业全球化。在科技和信息革命推动下，全球产业日益成为一种密不可分的产业网。产业全球化发生在20世纪80年代末90年代初，这时作为产业组织高级形式的跨国公司已经能在全世界范围内进行资源配置了，并在全球进行生产要素的优化组合。产业、产品已越来越难以分辨其国籍了。各国对幼稚产业实施的保护措施往往成为经济全球化的障碍。

当今世界科学技术日新月异，技术传播速度大大加快，技术更新的时间也大大缩短，因此，幼稚产业保护期限越来越难以把握。传统的保护方式，以及较长的保护期，一则阻碍被保护产业自我技术创新机制的形成，二则使受保护的产业失去学习的机会，容易起到保护落后的负面作用。

用关税与非关税壁垒等传统幼稚产业保护手段可以限制一定的外国产品进入，但却无法阻止成熟产业直接进入当地。尤其是在各国鼓励外资进入的条件下更难做到这点。一般来说，保护程度越高，受保护产业对外资的吸引力就越大。因为，贸易保护程度越高，两国间的交易费用越大，而外商的直接投资正是将这种高昂的交易费用内部化的方式。如在我国，饮料行业和汽车行业的有效保护率分别高达340%和293%，却促进了外商对这些产业的直接投资。

所以，要想使幼稚产业得到长期发展，靠国家的保护政策是不行的，必须采取根本的长期的发展战略。

资料来源：李秀香：《开放式保护幼稚产业的理论探讨》，载《江西社会科学》，2003（5）。

中国的幼稚产业：芯片产业是国家的“工业粮食”

芯片产业是信息产业的核心，芯片是所有整机设备的心脏。随着技术发展，系统芯片本身已成为一部高技术的整机，它几乎存在于所有工业部门，甚至决定一个国家的装备水平和竞争实力。美国半导体咨询委员会在给布什总统的国情咨文中称其为“生死攸关的工业”，韩国称其为“工业粮食”。正因为如此，芯片产业成为当今世界发展最为迅速和竞争最为激烈的产业。国家《信息产业“十五”计划纲要》也明确提出，软件、集成电路、新型元器件是电子信息产品制造业竞争力的核心。《纲要》还指出：美国、日本在电子信息产品制造业的霸主地位是由于它们掌握并垄断着核心软件、集成电路和关键元器件的设计与生产。加强核心软件、集成电路和关键元器件设计与生产是“十五”我国信息产业发展的重中之重。

如今，芯片已经成为一个完整的产业，它包括芯片前期设计、芯片制造、封装和测试。有人测算说，芯片1元的产值可带动相关电子信息产业10元的增长。但在中国却仍然是一个幼稚产业。

中国年产7 000多万台彩电无一使用国产“芯”。统计显示，仅2004年上半年，我国用于芯片进口的外汇即达到262亿美元，我国芯片生产量仅占使用总量的3%，而出自我国企业设计的芯片占中国芯片使用量的比例为0。就彩电业而言，根据公开的数据，截至2004年底，我国境内共有彩电企业68家，年生产能力8 660万台，实际年产量7 328.8万台——中国已经成为世界上绝对产量最大的电视生产国。然而，这7 000多万台电视机中所使用的核心视频处理芯片均为进口，竟无一片“中国芯”。“彩电大国”并非“彩电强国”，高额的上游利润都被国外企业所赚走，而国内制造业只能赚加工的钱，以价格战、低成本厮杀，赚取产业链中的微利。而整个国内芯片产业境况也不容乐观。

2003年，我国芯片进口累计416.7亿美元，贸易逆差340亿美元，超过当年全国进出口255亿美元的贸易顺差值。近两年来，芯片贸易逆差年均增幅达60%。芯片已超过飞机成为美国对华第一大出口商品。据商务部统计，2004年上半年我国芯片进口262亿美元。预计到2010年，中国芯片的需求量还将达到700亿块，届时中国作为设计、生产芯片的弱国和消费芯片的强国这一矛盾将日趋激化。

另一方面，我国芯片制造的核心技术、关键设备、IP核、关键原材料等长期依靠进口，由于西方国家的出口限制，我国在芯片技术、设备上受制于人的局面尚未扭转。国内芯片设计公司规模偏小、技术落后，缺乏自主知识产权。2004年，全国芯片设计公司前10强的产值之和仅5.4亿美元，尚不及美国排名第十的设计企业Conexant公司6.5亿美元的产值。国内芯片制造企业几乎都是代工厂，自主创新能力薄弱，拥有自主产品和自主品牌的公司凤毛麟角。

随着芯片的高度集成，中国大陆企业自主生产能力越来越弱。“9.21中国台湾大地震”同样也是芯片产业的一场地震。中国台湾芯片制造商占据世界市场份额的5%，地震发生后，尽管在中国台湾的主要半导体厂商的生产线没有遭到破坏，但停电使芯片生产停顿下来。当时一位韩国分析家称，至少在短期内，中国台湾的大地震很可能会使世界芯片价格上扬。64兆dram芯片将会超过15美元。而这次地震也造成了中国大陆彩电等整机厂商的“芯片荒”，不得不等待大的芯片厂商排期和计划，仰人鼻息。由此可见，中国大陆企业不掌握芯片技术、受制于人的境况由此可见一斑。

随着芯片集成度的提高，芯片在电子整机中的价值已不断提高；芯片的价值已成为信息制造业产品的核心支撑。有人曾比喻到：在信息产业发展中，软件是大脑，集成电路是心脏。有业内人士评论，目前中国在大脑和心脏方面的核心技术水平至少与国外相差10～15年或者说两到三代。所以，尽管中国电子信息产业规模在不断扩大，但却是大而不强的“亚健康”状态。中国目前只能称得上是一个世界加工厂，是典型的“中国制造”而非“中国创造”。这一被动格局的产生原因正是电子信息制造业的“空芯”难题所致！

2000年，国务院公布《鼓励软件产业和集成电路产业发展的若干政策》（国发［2000］18号），业内称之为“18号文件”。文件规定，对芯片生产企业缴纳增值税超过6%的部分实行“即征即退”政策。此后，政策扶持力度进一步加大，企业缴纳增值税“即征即退”标准降为3%，同时给予芯片生产企业所得税“两免三减半”的优惠。

此后，作为对中国芯片产业扶持的有力支持，18号文件本身成为代表国内扶持半导体发展的符号——根据可以查找的资料：国内半导体产业自20世纪60年代开始到2000年的30多年中，累计投资总额仅约为30亿美元，而在18号文件颁布后的三年中，半导体产业投资规模超过了60亿美元。是前30多年总和的两倍多。同时，与2000年年底相比，中国集成电路制造业增加了5条8英寸线、2条6英寸线及1条5英寸线。

在国家推出种种建厂优惠政策以及人力成本的吸引之下，饱受全球芯片业低迷之苦的海外芯片制造企业尤其是我国台湾企业，纷纷来到中国大陆建立先进的生产线；在吸引外资的同时，“退税政策”促使了大批的优秀的芯片人员的回归，根据有关报道，中国现在半导体设计公司中，留学生回来创业的不少于30%。2000年，国务院出台鼓励集成电路和软件产业发展政策的18号文件以来，我国芯片产业在产业规模、技术水准、创新能力等方面取得诸多进步。

据有关部门统计，2000—2004年的5年间，中国芯片产业销售收入年均增长30%以上，增速为同期全球之最。2004年，中国芯片产业规模达545.3亿人民币，比上年增长55.4%，5年间产业规模扩大了3倍，中国芯片产业进入一个高速成长期。目前，我国已建和在建的8英寸、12英寸芯片生产线有17条，工艺技术达到0.13微米，成为全球新的芯片代工基地。芯片设计公司从最初的几十家增至400多家，特别是上海的中芯国际、宏力、华虹NEC和苏州的和舰等一批大型芯片制造企业的投产，增强了我国芯片产业的整体实力。

同时，为了加强对布图设计专有权的保护，鼓励集成电路技术创新，《集成电路布图设计保护条例》，2000年以国务院第300号令公布，条例自2001年10月1日起施行。

但是，“18号文件”遇到了问题。2004年3月18日，美国以“增值税政策与世界贸易组织（WTO）要求的国民待遇原则相违背”为由，向世界贸易组织提起对中国的申诉。2004年7月14日，中美集成电路增值税争端得到解决，中美在日内瓦正式签署“中美关于中国集成电路增值税问题的谅解备忘录”。根据备忘录，中国于2004年9月1日起停止执行国内设计、国外流片加工的半导体产品增值税退税政策，而从2005年4月1日正式实施停止国内生产的半导体生产增值税退税政策。

专家认为，发展设计业应加强芯片设计业与应用、市场的结合，同时解决系统设计与芯片设计之间的差距，要加强整机系统人员参与芯片设计。《十五规划》也明确指出要“以加强集成电路设计为重点。集成电路设计要与整机开发相结合，积极支持有条件的整机企业建立集成电路设计中心，设计开发市场较大的整机产品所需的各种专用集成电路和系统级芯片”。

从此前曝光的新的半导体扶持政策来看，为了替代退税政策，继续扶持国内芯片行业。相关部门制定的新政策中，最主要的扶持政策将是国家通过财政拨款设立专项基金，并按年发放，用于扶持半导体企业的产品研发。而对于在任何国内建立的半导体企业，包括合资企业，均可以申请获得相关数额的资金。

资料来源：《中国集成电路业正亟待国家出台新扶持政策》，载百方网（http://news.byf.com）。

中国的大飞机产业梦

所谓大飞机，是指起飞总重量超过 100 吨的运输类飞机，包括军用和民用大型运输机，也包括 150 座以上的干线客机。它是民航使用最广泛的主力机型。

2003 年 6 月，国家正式启动“中长期科技发展规划纲要”的编制工作。同年 11 月陆续成立了由国务院批准的国家重大专项论证组。“大飞机专项”是第一个也是论证最为艰苦的一个重大专项。“大飞机专项”的论证，主要是解决三个方面的问题，即“中国要不要做、能不能做和怎么做”。

大飞机及其产业是一个国家科技水平和经济实力的重要标志，需要强大的的科技和经济实力支撑。同时这个产业对推动整个国家的科技和经济发展乃至国家安全至关重要。换言之，大飞机产业是一个国家的战略性产业。因此对于中国要不要自己造大飞机的问题，参与论证的专家们的意见比较一致。国际上通常将航空产业的优点归结为产品寿命长，市场独占性及附加值高，知识水准高，衍生效果佳等。制造大飞机不仅是国民经济的支柱产业，满足市场的需要，从战略意义上说，有了这个产业，也是国家安全的需要。

北京航空航天大学李成智教授在接受采访时也强调，中国不能没有自己的大飞机产业。“航空产业是战略产业，从某种意义来说，它对科技、经济、技术、加工等行业的带动，远远超过航天工业。”他说，单纯比较 GDP 多少是没有意义的。做 8 亿条裤子和造 1 架飞机的 GDP 是一样的。但是造飞机的是富国，做裤子的是穷国。就是做 100 亿条裤子也比不上造飞机。国家的穷富不是看 GDP 的多少，而是看 GDP 的成分。要论 GDP，大清国是当时日本的 4 倍，但是大清国的 GDP 是茶叶、瓷器和裤子贡献，日本的 GDP 是大炮、轮船贡献。

中国正面临着国内民航市场的快速成长和未来对民用飞机的巨大需求。据美国波音公司预测，未来 20 年，中国还需要购买民用客机 2 100～2 400 架，价值高达 1 970 亿美元。从现在的发展看，这一预测可能还是比较保守的。资料显示，与购买飞机配套的培训、维修以及航材备件等，所需费用相当于购机费用的数倍。更重要的是，我们不能把国内市场拱手于人又受制于人，这也要求我们尽快研制出自己的大飞机。

经过 50 多年的发展，我国已经有了一定的飞机制造技术储备，具备了自主研制大飞机的基础条件。以我国航空工业的现有水平，是有能力承担制造大飞机的重任的。中央政策研究室研究员王超平也认为，从总体上看，我们在飞机总体设计上与国外的技术差距，通过努力是可以赶上的。飞机的设计和生产能力不可能凭空产生，只有在研发实践中才能提高。在机体、部件上，通过20世纪八九十年代的中美合作，我们已经初步获得了干线飞机的生产技术。而且作为总体制造商，对自己暂不能生产的部件可以进行全球采购，只要我们掌握自主设计和自主产品开发的知识产权就行。

"更主要的是我们还拥有一批曾参与'运十'研发、参与中美合作生产麦道飞机的技术人员。"王超平说，"如今，这些当年参加过实际锻炼、可以进行大飞机科研制造的各类相关人才，大多已年过花甲，许多人正在慢慢老去。若再不抓住机遇，那就真的是太迟了。"

中国曾经进行过大飞机研制项目。"运十"项目于1970年8月启动（又称"708工程"），由中央直接指挥协调，各部委、军队及全国21个省市的262个单位参与研制，1978年完成飞机设计，1980年9月26日首飞上天。此后，又进行了各种科研试飞。曾先后转场北京、合肥、哈尔滨、乌鲁木齐、昆明、成都等地，并先后7次飞抵起降难度最大的西藏拉萨贡嘎机场，飞西藏时一周飞行5次，连续出勤无事故。"据飞行员讲，'运十'的性能非常好。飞抵拉萨机场时，地勤人员没有见过这种机型的飞机。当得知是我国自己研制的飞机时，都立正向飞机敬礼。"曾与中国航空界有着不解之缘的王超平回忆说。到1985年，"运十"共飞了130个起落，170个小时，最远航程3 600公里，最大时速930公里，最高飞行升限11 000米，最长空中飞行时间4小时49分。从性能上看，"运十"客舱按经济舱178座，混合舱124座布置，最大起飞重量110吨，已经达到了大飞机的标准。当时的航空航天工业部评价其为"填补了我国民航工业在这方面的空白"。

20世纪80年代中期，中央对民用飞机工业发展制定了"三步走计划"：第一步是装配和部分制造支干线飞机，当时主要是装配麦道80/90系列飞机，由麦道提供技术；第二步是与国外合作，联合设计研制100座级飞机；第三步是2010年实现自行设计、制造180座级干线飞机。

可惜的是，"三步走"没有走下去。实际上，只走了一步半都不到。1997年，由于美国波音公司吸收合并麦道公司而使与美国合作开发本国客机的中国梦破灭。1998年空中客车公司撕毁合作研发AE-100客机的协议，再次导致中国妄图通过与国外合作获得客机生产技术的梦破灭。而为了给"三步走"让道，耗资5.377亿元人民币研制的大飞机"运十"，从1985年2月起，就一直停放在上海飞机制造厂的一个角落里。

仅比欧洲空客晚两年起步的我国人飞机制造业，自此举步不前。而得到欧洲国家政府大力扶持的空中客车公司，已经成长为与波音比肩而立的航空业巨人。我国的一些航空企业不得不依靠波音、空客的发包工程吃饭。中国制造自己的大飞机的设想，就始终只是一个梦，而且是一个痛心梦。

2008年5月中国商用飞机公司，作为中国大飞机产业政策实施的载体正式成立。此公司生产的ARJ21客机，已经获得部分来自国内外的订单。暗地里，中国政府对大飞机产业充满了希望，也正在实实在在地卯足了劲以相应的产业扶持政策、以国家意志强力推进这个未来之星产业的发展。

资料来源：《中国造大飞机决策始末：民航三步走政策失败》，载 http://news.163.com/06/0328/13/2DA98MH300011233.html；《停顿 20 多年 中国将重新启动大飞机的研制项目》，载 http://news.xinhuanet.com/mil/2007-01/12/content_5595900.html。

21 世纪国际经济与贸易系列教材

第九章

贸易政策工具之一：进口保护措施

学习目标

● 理解关税的定义、种类与关税的有效保护率的含义。

● 学会应用剩余概念对大国和小国征收关税的价格效应、贸易条件效应、生产效应、消费效应和净福利效应进行局部均衡分析。

● 应用 PPF-IC 模型对小国和大国征收关税的生产、进出口和福利影响进行一般均衡分析。

● 理解配额的定义、种类和配额的不同分配方式的租金分配结果。

● 学会应用剩余概念对大国和小国实施配额对本国生产者、消费者以及整个国家的福利的不同影响进行局部均衡分析。

● 比较和认识同等条件下关税与配额对福利的不同影响。

在阐述完了所有的贸易理论以后，剩下来的就是对贸易政策的分析了。贸易政策可以看作是贸易理论的应用。贸易政策工具主要包括关税、非关税壁垒（nontariff barriers）两大类。其中，后者主要包括配额和绿色贸易壁垒。我们按照这些政策工具是用于贸易的出口方面还是用于进口方面，把它们归为两类：进口保护贸易政策和出口促进贸易政策，它们分别安排在本章和下一章进行分析。

9.1 关税定义与种类

9.1.1 关税定义与种类

关税（tariff）指对进出海关关境的商品征收的税收。关税是最古老的一种贸易政策工具。在古代就存在。不过，古代关税的作用大多是给国家或者国王提供财政收入。现代的关税，虽然也能给国家带来一定的收入，但对于大多数的现代国家而言，通过关税获取财政收入已经不是征收关税的主要目的。更大程度上，现代关税是作为一种贸易政策工具来使用的。这种现代意义上的关税使用，最早可以追溯到传统重商主义时期。正是在重商主义的影响下，英国第一次开世界贸易政策工具使用之先河。

关税按照课征对象的不同分为进口关税（import tariff）和出口关税（export tariff），分别对应于对进口商品和出口商品征收的关税。通常而言，世界上绝大部分征收的关税都是进口关税。所以，我们在一般情况下所说的关税就指的是进口关税。

关税按照一般场合和特殊场合可以分为正常关税和进口附加税。正常情况下，特定商品的关税税率按照海关公布的关税税则来决定，但是有些时候针对特定时期或者来自特定国家的进口商品，除了征收正常规定的部分外，还征收特别附加关税。比如反倾销税、反补贴税、报复性关税等等，就属于特别附加关税。

关税按照税率的优惠程度可以分为普通关税和优惠关税。普通关税是对那些没有经济贸易协定的国家所生产商品征收的关税。优惠税率是相对于普通税率而言的。一般来说，优惠税率比普通税率要低一倍甚至数倍以上。优惠税率包括最惠国税率和普惠制税率。最惠国税率是最常见的一种优惠税率，对于加入了 WTO 的国家来说，相互都无条件给予对方最惠国待遇，包括税率上的最惠国税率。所以通常而言，由于大部分国家都已经加入了 WTO，最惠国税率反而是标准的税率。普惠制税率是比最惠国税率更低的税率，主要包括发达国家给予发展中国家的单方向普遍优惠制度关税和欧盟国家给予非洲、加勒比和太平洋国家的特惠关税。

按照征收计算方法的不同，关税分为从量税和从价税。从量税指以商品的物理数量为计算单位来征收的关税。从价税指以贸易商品的价格为基准征收的关税。另外，选择性关税就指可以选择从量或者从价进行征收的关税。混合税指对同一商品同时从量和从价征收的关税。

9.1.2 关税的有效保护率

海关公布的各种商品的关税税率为名义关税税率。通常一种产品或者一个产业受到关税的保护程度与这个名义税率有关，但是也绝非仅仅与此税率有关；尤其是一些使用大量中间产品进行生产的产业更是如此。名义税率对应的是名义保护率，只反映了关税对于相关产业的名义上的保护程度。对于多生产环节而言，名义税率无法反映真实的保护水平。相反，有效保护率能够反映真实关税对于相关产业的保护程度。

有效保护率（effective rate of protection，ERP）指关税对某个特定产业提供的真实有效的保护程度，以国内生产附加价值的变化程度来衡量。

$$ERP=\frac{V'-V}{V}\times 100\%$$

V 和 V' 分别表示关税征收前和征收后最终产品的附加价值。关税征收，包括对中间产品和最终产品的征收。

对使用多种中间产品进行生产的最终产品的有效保护率，通常直接使用以下公式进行计算。

$$ERP=\frac{t-\sum_{i=1}^{n}a_it_i}{1-\sum_{i=1}^{n}a_i}\times 100\%$$

下标 i 表示生产中使用的第 i 种中间产品，t_i 和 a_i 分别表示第 i 种中间产品被课征的关税税率及其在总成本中的占比。t 表示终端产品的关税税率。

9.2 关税的经济效应：局部均衡分析

关税对进口竞争产品的国内价格产生影响，从而影响国内的生产和消费。毕竟价格是资源配置的主要信号。关税对国内经济带来的影响，因国家的大小而有非常明显的差别。

9.2.1 关税的经济效应

图 9—1 横轴表示进口竞争产品的数量，纵轴表示价格。分左右两图，左图 9—1（a）表示一个小国征收从量关税 t 的情况；右图 9—1（b）用于分析一个大国征收从量

关税 t 的情况。为了对比大国小国征收关税时导致的不同的福利影响，我们把它们并列在了一起。图中两个国家的供给曲线的倾斜度相同，表示它们的供给价格弹性相同，两国的需求曲线的斜率也相同，表示它们的需求价格弹性也完全相同。

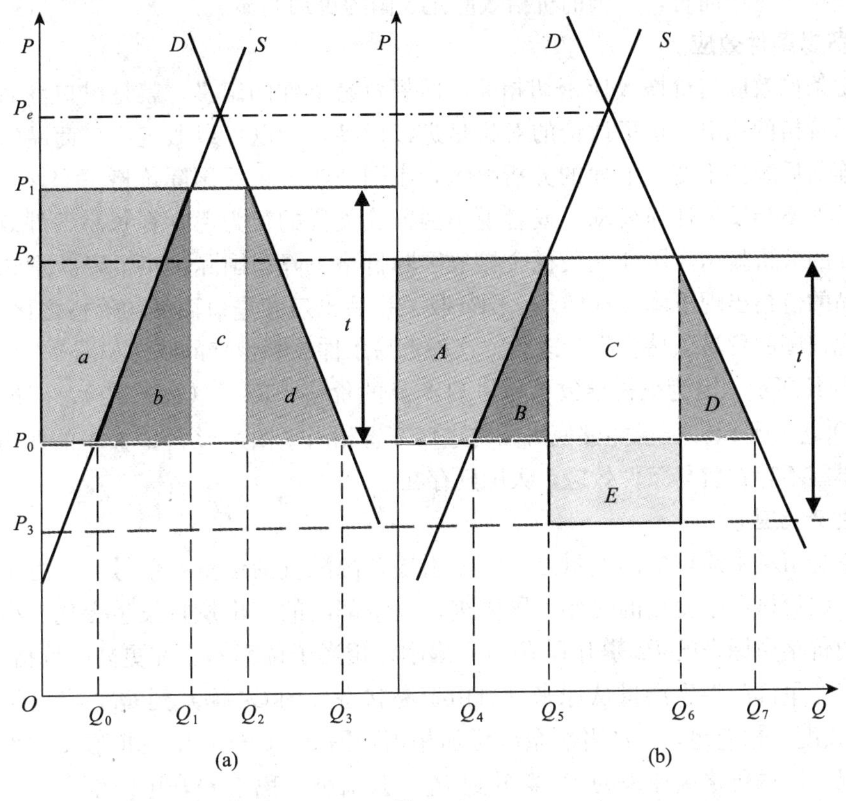

图 9—1

图 9—1 中的 S、D 分别表示两个国家的进口竞争性产品在自给自足时候的供给曲线和需求曲线，两个国家情况完全相同。自足状态下，两国国内形成的均衡价格为 P_e。在完全自由贸易状态下，两个国家国内价格与国际价格一致，都是 P_0。现在考虑两个国家都对进口竞争产品征收税率为 t 的从量税。这里将使用到我们在第一章中学习过的社会福利分析工具。

以下为大国和小国征收关税的经济效应对比分析。

1. 价格效应。

当小国对进口产品征收从量税 t 时，会导致国内价格由原来的 P_0 攀升到 P_1，升幅刚好相当于 t 的程度。因为该国是小国，征税行为对国际价格没有任何影响，所有的影响全部体现在国内价格的上升上。但是，当大国征收同样的从量税 t 时，无可置疑的结果首先是国内价格会上升（我们暂时不知道会上升到什么程度）。接着，攀升后的国内价格肯定会导致国内需求下降。由于其大国地位，该国进口量在世界市场的占比较高，国内市场需求的萎缩将会导致国际市场总需求下降，其结果必定是国际价格的下降。

这样，如图 9—1（b）所示，国内价格将由 P_0 攀升到 P_2，升幅小于 t；国际价格则由 P_0 下降到 P_3，降幅也小于 t。事实上，在征税后形成均衡的状态下，国内价格与国际价格之间的差额刚好相当于 t。换一个角度来说，税收 t 由国内的消费者和国外的生产商共同负担。总结而言，小国的价格效应比大国的更加明显。

2. 贸易条件效应。

贸易条件效应与价格效应密切相关。回想贸易条件的定义，就是出口商品价格与进口商品价格的比值。这里讨论的对象是进口商品，所以可以假定出口商品的价格在关税实施前后维持不变。上面的分析显示，小国征收关税后国际价格不变，所以小国的贸易条件不会发生任何变动，或者说小国征收关税的行为不存在贸易条件效应。但是，上面的分析显示大国征收关税会导致国际价格下降。国际价格下降就意味着该国进口商品的价格出现下降。这样，大国征收关税后出口和进口商品的价格之比会上升，也就是说该国的贸易条件会得到改善。这种贸易条件改善带来的收益如图 9—1（b）中的四边形 E 所示。因为征税导致单位进口产品的价格下降了（P_0-P_3），征税后的进口量为 Q_5Q_6。所以，征税能够使得国内进口节省相当于四边形 E 的面积的费用。比较而言，小国不存在贸易条件效应，大国则存在。

3. 生产效应。

价格是市场中最重要的变量之一，是引导资源配置的最重要信号。当由于征收关税导致国内价格发生变化的时候，国内进口竞争部门的产出量将发生变化。小国的情况，国内价格由原来的 P_0 攀升到 P_1（升幅刚好相当于税率 t）。在更高的价格引导下，国内进口竞争部门将生产量从原来（自由贸易状态）的 Q_0 提升到 Q_1，净增量相当于 Q_0Q_1 的长度。相应地，生产者剩余净增加相当于图 9—1（a）中三角形 a 的面积。大国的情况，国内价格由原来的 P_0 攀升到 P_2（升幅小于税率 t），国内生产量将由原来的 Q_4 提升到 Q_5。净增量相当于 Q_4Q_5 的长度。相应地，生产者剩余净增加量相当于图 9—1（b）中三角形 A 的面积。Q_0Q_1 比 Q_4Q_5 更长。所以说，小国的生产效应比大国的生产效应更加强烈。

其实，生产效应是国内市场价格扭曲效应的一部分。通常，在开放经济条件下，以自由贸易状态下的国际价格为标准，国内价格偏离（高于或者低于）该价格都被称为价格扭曲。出现价格扭曲的情况下，必定出现生产扭曲。具体表现为扭曲价格引导下的过多生产或者过少生产。一旦对国外商品实施关税措施，则不管是大国还是小国，其国内价格都将高于自由贸易状态下的国际价格，所以必定导致国内过多生产。过多生产是非效率的，一定会引起效率和福利的净损失。生产扭曲带来的福利净损失大小，对小国和大国而言分别相当于三角形 b 和 B 的面积。

4. 消费效应。

征税导致的国内价格上升不但影响国内进口竞争部门的产出，也会影响国内消费者的消费量。小国的情况，国内价格由原来的 P_0 攀升到 P_1。国内消费者将对更高的价格作出反应，消费量从原来（自由贸易状态）的 Q_3 萎缩到 Q_2，净减少量相当于

Q_2Q_3 的长度。相应地，消费者剩余净减少相当于图 9—1（a）中（$a+b+c+d$）四个部分的面积。大国的情况，国内价格由原来的 P_0 攀升到 P_2，国内消费量将由原来的 Q_7 下降到 Q_6。净减少量相当于 Q_6Q_7 的长度。相应地，消费者剩余净减少相当于图 9—1（b）中（$A+B+C+D$）四个部分的面积。Q_2Q_3 比 Q_6Q_7 更长；所以说，小国的消费效应比大国的消费效应更加强烈。

消费效应同样是价格扭曲效应的一部分。价格扭曲会导致消费扭曲，即过少消费或者过多消费。消费量偏离最优消费量都是非效率的表现，最终将以福利净损失体现出来。关税导致了过高价格，继而过少消费。过少消费在这里意味着“本来可以实现的部分消费（会带来福利净增加）被迫取消”。消费扭曲带来的福利净损失大小，对于小国和大国而言分别相当于图 9—1 中三角形 d 和 D 的面积。

5. 税收效应。

政府征收关税能够带来财政收入的增加。税收收入的增加量等于单位产品的征税量乘以征税后的产品进口量。小国的情况，等于 $t\times Q_1Q_2$，也就是相当于图中四边形 c 的面积；大国的情况，等于 $t\times Q_5Q_6$，也就是相当于图 9—1（b）中四边形 C 与 E 的面积之和。对比而言，前者小于后者，所以小国的税收效应小于大国的税收效应。而且，小国的税收全部来自国内，大国的税收部分来自国内（相当于四边形 C 的面积），部分来自国外（相当于四边形 E 的面积）。

6. 净福利效应。

国家整体福利的变化包括生产者剩余、消费者剩余和政府收入三个部分的变化。征收关税后国家整体的净福利变化结果整理在表 9—1 中。小国的情况，生产者剩余增加相当于 a 的面积；消费者剩余减少相当于（$a+b+c+d$）的面积；政府收入增加相当于 c 的面积；国家福利净减少相当于（$b+d$）的面积。大国的情况，生产者剩余增加相当于 A 的面积；消费者剩余减少相当于（$A+B+C+D$）的面积；政府收入增加相当于 $C+E$ 的面积；国家福利净减少相当于［$E-(B+D)$］的面积。我们发现，小国的福利表现为净减少；大国的福利则有可能增加，也有可能减少。

表 9—1　　小国和大国征税后福利变化

	生产者剩余变化	消费者剩余变化	政府收入变化	国家整体福利
小国	$+a$	$-(a+b+c+d)$	$+c$	$-(b+d)$
大国	$+A$	$-(A+B+C+D)$	$+(C+E)$	$E-(B+D)$

实际上，关税导致的国家净福利变化包括两个部分。一个部分表现为收益，是贸易条件改善收益；另一个部分表现为效率损失，体现为征税导致国内价格扭曲带来的效率损失。后者具体包括生产扭曲和消费扭曲带来的损失。小国实施的关税措施不会改变国际价格，因而不存在贸易条件效应。但是，我们也可以把小国的这种情况看作是贸易条件改善收益为 0。大国的贸易条件改善收益等于 E 的面积。所以就总体而言，小国的净福利变化就等于 $0-(b+d)$；大国的净福利变化就等于 $E-(B+D)$。

另外，贸易效应反映关税对贸易量的影响。图 9—1 中小国在自由贸易状态下进口量为 Q_0Q_3，征收关税后进口量萎缩为 Q_1Q_2，贸易减少量为 $Q_0Q_1+Q_2Q_3$。大国在自由贸易状态下进口量为 Q_4Q_7，征收关税后进口量萎缩为 Q_5Q_6，贸易减少量为 $Q_4Q_5+Q_6Q_7$。

9.2.2 最优关税的源泉

我们在上一章中的 8.4 节讨论过最优关税。最优关税只与大国有关，因为只有大国征收关税的场合才会存在贸易条件效应。只有贸易条件效应大于价格扭曲效应，才有可能导致国家整体福利上升。

最优关税其实就是图 9—1（b）中贸易条件效应带来的收益 E 与价格扭曲效应导致的损失（$B+D$）（生产扭曲损失 B 和消费扭曲损失 D）之间差额最大化时候的关税税率。

理论上，最优关税税率等于外国产品对本国市场供给弹性的倒数。外国产品的供给弹性越小，意味着它们对于本国市场的依赖性越为严重。因此，为了销售掉所有生产出来的产品，即使面临本国征收较高的关税，在本国国内也不大可能大幅度提高价格。相反，外国企业采用的应对关税的主要策略应是降低销售价格。换言之，这些外国生产商愿意承担大部分关税的负担，从而导致贸易条件效应较为明显（意味着 E 的面积较大）。另一方面，由于相关产品的国内价格上升较小，价格扭曲较为轻微，价格扭曲效应带来的损失（$B+D$）则较小。这种情况下，才有了关税提高本国整体社会福利的可能。

9.3 关税的一般均衡分析

以上是对关税福利效果的局部均衡分析。接下来，我们采用一般均衡分析的方法看看关税对征收关税国家的福利产生何种影响。

9.3.1 小国征收关税的一般均衡分析

我们在图 6—6 中分析小国的进口替代战略时，为了问题的简单化曾经假定小国征收的关税并没有返还给国民，比如说全部用于对外援助。但是，现实中政府征收到的关税，会通过各种方式包括教育、卫生、科技和其他社会福利支出等形式返还给本国国民。这里即以关税形式返还给国民，用于以国民消费为前提展开讨论。

图 9—2 用于分析小国柬埔寨征收关税对福利的影响。假定柬埔寨生产 X、Y 两种产品，出口 X 进口 Y。该国对进口产品 Y 征收相当于 t 的从量税，征税后政府获得的

关税总量为 T，并把关税全部返还给国民消费。

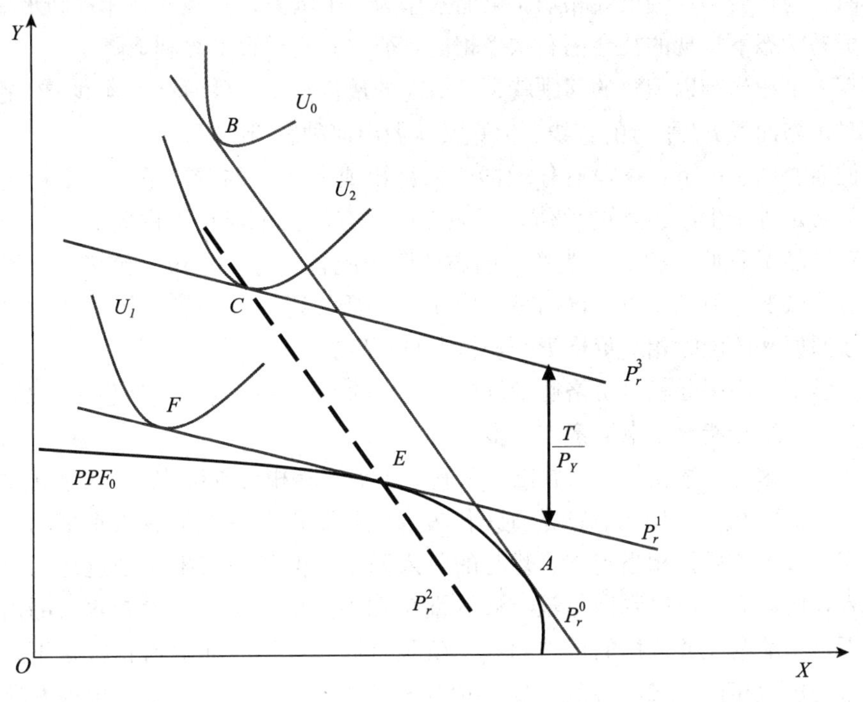

图 9—2

征税前柬埔寨的生产可能性曲线为 PPF_0，面临的相对价格曲线为国际相对价格曲线 P_r^0。这样，最优生产点为图 9—2 中的 A 点，最优消费点为 B 点，实现的社会福利为 U_0。当柬埔寨对进口产品征收关税时，国内市场上进口竞争性产品 Y 的价格上升。这将导致国内市场上两种产品的相对价格演变成 P_r^1。这个新的相对价格传递给柬埔寨国内生产商一个信号：现在与过去相比，生产 X 赚得少了，生产 Y 赚得多了。在新的条件下，最优生产点将演变成 E 点。E 点与 A 点相比，国内生产的出口商品 X 变少，进口竞争性产品 Y 更多了。这种调整正是生产商正确回应了价格信号变化的结果，也正是柬埔寨政府要达成的政策目标。

那么征税后的最优消费点在哪里呢？初见，好像在图 9—2 中的 F 点，对应的社会福利为 U_1。这种分析一如我们在讨论进口替代战略时为了简化问题所作出的关税被全部浪费或者全部用于援助外国的假定。当关税返还给国民时，情况会变得稍微复杂。有一点可以肯定的是，在 E 点组织生产，得到的生产性收入确实如 P_r^1 所示。但是，这不是国民的全部收入。国民的全部收入，除了这个部分，还有政府返还的全部关税（总量等于 T）。所以，从消费的角度来看，能够使用的全部预算，就是包括了这两部分收入的总收入量。相应地，预算约束线应该在 P_r^1 的外面，如图中的 P_r^3 所示。精确地从数学上来说，应该是 P_r^1 向上平行移动相当于 T/P_Y 的距离。因为在返还关税后总收入增加了 T，预算线的截距就应该增大 T/P_Y。P_Y 为征收关税后进口竞争性产品 Y

的国内价格。这样，若消费偏好不变的话，最优消费点就应该是图中的 C 点。在该点，无差异曲线与社会预算约束线相切。柬埔寨作为一个国家，实现的整体福利水平为 U_2。与自由贸易状态下实现的社会福利水平相比，征收关税导致了福利下降。

还有一个相当难以理解的问题就是，最终的最优点 E、C 两点的连线 P_r^2 是一条与国际相对价格曲线 P_r^0 平行的直线。究竟又该做出何种解析？

我们需要回想一下，在没有任何的收入漏出或者注入的情况下，一个社会能够消费的价值必定等于生产出来的价值，不能无中生有，也不存在平白无故少一截。柬埔寨政府对产品 Y 征收关税后，改变了国内的资源配置信号——相对价格，所以最优生产点发生了改变。但是，由于该国是一个小国，征税行为并不影响国际相对价格。该国依然按照原来的国际相对价格 P_r^0 与外国进行贸易。

我们尝试使用国际相对价格衡量价格扭曲后的最优生产点 E 点所生产产品的价值，看看这个生产组合能够给柬埔寨带来多大的收入。

事实上，这种衡量就相当于画出一条斜率等于国际相对价格 P_r^0 并且穿过 E 点的直线，如图 9—2 中的 P_r^2 所示。这条直线代表的就是我们要寻找的收入水平的等收入曲线。政府征收关税后，相当于有了暂时的收入漏出。但是当其把关税返还后，收入又重新注入，所以完全可以看做是没有收入漏出和注入的情况。在没有收入漏出和注入的情况下，柬埔寨能够选择的消费组合的价值（同样在国际相对价格衡量下）必须与生产出来的价值相当，或者说其开支必须与其总收入相等。换言之，柬埔寨所选择的最优消费点 F，必定落在 P_r^1 上。

9.3.2 大国征收关税的一般均衡分析

大国征收关税，与小国不同的地方在于它们能够影响进口产品的国际价格，从而影响国际相对价格。以中国为例，假定中国对进口的小麦征收关税。中国的小麦进口量占据世界小麦市场需求量的相当比例。当中国对小麦征收关税时，小麦的国际价格会下跌。所以会存在一个贸易条件改善效应。这会促进国家福利状态改善。

中国征收关税与柬埔寨征收关税一样，都会导致国内小麦的价格上升，只不过上升的幅度没有柬埔寨场合那么高。本质上，中国征收关税导致国内相对价格变化带来的福利影响，与上面对柬埔寨的分析没有什么区别，都会导致社会福利下降，只是程度较柬埔寨为轻。

所以综合衡量这两个方面的影响，大国征收关税可以分为两种典型的情况。第一种是大国征收关税导致进口竞争性产品 Y 的国际价格和国内价格变化都较轻微时，分析与上面对小国柬埔寨征税的福利影响的分析类似。第二种情况是征收关税导致了较轻的国内价格升幅，却导致了较大的国际价格降幅时，对福利产生的影响与小国的同样情况相比，有着迥异的表现。

图 9—3 与图 9—2 非常类似，只是对应大国征收关税时对产品 Y 的国际价格产生

较大影响的情况。当中国对小麦征收从量税 t 时，国内价格 P_Y 上升，但是相对于柬埔寨的情况为轻。主要是小麦出口国家的生产商承担了大部分的关税。对应地，产品 X 的国内相对价格会变小，如图 9—3 中相对价格曲线 P_r^1 所示（相对图 9—2 中的 P_r^1 斜率更大）。最优生产点为图中的 E 点，较之于柬埔寨的情况，偏向于 X 的方向，表示生产扭曲比较小。在该点，组织生产获得的生产性收入为斜率等于 P_r^1 的等收入曲线表示的水平。

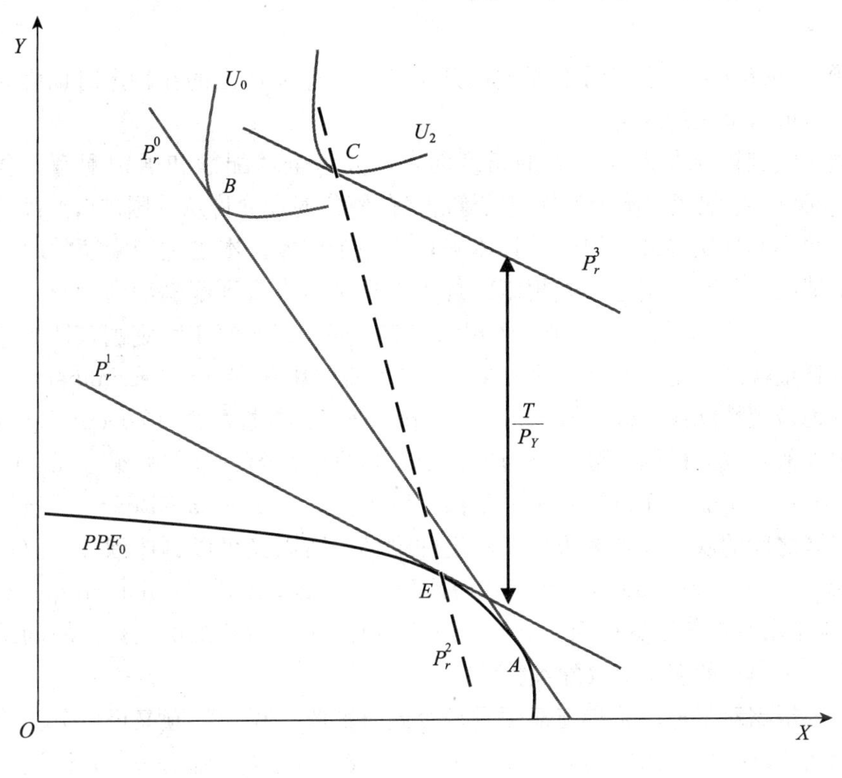

图 9—3

考虑到大国返还关税于国民，所以国民的消费预算线会向外移动，移动到 P_r^3。虽然方向上与柬埔寨的情况一样，但是移动的幅度较后者为大。因为：（1）大国征收同样的税率为 t 的关税带来更大的关税收入 T（进口量更大）；（2）大国征税后进口竞争性产品的国内价格更轻，也就是 P_Y 更小。所以收入曲线平行上移的幅度 T/P_Y 更大。最优消费点就是预算线 P_r^3 与无差异曲线的切点 C。达到的社会福利，就是相切的无差异曲线 U_2 表示的效用水平 U_2。与自由贸易状态下的社会福利水平相比，征收关税不但没有导致福利下降，反而使得中国的社会福利上升了。

同样，最终的最优生产点和最优消费点的连线，将也是一条征税后的国际价格曲线。因为任画一条通过最优生产点，且斜率等于征税后国际相对价格的直线，表示出来的就是以征税后国际相对价格衡量出来的生产的收入水平。而税收返还后的消费水平应该等于生产的价值，所以消费点必定位于该收入曲线上。

9.4 配额的定义与福利效应

9.4.1 配额的定义与种类

配额（quota）指一国为了保护本国某个特定产业而作出的在特定时期内允许进口的产品数量或者金额的规定。

配额从实施限制的对象国家的角度而言，分为全球配额和国别配额。全球配额（global quota）指配额实施国只规定实施配额的特定时期允许从外国进口产品的数量或者金额，而不问配额内进口的产品具体来自哪一个国家。本国主管配额的政府机构按照进口申请的先后或者其他事先规定的规则审批进口，直到配额额满为止。国别配额（country quota）则指配额实施国具体规定特定时期内来自每个特定国家产品进口的允许数量或者金额的措施。通常，前者又称为非歧视性配额（non-discriminatory quota），后者又称为歧视性配额（discriminatory quota）或者选择性配额（selective quota）。

根据配额形成的机制，可以分为单方配额和协议配额。单方配额（unilateral quota）指配额实施国单方面自行决定的配额。协议配额（negotiated quota）指根据进口国和出口国之间的双边或者多边协议确定的配额，所以又可以具体细分为双边协议配额（negotiated bilateral quota）和多边协议配额（negotiated multilateral quota）。如根据于1974年由世界各国签订而于2004年底结束的《多边纤维协议》实施的纺织品配额，就是一个典型的多边协议配额。

另外，根据对某种产品实施配额时是否同时征收关税，配额又可以分为绝对配额（absolute quota）和关税配额（tariff quota）。前者指进口国确定一个允许进口的绝对数量或者金额，在任何情况下不允许超额的进口。后者指对在配额以内的进口征收低关税或者免税，超过配额部分则征收高额关税。我们通常所说的配额就指的是绝对配额。

9.4.2 配额的福利效应

图9—4显示了小国和大国实施同等额度的配额保护措施时，两国的福利变化情况。图9—4（a）、（b）分别表示小国和大国实施相当于Q_1Q_2、Q_5Q_6长度的进口配额时的福利变化情况。

通常情况下，配额所限制的进口量会小于自由贸易状态下的进口量。如Q_1Q_2、Q_5Q_6分别小于Q_0Q_3、Q_4Q_7。否则，配额不会有任何意义，毕竟实施配额的目的是阻止进口。

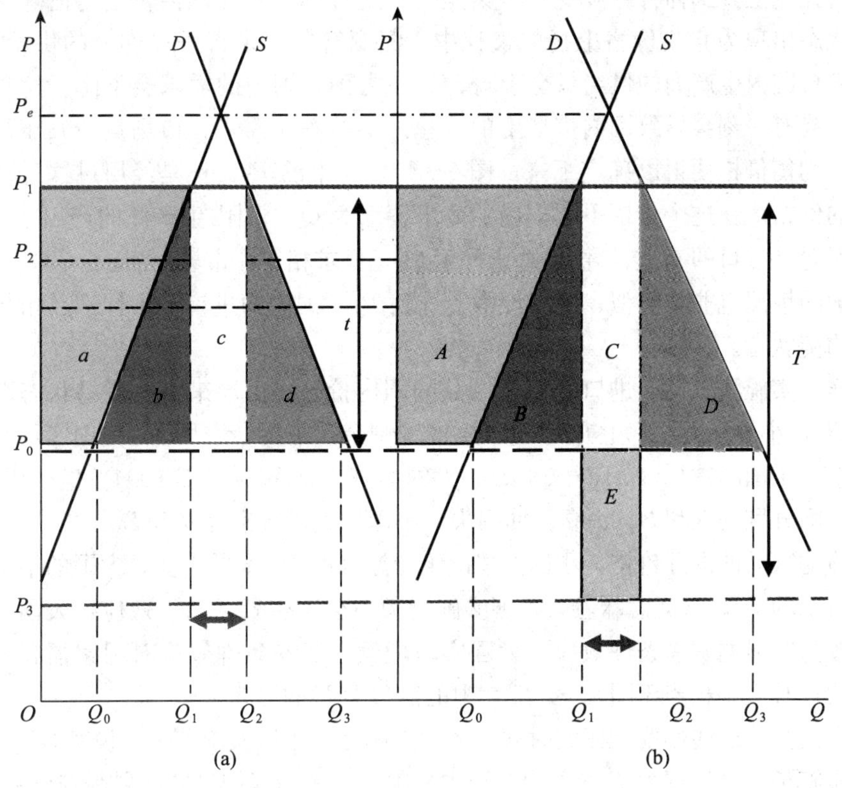

图 9—4

当它们实施这些额度配额的时候，实际上相当于小国实施了一个税率等于 t 的关税和大国实施了一个税率为 T 的关税。至少从配额实施的保护性目的即限制进口数量来看是这样。所以，有时候我们把税率为 t 的关税称为小国实施额度为 Q_1Q_2 的配额的等值关税，把税率为 T 的关税称为大国实施额度为 Q_5Q_6 配额的等值关税。配额的等值关税指，导致进口数量等于配额额度的税率的关税。从图 9—4 中可以看出，T 的高度大于 t 的高度，也就说明，实施同等额度配额时，小国的等值关税低于大国的等值关税。

无论是小国还是大国，实施额度相当于 Q_1Q_2 长度的配额措施时，进口竞争性产品的国内价格将会上升为 P_1。为什么会这样呢?

这与进口竞争性产品的国内市场均衡有关。我们以小国为例来进行说明。起始状态为自由贸易状态，国内价格与国际价格同步为 P_0。在这个价格下，国内市场的需求为 Q_3；供给则由两部分构成，一是来自国内生产商的产量 Q_0，二是来自进口的 Q_0Q_3，供给总量等于 Q_3。需求与供给恰好相等，市场是均衡的。

一旦政府实施了配额，进口量将由 Q_0Q_3 下降为 Q_1Q_2，意味着来自进口部分的供给下降。如果价格维持原来的水平不变，则国内需求和来自国内生产商的供给部分不变。这样，国内市场上的进口竞争性产品的总供给（等于进口量＋国内生产部分）就会缩小，市场出现供小于求的不均衡情况。供不应求必定导致价格上扬。

价格究竟上升到何种程度呢？答案是一直上升到能够使国内供给与需求重新相等的均衡状态出现为止。价格上扬的过程中，配额管制下来自进口部分的供给量不变。但是，来自国内生产商的供给量会上升；另一方面，国内的需求会下降。这种调整持续下去，终有一刻会导致国内市场上的（总）供给等于需求，市场重新归于均衡，调整结束，均衡价格便得以确定下来。图 9—4（a）中的 P_1，正是经历过这种调整达到均衡时的价格。在这个价格下，国内的需求萎缩为 Q_2；国内生产商的产出上升到 Q_1，加上配额允许进口的 Q_1Q_2，供给总量等于 Q_2。供求相等，市场出清。

大国的情况也非常类似，只有价格上升到 P_1，国内的进口竞争性产品市场才能重新达到均衡状态。

这样，实施配额后，进口竞争性产品的国内价格，由原来自由贸易状态下与国际同步的 P_0，小国和大国都上升到 P_1。生产者剩余，小国净增加 a，大国净增加 A；消费者剩余，小国净减少（$a+b+c+d$），大国净减少（$A+B+C+D$）。生产扭曲损失，小国和大国分别为 b 和 B；消费扭曲损失，小国和大国分别为 d 和 D。

实施配额后的国际价格，小国的情况维持原来的 P_0 水平不变，大国的情况则下降为图中所示的 P_3。这就意味着，小国实施配额不会产生贸易条件效应，大国实施配额则会有较为明显的贸易条件效应。大国实施配额的贸易条件效应对国家福利是一种正面的影响，其大小相当于图 9—4（b）中的四边形 E 的面积。

当它们实施这些额度配额的时候，实际上相当于小国实施了一个税率等于 t 的关税和大国实施了一个税率为 T 的关税。至少从配额实施的保护目的即限制进口数量来看，是这样。所以，有时候我们把税率为 t 的关税称为小国实施额度为 Q_1Q_2 的配额的等值关税，把税率为 T 的关税称为大国实施额度为 Q_1Q_2 配额的等值关税。配额的等值关税说的是，导致进口数量等于配额额度的税率的关税。从图 9—4 中可以看出，T 的高度大于 t 的高度，也就说明，实施同等额度配额时，小国的等值关税低于大国的等值关税。

由上面分析可知，分析特定配额的福利影响，就可以变换为分析它的等值关税的效果来替代。配额对民间生产和消费以及对贸易条件的影响与前面对关税的分析就没有什么不同，唯一的不同产生于政府的收入方面。

至于相当于征收关税时的政府收入部分，也就是图 9—4（a）中的四边形 c 和（b）中的四边形（$C+E$），在实施配额的场合中，收益不一定会成为政府的收入，与配额的分配方式有关。这部分收益，实际上是在政府实施配额情况下，人为创造出来的进口垄断权利带来的收益。所以，一般把这部分收益称为配额租金（quota rent）或者配额收益（quota revenue）。曾经学习过的微观经济学告诉我们，垄断下存在租金（rent）。

配额的分配方式多种多样。首先根据配额支配权的不同，分为出口国（外国）支配方式和进口国（本国）支配方式。通常情况下是后一种情况。后一种情况，又可以分为无偿分配和有偿分配两种。

如果配额的支配权给予了外国出口商，则配额租金为外国获得。类似于上面提到的纺织品配额制度，就属于这种情况。此时，配额实施国净福利损失就是：小国（$b+$

$d+c$)，大国（$B+D+C$）。

如果配额的支配权维持在本国手中，则不管是有偿分配还是无偿分配，就国家整体而言，福利影响与等值关税的影响完全相同。只是在前者的情况下，政府获得了配额租金（竞争性拍卖的情况下）；后者的情况下，配额获得者获得了配额租金。配额实施国净福利损失就是：小国（$b+d$），大国（$B+D-E$）。大国的情况，有可能出现净福利增加。当贸易条件改善效应带来的收益 E 大于价格扭曲带来的损失（$B+D$）时，净福利增加。

配额实施国有偿出售配额，可以是一般性标价出售，也可以是竞争性拍卖出售。后者的情况下，出售价格会无限接近配额的租金价值。这种情况下，配额与其等值关税的福利影响和国内收入分配效果完全相同。

配额实施国无偿分配配额给国内进口商时，一般是按照历史上的进口比例来分配配额；再者是按照先来后到的顺序分配。但是在无偿分配的情况下，通常很难杜绝相关进口商为了获得进口配额权利的寻租（rent-seeking）活动，出现对于政府部门的贿赂和没有任何生产性功能的拉关系活动。这些行为将导致额外的无谓损失的产生。

9.5 配额与关税的比较

本质上，配额和关税都能够起到限制进口数量的作用。它们的使用目的也完全相同。但是，一般情况下，配额是一种比关税更加严厉的贸易保护措施。配额能够严格限制进口的数量。关税则有可能在其他条件出现变化时，无法阻止实际进口数量超过政策目标锁定的进口数量。

9.5.1 需求增加时的配额关税影响比较

为了使问题简单化，我们只考虑小国的情况。图 9—5 中 D_0、D_1 分别表示需求增加前后的进口竞争性产品市场的需求曲线。其他各曲线与前面用于分析小国福利的图 9—4（a）中的各曲线相比没有任何变化。需求发生变化前，税率为 t 时征收的关税是配额 Q_1Q_3 的等值关税，无论征收该税率的从量税还是实施额度为 Q_1Q_3 的配额，进口数量都是 Q_1Q_3，而国内市场的价格将上升为 P_1。国内有关利益方的福利变化一如前面的分析。

现在我们来看看，在该国出现需求增加的情况下，这两种措施的影响有何不同。需求的增加可以是收入增加引致的，也可以是偏好强化引致的，不管是何种原因导致，其结果可以体现为需求曲线由图 9—5 中的 D_0 向右移动到 D_1。

此时，如果该国采用的是征收从量税 t 的方式，则国内的价格依然是由原来的 P_0

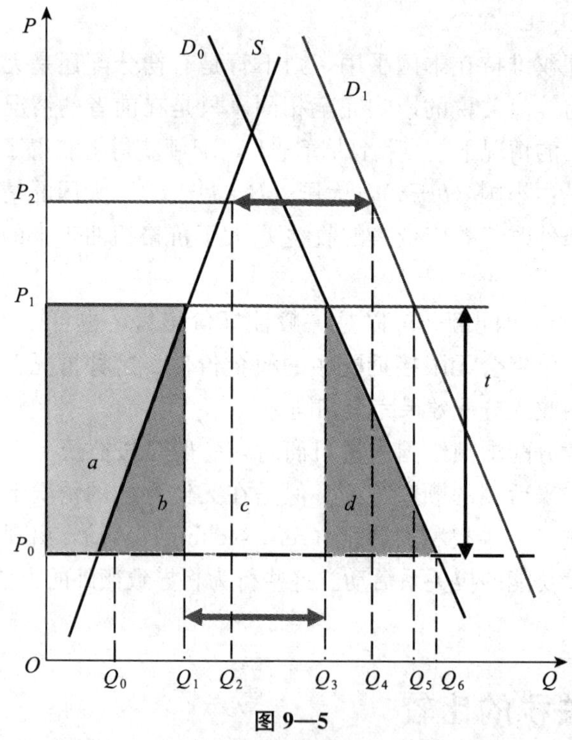

图 9—5

上升 t 幅度，到达 P_1。在这个价格下，国内生产商的产出量维持 Q_1 不变，进口量由原来的 Q_1Q_3 上升到 Q_1Q_5。国产与进口两个部分的供给总和是 Q_5，而对应于价格 P_1 的需求也是 Q_5。供求相等，市场均衡。由于价格升幅与之前完全相当，所以价格扭曲带来的福利损失会完全相同。也就是说生产扭曲和消费扭曲都与需求增长前相同。唯一不同的是政府征到了更多的税收。但税收全部由本国消费者负担，相当于同一件服装上一个口袋的钱装到了另一个口袋，对国家整体福利不会产生影响。

但是如果政府采用的是配额措施，情况则会大不一样。实施配额 Q_1Q_3 后，需求的增加也不会改变配额的额度，除非政府主动作出改变。国内价格肯定会上升，究竟上升到哪个水平呢？与征收关税后的价格 P_1 一样吗？不妨假定国内价格只上升到该水平，看看国内市场会出现什么情况，就可以回答这个问题了。对应于价格 P_1，国内的需求为 Q_5，但此时，国内生产商只愿意生产 Q_1，加上配额允许进口的 Q_1Q_3，供给总量为 Q_3。很显然，供小于求。供小于求必定导致价格继续往上调整，最终，调整到图 9—5 中 P_2 的水平时，市场才会重新回到均衡状态。此时，国内相应的需求量为 Q_4，而国内生产商愿意生产 Q_2，加上配额允许的进口量 Q_2Q_4（长度等于 Q_1Q_3），正好等于 Q_4。

所以，配额会导致进口量维持原来的政策确定数量不变，进而导致国内价格攀升到更高幅度。这也就意味着国内的价格扭曲更加严重，因此包括生产扭曲和消费扭曲的价格扭曲损失会更加严重。

总结而言，配额无论是对进口数量还是国内市场的扭曲程度，都较关税更加严重。

9.5.2 外国出现技术进步时的配额关税影响比较

一般情况下，由于我们假定国际市场是一个完全竞争市场，当外国的生产商出现技术进步，导致进口产品的平均生产成本出现下降时，进口价格将下降。

如果本国推行关税作为贸易保护主义措施，则加税后进口竞争性产品的国内价格会跟随着下降，出现类似于大国征收关税情况下的国内消费者与国外生产商共同承担关税的局面。进口量会增加，国内产出会减少，价格升幅的降低导致价格扭曲的缓和。

但是如果本国采用的政策工具是配额，则会锁定进口数量不变，配额允许进口数量以外的全部供给依靠国内的高成本（以国外成本水平为标准）生产来提供，所以国内进口竞争性产品的价格不会出现下降。唯一的变化是，由于进口价格降低导致了配额租金的增大。

图 9—6 中，t 的高度表示额度为 Q_2Q_3 的配额的等值关税。自由贸易状态下的国际价格为 P_0，征收从量关税 t 或者实施额度为 Q_2Q_3 的配额后，国内进口竞争性产品的价格为 P_1。

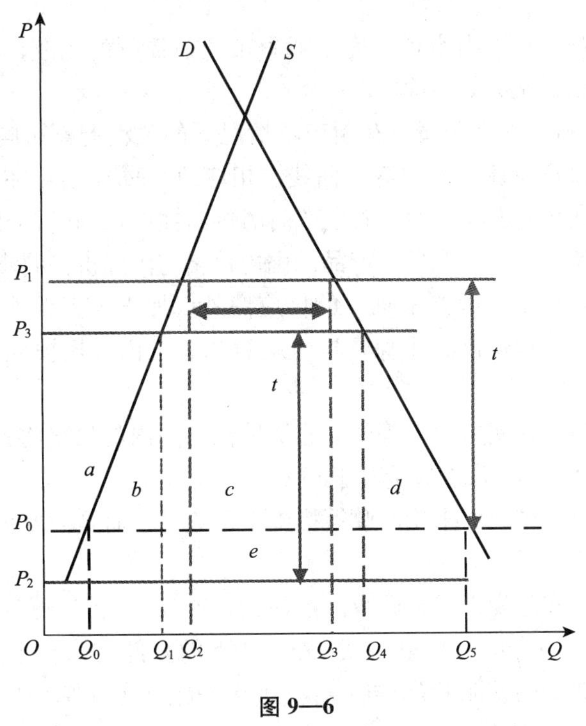

图 9—6

现在来看看，在国外生产商出现技术进步时，采用配额和关税工具对国内市场的影响有什么不同？

一旦国外生产商出现技术进步导致的生产产品的平均成本的下降，在完全竞争市场，由于产品的销售价格与平均成本相等，产品价格会跟随着下降。就意味着本国进口国外产品的进口价格下降，如图 9—6 中的 P_2 所示。

在此前提下，如果国内采用的政策工具是配额，而且依然维持额度 Q_2Q_3 不变。国内市场的供给，除了这个配额允许进口的部分以外，只能够依靠国内的生产来提供。所以虽然进口的价格下降了，但是要达成国内市场均衡状态，进口竞争性产品的国内价格必须上升到 P_1 的水平。这样，国内价格水平上升幅度，价格扭曲及其带来的损失，都不会发生任何变化。唯一变化的是，配额租金由原来的四边形 c，增大到包括 $(c+e)$ 在内的四边形。

此时，如果国内采用关税工具，则影响会大不一样。当国际价格下降到 P_2，国内价格则相应由原来的 P_1 下降到 P_3。P_3 与 P_2 之间的差额依然是关税 t。国内市场达到均衡状态。国内的生产量由 Q_2 下降到 Q_1，进口量则由 Q_2Q_3 上升到 Q_1Q_4。价格上升幅度的减少，会导致价格扭曲包括生产扭曲和消费扭曲减轻。

总体而言，在国外生产部门出现技术进步时，配额也显得比关税更加严厉。

9.5.3 垄断市场情况下的配额关税影响比较

以上两种情况都是在国内市场是完全竞争市场前提下的比较，如果国内市场是垄断市场，则比较的结果又会如何呢？

图 9—7 用于分析国内市场属于垄断市场情况下的关税配额影响。图中直线 D_0 表示国内消费者对进口竞争性产品的需求曲线。相应地，MR_0 表示在没有进口状态下的边际收入曲线。S 直线表示国内唯一的生产商的供给曲线，与边际成本曲线 MC 重合。在开放自由贸易状态下，进口竞争性产品的国内价格与国际价格同步为 P_0。因为此时，国内市场的供应商，除了本国原来唯一的供应商外，加入了大量外国的供应商。国内供应商在供给上的唯一地位已经不保。这也就意味着国内市场被成功改造成完全竞争市场。

一旦本国对进口产品实施税率等于 t 的从量税，国内的价格将被抬升到图 9—7 中的 P_1。此时，国内生产 Q_2，进口量等于 Q_2Q_3。

另一方面，如果本国政府采用的政策措施不是关税，而是额度为 Q_2Q_3 的配额，结果会怎么样呢？

一旦政府确定了实施配额保护政策。国内的生产商（只有一家）马上就会意识到，市场供给除了配额允许进口的数量 Q_2Q_3 外，余下的全部在于自己的生产决定。于是乎，它就会像一个典型的垄断者那样行事，决定垄断产量和垄断价格。反映国内唯一的生产商这种思维的，是图 9—7 中的国内生产商面临的需求曲线由图中 D_0 的位置，向左移动相当于配额额度 Q_2Q_3 的距离，变成 D_1。相应地，国内生产商的边际收入曲线会相应地由 MR_0 移到 MR_1。接着，该企业按照利润最大化的条件“边际成本等于边际收入”决定垄断产量，就是图 9—7 中 MC 与 MR_1 的交点对应的产量 Q_1。之后，它

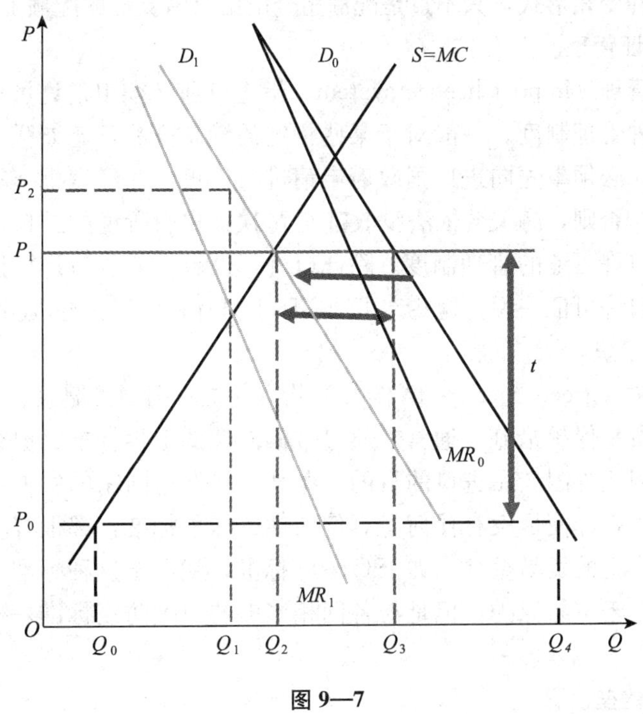

图 9—7

再通过配额实施后自己面临的需求曲线 D_0，找出恰好销售掉垄断产量产品的价格，就是图 9—7 中的 P_2。

配额与关税比较，前者实施时的价格 P_2 高于后者实施时的价格 P_1；相反，前者实施时的生产量 Q_1 小于后者实施时的生产量 Q_2。配额的影响更加严厉。产生这种差别的主要原因在于，配额政策没有实质性地改变国内市场结构的垄断属性，关税政策却能成功地将本属于垄断性质的市场改造成完全竞争市场。

9.6 其他进口保护措施

除了常见的关税和配额两种主要的贸易保护措施以外，还有种类繁多的其他进口保护措施。而且随着 WTO 制度的强化，各种各样的贸易保护措施以半公开或者隐蔽的形式实施。

1. 自愿出口限制。

自愿出口限制（voluntary export restraints，VER）指出口国在进口国的压力下实施的名义上为“本国自愿”的出口限制。一般通过协定的形式实施，可以是贸易双方政府间的协定，也可以是两个国家的商业协会之间的协定。政府间的协定，很多被冠以“市场秩序安排”（orderly marketing arrangement）的名义。自愿出口限制措施，本质上是配额的一种变相形式，只不过是配额租金由出口国支配的配额工具。

2. 进口许可证管理。

进口许可证管理（import licence system）指进口前必须申请许可证审批认可才可以进口商品的一种管理制度。一般对于某些特定的管制商品，比如联合国限制进出口的动植物商品等，必须事先向进口国政府申请进口许可，并经审批获得进口许可证后才能够办理进口。否则，海关会依法没收甚至罚款。我们所说的进口许可证管制，一般说的是特种进口许可证的管理制度。除此以外，也有一般进口许可证或者公开进口许可证、自动进口许可证一说，这些许可证实际上只存在向海关办理报关手续的功能。

3. 绿色贸易壁垒。

绿色贸易壁垒（green barriers to trade）指以保护本国国民健康、卫生和本国环境为借口而采用的贸易保护措施。通常，通过带偏向性的卫生标准、健康标准或者环境保护标准，达到阻止外国产品进口的目的。尤其是在发达国家的发展水平普遍高于发展中国家的情况下，即使是没有任何主观偏向性的绿色标准，都很容易构成针对发展中国家产品的事实上的贸易壁垒。如 ISO1400 标准，就属于这种标准。虽然该标准本身实施的目的不在于贸易保护，但是与各国相当多的卫生防疫标准一样，成为了事实上的保护工具。

4. 技术贸易壁垒。

技术贸易壁垒（technical barriers to trade）指通过实施特定的技术规格和技术标准，以保护本国产业为目的的政策措施。以本国特定或者本国企业掌握专利的技术标准或者规格作为认证标准，其他国家的企业为了出口相关产品到本国，要么重新改变产品规格增加成本，要么购买本国企业的专利许可增加成本，都会导致竞争性对手国企业事实上的成本上升。从而削弱对手国企业的竞争能力，增强本国企业的竞争实力，从而达到贸易保护的目的。ISO9000、EU9002 等标准，都成为事实上的技术贸易壁垒。

5. 社会责任壁垒。

社会责任壁垒（social responsibility barriers to trade，or social accountability barriers to trade）指以企业应承担的社会责任为借口实施的贸易保护措施。部分文献将其称为蓝色贸易壁垒（blue barriers to trade），主要是这种贸易壁垒大多针对劳工权利而起，也就是以蓝领工人的工作条件为标准实施贸易保护。通常，发展中国家企业中蓝领工人的工作环境相对来说都比较恶劣，实施严格的企业社会责任标准，事实上将提高发展中国家产品出口到发达国家市场的门槛。社会责任壁垒以 SA8000 为核心，该标准现在由美国经济优先进入权认证机构理事会（美国民间组织）制定。随着美国大跨国公司纷纷采用这一标准，在不久的将来，极有可能成为一个普遍性的新型贸易壁垒。一般认为，SA800 与上面提到的 ISO1400、ISO9000 是现在国际上流行的三大国际标准。

6. 汇率操控。

汇率操控（exchange rate controlling）指进口国通过本国中央银行介入市场，人为压低本国货币汇率以达到普遍提高进口产品成本（同时也普遍降低本国出口产品成本）的贸易保护政策。所有进口产品在本国销售都以本币计价，当本币被低估的时候，外国出口方必须以更高的本币计价出售产品才不至于亏损或者维持原有利润（以出口国货币计算）。所以汇率操控是一种普遍提高进口产品成本或售价的贸易保护措施。

7. 反倾销、反补贴措施。

反倾销、反补贴措施（anti-dumping duty，countervailing or anti-subsidy duty）。前者指进口国以出口国企业对本国进行倾销为借口实施的贸易保护措施；后者指进口国以出口国产品接受了本国补贴以致实施了不公平竞争为借口实施的贸易保护措施。通常采用实施高额的惩罚性附加关税来实施这种保护措施，有时甚至采用停止进口的惩罚。反倾销、反补贴措施的本意是为维护市场公平竞争环境而针对倾销和补贴行为采取的措施。

8. 歧视性政府采购政策。

歧视性政府采购政策（discriminatory government procurement policy ）指政府采购商品时优先采购本国产品的政策。大多数国家的政府在采购公共产品时，都采用优先采购本国产品的做法。而且包括美国和中国等国家，都有明确的政府采购法明文规定政府部门必须优先采购使用本国产品。

9. 零部件国产化要求。

零部件国产化要求（domestic contents requirements）指进口国对外国企业在本国特定产业制造销售产品时必须满足规定的国产化比例的政策。这些政策表面上并没有任何限制进口的规定，但是当外国企业被迫背负这种国产化义务的时候，事实上就限制了外国产零部件或者经过外国深加工产品的进口。一般而言，国产化要求的目的在于培育国内的幼稚产业或者引导外国技术的输入。

10. 贸易程序壁垒。

贸易程序壁垒（trade procedure）指进口国通过对贸易程序上各个环节或者手续施加特定的障碍以阻止外国产品进口的保护措施。通过设置繁杂的贸易进口程序和手续文书，甚至指定特定产品的进口路径，以增加进口产品的金钱成本或者时间成本，从而阻止外国产品的进口。

贸易壁垒种类万千，不胜枚举。除了以上提到的10种影响较大或者较为普遍采用的以外，还有政府外汇管制、政府贸易垄断、进口押金制度、海关估价制度、最低进口限价和歧视性国内税收制度等等，甚至有针对特定国家的贸易制裁。贸易制裁可以是针对特定国家、特定产品的贸易限制，最严重的当数完全禁止贸易的贸易禁运。

总　结

1. 关税是一种最古老的贸易政策工具。依据不同的划分标准，存在不同种类的关税。从征收方式来看，包括从量税和从价税。关税的有效保护率指关税对特定产业提供的真实有效的保护程度，通常以征收关税前后相关产品的附加价值变化程度来衡量。

2. 关税导致的经济效应包括价格效应、贸易条件效应、生产效应、消费效应、税收效应以及福利效应，分别指关税对价格、贸易条件、国内生产量、国内消费量、国内税收和社会福利（生产者剩余与消费者剩余）产生的影响。小国实施关税对于相关产品国内价格的扭曲更加严重，除了不存在贸易条件效应以外，在其他方面的影响都较大国实施同等关税的影响为甚。生产扭曲指国内价格扭曲（过高）导致的国内生产过多，消费扭曲指国内价格扭曲（过高）导致的国内消费过少。

3. 对于小国实施关税保护的一般均衡分析显示，至少从静态的角度而言，小国的社会福利会趋于下降。原因在于小国实施的关税只对国内价格带来扭曲效应，对于国家福利是一种负面的作用。对于大国实施同等税率的关税显示，大国的社会福利有可能不降反升。当关税的贸易条件效应带来的福利增加大于价格扭曲效应带来的福利损失（生产扭曲损失与消费扭曲损失之和）时，就会出现这种情况。

4. 配额指一国在特定时期对特定产品进口量作出硬性规定的措施。按照限制对象的不同，可以划分为全球配额和国别配额。

5. 配额导致的经济效应与等值关税的效果相当类似。当政府对配额实施拍卖时，两者的福利效应完全相同。在同等条件下，小国与大国实施相当于等值关税的配额（小国的配额绝对额更小），除了前者不存在贸易条件效应以外，其他方面的影响都较大国为甚；两者实施相同额度的配额时，小国的影响则远甚于大国。

6. 配额与关税（等于配额的等值关税的税率）比较，在本国需求增加、外国技术进步（供给增加）以及本国贸易前市场为垄断市场结构等几种情况下，前者对国内价格的扭曲都较后者为甚，导致的国家福利净损失也更大。同等条件下，配额对国际贸易和本国福利的影响都更加严厉。

7. 除了关税和配额等主要进口贸易保护工具以外，还存在绿色贸易壁垒、技术贸易壁垒和社会责任壁垒等其他进口保护措施。它们的福利影响可以通过对相当于它们的等值关税的经济、贸易影响进行分析而得。

思考与练习

1. 假定煤炭生产只使用一种中间投入产品挖掘机。挖掘机在煤炭生产中占总成本的50%。如果中国对煤炭进口征收50%的从量关税，对挖掘机征收100%的从量关税。那么，煤炭关税的有效保护率为多少？

2. 孟加拉国和中国都是小麦进口国。中国的小麦进口占了世界小麦市场的相当大比例，前者与中国相比要少得多。假定两个国家国内市场的供给价格弹性和需求价格弹性都完全相同。如果这两个国家决定将原来实施的免税进口小麦政策，改为对每吨进口小麦征收100美元的关税。请回答下列关于征税结果的问题：

（1）孟加拉国和中国的国内价格哪个上升得更高？为什么？

(2) 两国的加税行为对小麦的国际价格产生的影响有何不同?

(3) 两国的贸易条件 (TOT) 将会发生什么变化?

(4) 两国的国内小麦生产量应该都会出现上升，哪个升幅更大? 哪个生产扭曲更加严重? 为什么?

(5) 两国的国内小麦消费量应该都会出现下降，哪个降幅更大? 哪个消费扭曲更加严重? 为什么?

(6) 两国的税收因为征收关税的缘故肯定都会上升，哪个上升得更多? 为什么? 税收增加的来源有什么本质的不同?

(7) 两国的社会福利将会出现何种变化? 如果不一样，请解析为什么会出现这种差异。

3. 为什么外国产品对本国市场的供给价格弹性越低，最优关税的税率就越高?

4. 假定市场上只有两种产品大米和家用电器。印度尼西亚生产这两种产品，并出口大米进口家用电器。考虑印度尼西亚对进口的家电产品征收关税。采用一般均衡分析的方法，画图分析该国征税行为对本国产出与社会福利的影响。

5. 中国是世界黄豆出口国的主要买家。2009 年中国国产大豆 1 500 万吨，进口大豆 4 000 万吨。假定中国对黄豆进口实行配额管制，允许每年进口到中国的黄豆数量为 3 000 万吨。这相当于对进口黄豆施加相当于 50 美元每吨的从量关税的效果。假定实施配额以前中国国内黄豆价格与国际价格一致等于 300 美元每吨，实施配额后国际价格下跌到 280 美元每吨，国产大豆产量上升到 1 800 万吨。画图分析中国实施配额管制对中国的生产者、消费者和政府以及外国大豆生产商的利益的影响。

6. 假定在开始状态下，菲律宾对进口汽车施加 10 万台的配额，与对进口征收每台 1 万美元的从量关税时的进口数量相同。考虑以下三种情况出现时，该国实施配额和实施关税对国内汽车市场的价格和社会福利产生的影响有何不同。

(1) 菲律宾由于公路设施大大改善，导致该国国民对于汽车的需求大幅度增加。

(2) 外国汽车生产企业大规模搬迁到中国、印度等低成本国家进行生产，导致汽车生产成本大幅度下降。

(3) 菲律宾只有一家汽车生产企业。

7. 绿色贸易壁垒、技术贸易壁垒和社会责任 (蓝色) 壁垒极有可能成为未来世界贸易的最主要的三种贸易壁垒。简述三者的异同。

案例与资料

专栏 9—1

征收“碳关税”背后的玄机

如何应对气候变化已成为当今国际社会最关注的热点话题之一。在 2009 年全球聚焦气候变化问题之时，美国和法国先后提出了以征收“碳关税”的方式应对气候变化的主张，引起广大发展中国家对发达国家有可能打着环保旗号推行贸易保护主义的严重担忧。

美、法动议征“碳关税”。

所谓征收“碳关税”，是指发达国家提出的对高耗能进口产品征收的特别的二氧化碳排放关税。

美国众议院2009年6月26日通过的《美国清洁能源安全法案》，授权美国政府今后对因拒绝减排而获得竞争优势的国家的出口产品征收“碳关税”。

法国国民议会（议会下院）和参议院也于2009年10月和11月先后投票，通过了从2010年起在法国国内征收碳税的议案。同时，法国政府还希望将议案发展成为针对欧盟以外国家的“碳关税”。根据法国议会通过的此项议案，从2010年1月1日起，法国将对化石能源的使用按照每排放一吨二氧化碳付费17欧元的标准征税。

设置贸易“保护”与“壁垒”。

华盛顿智库彼得森国际经济研究所的一份报告显示，国际贸易和经济发展将成为气候变化的核心议题，关于这些议题的协商成果将给国际金融体系带来巨大改变。

事实上，发达国家已经围绕“碳”这一关键词构筑了新的经济秩序。欧美国家现已基本建立起了碳资本与碳金融体系，基本上完成了立法（制度体系建立）、政策体系建立、交易体系建立、市场扩张、优势竞争的过程和程序。

世界银行高级副行长兼首席经济学家林毅夫表示，发达国家经济中制造业所占的比重低，主要以服务业为主，而服务业对能源的需求少，排放也比较少；而发展中国家的比较优势是农业和制造业，经济当中出口的比重较大。所以推行“碳关税”，对发展中国家的产业发展相对不利。

应对气候变化是一项符合历史潮流的议程，但对于仍以高碳生产为特点的发展中国家而言，发达国家征收“碳关税”就意味对它们设置贸易壁垒——绿色壁垒。也就是说，“碳关税”是发达国家体现经济霸权的一种新形式。

美国政府提出征收“碳关税”的政策目标可以概括为三个方面，即创造就业、保护本国产业、重塑美国全球经济领导地位。从长期政策目标来分析，奥巴马政府的战略意图非常明确：要推动未来经济复苏，不可能选择以金融业为主体的危机产业，已通过国际分工形成的消费品生产也难以由美国自己独揽，这就需要打造一个巨大的新产业来拉动美国经济再次崛起，而绿色能源产业集群正是最好的选择。

法国之所以积极推动“碳税”变为“碳关税”，也是出于自身利益的考量。首先，法国一向以环保先锋自居，提议征收“碳关税”无疑能使该国占据道德“高地”，提升其影响力；其次，法国是传统核能利用大国，无论在二氧化碳排放总量和人均排放量上都处于较低的水平，因此如果缩紧碳排放标准，将对其十分有利；

再次，法国掌握着较为先进的低碳技术，征收“碳关税”将为其带来潜在的经济效益。

资料来源：刘丽娜、李学梅：《征收碳关税背后的玄机》，载《上海包装》，2010（4）。

中国进口汽车价格为何远超美国

在中国要花23万元才能买到的一辆凯美瑞轿车，在美国只卖2万多美元，折合人民币不过15万元。其实，中国售价普遍在20万元以上的中高级车，在美国售价多为15万元左右。50万元，几乎在国外可以买到大部分品牌的高端豪华车，包括奔驰S系列部分车型和宝马7系。标准普尔公司2008年报告称，中国汽车制造商平均运营利润率为30%～35%。而西方成熟汽车市场平均运营利润率仅为5%。

在中国的合资汽车公司中，中方与外方的股份比多为50∶50，外资公司对引进国内的车型，均征收技术转让费，该项费用大部分占到整车成本的10%以上。这意味着一辆20万元的车，其中2万元是额外支付给外方的“学费”。

但中、美汽车的巨大价差主要还是跟中国的税收政策有关。中国卖宝马之所以比美国价格高许多，主要是来自海关的税收。

根据2006年7月1日以后的汽车进口关税税率，以售价116万元的宝马740Li为例，从进口到被中国消费者购买，中间有三道税，分别为：

(1) 25%的进口关税；

(2) 排量3.0升以上征收的25%的消费税；

(3) 消费者购车时9%左右的购置税。

其中，关税和消费税为包含在车价内的税费，购置税为车价以外的税费。消费者承担的税费成本约为：进口关税19万元、消费税19万元、购置税10万元，共计48万元。

中国汽车进口关税税率变化如表1所示。排量3.0升以下的进口汽车关税率变化如图1所示。

表1　　中国汽车进口关税税率变化表

年份	1986年1月至1994年4月	1994年4月	1996年1月	1997年10月	2001年1月	2002年1月
关税（%）	180～220	110～150	100～120	80～100	70～80	43.8～50.7
年份	2003年1月	2004年1月	2005年1月	2006年	2006年7月1日至今	
关税（%）	38.2～43	34.2～37.6	30	28	25	

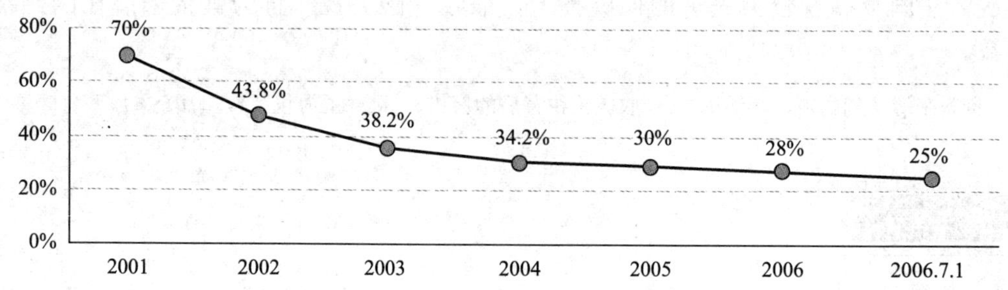

图 1　加入世贸组织后中国汽车进口税下调比率

1985 年以前，我国整车进口关税税率为 120％～150％，后又在原有基础上加征 80％的进口调节税。

从 1986 年开始，我国将关税与进口调节税合并征收，汽油轿车排量 3.0 升以上进口关税税率为 220％，排量 3.0 升以下税率为 180％。该税率一直沿用了 8 年。在此期间，我国的进口轿车价格较国际市场高出 3 倍～4 倍，进口零部件组装车的价格也同样高出国际价格数倍。

1994 年 4 月 1 日，我国对进口汽车关税第一次进行下调，175 个汽车税目中有 105 个下调，税率平均降低 13 个百分点。排量 3.0 升以下的轿车关税降为 110％，3.0 升及以上排量的关税降为 150％，各自下降了 70 个百分点。

1996 年，我国许诺到 2000 年中国关税平均税率从 23％降至 15％，1997 年 10 月 1 日先降到 17％。与此相对应，1997 年 10 月 1 日，排量 3.0 升以下的进口汽车关税税率降到 80％，3.0 升以上降到 100％。

2001 年 1 月 1 日，汽车关税税率再次降低，排量 3.0 升以下的进口汽车关税税率降到 70％，3.0 升及以上降到 80％。

2002 年 1 月 1 日，排量 3.0 升以下的进口汽车关税税率降到 43.8％，3.0 升及以上降到 50.7％。

2003 年 1 月 1 日，排量 3.0 升以下的进口汽车关税税率降到 38.2％，3.0 升及以上降到 43％。

2004 年 1 月 1 日，排量 3.0 升以下的进口汽车关税税率降到 34.2％，3.0 升及以上降到 37.6％。

2005 年 1 月 1 日，我国按照承诺取消了进口汽车配额许可证制度，对汽车产品实行自动进口许可管理，同时将进口汽车关税水平降到 30％。

2006 年 1 月 1 日，日历终于翻到了我国完全履行加入世贸组织承诺的最后一年，我国再次将进口汽车关税税率从 30％下调至 28％。

2006 年 7 月 1 日，我国进口汽车关税税率最终在第 9 次调整后降至 25％，进口汽车零部件的关税税率也降至 10％。

资料来源：《中国进口汽车价格为何远超美国》，载《共产党员》，2010（2）；关税数据来自《海关》主要统计数据。

第十章

贸易政策工具之二：出口促进措施

学习目标

- 了解各种贸易出口促进措施，尤其是理解出口补贴的概念。
- 掌握对于小国与大国实施特定额度出口补贴时的福利影响局部均衡分析方法，并学会比较其结果的差异。
- 掌握对于小国与大国实施特定额度出口补贴时的福利影响一般均衡分析方法，并学会比较分析其结果的差异。
- 理解倾销作为企业价格差别化策略结果的性质，学会分析存在市场分割条件下多市场利润最大化的实现条件和产量、价格决定策略。

贸易保护措施包括两大类，一类是阻止外国商品进入本国的进口保护措施；另一类是促进本国产品出口的出口促进措施。在 WTO 和众多区域性协议或者双边协议的约束下，进口保护措施尤其是关税受到越来越多的注意和制约，取而代之的是更多的非关税壁垒和出口促进措施。上一章我们讨论了进口保护措施，本章则分析出口促进措施。

10.1 主要出口促进措施种类

出口促进措施多种多样，包括出口补贴、出口退税、出口信贷、倾销、汇率操控、出口促进产业政策和出口加工区等形式。其中最核心、最基础的出口促进措施，就是出口补贴。另外，也有出口关税和出口配额等限制出口的贸易保护措施。

出口补贴（export subsidy）指对出口产品的生产商或者出口商提供财政补贴或支持。出口补贴又可以分为生产环节补贴和出口环节补贴两类。实施的具体形式，有明补、暗补之分，有直接补贴和间接补贴之分。而通常的补贴，包括出口补贴和国内补贴。后者则指不管产品是否出口，都予以补贴。在 WTO 的规则下，直接的出口补贴是禁止的。所以大多数的出口补贴采用国内补贴的形式。只不过，当国内补贴侧重于那些出口比重较大的产业时，就成为事实上的出口补贴。

出口退税（export drawback）指为了避免生产地（出口国）与消费地（进口国）的双重征税，出口国将商品出口前业已征收的税款退还给生产商或者出口商的政策。出口退税如果严格按照 WTO 的规定执行，本身并不存在促进出口的功能。相反，却可以矫正原来的双重征税的“反出口”倾向。严格来说，出口退税可以被看作一种中立性的贸易政策。

出口信贷（export credit）指对出口产品提供贷款、贷款利息补贴或者提供信贷担保的政策。一般又可以根据信贷对象的不同分为买方信贷（buyer’s credit）和卖方信贷（seller’s credit）。前者指出口商所在地银行向外国进口商或者外国进口商所在地银行提供商业贷款的行为。后者指出口商所在地银行以出口商提供的对进口商的延期收款权作为抵押，向出口商提供贷款的行为。大多数国家至少是大国都设有国有的政策性进出口银行，其功能是提供出口信贷，一般以较低的优惠利息放贷，以此带动出口的增加。与此相关联的是出口信贷担保制度，国家设立专门的信贷担保机构，用以承担出口信贷的风险。

倾销（dumping）指以低于成本价或者低于国内的价格在外国市场销售的行为。一般指的是商品市场的直接倾销。

10.2 出口补贴的福利效应局部均衡分析

出口补贴在所有出口促进措施中处于最核心最基础的地位。除了商品倾销以外其他的所有的出口促进措施本质上都提供了出口补贴功能。所以我们以出口补贴作为分析的中心。需要强调的是，我们在以下进行的都是静态的分析，至于政策的动态效果分析，我们在贸易保护理论中已经有过详细的分析。

与进口关税一样，出口补贴也因为实施补贴的国家是小国还是大国而产生不同的效果。以下两个小节，我们分别针对小国和大国的不同情况进行分析。主要是它们的补贴行为对出口产品的国际价格有着不同的影响，从而影响到贸易条件。

10.2.1　小国出口补贴福利影响：局部均衡分析

假定小国对出口产品每单位提供额度为 s 的补贴，则国内出口商每出口一单位产品将获得在国外销售的收益加上出口补贴 s 的总收益。

图 10—1 中，价格 P_0、P_1 分别表示没有进出口（自给自足）状态下和完全自由贸易状态下国内市场的均衡价格。自由贸易状态下，小国国内价格与国际价格接轨，都是 P_1。此时，国内的出口量为 Q_2Q_3（严格而言，应该说相当于 Q_2Q_3 的长度，以下也直接使用这种简单的说法）。当一国对出口产品实施补贴 s 时，该产品的国内销售价格也将由原来的 P_1 上升到 P_2。两者之间的差额恰好是 s。因为补贴实施后，国内生产商将一单位产品销售到外国（出口）时获得的收益将是（P_1+s）。如果国内的价格维持原来的 P_1 水平不变，生产商将会把所有的产品销售到国外，导致国内市场没有任何供给。所以，国内价格必定会提升到单位出口收益（P_1+s）的水平即 P_2。

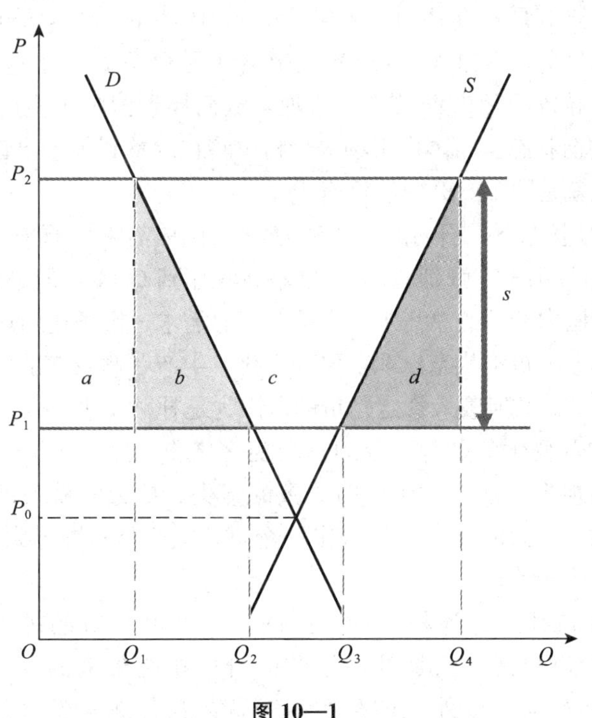

图 10—1

价格水平上升到 P_2 后，国内的产出为 Q_4。此时，对应此价格的国内需求由原来的 Q_2 萎缩为 Q_1，出口量则扩张到 Q_1Q_4，供需均衡。

再看看生产者、消费者和政府收入的变化。生产者剩余增加图 10—1 中所示的 $(a+b+c)$，消费者剩余减少 $(a+b)$，政府收入为 $-(b+c+d)$（因为政府需要支付补贴支出）。这样，出口补贴实施国的整体社会福利变化为 $-(b+d)$。整体福利出现了净减少，由补贴导致了国内价格扭曲而起。其中的 b，是消费扭曲损失，因为国内消费在扭曲的价格下，出现了过少消费（少了 Q_1Q_2）。生产扭曲损失为 d，由于价格扭曲导致了过多生产（多了 Q_3Q_4）。

10.2.2 大国的出口补贴福利影响：局部均衡分析

相对于小国出口补贴的福利分析而言，大国的出口补贴政策有着更加复杂的影响。有时候，我们听到过“中国出口什么，什么便宜”的说法，主要是我们的出口量较大，导致了国际价格的下降。当中国政府提供出口补贴时，出口量也将更大，所以会更加便宜。正是由于大国的行为对国际价格产生实质的影响，所以出口补贴措施的福利分析才变得复杂。

图 10—2 表示大国对每单位出口产品实施额度为 s 的出口补贴情况。自由贸易下国际价格和国内价格都是 P_1。一旦大国对出口产品实施相当于 s 的补贴，短期内，国内价格应该如小国一样由原来的 P_1 上升到图 10—2 中 P_2 的位置，升幅等于补贴额度 s。在这个价格下，出口量将由原来的 Q_2Q_3 大幅增加到 Q_0Q_5。由于这是一个大国，出口量的大幅增加必将导致国际市场供给的增加，从而导致国际价格由原来的 P_1 下降到 P_3，市场才进入均衡状态。而国内市场的价格也将在调整到等于出口收益（P_3+s）时才能达到均衡，也就是图 10—2 中的价格 P_4。

在均衡价格 P_4 状态下，国内的生产量为 Q_4。国内需求由原来的 Q_2 先萎缩到 Q_0，再上升为 Q_1；出口量则先扩张到 Q_0Q_5，再略微收缩到 Q_1Q_4，但是比补贴前 Q_2Q_3 大。两个部分构成对于国内产品的总需求。供给等于总需求，市场达到均衡状态。

然后来看看各方的福利状态出现了何种变化。生产者剩余增加 $(A+B+C)$，消费者剩余减少 $(A+B)$。政府收入肯定是负的（因为是补贴支出），等于 $-(B+C+D+E)$。整个国家的福利变化就是这三者的福利变化总和，为 $-(B+D+E)$。其中的 B 为消费扭曲导致的损失，D 为生产扭曲导致的损失，E 为贸易条件恶化导致的损失。与小国的情况相比，大国的损失明显多了一个 E。主要是补贴导致出口价格下降，从而导致贸易条件恶化所致。

与小国实施出口补贴行为相比，大国的出口补贴导致的国家整体福利下降更加严重。前者的净福利减少只是补贴导致的价格扭曲带来的福利损失；后者除了价格扭曲带来的福利损失以外，还存在由于贸易条件恶化带来的福利损失。虽然后者的价格扭曲较之于前者为轻，但是通常总的福利损失会更大。尤其是贸易条

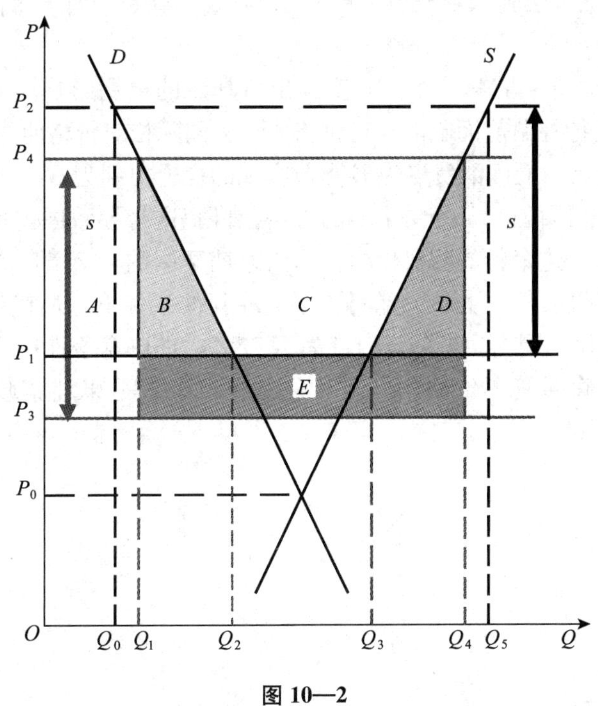

图 10—2

件的恶化，意味着客观上本国的出口补贴有一部分演变成为外国消费者的收入。

以上的分析都是在假定进口国不进行贸易报复情况下的福利分析。通常，出口补贴被界定为禁止性的贸易保护措施，进口国为了保护本国产业利益和就业，经常会采用对对象商品征收反补贴税的应对措施。当外国征收额度相当于补贴额度 s 的反补贴税时，出口商在出口完成后获得相当于补贴额度 s 的额外收益，却同时被进口国政府征收相当于相同额度的关税，两者相抵，单位收益完全恢复到原来的水平。商品国内价格也完全恢复到原来的价格水平，则促进效果完全消失。唯一的结果是本国政府的补贴，演变成进口国政府的额外税收。

10.3 出口补贴的一般均衡分析

以上是对出口补贴福利效果的局部均衡分析。接下来，我们采用一般均衡分析的方法看看出口补贴对实施补贴国家的福利产生何种影响。

10.3.1 小国实施出口补贴的一般均衡分析

假定柬埔寨同时生产服装（用 X 表示）、小麦（用 Y 表示）两种产品，出口 X 进

口 Y。该国对出口服装实施一个相当于 s 的出口补贴，就是说对于每件出口的服装补贴 s 元。

图 10—3 用于分析柬埔寨（小国）实施出口补贴的福利影响。柬埔寨的生产可能性曲线为 PPF，进行补贴前面临的相对价格曲线为国际相对价格曲线 P_r^0。这样，最优生产点为图中的 A 点，最优消费点为 B 点，实现的社会福利为 U_0。当柬埔寨对出口产品实施出口补贴时，国内市场上产品 X 的价格上升。这将导致国内市场上两种产品的相对价格演变成 P_r^1。这个新的相对价格传递给柬埔寨国内生产商一个信号：现在与过去相比，生产 X 赚得多了，生产 Y 赚得少了。在新的条件下，最优生产点将演变成 C 点。C 点与 A 点相比，国内生产的出口商品 X 变多，进口竞争性产品 Y 更少了。这种调整正是生产商正确回应了价格信号变化的结果，也正是柬埔寨政府要达成的政策目标。

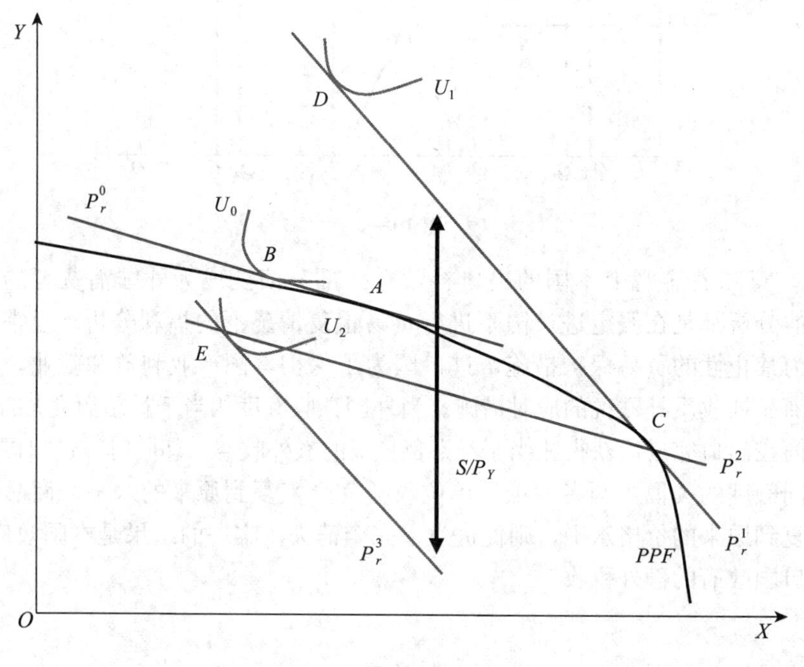

图 10—3

那么进行补贴后的最优消费点在哪里呢？初见，好像在图 10—3 中的 D 点，对应的社会福利为 U_1。实际上，国民能够用于消费的收入并没有那么多。因为政府支付的出口补贴，必定来自国内居民，情况会变得稍微复杂。有一点可以肯定的是，在 C 点组织生产，得到的生产性收入确实如 P_r^1 所示。但是，这不是国民能够完全消费的收入。当政府支付了总额为 S 的出口补贴，国民能够消费的收入减少了 S。所以，从消费的角度来看，能够使用的全部预算，就是生产收入减去出口补贴之差。相应地，预算约束线应该在 P_r^1 的里面，如图 10—3 中的 P_r^3。精确地从数学上考虑，应该是 P_r^1 向下平行移动相当于 S/P_Y 的距离。因为在政府支付了出口补贴 S 后，预算线的截距就应该

减少 S/P_Y。这样，当消费偏好不变时，最优消费点就应该是图 10—3 中的 E 点。

在 E 点，无差异曲线与社会预算约束线相切。柬埔寨作为一个国家，实现的整体福利水平为 U_2。与自由贸易状态下实现的社会福利水平相比，实施出口补贴导致了福利下降。

还有一个相当难以理解的问题就是，最终的最优点 E、C 两点的连线 P_r^2 是一条与国际相对价格曲线 P_r^0 平行的直线。究竟又该做何种解析？

我们需要回想一下，在没有任何的收入漏出或者注入的情况下，一个社会能够消费的价值必定等于其生产出来的价值。不可能无中生有，也不存在平白无故少一截。柬埔寨政府对产品 X 实施出口补贴后，改变了国内的资源配置信号——相对价格，所以最优生产点发生了改变。但是，由于该国是一个小国，补贴行为并不影响国际相对价格。该国依然按照原来的国际相对价格 P_r^0 与外国进行贸易。

我们尝试使用国际相对价格衡量在国内价格扭曲后决策的最优生产点 C 点所生产产品的价值，看看这个生产组合能够给柬埔寨带来多大的收入。

事实上，这种衡量就相当于画出一条斜率等于国际相对价格 P_r^0 并且穿过 C 点的直线，如图 10—3 中的 P_r^2。这条直线代表的就是我们要寻找的收入水平的等收入曲线。企业领取出口补贴后，相当于国民得到了暂时的收入注入。但是在政府支付补贴的同时，暂时的收入注入又重新漏出，所以完全可以看做是没有收入注入和漏出的情况。在没有注入和漏出的情况下，柬埔寨能够选择的消费组合的价值（同样在国际相对价格衡量下）必须与生产出来的价值相当，或者说其开支必须与其总收入相等。换言之，柬埔寨所选择的最优消费点 E，必定落在 P_r^2 上。

10.3.2 大国实施出口补贴的一般均衡分析

大国实施出口补贴，与小国不同的地方在于它们能够影响出口产品的国际价格，从而影响到该产品国际相对价格。以中国为例，假定中国对出口的服装实施出口补贴。中国的服装出口量占据世界服装市场需求的相当比例。当中国对服装实施出口补贴时，出口量会增加，国际价格会应声下跌。所以会存在一个贸易条件恶化效应。这会导致国家福利状态恶化。

另一方面，中国实施出口补贴与柬埔寨实施出口补贴时一样，也会导致国内服装价格上升（价格扭曲），只不过上升的幅度没有柬埔寨实施同样措施时那么高。价格扭曲将会带来生产扭曲和消费扭曲，将会给中国的社会福利带来损失。

这样，大国的出口补贴措施带来的两个福利效应都是负面的，总的结果也必定表现为社会福利下降。

大国实施出口补贴按照其对出口产品的国际价格的影响程度可以分为两种典型的情况。第一种是大国实施出口补贴导致出口产品 X 的国际价格变化较轻微（微降）时，分析类似上面对小国柬埔寨实施补贴时的福利影响分析。第二种情况是实施出口补贴导致了较大幅度的国际价格下降时，出现的结果与小国的同样情况相比，有着迥异的表现。以下主要针对第二种情况作出深入的分析。

图 10—4 对应大国实施出口补贴时对服装产品的国际价格产生较大影响的情况。假定中国实施出口补贴措施前，国际市场和国内市场的服装和小麦的价格分别为 P_X^0 和 P_Y^0。服装的相对价格为 P_r^0（P_X^0/P_Y^0）。中国的最优生产点、最优消费点分别为 A 点、B 点，实现的社会福利为 U_0。

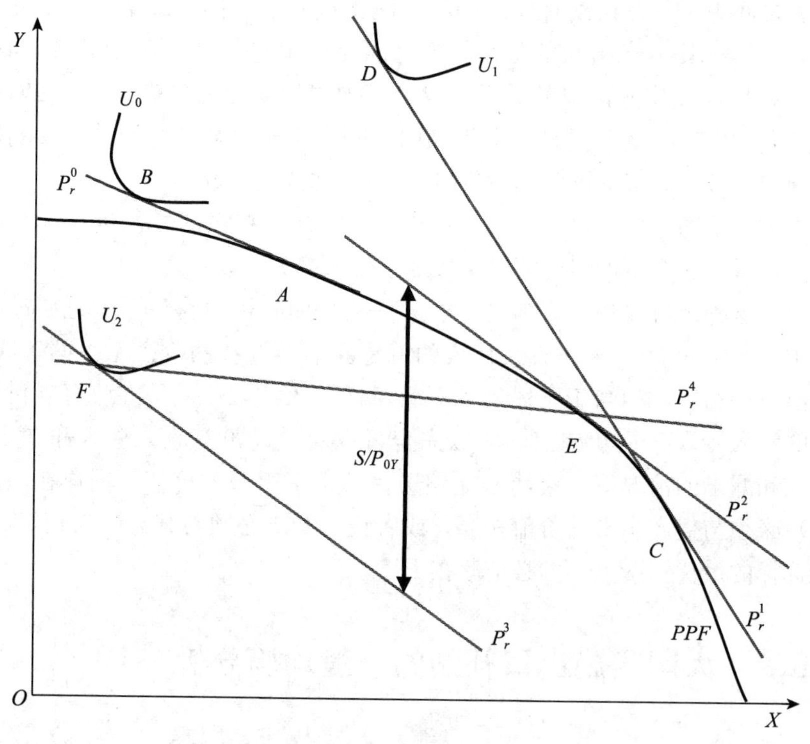

图 10—4

当中国对服装实施额度为每件 s 的出口补贴时，国内价格由 P_X^0 上升到（P_X^0+s）。此时，国内服装生产商面对的相对价格曲线由原来的 P_r^0 变为 $P_r^1((P_X^0+s)/P_Y^0)$。最优生产点由原来的 A 点移到 C 点。不考虑政府实施补贴导致的国家福利损失，最优消费点由原来的 B 点变为 D 点。乍看起来，社会贸易三角形得到大幅度扩张，服装产品出口量大幅增长，社会福利由原来的 U_0 大幅度增加到 U_1。单纯就此而言，好像中国政府旨在促进出口的政策达到了目标。

问题是，事情并没有到此结束。

在政府的补贴政策下，当中国服装产出和出口大幅增加时，服装产品的国际价格必定相应下降，比如说由原来的 P_X^0 下降到 P_X^1（P_X^1 小于 P_X^0）。国际市场上服装产品的相对价格将会由 P_r^1 下降到 $P_r^4(P_X^1/P_Y^0)$。这样，国内生产商面对的服装相对价格为 P_r^2（(P_X^1+s) /P_Y^0），对应的相对价格曲线的斜率比 P_r^1 要小。所以最优生产点变为 E 点。

余下来的问题是，最优消费点在哪里?

当中国在 E 点生产时，以国内的服装相对价格来衡量的生产收入为 P_r^2。由于中国作为一个整体，既是生产者也是消费者，消费的价值必定来自生产创造的收入。所以，中国的预算约束线就应该是 P_r^2。在没有其他情况发生时，确实是这样。可是，中国政府支付给出口企业的出口补贴不能无中生有，其必然来自企业生产创造的收入。所以，中国能够用于消费的预算总额一定是生产收入总额减去出口补贴总额。假定出口补贴的总额为 S，则真正的中国预算约束线便是 P_r^2 往下平行移动 S/P_Y^0 的距离得到的直线 P_r^3。所以最优消费点为相对价格曲线 P_r^3 与无差异曲线的切点 F 点，实现的社会福利为 U_2。从图 10—4 中可以明确看出，U_2 小于 U_1。实施出口补贴的效果可以总结为：出口补贴非但不能提高本国的福利（静态），反而适得其反。

需求提醒的是，最优生产点与最优消费点的连线 EF 是一条直线，而且其斜率等于出口补贴实施后服装产品的国际相对价格 P_r^4。两个点落在同一条相对价格线上，表示使用实施补贴后的国际相对价格衡量出来的生产的价值与消费的价值相等。这是一条斜率比出口补贴实施前的相对价格曲线还要平坦的直线。原因在于，实施补贴前的国际相对价格等于 P_X^0/P_Y^0；实施补贴后的相对价格为 P_X^1/P_Y^0。P_X^1 小于 P_X^0。相对价格曲线斜率的减小，其实正好反映了作为服装出口大国的中国的贸易条件恶化。

10.4 倾销

我们在第五章 5.7 节同质产品的国际贸易中曾经讨论过倾销（相互倾销），那时候我们的重点在于说明同质产品国际贸易的起因。现在，我们从倾销作为一种促进出口的贸易措施的角度去重新审视倾销。

倾销（dumping）指在国外市场以低于公允价值的价格销售商品的行为。在微观经济学中，我们知道倾销其实是具有一定垄断能力的企业在不同的市场实行价格差别化策略的结果。至于什么是公允价值，历来众说纷纭，莫衷一是。根据 WTO 的规定，计算商品的公允价值，可以使用两个标准：一是价格标准；二是成本标准。价格标准的衡量，是使用特定对象商品在出口国国内的销售价格，或者在第三国的销售价格。成本标准的衡量，则是使用生产商的平均成本，有时候采用第三国的生产成本来替代。企业的平均成本属于高度机密的商业秘密。要准确衡量出企业的平均成本，即使是企业内部核算也并非易事。

倾销包括掠夺性倾销、周期性倾销、季节性倾销和持续性倾销四种。

掠夺性倾销（predatory dumping）指目的在于为将来获得在对象市场的垄断地位、旨在将竞争对手赶出市场的低价销售行为。理论上，一个企业可以通过短期的倾销，迫使竞争对手退出所属市场，然后获取垄断地位进而重新利用垄断价格榨取高额利润。

但是，现实中除非是极端高的进入门槛（技术的或者是销售网络的）的产业，否则没有任何一家企业能够长期垄断市场获取高额垄断利润。既然将来无法保证，所以现在也就不应该存在掠夺性倾销的行为。至少，理性预期的结果不会导致这种行为出现。

周期性倾销（cyclical dumping）指出口国在本国处于市场不景气的经济周期阶段向国外市场低价销售产品的行为。因为每一个国家都会存在循环往复的经济周期，有繁荣的阶段也有衰退的时期，所以，市场需求是变动的。如果在国内，需求不振时降低销售价格，是一件再平常不过的事情。这也正是企业理性对待市场变化的反应结果。但是一旦这种反应发生在国外市场，就会被认为不公平。认为“被倾销”的国家，会认为倾销国将国内的不景气、需求疲软以及失业转移给本国，也就是转嫁经济危机。

季节性倾销（seasonal dumping）指出口国在商品供给旺季或者在季节转换期在国外市场低价销售产品的行为。在广州，春夏之交、秋冬变换之时，北京路、上下九、天河城的服装打折比比皆是，从来没有人觉得这有什么问题。相反，如果没有了这些，反倒觉得不自然。但是与周期性倾销一样，一旦这种行为发生在异国市场，就可能成为不公平的把柄。

持续性倾销（persisitent dumping）指出口国企业利用国外市场比国内市场更高的需求弹性，在市场可分割的前提下，在国外设定（或者接受）更低的价格进行销售的行为。

我们来看一个极端的例子。假定华为是一家中国市场上的垄断性网络设备供应商。它同时在印度市场上销售产品。但是在印度市场上，除了华为以外，还有诺基亚、西门子、爱立信、北电网络等等大大小小的供应商，我们不妨将印度市场看作是完全竞争市场。这样，华为在中国面对的就是一个典型的垄断市场，市场需求有一定弹性；而它所面对的印度市场，则是一个完全竞争市场，市场需求具有无限弹性。

图 10—5 中，D_H、D_F 分别表示华为公司在本国市场和印度市场上的需求曲线。这两条曲线一条向右下方倾斜，另一条呈水平形状，分别对应于本国市场的一定需求弹性和外国市场的完全弹性。对应于需求曲线，分别由 MR_H、MR_F 表示华为在本国市场和印度市场上的边际收入曲线。其中，在印度市场上，边际收入曲线与市场需求曲线重合，这在完全竞争市场很常见，有时又称为价格曲线。图 10—5 中的 MC 曲线表示华为的边际成本曲线，该线与企业的供给曲线 S 重合。

现在来看看，站在华为公司的角度应该在本国市场和印度市场上以什么价格销售产品。需要提醒的是，我们必须记住：企业的任何行为都围绕其利润最大化目标进行。

聪明的读者首先会明白，华为在印度市场上必须按照该国市场上的均衡价格 P_1 进行销售。一点不错，因为印度市场是一个完全竞争市场，华为只是一个价格接受者。那么国内市场华为又应该如何定价呢？有读者会说，按照利润最大化的一阶条件 $MC=MR$，国内的产量应该是图 10—5 中国内边际收入曲线 MR_H 与 MC 曲线的交点 C 对应的产量，国内价格应该是该产量在国内需求曲线上对应的点所对应的价格。

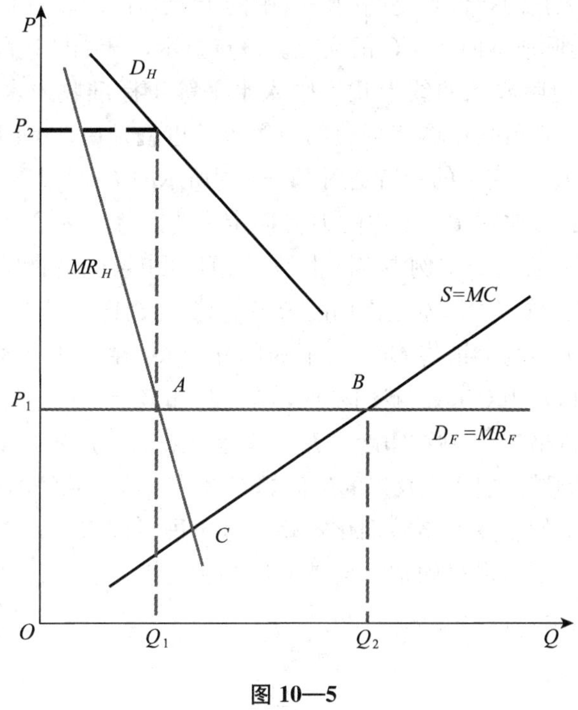

图 10—5

如果是单一市场的问题，以上分析就对了。问题是，现在是在两个市场上同时销售产品。如果按照上面所说的情况进行定价和销售，则 C 点处国内市场的边际收入低于国际市场的边际收入。图 10—5 中 C 点位于国际市场（印度市场）边际收入曲线 MR_F 下面。这种情况下，利润肯定没有达到最大化。因为只要华为公司的销售总监将在中国市场上销售的最后一台设备调整到印度去销售，收入会马上增加。其实，只要国内市场销售带来的边际收入 MR_H 与印度市场销售带来的边际收入 MR_F 不一致，就存在同样的调整或者刚好相反调整的空间，利润就没有最大化。

在存在两个或者两个以上市场的垄断者差别价格设定的场合，需要考虑的利润最大化条件是不分市场而使得公司销售的最后一个产品达到 $MR=MC$。实际上，这可以表示成 $MR_1=MR_2=\cdots=MC$。也就是说，当满足所有市场销售的最后一个单位产品带来的边际收入都相等，并且等于边际成本的时候，企业获得的收益才最大化。

正确的做法应该是：(1) 分别找出不同市场的单独的利润最大化条件；(2) 比较各个单独市场的利润最大化条件下确定的边际收入水平，确认其中的最高者并作为标准市场，并以此市场的边际收入水平为最终的边际收入标准；(3) 边际收入水平最高的市场按照利润最大化条件确定销量和价格；(4) 其他市场分别找出其边际收入等于标准市场边际收入时的产量和相应价格。

按照以上思路，我们首先找出印度市场和中国市场分别作为单独市场时候的利润最大化条件。按照前面的分析，显然在印度市场条件下确定的边际收入水平高于中国本土市场的，所以就应该以印度市场作为标准市场。将印度市场作为一个单独市场来思考的话，利润最大化的条件点是图 10—5 中的 B 点，因为该点是印度市场上的边际收入曲线 MR_F 与边际成本曲线 MC 的交点。该点显示，标准的边际收入是 P_1。之后，在中国市场相应的边际收入曲线上找出收入水平等于标准收入水平的点，也就是图 10—5 中的 A 点。A 点就是中国市场上的决策点。也就是说，中国市场上的销售量就是 A 点对应的产量 Q_1，应定的价格是图 10—5 中所示的 P_2。

最终的结果是：按照图 10—5 中的 B 点确定企业的总产量 Q_2，并确定印度市场上的销售价格 P_1（严格而言，本例中实际上是接受印度市场决定的竞争性价格）。再按照图 10—5 中的 A 点，确定中国本土市场的销售量 Q_1 和销售价格 P_2。在总产量为 Q_2 的情况下，其中在中国市场上销售 Q_1，余下的部分 Q_1Q_2 在国外市场（印度市场）上销售，也就意味着出口量为 Q_1Q_2。我们发现，在中国市场上销售的价格 P_2，远远高于在印度市场上销售的价格 P_1。站在印度一方的角度上来说，完全可以认为中国企业华为公司在对印度实行倾销。现实中众多的反倾销案例，出口商品的国内国外价格的差异，其实都来自本例所示的企业价格差别化策略。对于进口国来说，并无带来伤害，但在种类繁多的政治压力下，出口国常常会被冠以倾销之名。这正是“欲加之罪，何患无辞”的国际贸易版本。

10.5 其他出口保护措施

除了上面具体分析的两种主要的出口促进措施以外，还有很多其他的出口促进性贸易保护措施。像战略性贸易政策，在前面的贸易保护主义理论和微观经济学中都曾经有过较为深入的分析，这里就不做展开。比较常见的其他出口促进措施包括以下的汇率操控、促进出口的产业政策和出口加工区贸易政策。

汇率操控（exchange rate controlling）指通过中央银行介入外汇市场实现本国货币低估的政策。汇率操控具有普遍性的促进出口和抑制进口的作用。有时，着眼于汇率操控，低估本币，人为降低本国出口产品成本，又称为外汇倾销（foreign exchange dumping）。

促进出口的产业政策（industrial policy）指主要目的为促进出口的产业政策。产业政策原本的目的在于促进国内产业发展、产业结构调整，一旦其政策性地偏向于出口产业，则成为一种贸易保护措施。

出口加工区（export processing zone）指实施众多优惠条件、以出口加工企业为主的工业区。出口加工区的主要目的在于促进出口，区内实施综合性的促进出口的优惠政策。相类似的概念还有自由港、自由贸易区、自由边境区、保税区和经济特区。虽然侧重点有所不同，主要目的都在于促进国际贸易，只是出口加工区的出口倾向更加明显而已。

总　结

1. 主要的出口促进措施包括出口补贴和倾销。前者主要由政府通过财政政策实施，从而降低本国产品的企业生产成本。其目的在于促进对外国的出口数量的提高，从而提高本国的产出和就业。后者主要作为垄断企业在市场分割条件下价格差别化行为的结果而存在。

2. 小国对出口产品实施补贴措施将会导致该类商品在本国市场上的销售价格上升。因为补贴的存在使得产品对外出口较之以前有更高的实际收益，必定引起同类产品在国内的销售收益同步上升，否则国内市场上产品将不会有销售。出口类商品的价格上升，将会导致本国市场上这些产品的相对价格出现上升，价格体系出现扭曲。在扭曲的价格信号引导下，导致以出口产品过多生产为特征的生产扭曲，以及以国内对该类商品过少消费为特征的消费扭曲。这两种扭曲效果将体现为出口补贴实施国家的社会福利净减少。

3. 大国对出口产品实施补贴同样也会引起该类商品在本国市场上的价格扭曲，从而带来类似于小国所发生的福利净损失的结果。除此以外，还会由于贸易条件的恶化，导致本国福利进一步出现下降。

4. 对于小国和大国实施出口补贴措施时的局部均衡分析和一般均衡分析都能够清楚地显示两国的社会福利出现净损失。一般均衡分析方法比较复杂，但是能够清楚地体现出各种产品的产出变动、贸易条件变动和社会福利变动等非常多的有用信息。

5. 倾销指在国外市场以低于公允价值的价格出售商品的行为。但是公允价值的衡量非常困难。倾销可以分类为掠夺性倾销、周期性倾销、季节性倾销和持续性倾销等几种。倾销在理论上是存在的，但是在现实中由于种种困难，存在的可能性微乎其微。绝大多数对他国倾销的指控都可以被认为是带有政治意图的“借口”。

6. 理论上倾销作为垄断企业在国内外市场处于垄断竞争结构且可相互分割状态（商品不可转卖）条件下，实施价格差别化策略的一种结果而存在。在多市场实施价格差别化策略时，利润最大化的条件是$MR_1=MR_2=\cdots=MC$。

7. 除了补贴和倾销以外，还存在汇率操控、促进出口产业政策和出口加工区贸易政策等其他出口促进型贸易保护主义措施。

思考与练习

1. 哈萨克斯坦在领土上是一个世界大国（世界第九大国），但是在钢铁市场上却是一个百分百的小国。假定哈国出口钢铁产品，原来该国对钢铁实施零关税的自由贸易，钢铁价格约合 4 000 元人民币。现在该国为了提高钢铁的出口量，对每吨出口的钢铁产品实施相当于 1 000 元人民币的补贴。

（1）该国国内市场上钢铁产品的价格将为多少？为什么？

（2）画图分析该国生产者、消费者、政府以及社会整体福利的变化。

2. 中国是世界纺织品市场的绝对超级大国，欧盟与美国是中国服装的主要出口地。这两个独立关税区都在指责中国的出口退税政策是一种事实上的出口补贴。假定它们的指责真的成立，画图分析中国的出口退税措施对中国各方以及国家整体福利产生了何种影响。如果这种整体福利影响是负面的，那么为什么中国还是选择了这种政策？

3. 存在多个独立关税区市场的前提下，关于一种产品的价格差别化，请回答以下问题：

（1）成功地实现价格差别化战略的条件是什么？

（2）在多个市场的经营中，利润最大化的条件是什么？为什么？

（3）什么情况下，价格差别化战略实施的结果表现为国外市场定价低于国内市场定价？

（4）就算价格差别化战略实施的结果导致了国外市场价格低于本土市场价格而成为倾销，请分析进口国的福利受到了什么影响。

4. 为什么低估本币又被称为外汇倾销？请举例分析低估本币导致倾销的原因？

案例与资料

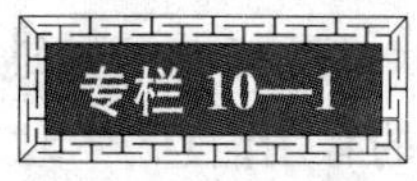

波音与空中客车的“补贴战”

世贸组织争端解决机制专家组于2010年3月23日对美国起诉欧盟为空中客车公司提供巨额补贴一案做出正式裁决。至此，这个持续了6年之久，被称为世贸组织历史上规模最大、涉案金额最高的贸易争端——空中客车和波音 WTO 诉讼迎来了第一个裁决：WTO 裁定欧盟对空中客车的部分补贴违反了 WTO 规则。

1. 美国、欧盟互相告状

波音与空中客车之间围绕政府补贴的争执由来已久。

1970年，空中客车公司成立，打破了美国在航空领域一家独大的局面。

在此后的40年间，空中客车公司在欧洲几个大国的强力支持下，发展迅猛，不断蚕食波音公司在民用航空器领域的市场份额。

双方矛盾曾一度激化，最后通过双边谈判的方式于1992年达成协议，规定欧洲国家政府对空中客车的启动资金资助不应超过新机型开发费用的三分之一，而波音接受的间接资助不超过营业额的4%。

又经过10年的竞争和发展，空中客车公司在2003年超过波音，夺得了世界上最大的民航客机制造商的头把交椅。

美国政府终于忍无可忍，将欧盟告上了世贸组织，指控法国、德国、英国和西班牙四国政府非法补贴空中客车，令其取得竞争优势。波音公司称，在2004年前20年的时间里，空中客车总共得到1 000多亿美元的政府资助，再加上修建公路与跑道的费用、对空中客车研制的巨额资金援助和为购买空中客车公司飞机的航空公司提供低息贷款，空中客车接受的所有补贴高达2 050亿美元，这些做法违反了世界贸易组织的有关规则。

针对美国和波音的指控，欧盟和空中客车方面当即"以牙还牙"，于同年向WTO提出指控，指责美国违反国际贸易规则，以太空和军事研究做掩护将大约230亿美元军用研发经费作为补贴用于民用航空制造业。波音公司除了接受来自多个美国机构、银行的补贴和优惠贷款外，还在美国多个州内享受减税待遇。波音所接受的各类补贴高达约3 050亿美元。

2. 客机市场的激烈竞争

根据世贸组织的相关规则，在专家组对贸易纠纷案做出正式裁决后，不服裁决结果的一方可以向世贸组织上诉法院提出申诉，上诉机构将会最终做出有法律效力的终审裁决。在此期间，争端当事方仍可通过谈判方式自行解决。所以，从法律程序上看，波音与空中客车的补贴纠纷并没有结束。另一方面，世贸组织关于欧盟上诉美国补贴波音一案的专家组初步报告将于今年晚些时候出台，正式裁决要到明年，如果再上诉，两个相关诉讼案最终走完法律程序恐怕要到2013年才能有结果。即便是争端一方在前一个案子上得分，也极有可能在另一个案子上失分，所以最终有没有赢家还很难定论。

其实，波音与空中客车关于补贴的贸易纠纷的背后是对市场份额的争夺。民用航空器制造业是一个数以亿元计的大产业，在波音和空中客车的发展过程中，其背后政府的强力支持可以说是公开的秘密。就在世贸组织专家组做出裁决的前一天，德国政府宣布计划为空中客车研发新型的远程A350客机提供11亿欧元的资助。

资料来源：袁锦、伏爱国：《出口补贴：赢家还是输家》，载《上海经济研究》，1998（2）。

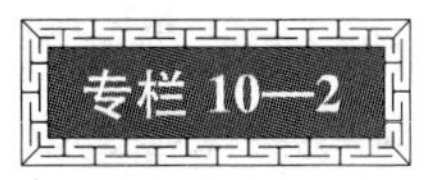

世界农业出口补贴现状

农业是多哈回合的关键问题，同时农业历来也是多边贸易谈判的难点。多哈回合农业谈判的目标是实质性提高市场准入门槛、削减并逐步取消所有形式的出口补贴、大幅度削减扭曲贸易的国内支持。2008年7月29日，在日内瓦举行的世界贸易组织多哈回合谈判小型部长会议中，主要代表国未能就最为棘手的农产品补贴问题达成一致，以失败而告终。直接原因是美国和印度在农产品特殊保障机制上拒绝让步。背后的原因主要是：一为农产品的国内支持和进口关税削减；二为非农产品的市场准入。

农业支持和保护政策的手段主要有三种：进口关税、出口补贴和生产者支持。在这些支持性措施中，出口补贴因其能够直接作用于出口产品，有效降低出口产品的成本并增加其在国际市场中的竞争力，而被大多数国家所乐于采用。由于农产品出口补贴影响世界农产品市场价格水平，从而会对其他国家的农业竞争力产生不利影响，所以出口补贴被认为是农产品自由贸易道路上最大的绊脚石。

一、国际农业出口补贴现状

出口补贴是扭曲国际农产品价格最重要的政策工具之一。据估计，出口补贴对全球农产品价格扭曲的贡献为13%，同时出口补贴的取消对农业贸易自由化的贡献率仅为2%。

1. 出口补贴的使用严重不平衡，少数发达国家是出口补贴的主要使用者。

WTO资料显示，农产品出口补贴主要由欧盟、瑞士、美国、南非等25个成员使用，约97%的出口补贴集中在欧盟、瑞士、美国和挪威4个发达国家。其中，欧盟是全球最大的出口补贴使用者。1995—2000年，欧盟年均出口补贴支出约60亿美元，占全球出口补贴支出的88.7%，欧盟、瑞士、挪威和美国4个OECD成员的出口补贴占到了全球的97%。

2. 使用出口补贴的农产品概况。

出口补贴集中在少数农产品上，严重扭曲了国际市场。根据OECD秘书处估计，OECD成员出口补贴支出金额最多的产品是乳品，1996—1998年3年合计补贴额为91.08亿美元，占OECD成员3年农产品出口补贴总额的34%，其次是牛肉（55.99亿美元，21%）和食糖（29.88亿美元，11%）。其中，1998年欧盟补贴金额最高的是乳品，占30%，其次为牛肉（22%）、粮食（13%）和食糖（12%）。美国补贴金额最多的产品是乳品和禽肉。

3. 出口补贴的形式。

出口补贴主要包括“出口补贴”和“出口信贷”两种措施。目前，欧盟主要采取“出口补贴”形式，而美国主要采取“出口信贷”形式。在农产品贸易中，一些成员在使用出口信贷时采取了一些非商业的做法，如提供优于商业条件的贷款利率，还款期超过正常的商业条件等，构成了出口补贴成分。出口信贷包括以下几种形式：贷款担保、贴息、延期或缓期还款、承担运费、融资及再融资、出口信用保险或再保险、出口信用担保和政府间的信贷协定等。

二、出口补贴对国际农产品贸易的影响

农产品出口补贴对世界农产品市场总的影响是：出口农产品供应增多，使国际农产品价格趋于下跌。一个国家或地区农产品出口补贴越多，这种农产品的出口数量就会趋于增加。这样，在某种农产品生产总量一定的情况下，由于出口增多，国内供应量减少，可能维持了国内市场相对较高的价格。而增加的出口农产品又使农产品世界市场供应量增多，在世界农产品市场进口需求没有改变的情况下，世界农产品价格会趋于下降。

1. 对补贴国的影响。

对补贴国来说，出口补贴有助于农产品数量增加，同时国内农产品市场价格得以维持较高水平。因此，使用出口补贴有利于出口国农业政策目标的实现，有利于提高出口国农业竞争力，从而保障出口国农业生产者的收入，稳定社会环境。

2. 对不使用补贴国的影响。

由于农产品出口补贴影响世界农产品市场的价格水平，因而对其他国家的农业竞争力会产生不利影响，尤其是对那些不使用出口补贴的国家。如果世界农产品出口补贴水平过高，必然会降低较少或不使用农产品出口补贴的国家的农产品竞争力，减少它们国家农业生产者的收入，转而不利于社会的稳定。

3. 取消农业出口补贴的效应。

取消出口补贴将减少农产品贸易扭曲，促进世界农产品价格的回升。近几年来欧美国家出口补贴的泛滥导致粮食、油菜籽、乳制品和肉类等农产品在国际市场上更加廉价，一些发展中国家作为这类农产品的进口国，就会从这些廉价的货源中获利。当农产品供给超过市场需求时，发达国家可能以食品援助的形式分配这些剩余物资。取消农产品出口补贴后，将很难再出现这种现象。

资料来源：王小进、何奇频：《世界农业出口补贴现状分析》，载《现代商业》，2009（2）。

形形色色的政府补贴

在全球应对受到持续关注的政府补贴危机中，引人注目的出口补贴又称出口津贴，是指为了鼓励出口，一国政府对本国企业在出口商品（包括技术和服务）时给予的现金津贴或财政税收补贴，提高出口商品的国际竞争能力。

世界贸易组织中的《补贴与反补贴协议》将出口补贴分为禁止性补贴、可申诉补贴和不可申诉补贴三种。但从补贴的基本方式来看，出口补贴主要分为直接补贴和间接补贴。直接补贴指政府对出口企业直接给予现金补贴，包括价格补贴和收入补贴；间接补贴指政府间接地通过降低出口商品的成本给予出口企业的一种补贴，包括利率优惠、出口退税和为出口商品提供优惠服务等。

1. 价格补贴。

价格补贴是政府按照出口商品的数量或价值给予一定的现金补贴。在国际市场上，同等条件（相同样式、构造以及质量等）下，商品的竞争力主要来自价格，不同形式的补贴保证企业在利润率一定的情况下降低成本，从而降低产品的价格，进而提高产品的市场竞争力。

如加拿大政府专门成立了奶制品委员会，负责设定工业奶的价格、制定年度生产配额、参与执行特别分类，政府对每升牛奶补贴 0.030 4 加元，以补贴出口牛奶与国内销售牛奶的价格差。

1970 年前后，美国政府开始实施“目标价格—价差补贴系统”，对农产品出口提供价格补贴。1945 年，美国政府给予农场主的价格补贴为 7.4 亿美元，1983 年达到 93 亿美元，1987 年最高达到 167.5 亿美元。1985 年，美国通过《农业安全法案》，通过冻结价差补贴、冻结补贴基础面积、鼓励和补贴土地休耕、扩大出口补贴等措施，运用生产环节的限制和流通环节的补贴来提升农产品价格水平和出口竞争力。1996 年，美国通过《农业法案》，暂停实施“目标价格—价差补贴系统”，在 2002 年之前用固定补贴取代。

2. 收入补贴。

收入补贴即直接对出口商品的企业（生产者）进行收入方面的补偿。在 1995 年关贸总协定谈判取得一定成功之后，美国和欧盟都减少了对价格支持的依赖，以提高竞争机制，减少以高昂的支持价格来维持的沉重的库存负担，控制不断增长的农产品计划运作成本。近年来，美国在农业补贴政策上注重发挥市场机制的导向作用，传统的以目标价格、保护价格、贷款差额支付为主的价格支持政策，逐渐转向以直接收入支付、反周期支付等为主的收入支持政策。

加拿大在成为世贸组织成员后，修改了过去对出口奶制品直接进行价格补贴的政策，制定了牛奶特别分类计划，通过法律保障出口牛奶的生产者得到“足以补偿其加工成本和投资回报的差额”，并从牛奶销售总收入中划出一块补贴给出口牛奶的生产者。

1999 年欧盟委员会通过《欧盟 2000 年议程》，将欧盟农产品价格支持体系，转变为与农产品产量限制相结合的价格补助体系，在降低主要农产品的行政定价的同时，对因降价给农民带来的收入损失进行直接补贴：用两年时间将粮食支持价格下调 15%，对粮食的直接补贴额提高到每吨 63 欧元，相当于抵偿粮食支持价格降幅的 50%。1992 年欧盟对生产者的直接收入补贴为农业净收入的 20%，1997 年则达到农业净收入的 37%。

1994 年，墨西哥政府发起了新农场支持计划，向占墨西哥农民绝大多数的谷物和油菜籽的生产者提供直接收入补贴，作为取消作物保护价后对生产者的补偿。

3. 金融性出口补贴。

金融性出口补贴政策是一种间接补贴政策，它通过对本国出口进行补贴或支持，以国家的力量来提高企业在对外活动中的竞争力，该政策最基本的作用就是通过为企业提供优惠利率贷款对企业进行补贴。

如英国出口信贷担保局、美国进出口银行和海外私人投资公司、法国对外贸易保险公司和法国对外贸易银行，以及一些多边出口补贴金融体系（世界银行的多边投资担保局、欧洲重建和开发银行、非洲进出口银行等），这些机构在买方信贷、供应商信贷融资（卖方信贷）、信贷额度和出口项目融资计划等领域，为出口商（生产者）提供融资便利，同时通过出口保险单、海外投资保险等提供保险便利。

美国进出口银行和农产品信贷公司对农产品的商业性出口，给予本国出口商卖方信贷或外国进口商买方信贷，短期出口信贷的贷款期限可达36个月之久，贷款利率一般采用比较优惠的固定利率，仅1981—1984年4年内提供的信贷就有112.7亿美元。

欧盟各国也均对其出口提供信贷。出口信贷的利率低于市场利率，其差额由国家财政负担，以吸引资金短缺的外国进口商使用出口信贷购买贷款国的产品。

加拿大出口发展公司也向本国出口商提供固定或浮动利率贷款资助出口，向出口商提供政治和商业风险的保险，向提供出口信贷的银行出具担保。

日本政府于20世纪50年代颁布了出口保险法，随后不断完善和充实，相继建立了普通出口保险、出口贷款保险、出口信贷保险、出口广告保险、出口汇票保险、出口担保保险、海外投资保险以及汇率变动保险等出口保险，确定出口商在外国实行汇兑和进口限制、发生战争和内乱而蒙受损失时，或者因发生非常危险和买方倒闭等而收不到出口货款时，国家将按一定比率予以补偿。

英国出口信贷担保局则为英国出口商提供一站式服务，根据该机构与其他国家的出口信贷机构达成的合作协议提供出口信贷服务。另外，该机构还对小出口商提供一揽子服务计划。在通常情况下，中小企业面临着大企业的竞争而处于劣势，它们信誉较低、资金实力较差，很难从商业性金融机构获得贷款、担保以及保险；且由于单项业务量太小而不具规模效益，商业性金融机构一般不愿意为它们提供服务。英国出口信贷担保局明确承诺对小企业提供服务，而且把这项服务列为重要业务，通过国家担保的形式以降低小企业面临的买卖违约、买者无力偿还和国家风险。

4. 出口退税。

出口退税是一国为了奖励出口，退还出口商已缴纳的（部分）税款，有的国家全部退还，有的退还大部分，还有些国家则规定了期限，逾期不退还。出口退税的项目有（特别）销售税、货物税、关税、增值税等，还有些国家（韩国）对酒等特殊商品实行出口退税。

20世纪60年代，欧盟为了统一管理农产品市场而制定欧盟统一农业政策（PAC），其条款便包含对农产品出口商提供出口退税的优惠，以弥补在欧盟境内生产的用于出口到第三国的农产品在成本或价格方面与国际市场上现行的成本或价格之间的差异，从而促进欧盟各国农产品的出口。在这一政策的指导下，各成员国在实行出口退税的过程中，不同的商品种类可以根据实际情况适时地改变其退税率，并依靠退税率的不同有针对性地调整农产品的出口种类及鼓励企业向哪些国家出口。

欧盟委员会根据其在全世界的农业发展战略，制定不同商品的退税率，并根据具体情况适时改变，各成员国则完全根据欧盟委员会公布的退税率来执行本国商品的退税。成立于1964年的欧洲农业指导和保证基金便有助于保障欧盟出口退税政策的执行。这笔基金由欧盟统一管理，其开支情况列入欧盟的预算计划。欧盟根据各成员国每年的国民生产总值来确定其应交的份额，然后由欧盟按比例将基金分配给各成员国。

5. 金融危机下的贸易保护。

在国际金融危机的影响下，贸易保护主义抬头，进口限令、进口关税、报复性关税、反倾销调查、反倾销补贴、环保标准、知识产权等保护措施在最近的国际贸易活动中愈演愈烈。

“Buy America”概念来自美国1933年颁布的《购买美国产品法》，规定联邦政府在物资采购和公共建设时，必须承担购买“美国制造”产品的义务。2009年初，该概念被重新使用，规定除非联邦政府认定购买美国钢铁产品成本过高，会损害公众利益，否则900亿美元的基础设施投资项目所需的钢铁，要由美国企业在国内生产。为了鼓励本国生产的生物柴油出口，美国政府为生产商提供每吨300美元的出口补贴。

欧盟委员会宣布，在金融危机时期，放宽成员国对企业的补贴政策，在今后两年里允许成员国政府向得不到银行贷款的受困企业发放补贴或贷款，还允许各国政府向银行提供贷款担保时降低保险金额，收费可低于市场价格。另外，欧盟委员会允许政府为投资成本30%来自私人投资的中小企业提供最高250万（原来为150万）欧元的风险资金援助。

意大利政府计划采取特殊税收政策，如削减工商业地税（IRAP）等，减少金融危机对出口企业造成的影响。

挪威政府决定，将出口企业信贷担保数额，从600亿克朗提高至1 100亿克朗，确保出口企业能够获得足够资金以抵御金融危机冲击，政府还计划将提供给中小企业的贷款担保从10亿克朗增加到25亿克朗。

俄罗斯计划放弃原木的所有出口关税，给予国内五六家大型木材商以零关税的优惠政策。

巴西财政部采取改善兑换形式（执行有利于出口的汇率）和刺激更多出口（出口补贴、信贷优惠）的措施，促进国内企业的出口。

印度则不断出台鼓励企业增加出口的政策，在税收、出口信贷等方面实行优惠政策，以扩大信息软件业、生物制药业、汽车零部件加工业与电子产品的出口，挽回不断扩大的外贸逆差。

资料来源：张士斌、梁宏志：《形形色色的政府补贴》，载《瞭望》，2009（9）。

21 世纪国际经济与贸易系列教材

第十一章

区域经济一体化与多边贸易体制

学习目标

- 理解区域经济一体化组织的定义和种类，以及自由贸易区的贸易创造和贸易转移效应。
- 了解国际上现存的主要的区域经济一体化组织。
- 理解世界贸易组织（WTO）的基本原则、主要协议框架和运行框架。
- 了解关税与贸易总协定（GATT）和 WTO 的历史。

11.1 经济全球化的演变

自工业革命以来，全球经济快速发展。尤其是第二次世界大战结束以后，世界经济的发展步伐加快得更加明显。与数千年的历史时期相比，今日的世界经济状态被描述为经济全球化。从非洲大草原到喜马拉雅山之巅，从南美洲的热带雨林到国际金融的超级重镇纽约华尔街，世界的每一个角落都已经被卷进了经济全球化的漩涡之中。世界各国从经济全球化之中得到极大的发展和生活水平的大幅提高，反过来经济全球化的好处诱导着世界各国更加积极地参与到世界经济一体化的历史进程中，以便得到持续不断的经济发展和生活水平的改善。

经济全球化（economy globilization）指经济活动由原先在一个相对封闭的国内环境中循环完成，演变为在越来越开放的全球环境中循环完成的一种趋势变化现象。

而经济活动包括了货物生产与货物流通、服务生产与服务流通、技术开发和技术传播，以及国际资本和劳动等生产要素流动活动。一方面，可以从全球的视角把经济全球化看作世界各国在商品、技术与生产要素方面共享程度越来越高，相互经济依赖程度越来越高的一种现象。另一方面，从一个国家的角度而言，经济全球化体现为该国在经济活动中与其他国家的经济联系越来越紧密，对其他国家的经济依赖性越来越高。当然，如果从单一的产业角度来说，经济全球化就体现为该产业内技术研发、原材料采购、生产、销售等活动与国际上其他国家的联系越来越深入。

经济全球化表现为世界范围内的贸易自由化、金融自由化、投资自由化以及生产分工全球化和技术研发活动的国际化。

归结而言，经济全球化的本质是世界市场逐渐成为单一市场，世界产业分工的范围空前扩大至全球市场，导致劳动分工高度细化深入，从而提高了全球的经济效率。

由于世界各国都从经济全球化尤其是国际贸易自由化中得到了好处，更由于第二次世界大战后进口替代发展战略的失败以及相对应的出口导向发展战略的成功，无不诉说着闭关锁国的非效率和对外开放的巨大作用。但是由于各国所处发展阶段不同，政治、经济和社会的政策迥异，国家之间的政治不信任有时候异常严重，因此协调相互之间的自由贸易和经济合作也随之困难重重。正是出于对这些困难的认识，以及对于国际贸易和经济合作自由化的巨大期待，推动世界各国积极主动参与到推进国际贸易自由化的进程中来。以推进国际贸易自由化为目标的力量中，主要包括两股最基本的力量，一是区域经济一体化运动，一是多边贸易体制运动。

11.2　区域经济一体化组织：定义与种类

区域经济一体化组织指由两个或者两个以上独立关税经济体组成的、旨在推动相互之间自由贸易的经济合作组织。有时候又称为广义的自由贸易区；这些经济一体化组织的主要目的都在于推动不同独立关税区之间自由贸易的实现上。协定签订后，自由贸易区成为统一的可以进行自由贸易的区域。

通常根据贸易、经济、政治一体化程度的不同，一体化组织可以分为自由贸易区、关税同盟、共同市场、经济同盟和完全经济一体化组织五种。其中以自由贸易区和关税同盟最具代表性。

自由贸易区（free trade area，FTA）指签订协定的区内成员之间相互取消商品关税的自由贸易组织。自由贸易区的参加国相互取消原产于区内成员国商品的关税。但是仅仅取消了区内各成员国的原产地产品的关税，对于区外成员国的关税则依然维持，并且各个自由贸易区内成员有权独立确定对区外成员的关税税率。在各成员国对区外成员关税率不一致的情况下，就有可能出现转口贸易的问题。比如，在北美自由贸易区，如果美国对中国产空调征收较高的税率，而墨西哥征收较低的税率。则墨西哥商人就有可能利用墨西哥的较低关税税率从中国进口空调产品，而后对外号称是墨西哥的国产空调，并利用与美国的自由贸易协定出口到美国牟利。所以，在实行自由贸易区政策的各个国家，都非常强调产品的“原产地”规则，以避免这种转口贸易的牟利行为。通常而言，以商品的附加价值比例来衡量一种产品是否为某个特定国家的原产地产品；一般以附加价值超过50%作为衡量标准，某些特殊商品会以60%～75%作为衡量标准。原产地认证是一项非常庞杂的工作，需要大量的认证文书来认定，耗时费力、成本较高。实际上成为自由贸易区中不可避免的新的贸易障碍。

关税同盟（customs union）指成员国之间相互取消商品关税并统一了对区外经济体所征收商品关税税率和相关贸易政策的自由贸易组织。实质上，当区内制定了共同的对外关税时，就意味着区内各个国家放弃了单独制定对外贸易政策的权利，属于一种主权政策权利的让渡。但是，区内能否实现真正的商品自由贸易却也存在一定的变数。如果区内各国经济结构、产业结构相同程度较高，则相互间的产业竞争程度就较为激烈。因而有诱发各个国家隐形的非关税壁垒出现的可能，从而至少部分抵消关税同盟带来的贸易自由化效果。

共同市场（common market）指实现了区内成员国之间包括物品、服务等所有商品的免税自由贸易以及生产要素的自由流动，并统一了对外贸易政策的自由贸易组织。共同市场较之于关税同盟在自由贸易程度上更上层楼，主要体现为列入自由贸易商品的范围由原来的物品扩张到了包括服务、技术等所有的商品领域，而且统一了各国的贸易政策，尽可能地避免了相互之间设立非关税壁垒现象的出现。

经济联盟（economic union）指区内所有成员之间废除所有的贸易壁垒，实现商品、要素的自由贸易，并统一了对外贸易政策以及各国经济政策的自由贸易组织。经济联盟是一种达到了相当高程度的自由贸易组织，区内各国几乎将货币政策、财政政策和汇率政策等所有的独立主权权利让渡给了经济联盟组织。经济联盟一方面极大地促进了区内经济一体化的程度，另一方面却存在各个成员国无法独立调控国内宏观经济的弊端。有可能导致联盟在特定时期处于不稳定状态，比如说出现组织压制或驱逐某个成员国的事情。

完全经济一体化组织（perfectly economic integration）指区域内成员国之间贸易、经济、政治以及法律制度的高度统一的经济一体化组织。其实就是我们通常所见的联邦制国家或者邦联制国家。

11.3 自由贸易区的贸易效应

所有的自由贸易类型区域一体化组织，都有着区内成员相互免税的特征。而区内成员的相互免税，将导致贸易商品价格的变动，从而产生贸易效应，包括贸易创造和贸易转移效应。

贸易创造（trade creation）指由于两个国家之间关税减免等贸易壁垒的撤销导致原来各自生产（零贸易或者少量贸易）的格局演变为深化贸易分工、扩大贸易规模的现象。**贸易转移**（trade diversion）指一国与另一国的贸易被该国与第三国的贸易所取代的现象。大多数情况下，贸易转移用于描述区域经济一体化后，区内成员之间的贸易替代了区内成员与区外成员之间贸易的现象。贸易创造会导致经济效率的提高，贸易转移则会降低效率和社会福利。

以下，即以自由贸易区建立的影响为例，说明区域一体化对国际贸易产生的主要影响。这种分析完全适用于所有其他类型的封闭式的区域经济一体化组织。

11.3.1 贸易创造

考虑美国进口高级衬衫的情况，再假定世界上只有三个国家中国、美国和墨西哥，这三个国家生产高级衬衫的平均成本分别为20美元、100美元、40美元。一开始，美国对海外所有衬衫都征收$T(100)$的从量关税。这样，中国和墨西哥的衬衫在美国市场上的销售成本就分别为120和140美元，显然都高于美国的生产成本，如图11—1所示。因此，美国市场全部由美国本土生产商供应，销售价格为100美元。衬衫进口量为0，也就意味着没有任何衬衫的贸易。

现在，美国和墨西哥组成了自由贸易区，相互之间实行零关税政策。但是对于区外的成员即中国依然实行原来的关税政策。这种情况下，中国、美国和墨西哥衬衫在美国市场上的销售成本分别为120美元、100美元、40美元。显然，墨西哥的衬衫价格最低，因此美国衬衫市场将进口墨西哥企业的产品。在价格为40美元的情况下，美国对衬衫的需求量为2亿件。美国本土企业生产0.5亿件衬衫，从墨西哥进口1.5亿件，合计2亿件，刚好等于需求，市场处于出清状态。

我们需要关注的焦点是，衬衫进口量由原来的0件增加到后来的1.5亿件。这种进口量的大规模增加，正是我们定义的自由贸易区的贸易创造效应。

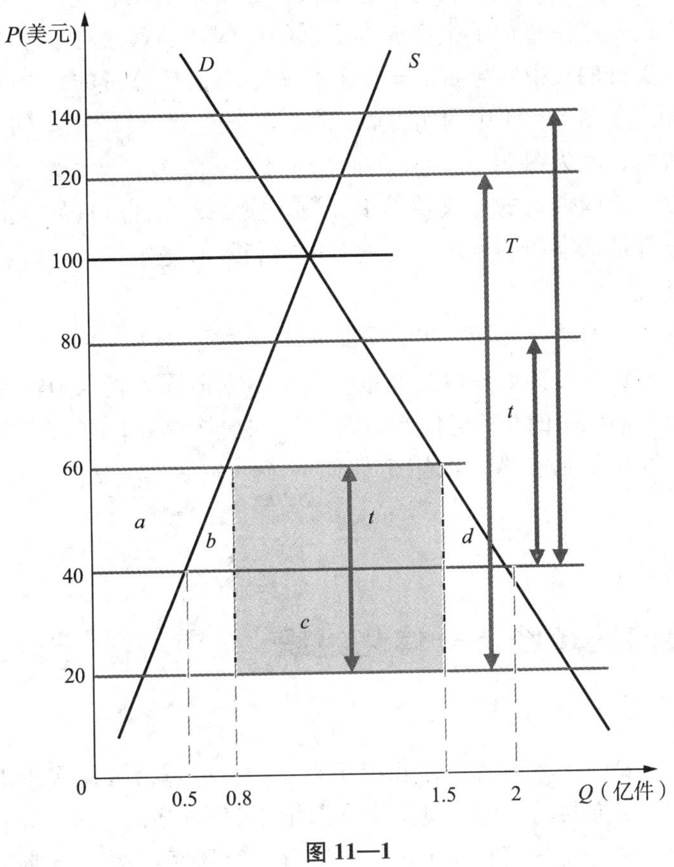

图 11—1

11.3.2 贸易转移

现在将初始时的假设改变一下，假定开始时美国对衬衫征收的关税不是 100 美元每件，而是 40 美元每件。其他假定不变。则开始时在美国市场上，中国、美国和墨西哥的衬衫价格分别为 60 美元、100 美元、80 美元；中国衬衫价格最低，因此市场将进口中国产品。在价格等于 60 美元的时候，美国市场的衬衫需求为 1.5 亿件。美国本土企业生产 0.8 亿件，从中国进口 0.7 亿件。美国政府的税收为 48 亿美元。

一旦美国和墨西哥组成了自由贸易区，相互之间实行零关税政策。则美国的衬衫进口如前面所述，由墨西哥供给。中国企业的衬衫由于高额关税的影响全部被赶出了美国市场。这种进口来源的转换，就是我们在前面定义的自由贸易区的贸易转移效应。

且不论中国的福利变化如何，我们聚焦于美国的情况。初看起来，美国衬衫市场的价格由原来的 60 美元下跌到 40 美元，似乎美国的福利得到了改善。确实，如果从价格扭曲得到缓和，生产扭曲损失（图 11—1 中的三角形 b）和消费扭曲损失（图 11—1 中的三角形 d）得到消除而言，自由贸易区的建立实实在在地产生了积极的作用。价格扭曲消除带来的收益（$b+d$）恰好是自由贸易区带来的正收益。但是，自由贸易区的建立，由于墨西哥产品替代了生产成本更低的中国产品，而且美国不能从衬衫进口中征收到任何1美分的关税，导致美国政府损失了上面计算过的48亿美元关税收入。这个关税收入相当于图11—1中的四边形c的面积。至少图11—1中的关税损失大于价格扭曲消除的收益；因为图11—1中c的面积大于（$b+d$）的面积之和。总体而言，自由贸易区的建立给美国带来的总收益是个负数。换言之，自由贸易区的建立未必会给每一个参与国家都带来福利的增加。究竟总体福利效应是正是负，得看贸易创造和贸易转移的具体情况。

需要顺便提一下的是，就算在初始征税40美元关税的例子中，除了出现墨西哥产品替代中国产品的贸易转移现象以外，也存在贸易创造现象。因为自由贸易区建立以后，美国的进口量由原来的0.7亿件增加到了1.5亿件，净增加0.8亿件。这个增加的0.8亿件可以看做是贸易创造。而用于替代中国产品的0.7亿件，可以看作是贸易转移。

11.4 主要的区域经济一体化组织

现在世界上主要的区域经济一体化组织有北美自由贸易区、欧洲联盟、中国—东盟自由贸易协定、南方共同市场。现存各种自由贸易区性质的区域一体化组织超过300个。北美自由贸易区、欧洲联盟与中国—东盟自由贸易区正在演变成世界上的三大区域性经济一体化组织，逐渐呈现出三大经济区域鼎足而立的格局。南方共同市场就地理面积来说也相当大，但是由于成员国之间政治互信不够和经济利益冲突过多，融合程度不深；不过也是三大区域之外的第四大区域性组织。

1. **北美自由贸易区**（NAFTA）由美国、加拿大和墨西哥3个北美洲国家组成，1994年1月1日成立，是囊括4.2亿人口和有着高达16万亿美元GDP的巨大自由贸易区。

北美自由贸易区的建立宗旨为：取消贸易壁垒，推进相互投资，保护知识产权。严格而言，北美自由贸易区的协定覆盖了服务产业以及投资、知识产权等范围，超出了一般自由贸易区的定义，有点接近共同市场的倾向。但是又不是共同市场，毕竟协定没有规定北美3国实行统一的对外关税。

协定中规定，3国在15年以内，也就是2008年为止，取消相互之间的关税与非关税壁垒，实现相互之间的零关税。并确立了一个明确的时间表。对于制造业商品，规定从协议生效时起，大约占比六成半的产品即刻取消关税；其他余下的一成半，在协议生效后5年以内取消关税；少部分产品允许在10年或者15年以内取消关税。对于比较棘手的农产品贸易问题，规定了一半以上的产品在协议生效后即刻取消关税，或者在5年内取消关税。在服务行业方面，逐步实现国民待遇。墨西哥在保险、电信等产业上作出了一定让步。而在知识产权方面，规定3个国家都遵守国际知识产权法，对于医药、软件等知识产权至少提供20年的保护期限。

北美自由贸易区起源于原来的美国加拿大自由贸易协定。

1988年美国与加拿大签订了美加自由贸易协定，确定10年以内逐步取消相互之间关税，同时同步推进两国之间投资自由化。美国与加拿大的自由贸易协定，主要诞生于美国对于原来以GATT为平台的多边贸易谈判失去耐心，从而梦想以双边或者区域主义去替代多边主义推进贸易自由化。

1991年美国、加拿大和墨西哥三国决定成立北美自由贸易区。1992年签订了《北美自由贸易协定》，1993年加签了补充协定。决定推进相互之间货物、服务的自由贸易与投资的自由化。1994年1月1日北美自由贸易区正式成立。北美自由贸易区之所以得以确立，一来因为美国感受到来自欧洲一体化进程的巨大竞争压力；二是因为墨西哥从本国经济发展战略改革需要出发，希望借助一个外来助力来巩固已有的改革成果。墨西哥原来一直实行进口替代发展战略。从20世纪80年代开始，认识到进口替代战略的局限，开始对国家发展战略加以调整与改革。但是与所有的改革一样，这种改革遇到了既有利益集团的压力。在这种压力下，强行推进的改革，迫切需要一种制度性的措施加以巩固。于是，墨西哥放弃了长期以来的历史恩怨，欣然与美国和加拿大签订了《北美自由贸易协定》。

事实上，就总体而言，在北美自由贸易区的建立中，最大的赢家当数墨西哥。虽然墨西哥在农业等方面也付出了巨大的代价，但是在制造业上却有着巨大的收获。墨西哥制造业产品在美国市场上的占有率得到了大幅度的提升。

另外，美国也有心将整个美洲囊括进一个统一的自由贸易区。1994年底，美国发起了旨在建立美洲自由贸易区的美洲国家首脑会议，计划在2005年底前建立包括南北美洲、加勒比海国家和中美洲（美国的长期政治对手古巴除外）的美洲自由贸易区。之后，也曾经召开了多次相关会议，但时至2010年，依然没有成功。究其原因，主要是南美国家中存在委内瑞拉等左翼国家，它们对美国戒心重重；而巴西等国家在农产品市场开放上对美国要价较高。

2. **欧洲联盟**（EU）由27个欧洲国家组成。1993年11月1日成立。拥有人口4.8亿，是GDP高达19万亿美元的巨大自由贸易区。

欧洲联盟成员国之间实行货物、服务贸易自由化，劳动、资本等生产要素流动自由化，推行统一的对外贸易政策、环境政策、市场竞争政策以及国家安全政策。但是，财政政策并无统一，只是设定了一定的财政纪律。

欧洲联盟的历史演变。

1951年4月，法国、德国、意大利、荷兰、卢森堡和比利时6国建立欧洲煤钢共同体。1952年7月生效。

1957年3月，6国再签订《欧洲经济共同体条约》和《欧洲原子能共同体条约》

(合称《罗马条约》)。1958 年 1 月生效。决定建立欧洲关税同盟。

1965 年 4 月，6 国签订《布鲁塞尔条约》，决定将此前订立的 3 个共同体条约统一为一个机构，合称欧洲共同体（EC)。

1968 年，6 国提前 1 年实现关税同盟规定的义务。

1969 年，6 国决定进一步推进经济一体化，建立欧洲经济与货币联盟。

1973 年，英国、丹麦和爱尔兰加入，欧共体成为 9 国体制。

1979 年，欧洲货币单位体系建立。

1981 年，希腊加入欧共体。

1985 年，欧共体发布《关于完善内部市场的白皮书》。

1986 年 1 月，西班牙、葡萄牙加入，欧共体成为 12 国体制。

1986 年，12 国签订《欧洲一体化文件》，决定于 1992 年底前建立欧洲统一市场。

1991 年 12 月，12 国达成《欧洲经济与货币联盟条约》、《欧洲政治联盟条约》；两条约合称《欧洲联盟条约》(又称《马斯特里赫特条约》，简称《马约》)。条约决定在 1999 年建立欧洲货币联盟，实现共同的外交、安全政策，推进司法合作，统一警察体系。

1992 年 9 月，欧洲货币危机发生，部分成员国国内批准《马约》的手续无法如期完成，使得原定 1993 年 1 月 1 日生效的条约延后。

1993 年 11 月，《马约》正式生效，欧洲共同体变成欧洲联盟。

1995 年 1 月，奥地利、瑞典和芬兰加入，变成欧盟 15 国体制（此即为申根 15 国)。

1999 年 1 月，欧元发行。

2002 年 3 月 1 日，欧元成为绝大部分欧盟国家的法定货币（英国除外)。

2003 年 4 月，中东欧 10 国完成入盟谈判。

2004 年 5 月，中东欧 10 国加入欧盟，成为 25 国体制。

2007 年 1 月，保加利亚和罗马尼亚加入，成为 27 国体制。

3. **中国—东盟自由贸易区**（CAFTA）由中国与东盟 10 国组成。2010 年 1 月 1 日成立。囊括人口 19 亿、GDP 高达 6.5 万亿美元。

中国—东盟自由贸易区同样旨在推进区内的货物、服务贸易自由化，推进相互间的投资和其他经济技术合作。核心部分在于货物贸易。对外关税由各国自定。中国东盟自由贸易区的协议规定，除了 WTO 规定的少数产品和极少数敏感产品外，所有其他商品贸易的关税与非关税壁垒都实现逐步取消。其中，2010 年中国和东盟旧成员 6 国建成自由贸易区，2015 年加上东盟 4 个新成员建成完全意义上的中国—东盟自由贸易区。

中国—东盟自由贸易区的历史演变。

1961 年 7 月，马来西亚（原来称为马来亚)、泰国和菲律宾 3 国成立东南亚联盟。

1967 年 8 月，新加坡和印度尼西亚加入，改称东南亚国家联盟。

1984 年，文莱加入，东南亚国家联盟变成 6 国体制。

1995 年，越南加入。

1997 年，缅甸和老挝加入。

1999 年，柬埔寨加入，东南亚国家联盟变成 10 国体制。

2001 年 11 月，中国—东盟第五次领导人会议，双方同意 10 年内建立中国—东盟自由贸易区，并决定分阶段实施。

2002 年 11 月，中国—东盟第六次领导人会议，11 国领导人签订《中国与东盟全面经济合作框架协议》。

2003 年 10 月 1 日，中国与泰国提前实施“早期收获”计划。

2004 年，“早期收获”计划实施。同年，11 国签订《货物贸易协议》。

2007 年 11 月，中国—东盟第十次领导人会议，11 国签订《服务贸易协议》。

2009 年，11 国签订《投资协议》。

2010 年 1 月 1 日，中国—东盟自由贸易区正式建立。

4. **南方共同市场**（MERCOSUR）由巴西、阿根廷、乌拉圭和巴拉圭组成，拥有人口 2.2 亿，域内 GDP 达到 1 万亿美元。1994 年 11 月 29 日成立。

南方共同市场旨在区内实行绝大部分产品贸易的零关税，推行投资自由化，实行原产地规则。

南方共同市场的历史演变。

1991 年 3 月，巴西、阿根廷、乌拉圭和巴拉圭 4 国签订《亚森松条约》，决定成立南方共同市场。

1994 年，4 国签订《黑金城条约》。

1995 年 1 月，南方共同市场正式成立运转。

1996 年，智利、玻利维亚成为南方共同市场的联系国。

1998 年，4 国就开放金融、交通、电信服务业与能源产业达成一致意见。

1999 年，第一届拉美—欧盟国家首脑会议决定开始就建立南方共同市场与欧洲联盟间自由贸易区的原则性问题进行谈判。同年，南方共同市场成立的紧急理事会无法解决巴西与阿根廷之间的贸易争端。

2000 年，南方共同市场提议建立欧盟式的货币同盟和争端解决机制。

2001 年，南方共同市场与欧盟再次举行自由贸易区谈判。

2005 年，通过建立南方共同市场议会和南方共同市场结构转换基金规定等决议。

2008 年，成员国决定在相互贸易中放弃使用美元。

从长期的角度而言，北美自由贸易区、欧盟和中国—东盟自由贸易区极有可能形成世界贸易的三足鼎立之势。这三个区域贸易组织包括了世界贸易的绝大部分。也就是说，如果现在进行的 WTO 多哈回合迟迟得不出结论，则三个区域性贸易组织将会被迫单独发展，单独推进区域内的贸易自由化。有足够的理由认为，日本、韩国甚至澳大利亚、新西兰都极有可能加入现在的中国—东盟自由贸易区，形成一个大一统的亚洲自由贸易区。果真如此，亚洲、欧洲、北美三个自由贸易区的经济比重就旗鼓相当，真正做到鼎足而立。远期而言，印度等南亚国家也会加入亚洲自由贸易区，那么亚洲自由贸易区会变成第一大自由贸易区。这将是亚洲世纪的真正体现。

11.5 关贸总协定（GATT）与世界贸易组织（WTO）

世界贸易组织提供了最为基础的世界自由贸易多边框架，成立于1995年1月1日。其前身是成立于1947年的关税与贸易总协定。现有成员150多个，约占世界独立关税区的70%。

世界贸易组织的宗旨是：通过互惠互利的安排，使关税和其他贸易壁垒大量减少，最终使得国际贸易中存在的歧视性做法得以消除；实现扩大货物与服务的生产和贸易，稳定提高各成员的实际收入和有效需求，促进充分就业，提高各成员人民的生活水平。充分利用和开发世界资源、各成员可根据与自身经济发展水平相适应的方式加强对环境的保护和维护，促进世界可持续发展。

11.5.1 WTO基本原则

世界贸易组织以其前身关贸总协定的原则为基础，实施以下的基本原则。

1. **非歧视性原则**（rule of non-discrimination）是一条所有规则中最基本的原则，要求所有成员公平对待其他成员。所有的贸易措施安排，应该对所有成员一视同仁，并且做到内外无差别。包括最惠国待遇和国民待遇两个方面内容。

最惠国待遇（most favored treatment）指一个成员给予另一个成员的关于关税、费用的征收幅度、征收方式和程序等的优惠安排，都必须无条件适用于所有其他成员，实现一视同仁。这就意味着，原则上来讲，任何双边贸易谈判中确定的优惠安排，都在WTO范围内自动适用于所有成员，成为事实上的多边安排。但是，WTO在最惠国待遇的规定上，又设置了若干例外条款，比如自由贸易区例外条款，国家安全条款等。这就使得贸易优惠安排可以在WTO的基础上实现更高层次的双边或者区域性多边形式的存在。

国民待遇（national treatment）指任何成员在国内的税费设置和行政管理措施安排上，必须公平对待国内企业和国外企业，不得差别对待其他成员国的企业和商品。国民待遇的规定也设置了例外条款，尤其在政府采购和部分服务业贸易等项目上允许内外有别。

2. **互惠原则**（rule of reciprocal trade）指任何一方成员享受来自其他成员的贸易

优惠安排都以己方对其他成员提供对等优惠为前提。也就是说，任何一方成员国都有“互惠”的权利和义务。关于此原则也设定有例外条款，即“免责条款”规定，发展中国家出现严重的国际收支不平衡时可以暂时性地撤销己方先前作出的关税减让承诺，从而暂时性地免除“互惠义务”。

3. **关税保护原则**（rule of customs duties as means of protection）指成员只被允许使用单一的关税保护手段对国内产业进行保护。这个原则意味着，除了关税以外，包括配额在内的所有的非关税壁垒的保护措施都是非法和被禁止的。设立这个原则主要是因为关税相对于其他贸易保护手段而言比较透明，防止成员国通过不透明的非关税壁垒实施贸易保护。

4. **关税减让原则**（rule of tariff concession）指各成员需要承诺对其他成员的关税减让优惠，并且一旦降低关税税率后，则只准调低不准调高。此原则目的在于确保成员国的关税不断趋近于零关税的最终目标，防止中途反弹，前功尽弃。但是，关税减让原则也设定有例外，允许发展中国家在经济发展需要或者国际收支处于严重不平衡状态时，撤销或者修改原来的关税承诺水平。

5. **透明度原则**（rule of transparency）指所有成员都必须事先公布与贸易有关的法律、法规、条约、协定和管理措施规定，做到最大限度的制度透明。透明度原则并不包括与国家安全和企业商业安全有关的机密资料的公开。

6. **公平贸易原则**（rule of fair trade）指所有成员国不得使用倾销、补贴等不公平、不公正的竞争手段开展贸易，以维护世界的公平竞争环境。作为例外，在服务、贸易关联知识产权、政府采购等贸易领域，公平竞争条件的要求就较弱。

11.5.2 WTO的主要协议框架与运行机制

WTO的主要协议框架包括自由贸易规范协议和执行机制协议两大部分。主要的自由贸易规范协议包括《1994年关税与贸易总协定》(GATT)、《服务贸易总协定》(GATS) 和《贸易关联知识产权协定》(TRIPS) 三个部分。执行机制协议则包括《关于争端解决规则与程序的谅解》、《贸易政策审议机制》等。

《1994年关税与贸易总协定》(GATT，General Agreement of Tariffs and Trade) 主要用于规范各成员之间的货物贸易，囊括了发达国家99%和发展中国家73%的货物商品。主要内容继承《1947年关税与贸易总协定》的主要实体部分。另外，有《农产品协议》、《卫生与植物卫生措施协议》、《技术性贸易壁垒协议》等12个补充协议。

《服务贸易总协定》(GATS，General Agreement on Trade in Services) 则用于规范服务类产品的贸易。这里的服务类产品囊括了银行、旅游、咨询与物流等几乎所有的服务类产品。比较重要的两类现代服务产业电信通讯与航空运输产业则由补充协定作出规定。服务贸易总协定实施的主要规则与GATT并没有太大的差别，都要求实现成员之间的非歧视待遇，包括最惠国待遇与国民待遇。但是，与普通的货物贸易不同，在服务类产品的贸易问题上，认可了发展中国家与发达国家之间的巨大发展落差。允许发展中国家与地区在开放内部市场上采取更加弹性的逐步推进开放承诺。

《贸易关联知识产权协定》(TRIPS, The Agreement on Trade-related Intellectual Property Rights) 用于规范与贸易有关的知识产权在国际贸易中运用的原则与标准。与贸易有关的知识产权包括了版权、专利与商标等主要知识产权形式，囊括了医药、软件、音像制品、书籍等绝大部分知识产权密集的产品。TRIPS 要求实现与 GATT 相同的非歧视原则。

《关于争端解决规则与程序的谅解》则为国际贸易争端产生时的处理规则与程序。国际贸易争端包括所有涉及多边贸易体制的两边或者多边争端。它规定，世界贸易组织总理事会负责国际贸易争端的处理与仲裁。

《贸易政策审议机制》为制度性的定期、系统地审议各成员方贸易政策的运行机制。通过制度性地审议、评估各成员方的贸易政策是否符合 WTO 的要求、监督各成员方是否彻底履行了各自对 WTO 的承诺与义务，提高各成员贸易政策的透明性与遵守规则的程度。对不同的成员实行不同的政策审议时间间隔制度。对于贸易额占世界前 4 名成员的贸易政策，实行两年一审；第 5 至 20 名的成员的贸易政策实行 4 年一审；第 21 名以后成员的贸易政策实行 6 年一审；最不发达成员的贸易政策，则实行更长周期的审议间隔。

WTO 的组织包括部长会议、总理事会、理事会与专门委员会（工作组）等四级权力构架。部长会议是最高权力机构，会议成员由各成员的代表组成，规定至少两年召开一次。主要负责 WTO 各项协定的制定、修改以及解析。部长会议之下，设置总理事会。总理事会负责 WTO 的日常管理与运营，并负责向部长会议汇报。总理事会由各国派出的代表组成，主要工作包括审议各成员的贸易政策、处理成员之间的贸易争端以及管理下属各理事会和专门委员会。通常实行定期（一般两个月一次）的会议制度。其实总理事会有点类似我们国家的人民代表大会常务委员会在全国人民代表大会中的位置。总理事会之下，设置理事会与专门委员会或者工作组。主要包括货物贸易、服务贸易和贸易关联知识产权三个理事会，分别管理和监督货物贸易、服务贸易和贸易关联知识产权相关协定的实施和推进。三个理事会之外，设有贸易与发展、贸易与环境、区域贸易协议等五个专门委员会，负责处理牵涉到三个理事会的共同领域问题和其他不属于三个委员会的问题。三个理事会下属，也设定有专门委员会。有时候也会因应某些特别事项设置工作组或者工作小组，比如加入世贸组织工作组、贸易与竞争工作组等等。

11.5.3 世界贸易组织（WTO）的历史

世界贸易组织（WTO）起源于 1947 年建立的关税与贸易总协定（GATT）。第二次世界大战将结束的时候，世界政坛以原来的战胜国为主。这些战胜国认为，需要根除战争的根源；而最好的方法就是国家之间的经济上的统合。因此，迫切需要建立一个全新的国际经济秩序。于是，以当时如日中天的美国为主导，着手建立世界银行（前身是国际复兴与发展银行，IBRD，International Bank of Reconstruction and Development，现称 Wold Bank）、国际货币基金组织（IMF，International Monetary Fund）和国际贸易组织（ITO，International Trade Organization）等三个主要国际机构。三个机构分别负责战后世界的复兴与重建、国际金融的汇率体系与秩序建设和世界贸易的自由化。

1944 年 48 个国家在美国的布雷顿森林召开了相关会议。会后顺利建立了世界银行和国际货币基金组织，但是拟似中的世界贸易组织迟迟得不到落实。于是，美国与包括中国在内的其他 22 个国家于 1947 年 11 月签订了《关税与贸易总协定》，作为世界贸易组织成立前的临时性多边贸易协定使用，同时等待《国际贸易组织宪章》通过。但是，其后以美国国会否决《国际贸易组织宪章》为转折，国际贸易组织终究无法成立，《国际贸易组织宪章》成为废案。在不得已的情况下，从 1948 年 1 月 1 日开始，《关税与贸易总协定》成为事实上的规范国际贸易的主要协定，一直持续到 1995 年 1 月 1 日，“临时”使用了 47 年之久。

1950 年 3 月，台湾当局以中国名义非法退出 GATT，并于同年 5 月生效，中国因此失去了在关税与贸易总协定中的原始缔约国地位。这种愚蠢的行为，使得后来中国大陆与台湾地区付出了巨大的代价；一直到关税与贸易总协定被 WTO 取代之时也无法“复关”，直到 2001 年底才先后加入了 WTO。

关税与贸易总协定自创立以来到被 WTO 替代之前的 47 年中，一共召开了 8 轮世界多边贸易谈判。通常，这些谈判会议会在一个世界著名风景地举行开幕式，该轮谈判就被习惯性地冠名为“××回合”。第 1 轮至第 5 轮谈判的焦点在于关税减让的产品范围与减让幅度。第 6 轮谈判则涉及非关税壁垒和反倾销制度。第 7 轮谈判则更进一步涉及大范围的倾销、补贴、技术贸易壁垒等非关税壁垒与反倾销、反补贴等协议，以及发展中缔约方的优惠措施。最大规模、持续时间最长的就是第 8 轮谈判，又称乌拉圭回合。这也是 GATT 名下的最后一轮谈判。

关税与贸易总协定乌拉圭回合（Uruguay Round）开始于 1986 年，结束于 1994 年 4 月，历时 8 年之久。乌拉圭回合谈判的主要参与国家包括 108 个缔约国和 10 多个包括中国在内的观察员国。主要议题除了包括传统的关税减让与非关税壁垒的消除外，还有服务贸易与贸易关联知识产权等议题。另外，也包括了中国恢复关贸总协定缔约国地位的谈判。

在传统议题方面，除了产品的覆盖范围更加广泛（发达国家产品的 99%，发展中国家产品的 73%）外，关税税率也更低（平均税率发达国家 3.8%，发展中国家逐渐降低）。传统议题的最大突破，是把原来游离于关贸总协定之外的纺织品和农产品包括了进来。规定从 1995 年开始至 2005 年为止的 10 年内，各成员必须全部撤销所有的针对纺织品的数量限制。这导致了实行了多年的《多种纤维协定》终于得到终结。

农业协定则规定农产品出口国必须削减出口补贴的36%，而且任何成员都不得再使用配额限制农产品的进口，转而使用关税保护制度，而且适用的关税减让原则许低不许高。

在新议题方面，突破体现为签订了《服务贸易总协定》与《贸易关联知识产权协定》。这两个新部分，使得这个国际多边贸易框架将几乎所有的贸易议题都包括进来。虽然类似服务贸易协定，对现在的服务贸易影响也不算太大，但是服务贸易在将来有着巨大的增长空间。同样，知识产权问题，现在也显示出了其在国际贸易中的重要性。发达国家非常在乎这两个议题上的进展。毕竟，像美国这样的发达国家，现在和将来的比较优势的发展方向主要就在服务业和知识密集型产业上。

也许乌拉圭回合的最大突破在于建立了一套有效的国际贸易争端解决机制。事实上，现在的WTO的争端解决机制，就是乌拉圭回合谈判的结果之一。在原来的关贸总协定的框架下，所有的成员之间的贸易争端，都必须交予包括争端双方或者多方在内的仲裁小组，以一致通过的原则进行处理。争端当事者也是仲裁小组成员的情况下，要求得一致通过的处理意见谈何容易，所以关贸总协定的"一致通过"原则备受争议。WTO采用多数（个别议题上是绝对多数，比如中国加入WTO的议案即使用绝对多数原则）通过原则。在WTO的争端解决机制下，成员间的贸易纷争，从起诉方提出开始，经历当事成员之间的协商、专家组设立与裁定、三人法庭再裁、争议机构终裁几个程序。一般来说，专家小组的裁决就是最后结论，最长1年到1年半左右结果就出来。

1993年12月，美国建议将多边贸易组织由关税与贸易总协定更名为"世界贸易总组织"。1994年4月，各缔约方代表签订《建立世界贸易组织的协定》。确定世界贸易组织于1995年1月1日正式成立，经过1年的过渡（与GATT共存1年），成为规范管理世界贸易的多边贸易组织。至此，漫长的乌拉圭回合得以完成，取得了极为显著的谈判成果。

1995年1月1日，世界贸易组织正式如期成立。之后按照规定召开了数轮部长会议。其中，2001年11月，世界贸易组织第四次部长会议在卡塔尔首都多哈举行。成员一致同意开始新一轮贸易谈判，也就是现在称为"多哈回合"的贸易谈判。同时，该次会议通过了中国加入世界贸易组织的决议。

"多哈回合"谈判，涉及的议题几乎全部都是以前谈判中留下来的难题。包括服务业、知识产权、投资、农业等领域的进一步的开放和具体化实施以及贸易与环境保护、贸易保障措施滥用等等。所以，直到2010年依然无法看到何时结束的前景。

总 结

1. 区域经济一体化组织指由两个或者两个以上独立关税区经济体组成，旨在推动相互之间自由贸易的经济合作组织。根据贸易、经济和政治一体化程度的不同，区域经济一体化组织可以划分为自由贸易区、关税同盟、共同市场、经济联盟和完全经济一体化组织。

2. 所有的区域经济一体化组织都具有区内成员相互之间实行关税减免的共同特征。自由贸易区的关税减免措施具有两个主要的贸易效应，即贸易创造效应和贸易转移效应。贸易创造效应指由于自由贸易区内相互免税导致各自的自给自足减少、相互之间贸易数量增加的效果。贸易转移指自由贸易区各成员之间相互免税导致原来区内成员与区外成员之间的贸易被区内成员相互之间的贸易所替代的现象。通常，前者会带来经济效率的提高，后者则会导致资源配置效率的下降和社会福利的减少。对于加入特定自由贸易区的经济体而言，社会福利究竟是否因加入行为而提高，取决于贸易创造效应与贸易转移效应孰大孰小。

3. 国际上现存的主要的经济一体化组织有北美自由贸易区（NAFTA）、欧洲联盟（EU）、中国—东盟自由贸易协定（CAFTA）和南方共同市场（MERCOSUR）等 4 个。它们分别是推进北美地区、欧洲地区、东亚地区和南美地区经济一体化的组织；未来极有可能形成世界区域经济一体化自由贸易经济的四大板块格局。

4. 世界贸易组织的基本原则包括非歧视性原则、互惠原则、关税保护原则、关税减让原则、透明度原则和公平贸易原则等 6 条。非歧视性原则又包括最惠国待遇原则和国民待遇原则。

5. 世界贸易组织的主要协议包括《1994 年关税与贸易总协定》（GATT）、《服务贸易总协定》（GATS）和《贸易关联知识产权协定》（TRIPS）等 3 个部分。三者分别用于规范货物、服务和知识产权产品的国际贸易。此外，还有《关于争端解决规则与程序的谅解》和《贸易政策审议机制》等比较重要的协议。组织构架上，包括部长会议、总理事会、理事会与专门委员会等四级权力机构。

6. 世界贸易组织成立于 1995 年，起源于 1947 年成立的关税与贸易总协定（GATT）。后者是作为第二次世界大战后曾欲建立的国际贸易组织的临时替代而存续了 47 年之久。在 GATT 时代，曾经举行了 8 个回合的世界多边贸易谈判，极大地推动了世界贸易向着自由贸易的目标前进。现在正在延续的是“多哈回合”，因面临巨大的谈判困难而旷日持久。

7. 中国曾经是 GATT 的原始缔约国。1950 年，“国民政府”在台湾退出了 GATT。20 世纪 80 年代，中国开始恢复关贸总协定缔约国地位的“复关”申请活动，直到该组织被 WTO 替代为止，始终没有实现。1995 年后，延续申请活动变为加入世界贸易组织的“入世”活动。2001 年我国加入世界贸易组织，此后，国际贸易得到了突飞猛进式的发展。

思考与练习

1. 简述自由贸易区、关税同盟、共同市场、经济联盟和完全经济一体化等 5 种区域经济一体化组织的异同。

2. 建立自由贸易区通常会带来两个最主要的贸易效应。一个是贸易创造效应，另一个是贸易转移效应。请回答以下相关的问题：

(1) 贸易创造效应对于进口国福利将会产生什么影响？原因何在？

(2) 贸易转移效应对于进口国的福利将会产生什么影响？原因何在？

(3) 一个国家和另一个国家缔结自由贸易区的协议，两个国家是否都能够从中得益？如果不是，存在几种可能？为什么？

3. 最惠国待遇和国民待遇都属于 WTO 的非歧视性原则内容的一部分，简述它们的异同。

4. 简述 WTO 的基本原则。

5. 在贸易纠纷解决机制上，WTO 与原来的 GATT 有何不同？

案例与资料

专栏 11—1

东亚经济共同体的梦想与现实

“东亚共同体”不是一个新鲜的话题，但这一构想却在 2009 年 10 月 10 日的第二次中日韩领导人会议上成为共识，并被写进《中日韩合作十周年联合声明》。旋即，“东亚共同体”几乎成为一个全球性热点话题。美国官员也公开表态：美国不接受任何排除美国的地区共同体。日本首相鸠山由纪夫无疑成为一个“赢家”，无论如何，他极力追捧的“东亚共同体”构想终于得到了回应。按照鸠山的设想，“东亚共同体”应该以欧盟模式为蓝本建立，它将成为与美国和欧盟并驾齐驱的世界经济“第三极”。

“东亚共同体”的概念并非鸠山由纪夫首先提出来的，东盟以及日韩等国都曾经提出过这一设想，各方提出的内容都不相同。鸠山由纪夫认识到，由于亚洲国家特别是中国对日本的政治经济影响力越来越大，继续坚持向美国一边倒的政策必然对日本不利，于是就提出所谓的“东亚共同体”构想和“对等的日美关系”诉求。

一方面，在不放弃日美同盟关系的同时，日本想适当拉开与美国之间的距离；另一方面，更加重视发展与亚洲国家特别是中国之间的关系，更多地将自己当作亚洲国家，通过“东亚共同体”的构想推进亚洲国家之间的合作。

鸠山提出的“东亚共同体”的构想并不是特别清晰，没有明确的范围，也没有大致的路线图。正因为没有提得很具体，只是泛泛而谈，所以没有国家反对。此外，区域一体化已经成为一种潮流，很多人羡慕欧盟和北美共同体，希望东亚也能形成类似的共同体，这也对各国形成了一种压力。可以说，“东亚共同体”作为一个远期的目标，无疑已经成为各方的共识，谁都不能表示反对。鸠山此举恐怕更多地缘自国家战略的需要。因为日本民主党对国际形势的判断是日本需要与美国适当拉开距离，在重返亚洲的过程中与中国开展合作最符合日本在现阶段的国家利益。“东亚共同体”这个构想，我们过去也考虑过，但是日本方面向来不积极。

现在，日本经济在GDP总量上、在创新能力上、在单位GDP能耗上都优于中国，而中国在某些技术转让方面还有求于日本。但在10年后，中日经济力量的对比就远不是现在这样。日本现在急推“东亚共同体”的构想未必没有抓紧时机、在美日同盟的保障下建立一个中国难以发挥领导作用的东亚经济共同体的想法。至于3国对这一构想达成共识，是整合区域经济的长远目标的需要。

就长远来说，欧盟式的“东亚共同体”不失为一个理想的目标。从宏观、理想化的角度看，把关税取消，使用共同货币，可以降低交易成本，对整个地区的繁荣当然是有好处的。但欧盟的形成取决于该地区国家间特殊的历史、同样的经济发展水平、同样的政治制度和文化价值，而这些在东亚国家之间都很少存在，这就使得欧盟式的“东亚共同体”无法在可以预见的时间内实现。

首先，欧盟各国整体经济水平差别不大，地区一体化后不会对经济造成巨大波动。但东亚各国经济发展水平就存在相当大的差距，经济相对落后的国家就不乐意放开市场，因为其经济可能一下子被冲垮。其次，东亚国家之间在政治制度和法律制度方面存在着巨大的差距。例如，日本不承认中国为市场经济国家，因为主导中国经济的是国有企业，这与日本所信奉的经济制度不符合。最后，东亚国家彼此间存在着历史及领土问题的纠纷。例如，日本一直未能像德国那样对自己的侵略历史进行充分的反省。

对于所有的东亚国家来说，如果只是谈建立“东亚共同体”没有什么不好，加强国家之间的交流合作也是好的事情，但是这件事情不像说起来这样简单，里面包括很多问题，比如“东亚共同体”的政治基础是什么，合作的内容是什么，谁起主导作用等。东亚一体化进程并非一个单一的行动，它涉及诸多外部因素。

东亚一体化首先必须从经济层面入手。日韩之间正在进行建立自由贸易区的谈判，而中日之间、中韩之间启动自由贸易区的步伐就要缓慢得多。其实，在经济合作层面上，有一些东西是可以比较具体的。比如，现在亚洲国家把美元作为出口货币，由于受2008年金融危机影响，亚洲国家也想建立亚元。另外，在大的框架下，尽管不可能立刻实现“东亚共同体”，但在一些领域，比如经济、文化交流、环保、气候变化方面，东亚国家之间有可能会有更紧密的合作。

东亚经济的共同体化需要一步一步地走。首先实现东亚3国经济合作的紧密化，这个紧密化实现之后才有自由贸易区的实现，然后才能考虑所谓亚元的问题，最后才能走向经济意义上的共同体。对于中国来说，不能因为“东亚共同体”是由日方推动的，就担心我们会不会中了人家的圈套。随着经济平稳持续的发展，我们很有可能将来在共同体上起主导作用。

资料来源：《构建“东亚共同体”》，载《广州日报》，2009-10-17。

专栏 11—2

中国的负气出走与“复关”的艰难历程

关贸总协定在世贸组织成立之前，一直扮演国际社会经贸协调者的角色，其主要目的是协调缔约方之间的贸易关系，促进世界贸易自由化、加强世界贸易环境的稳定性和透明度。1948 年 5 月 21 日，中国正式成为关贸总协定的 23 个原始缔约国之一。但在 1950 年 3 月，关贸总协定生效后不久，台湾当局却擅自宣布退出总协定，使得后来的中国踏上漫漫“复关”之路。几十年来，占世界人口五分之一的中国始终徘徊在“关外”。

1.“国民政府”在台代表中国退出关贸总协定。

从关贸总协定的其中几项原则上看，如最惠国原则和国民待遇原则，可以为中国产品的出口带去更多的政策上的便利及经济上的减免，也有助于保障中国产品在外国市场中的平等地位。同时，加入关贸总协定能够获得自由贸易区成员给予发展中国家的优惠待遇，这对于当时的中国重振国家经济、参与世界市场以进行各种商贸活动都具有一定意义上的帮助。因而，中国台湾擅自退出关贸总协定，不仅使得中国在关外在对外经济发展中缺少一个更多元化、多层次的外部环境，经济圈子的狭隘使得中国经济所能得到的机遇减少，最终也导致了中国后来申请恢复关贸总协定缔约国地位的艰辛。

2. 20 世纪 80 年代中国申请重新恢复关贸总协定缔约国地位的谈判历程。

随着全球政治态势的改变以及世界贸易的持续发展，经济全球化的大趋势也逐渐明显。同时，区域经济集团化的势头也越来越猛，随着中国实行改革开放政策，中国经济高速增长，中国经济与世界经济联系日益紧密，迫切需要一个更加开放宽松的国际、国内环境，在这样的背景下中国逐步恢复了与总协定的联系。

1981 年，中国列席了关贸总协定纺织品委员会主持的第 3 个国际纺织品贸易协议的谈判会议，并于 1984 年 1 月成为该委员会的正式成员。

1982 年 11 月，在不损害中国缔约方地位的前提下，中国首次派代表以观察员的身份列席了关贸总协定第 38 届缔约方大会。

1986 年 7 月 11 日，中国常驻日内瓦联合国代表团大使钱嘉东照会关贸总协定总干事邓克尔，正式提出了中国恢复关贸总协定缔约方地位的申请，同时阐明了中国恢复缔约方地位的原则立场。同年 9 月，中国成为“乌拉圭回合”的全面参加方之一。

1987 年 2 月中国向关贸总协定递交了《中国对外贸易制度备忘录》。

1987 年 6 月关贸总协定“中国的缔约方地位工作组”成立，瑞士大使席拉德担任主席。在随后的工作组会议中，中国代表就中国的经贸制度向各国进行了书面与口头的答疑。

从 1987 年 10 月到 1992 年 2 月，中国政府先后 10 次派团参加 GATT 中国工作组在日内瓦举行的会议，提交中国贸易制度备忘录并相继回答了缔约方提出的近2000个问题。

1990年1月，关贸总协定中国问题小组再次审议中国恢复缔约方地位的要求，并完成了对中国外贸制度所做的评估。

1992年2月，关贸总协定中国工作组会议开始进入有关中国议定书内容的实质性谈判阶段。

1992年10月，在第11次中国工作组会议上，中国外经贸部副部长佟志广首次正式阐述了中国寻求一项权利与义务相平衡的议定书的原则立场。在以后的几次工作组会议中，谈判在许多方面取得了进展。

1994年8月31日，中国正式散发了长达10余页的最后一揽子方案，这成为以后谈判的基础。

1994年9月至11月，中国与大多数缔约方进行了关税与非关税减让谈判，就大多数问题取得了一致意见。

1994年12月20日，在日内瓦结束的中国工作组第19次会议上，由于美国等国家拒不面对中国作为一个发展中国家的现实，要价过高，会议未能就实质性谈判达成协议，中国最终未能在1995年1月1日之前加入关贸总协定（这个日子是成立世界贸易组织的最后期限）。

1995年之后，中国继续与世贸组织各成员进行磋商。由于世界贸易组织取代了关贸总协定，中国的“复关”也随之变成了入世，关于入世的谈判同样充满了曲折和艰难。

3. 中国入世历程。

世纪之交，中国的改革开放走过了辉煌的22年，这20多年的历史经验告诉我们，经济要腾飞，必须选择开放；国家要发展，必然要进一步开放。那么如何进一步开放呢？道路只有一条，就是尽快与全球一体化接轨。加入世界贸易组织是我们与世界经济接轨最快捷、最有效的途径。然而，从复关谈判到入世谈判，中国走过了布满荆棘的15年。

世贸组织成立后，中国的复关谈判转为加入世贸组织的谈判。1995年7月11日，中国正式提出加入世贸组织的申请，自此从复关转为入世。同年11月，应中国政府的要求，“中国复关谈判工作组”更名为“中国入世工作组”。中国政府根据实际情况，多次重申了入世的基本立场，概括起来为以下三个基本原则：第一，根据权利与义务对等的原则承担与本国经济发展水平相适应的义务；第二，以乌拉圭回合多边协议为基础，与有关世贸组织成员方进行双边和多边谈判，公正合理地确定入世条件；第三，作为一个低收入发展中国家，中国坚持以发展中国家身份入世，享受发展中国家的待遇。

1996年3月，世贸组织中国工作组第一次正式会议在日内瓦召开，中国代表团出席了会议。同时，为加快经济建设及国内经济与世界经济接轨的速度，1996年4月1

日和1997年10月1日，我国政府两次大幅度降低关税税率，逐步取消了各种名目繁多的非关税壁垒，在1998年4月中国工作组第七次会议上，中国代表团向世贸组织秘书处提交了一份近6 000个税号的关税减让表。但总体而言，这一阶段的工作组会议与双边磋商进展缓慢。

1999年后，中国入世进程明显加快。1999年4月，朱镕基总理访美，与美国在市场准入谈判方面取得实质性进展，双方签署了中美双边协议中最重要的《中美农业合作协议》，并就中国加入世贸组织问题发表联合声明。然而1999年5月8日，以美国为首的北约轰炸了中国驻南斯拉夫大使馆，中国入世谈判被迫终止。1999年9月11日，江泽民主席和克林顿总统在新西兰亚太地区经济合作组织领导人非正式会议上举行会晤，同意两国恢复谈判。1999年11月10日，美国贸易代表团访华，与中国就中国入世问题进行双边谈判，最终在11月15日双方签署了《中美关于中国加入世界贸易组织的双边协议》，这标志着中国与美国就此正式结束双边谈判，也为中国与其他主要贸易伙伴的谈判奠定了基础。2000年5月19日，中国与欧盟达成双边协议。2001年9月13日中国与墨西哥签署双边协议，至此中国与要求与中国进行双边谈判的37个世贸组织成员方全部结束了谈判。

2001年9月17日，世贸组织中国工作组举行的第18次会议通过了中国入世的所有法律文件，其中包括中国工作组报告书、入世议定书以及货物贸易减让表和服务贸易减让表等附件，同时也结束了世贸组织中国工作组的全部工作。2001年11月10日，在多哈举行的世贸组织第四次部长级会议上审议并批准了中国加入世贸组织，我国随即递交了全国人大常委会批准中国加入世贸组织议定书的通知书。按照世贸组织的规则，一个月后，中国于2001年12月11日正式成为世贸组织成员。

资料来源：《中国争取“复关”的历程》，http://www.showchina.org/zgygjzzxl/zgywto/01/200702/t108218.html。

WTO多哈回合的课题与展望

WTO成立以来的第一次多边贸易谈判——多哈回合从2002年1月31日全面启动，计划在2005年1月1日以前全面完成。事实上，多哈回合谈判一直进展缓慢，许多问题的谈判未能如期完成，整个谈判也未能按期结束。经过各方的积极努力，147个世贸组织成员方终于在日内瓦时间2004年8月1日0点30分就多哈回合主要议题达成框架协议。

在多哈谈判中，发展中国家与发达国家冲突剧烈，利益博弈复杂。发达国家与发展中国家之间屡次形成尖锐对立，发达国家从自己的利益出发，热衷于市场准入、贸易与环境、贸易与劳工标准、政府采购透明度等议题，致使谈判偏离“发展导向”，无法如期实现既定谈判目标。

"农业问题"则是整个谈判的冲突焦点。事实上，多哈回合的农业谈判是乌拉圭回合农业谈判的继续，多哈回合的农业谈判主要有三大目标：大幅度提高市场准入机会，分阶段削减各种形式的出口补贴，大幅度减少各种国内支持，最终建立一个市场导向的、公平的世界农产品贸易体系。多哈回合谈判中，农业问题特殊而敏感，受到各成员普遍重视。

谈判范围广，谈判难度大是多哈回合谈判的突出特征。谈判伊始，各大利益阵营，各成员展开了多轮的利益博弈。最基本的利益关系还是发达国家成员和发展中国家成员形成的 WTO 中的两大阵营。针对不同的问题，由于各自利益需求的差异化、复杂化，在两大利益阵营内部又分化出小的利益集团。如在农业问题上，发达国家内部分化出两大利益群体，一是美国"凯恩斯集团"凭借其农产品竞争能力较强，试图利用新一轮谈判推动农产品贸易自由化。二是欧盟、瑞士、挪威、日本和韩国等成员，其农业缺乏比较优势，农业生产集中在少数产品上，其谈判目标是尽可能维持对农业的高度保护和支持，强调灵活性，主张用乌拉圭回合的模式进行关税减让，削减国内支持，削减幅度基本与乌拉圭回合相同。

多哈回合框架协议的达成将谈判拉入正轨，无疑将推动多哈回合的谈判进程，但这也只是一个框架而已，只是规定了谈判的原则和方向，存在着模糊性和不平衡性。有专家指出，实质性谈判可能还需要两三年的时间。在今后的具体谈判过程中，针对每一个具体问题的谈判，利益之争会异常激烈，谈判难度会大大增加。特别是让发展中国家的利益真正得到实现还存在相当大的难度，需要各成员努力，才能达到圆满效果。

资料来源：刘瑛华：《WTO 多哈回合谈判的特点与中国的对策》，载《亚太经济》，2005（3）。

第十二章

贸易政策的政治经济学

学习目标

- 了解贸易政策决定过程中的政治经济学分析视角。
- 理解选举竞争模型，中点选民政治偏好对于政策决定的关键作用，集体行动有效性和政治献金等因素对于国内贸易决策的影响。
- 了解霸权国家对于国际贸易框架建立的贡献，国家政治力量介入国际贸易博弈对于博弈结果的影响，以及国家之间贸易谈判方式对于解决贸易博弈中的“囚徒困境”的作用。
- 了解针对性原理对于贸易政策评判的标准性作用。

现实的世界远非我们在前面的理论世界中所揭示的那么单纯。政府在考虑贸易政策的时候所考虑的因素，除了经济层面的以外，还有政治、社会等因素的存在。因此，现实版的国际贸易政策常常是多层面多因素综合影响的结果。各个国家虽然都知道自由贸易对于本国的重要性，但在制定具体的贸易政策时，却往往与自由贸易理论昭示的方向背道而驰。看似非理性的政治决策，背后其实隐含着非经济学的理性。本章的目的即是从一个完全不同的视角——政治经济学的角度，为现实世界采用的诸多政策提供一个合理的解析框架。

12.1 贸易政策的政治经济学分析视角

我们在前面的经济学理论模型中，使用的是成本—收益福利分析。为了使得社会无差异曲线存在，我们曾经明确地假定社会上的个人偏好完全一致。这是一个相当无视现实的严苛假定。在这种假定下，所有贸易政策带来的结果是国家整体利益的增加或者减少，自然就可以推论到该国国民利益受益或者受损。

但是在现实世界中，根本就不存在利益完全一致的社会，所以才存在政治问题。当社会由利益相互冲突或者不一致的多个利益团体构成时，任何一个贸易政策带来的结果，将具有两个层次的含义：国家整体利益和各利益集团利益。符合国家整体利益的贸易政策，未必就能够符合所有国内利益团体的利益；相当多的场合两者是一种相互冲突的关系。关于这一点，我们已经有所涉猎。通过前面第三章中斯托尔帕-萨缪尔森定理可以看到，自由贸易会提高国内充裕要素所有者的收入，同时降低国内稀缺要素所有者的收入。在第四章的多要素模型中，我们也看到，自由贸易政策对于不同的要素所有者的收入存在着明显的方向上相反的影响效果。贸易政策是一种客观上带有强烈分配效果的政策；其带来的远非是一种国民利益均沾的福利分配格局。

国内的利益团体，根据不同的利益标准，可以划分为很多种类。比如可以从要素所有者的角度，把他们划分为资本家、地主、工人。从国际贸易的角度而言，通常可以划分为出口商、进口竞争行业生产商、进口商和消费者。

国家作为一个经济体存在，同时也作为一个政治和社会实体存在。贸易政策作为经济政策的一部分，与所有其他政策一样，最终由政府的政治决策来决定。而政治决策的过程是不同利益团体在政治、经济和社会因素多个层面共同博弈的相当复杂的过程。因此，贸易政策就带有深深的政治经济学烙印。

贸易政策的政治经济学包含两个层面的内容，一个是贸易政策的国内政治经济学，另一个是贸易政策的国际经济学。前者研究国内的政治因素包括利益团体分布、利益团体活动和整个政治决策过程对于贸易政策的影响。后者则研究国际政治关系对于国际贸易政策的影响。具体的贸易政策就是当时国内政治和国际政治在政治决策舞台上共同作用的结果。

完全可以套用市场供求的概念框架来理解政治上关于贸易政策的决策过程。在这个特殊的政治市场上，交易的标的就是贸易政策。供给方为政府和官僚，他们提供贸易政策；但是贸易政策的供给受到他们的偏好和政治决策体制的影响。需求方就是各种利益团体，包括普通国民甚至外国人在内的各种利益集团，他们按照自己的利益和偏好对不同的贸易政策存在需求。各种利益集团会通过游说政府、在政府中培植代理人、组织政党、舆论宣传等方式或者渠道表达和实现自己的目标。最终决定的贸易政策变量，比如关税率、配额额度和补贴率等，就是政治市场在达到均衡状态时的均衡“价格”。

12.2 贸易政策的政治博弈：国内版本

由于贸易政策是政治活动和政治决策的结果，而政治又是由政治家和选民的行为构成。政治家追求的最高目标是政治上的最大成功。这就与我们在前面纯经济学理论中假定的，社会追求的目标在于社会福利最大化有差异。对于政治家或者在他们掌控下的政府来说，只要贸易政策能够带来政治上的最大成功，哪怕这种贸易政策不符合社会福利最大化的原则，也是最优的。因此，这种政策就会被选择实施。这种国内政治博弈决定贸易政策的理论观点和模型，主要包括以下三个方面的内容。

1. 选举竞争策略模型。

该模型又称为中点选民模型，大意是说贸易政策由位于偏好中点的选民的偏好决定。我们可以把这个模型当作理解贸易政策的国内政治经济学决定的基础模型。

假定在一个民主国家内，存在两个政党，我们不妨把它们姑且称为共和党和民主党。它们上台执政的前提是必须赢得选举。而选举的工具，就是提出能够获得多数选民认可的进口关税税率的贸易政策。

再假定该国国民出于自身利益的考虑，对于关税税率的偏好各不相同。依赖低价进口商品维持生活的，以销售进口商品谋生的，以进口零部件为主要生产投入品的这一类国民，希望进口关税越低越好。而一般的国民，既希望能够享受到廉价的进口商品又希望外国商品的进口不至于太过影响到自己的就业，所以持有一种矛盾的微妙平衡心理。这部分国民偏好于不高不低的折中税率水平。另外，生产产品受到进口产品激烈竞争的企业主和在相关产业就业的国民，时刻担心自己的饭碗被抢，偏好较高的关税税率。

图 12—1 横轴表示表示选民，越靠近原点的选民对于进口产品的关税越持开放性的态度，偏好较低的关税甚至是零关税。中间的选民称为中点选民，越是远离原点的选民对进口产品越持有激进的态度，主张实行高关税甚至是禁止性关税。纵轴表示关税税率。

图 12—1 中直线 *HML* 是一条表示选民对于关税税率偏好的曲线。这条曲线往右上方倾斜，表示保守选民偏好低关税，激进选民偏好高关税，中点选民偏好的关税为 T_M。

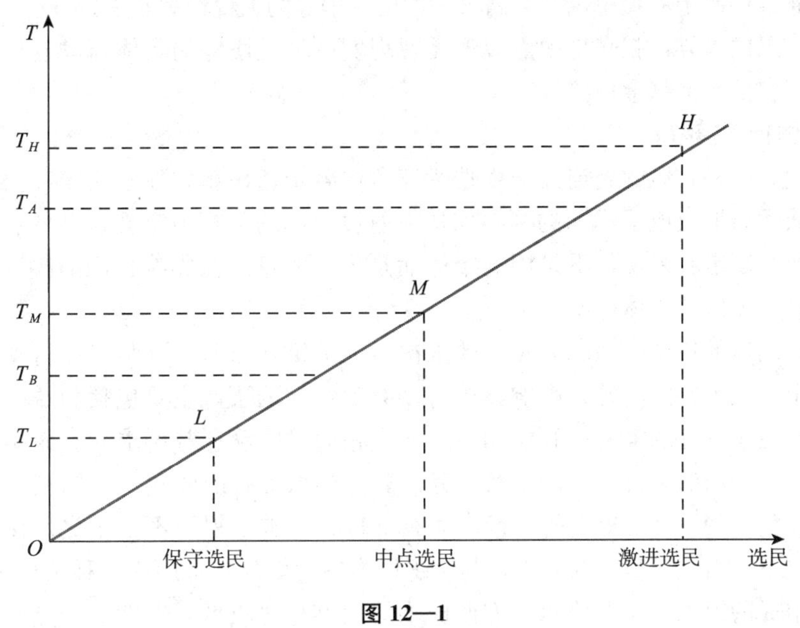

图 12—1

假定民主党为了迎合激进选民，准备提出关税税率等于 T_H 的贸易政策竞选承诺。这种情况下，另一党派共和党的最优竞选策略必定是提出一个稍低于 T_H 的关税税率如 T_A 的承诺。因为，对于大多数选民来说，共和党提出的承诺关税税率相对接近自己的偏好。在“二者相害取其轻”的逻辑下，就算他们对于两个政党承诺的关税税率都不满意，他们也只能选择相对满意的选项。如果选举就此结束，则民主党只能赢得激进选民的选票，共和党将会赢得绝大部分选民的选票，从而后者将会赢得选举。问题是，一旦考虑到共和党会提出一个比自己相对更低的税率 T_A，导致自己竞选不利时，民主党会适时提出一个比共和党承诺的 T_A 更低的关税水平。这种博弈会不断持续下去，直到两党最终承诺的关税水平等于中点选民偏好的水平 T_M。

反过来，如果共和党提出一个极低的关税税率 T_L 承诺，民主党则只需要提出一个相对稍高的关税税率 T_B，则会赢得除了少部分保守选民以外的绝大部分选民的选票。考虑到这一点，共和党也必定提出一个相对更高的关税税率承诺水平。这种政治博弈持续下去的结果是最终两党承诺的关税水平都会等于中点选民偏好的关税水平 T_M。

中点选民竞争策略非常类似于选址理论中的一个博弈。该博弈假定，所有居民的家均匀分布在一条马路上。两家商店需要在这条马路上选择一个地方设置自己的店面。居民由于考虑交通费等因素，只会选择去离自己家最近的商店购买东西。为了获得绝大多数的居民的消费，博弈的最终结果是，两家商店都会选择在马路的最中间处设立自己的店面。均衡博弈的结果下，绝对不会有哪一家商店会选择在路头或者路尾开设自己的商店。

中点选民竞争策略模型为一国国内贸易政策的政治经济学决定提供了一个比较基础和有用的简单分析工具。但是，该模型依然难以解析一些现实中的问题。我们经常看到，政府最终制定的关税税率会高于一般国民偏好的关税税率水平。

这种结果的差异，就来自中点模型无视现实中利益团体的集体行动现象和政治决策过程中存在的政治献金现象。

2. 集体行动模型。

现实中，各种政策的制定并非由选举竞争中各个选民单独投票决定；而是不同的国民有形或无形地组成了不同的利益团体，通过团体的影响力实现自己的利益。换言之，对于政策制定者来说，不是国民个体而是集体的意志在影响自己的决策；真正起作用的是利益团体的集体行动。

当利益团体的集体行动成为左右政策决定的关键变量时，这种集体行动的有效性就成为一个至关重要的问题。影响集体行动有效性的因素，主要包括利益团体组织的松紧程度。组织良好的紧密的利益团体，会有相应的明确利益诉求和有效实现诉求的渠道。相反，松散的利益团体，必然伴有松散型组织常有的弊端，比如利益诉求似是而非、难以整合和明确，提出的声音多而杂乱，容易被忽视而不了了之。在其他条件相同的情况下，组织成员数的多少，与组织行为的有效性常常形成一种负相关的关系。越少成员组成的组织，在内部协调方面面临的困难相对较低，也就易于方向统一以及行为的实现。

当利益团体没有明确的领导和明确的组织形式时，极容易陷入“乌合之众”通常会面临的尴尬境地。纵使有着天然统一的利益诉求，这种团体实现目的的可能性通常都较低。导致这类团体的集体行动无效的原因主要是“搭便车”行为。对于与其他利益相关者有着共同利益追求的个体而言，如果个人努力所付出的边际成本，低于自己从努力中获得的边际收益，这些人当然不会有动机去努力实现自己的目标。即使自己努力获得的边际收益大于努力所付出的边际成本，如果其他成员的行为具有正的外部性，能够同时导致自己目的的实现，该成员将选择自己不努力，而会自私地期待其他人的努力给自己带来收益。在极端情况下，每一个成员都按照这种思维逻辑行事，团体和个体的利益将会永无实现的可能。

在开放经济中，普通消费者团体就属于一种典型的松散型组织。当政府提高进口产品的关税税率时，属于这个团体中的每一个成员的利益都会受损。所以，每当面临类似的场合，团体中的每一个成员都存在阻止政府提高关税税率的利益诉求。但问题是，如何实现这个目标呢？一个最容易的办法就是，每个消费者都给政府或者议会的议员写信或者传真表达自己的意见。虽然写一封信，花几毛钱邮资，并不会花费很大的成本。但是关联行为的成本却不容忽视。比如说，你得调查收信人姓名、地址，购买信封和邮票，接着得投到信箱中。所以，如果当事人是中国的消费者，这个时候通常会说“我很想给政府写封信，但是太烦了，就算了吧”。这就是边际成本大于边际收益的表现。也会有相当多的人会说：“这么多人受影响，就算我不写信，其他人肯定会写信的，不差我这一封。”这种心态就是典型的“搭便车”心态。

相反，进口竞争产业联盟或者属于进口竞争产业工会的产业工人团体，极有可能形成一个强有力的团体组织，从而实现集体行动的高度统一，从而实现团体的利益诉求。比如说，美国的钢铁产业，已经属于一种夕阳产业，产业内所属企业不多。这些企业就会有动机说服政府对国外钢铁产品的进口提高关税。一旦实现目标，产业内的每一个企业都会得到由于钢铁产品国内价格提高带来的巨大利益。首先，钢铁产业协会会进行有组织的政府游说公关活动，同时，它会找来各种媒体开展舆论攻势，大肆宣扬外国企业是如何地进行不公平的竞争，从而导致了美国工人丢失了多少饭碗。它还会鼓动钢铁产业工人向政府开展针对进口外国钢铁产品的示威请愿活动。在这种强大的有组织活动的压力下，实现提高进口关税的目的的可能性就会大增。

图 12—1 中，相当于横轴左边选民和中点选民的，正是现实中的消费者。这些选民作为消费者利益团体的成员，由于组织的松散尤其是“搭便车”问题的干扰，集体行动的有效性较差，实现自己偏好的政策目标的可能性相对较低。而刚才提到的进口竞争产业联盟成员，所属的位置，正是图 12—1 中横轴右边分布的部分。由于组织的严密程度较高以及相关联的集体行动的有效性，使这部分选民的政治意愿相对容易得到满足。

所以，现实中观察到的政府决定的贸易关税，通常要偏高于中点选民偏好的关税税率。加入了集体行动有效性因素后的修正版中点选民模型，显然具有更好的理论解析和预测能力。

3. 政治献金模型。

现实中，不单单是集体行动有效性影响着各个利益团体政治偏好的实现，政治献金也发挥着重大的作用。选举竞争、政党运营是相当高成本的行为。实质上，政治献金在很大程度上扮演了政治人物政治生命的维生素和食物的角色。

无论是总统选举还是议会议员选举，都需要投入巨大的人力、物力、财力进行选举拉票活动。选举拉票活动，包括通常所见的街头宣传、电视广告、报纸杂志广告和现代的多媒体广告。选举候选人需要组成强有力的选举团队，需要租用办公地点，印制、分发、张贴竞选海报，这就需要大量的资金做后盾。而现代的媒体广告，更是耗资巨大的宣传手段。没有这些耗资巨大的手段的运用，候选人的政治魅力、政策主张甚至其本人都不能得到选民的认识和了解；这种情况下，当选的可能性也就极小。即便是当选以后，总统也面临着如何连任下一个任期的问题，议员也必须正视下一次议会改选的压力。因此，持续的宣传就变得不可或缺，也就意味着维持政治生命对资金的需求源源不断。

在这种情况下，政治人物也就是政策决策人物将不得不在公众舆论关注的普通选民（松散利益团体）利益和有能力贡献大量政治捐款的利益团体利益之间作出平衡。前者也是维持他们政治生命的基础性因素之一，后者同样重要。接受政治献金，意味着必须承诺在接下来的政策制定过程中制定出偏向政治捐款利益团体的政策。由于政策的偏向性，也会产生因普通选民不满而流失部分选票的副作用。但是，只要政治献金支撑的政治宣传带来的其他选民的选票更多，政治人物则毫无疑问会持续不断地接受政治献金。回到我们熟悉的边际思考的角度，实质上接受政治献金的行为存在着边际政治收益和边际政治成本。政策偏向性导致来自普通选民的选票流失构成了其政治边际成本，政治献金以及由此而拉拢的选民选票则是政治边际收益。接受政治献金的行为将会在政治的边际收益等于边际成本的时候停止；此时，政治收益最大化。

图 12—1 中的左边和中点代表那些没有多大政治捐款能力的选民，右边的选民主要由数量不多的进口竞争产业的企业主和产业工人构成。进口竞争产业的企业主由于人数不多，而且一旦实现提高关税的目的会给他们带来巨大的收益（相当于生产者剩余的增加部分）。因此，这部分选民提供政治献金的能力和可能性都大大超过中左边的选民。在政治运作过程中的政治边际收益和边际成本的双重衡量下，政策决定者必定会选择接受右边选民的政治献金。最终的结果是，贸易政策将会偏向于右边选民的政治偏好，也就是偏向于相对偏高的进口关税。

政治献金模型是对中点选民模型的又一个贴近政治现实的修改版本。和集体行动有效性模型的修改一样，政治献金模型对于贸易政策通常高于中点选民偏好关税水平的现实，有着更好的解析和预测能力。

12.3 贸易政策的政治博弈：国际版本

国际贸易关系（包括各国的贸易政策）属于国家之间双边国际关系的一部分。而国家之间双边关系的状态，则是相关国家在政治、经济、军事等多层面相互博弈的结果。换言之，国家在国际舞台上的博弈目标是多重的。这就导致相应的博弈策略和博弈结果的多重性。贸易政策并非只是国家追求单纯经济利益的结果。

关于贸易政策的国际博弈理论，主要包括以下主要内容。

1. 霸权国家与国际贸易环境稳定。

像经济学理论所揭示的一样，即使是自由经济，在市场失灵的场合，仍需要政府的介入和校正。公共产品领域，属于市场失灵的领域，市场不起作用或者效率不高，就需要政府来提供公共产品。一个国家内部的经济如此，世界经济同样存在类似的问题。自由开放的国际贸易政策就属于世界经济整体的公共产品。单一的国家内部存在拥有法律执行力的政府，可以提供国内所需的公共产品。问题是，由不同的独立关税区组成的世界经济中，却不存在同样的或者类似的“世界政府”。因而，世界性公共产品的提供就存在如何实现的问题。

在“世界政府”缺位的情况下，一个拥有世界霸权国家的存在就成为必要。事实上，霸权国家可以利用它的政治、经济和军事能力，以及在文化、意识形态上的权威或者软实力，来建构一个世界性的自由经济的管理支撑体系。这就是霸权稳定论的逻辑基础。我们可以把霸权国家理解为博弈理论中的具有支配力量的博弈者。在存在强大的支配型博弈方的条件下，其他博弈方能够采取的最优策略，通常是跟随策略。

当信奉自由经济的霸权国家拥有强大的国际影响力时，提供和维护世界性自由贸易框架产品（国际公共产品）的能力也就越强，世界就更加稳定。反之，当霸权国家的国际权威日渐衰落之时，如果没有替代的霸权国家成长起来，则国际公共产品的提供和世界稳定性就会下降。

第二次世界大战以来，美国长期扮演了霸权国家的角色。虽然我们有时候为美国的霸道愤愤不平，但不可否认，美国在引导、建立、推进和维护国际性的自由贸易上功不可没。

2. 政治力量与战略性贸易政策。

我们在第八章的8.3节重点战略性产业保护理论中介绍过，在国际垄断性产业的国际贸易中，政府对本国企业与外国企业的竞争的战略性介入，将会帮助本国企业（继而本国）在国际贸易上获取巨大的经济利益。因为政府的介入，将会改变原来的博弈格局；本国企业将有机会在博弈中扮演先行博弈方的角色。

另外，我们在8.4节的最优关税理论中，讨论过大国的贸易保护政策有着改善本国贸易条件、提升本国经济利益的理论上的可行性。由于大国在相关产品的国际贸易中，无论处于供方还是需方的位置，其供给数量或者需求数量的变动，将影响到国际贸易数量，从而会改变国际价格和本国的贸易条件。最简单的例子就是，大国提高本国对进口产品的关税税率将会导致该产品的国际需求量和价格的下降，从而改善本国的贸易条件，提高本国在国际贸易中的收益。

无论是战略性贸易政策理论还是最优关税理论，其采取策略性的贸易政策获取利益的途径都是以牺牲贸易伙伴国的利益为前提。理论上，每一个国家在国际贸易政策博弈中都有动机采取这种策略。而且，这种以邻为壑的做法，极为容易引起贸易对手的强烈反抗，从而会引发相互之间的“贸易战争”。但是，现实中，如果贸易双方的博弈谈判处于一方力量大一方力量小的不对称状态时，常常会出现大国对小国的“弱肉强食”式的博弈局面。尤其是当政治力量成为国际贸易谈判力的一个影响因素时，就更加容易出现这种结果。具有强大的政治、经济、贸易影响力的国家，依靠自己的实力强行推行贸易保护政策，而其他贸易对手国只能“忍气吞声”地、无奈地接受不公平的现实。

3. 国际贸易的“囚徒困境”与国际谈判的好处。

在博弈变量为自由贸易政策和贸易保护政策的一次性国际贸易博弈中，均衡的结果常常是双方选择贸易保护政策。双方陷入博弈论中经典的“囚徒困境”的陷阱中不能自拔，双方都失去了利益提高的机会。但是，如果博弈是无限次博弈，或者是允许双方签订有约束力协议的博弈，则可以避免这种尴尬局面的出现。

双方签订有约束力协议的国际贸易博弈，前提是双方以自己国家的政治信用为保证参与贸易谈判。双方都承诺在贸易谈判结束后，以国家信用为保证，确实地执行签订的贸易协议。在加入政治因素后的贸易政策博弈，双方的最优策略将由原来的选择贸易保护政策变成选择自由贸易政策。

此外，国际贸易谈判还具有平衡国内各方利益集团利益的功能或者说好处。在前面的国内博弈中，以进口竞争产业中的企业主为代表的激进型选民利益集团会强力推销自己的高关税政策主张。相反，以出口型产业企业主为代表的选民利益集团也会竭尽全力游说政府接受自己的低关税甚至是零关税的政策建议。任何一方都可以找到无数条理由说明自己的政策主张符合国家利益最大化目标。

在这种针锋相对的政治压力下，政府往往面临着一种进退维谷的境地。此时，国际贸易谈判常常是平衡双方政治压力的有效途径和工具。通过签订有约束力的国际贸易协议，实现双方自由贸易的利益，符合国家利益的最大化目标；政府容易使自己位于一个超脱的政治地位，并获取国内舆论的高度评价。而且，在实现了国家利益最大化的前提下，政府也容易对进口竞争产业推行国内补贴之类的社会补偿措施，从而缓解自由贸易政策在客观上导致的国内收入分配格局变化带来的影响。

12.4 贸易政策的评判标准

不管是源于政治目的还是源于经济目的，所有的贸易保护政策支持者都能够为自己的主张找到千千万万条理由和根据。这些似是而非的理由，有时候听起来还好像无可辩驳、无懈可击。其中影响力最大和最为典型的就是扭曲理论。我们就以扭曲理论为例来说明问题的根源，以及真正正确的贸易政策应该是什么的问题。换言之，正确的贸易政策评判标准究竟是什么?

国际贸易上的扭曲理论，在本质上和国内市场存在扭曲、存在市场失灵时政府介入行为的经济学理论没有什么不同。我们在微观经济学中曾经学过，当市场由于信息不对称或者市场结构非完全竞争等因素影响时（当然也包括公共品市场的场合），市场本身无法有效率地解决产品过多生产或者过少消费的问题，从而社会无法达到社会最优（帕累托最优）状态。

扭曲理论者认为，外国的不公平竞争，当然会导致本国市场的扭曲。即使是在双方都实施自由贸易政策的场合，外国商品在较强的比较优势支持下的大规模进入，将会导致本国的相应商业机会损失。这部分商业机会的损失，不仅仅是进口竞争产业的市场萎缩导致的生产者福利减少，而且源于这些产业和其他产业原来维持的经济联系被破坏而导致的额外社会损失。进口会趋于过多状态，国内生产会趋于过少的状态。也就是说，存在我们通常在局部均衡分析中看不见的额外的社会福利损失。因此，完全开放市场政策的社会成本会大于社会收益。换言之，市场是扭曲的。

反过来看，政府实施适当程度的贸易保护主义措施，将会矫正这种市场扭曲。对进口产品实施出口补贴，能够解决过多进口问题，实现国家社会福利的最优状态。其原理就像对国内污染企业征收税收一样，能够解决污染性产业过多生产的问题，实现社会最优状态。

扭曲理论有着严密的理论支持，乍看无懈可击。问题是，如果进口产品导致了这种市场扭曲，则也应该承认出口商品也会导致影响刚好相反的“市场扭曲”。逻辑上，如果进口商品导致了过多进口、过少国内生产，则出口一定会导致刚好相反的过多国内生产、过少进口。二者理论上，也应该能够相互抵消各自带来的“市场扭曲”效果，从而自动实现社会最优状态。

退一步而言，就算只存在单方面的进口扭曲，采取的政策也不应该是我们通常看到的关税或者其他非关税壁垒。当真的存在过少国内生产问题时，关税确实能够解决这个问题，同时也会导致严重的消费扭曲。如果政府不是采用关税，而是对进口竞争产业中的企业实施生产补贴，同样也能够解决过少生产的问题。而且，补贴的场合，不会引起任何的消费扭曲。显然，从经济的角度来说具有更高的效率。

这种政策替代，反映的正是“针对性原理”。

针对性原理认为：任何经济问题，最好的解决方法就是直接针对该问题的方法。没有最直接的方法时，相对直接的方法就是最优的。在这个原则下，任何的贸易保护政策主张者就不会显得那么振振有词。

总　结

1. 贸易政策的决定涉及政治、经济、法律等多方面的因素。现实中的贸易政策远非主流贸易理论所主张的只根据贸易理论作出。政治经济学为理解现实的贸易政策与贸易理论的相悖，提供了另一个不同的分析视角。

2. 一个国家内部不同国民具有不同的政治偏好，后者又源于他们不同的政治经济利益。在选举竞争模型中，政治偏好位于中间位置的中点选民的偏好对于贸易政策的决定具有关键性的作用。而现实中，国民偏好对于贸易政策的影响，不是产生于单个人的行为，而是产生于不同利益集团的集体行为。松散的利益集团的集体行为有效性极低，组织良好、人数较少的紧密组织的集体行动的有效性则会高得多。政治献金也会在贸易政策的制定过程中起到重要作用。进口竞争性产品的国内生产商通常能够组成一个紧密的组织，也相对容易筹集政治献金，所以它们的政治偏好相对比较容易得到采纳。其结果，就是我们通常观察到的贸易政策偏向于高保护的现实。

3. 国际性的自由贸易框架是一种世界性的“公共产品”，由所有参与世界贸易的关税区经济体共享。但就像国内存在市场失灵时公共产品缺失一样，国际性的公共产品也会因为市场失灵而缺失。因此，信奉自由经济的霸权国家的存在，对于国际性公共产品的提供具有举足轻重的作用。国家政治力量对于国际贸易博弈的策略性介入，将会改变博弈的格局和结果。另外，国家之间的国际贸易政策博弈比较容易陷入一种典型的“囚徒困境”格局，自由博弈的结果将会是两败俱伤。国际谈判以及由此而来的具有约束力的双边或者多边贸易协议的签订，能够为突破这种困境提供一条可行的路径；也为平抑国内不同利益集团的舆论声音提供了一种现实的选择。

4. 贸易政策的对错经常难以明确衡量。但是就政策的效率来说，最根本的判断标准是针对性原理。针对性原理指出，最直接针对存在问题的政策就是最好的政策。不存在直接的针对政策选择时，现实中可选择选项中最直接针对的政策就是最好的。此称为次优选择。

思考与练习

1. 中点选民竞争模型显示，国家的政策决定最终将会由位于中点部分选民的偏好所决定。请说明为什么会出现这种结果。

2. 集体行动有效性模型对中点选民模型进行了什么主要的修正？修正后的模型，对于贸易政策选择的偏向性问题能够得出什么主要的结论？

3. 政治献金模型对于中点选民模型进行了什么主要的修正？修正后的模型，对于贸易政策选择的偏向性问题能够得出什么主要的结论？

4. 从霸权理论的角度，分析第二次世界大战以后，美国对于世界自由贸易的贡献。

5. 简述针对性原理及其对于名目繁多、似是而非的贸易保护主义主张的对错进行判断的意义。

案例与资料

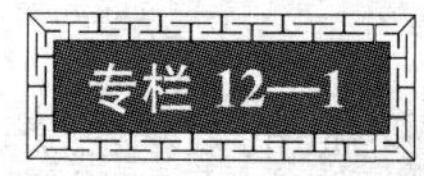

换届选举与美国的对外贸易政策变化

对外贸易政策是一国经济利益与其在国际上的政治地位和经济实力相融合的产物，也是一国国家利益在对外交往中的具体体现。

1. 布什政府的对外贸易政策。

布什政府表面上“把对外经济问题置于一旁”，实际上却不断强化贸易作为维护国家安全和推行美式民主的重要地位。推出了所谓的“竞争性自由化”战略，由于布什政府在执行对外贸易政策的过程中过分强调追求自身利益的单方面价值诉求，使其外贸政策呈现出突出的“进一步、退两步”的布什主义色彩。

“竞争性自由化”战略通过三个层面来实现：首先是抓住目前多边谈判的难得机遇，完成 WTO 新一轮谈判设定的农业、制造业和服务业谈判目标，争取较大幅度地降低世界范围内关税与非关税贸易壁垒；其次是促进地区协议发展，完成美洲自由贸易区谈判涉及的农业、工业产品、服务、投资和政府采购 5 个领域的市场准入问题谈判；最后是向前推进美国对外双边自由贸易协定谈判，在世界各区域选择典型的发达与发展中国家与美国建立自由贸易关系。从这个战略本身看，它反映出布什政府的意愿是想使“全球、地区和双边贸易谈判相互补充、相互加强”，从而实现美国的既定对外经济战略。但是从整个战略实施的过程来看，布什政府改变了既定的全球—地区—双边的自由贸易谈判战略，采取了一种反向操作的形式，即主导双边自由贸易谈判—推动地区贸易谈判—参与世界多边贸易谈判。

“单边贸易保护主义”则是布什政府对外贸易政策实施的基础，主要表现在：通过加税和补贴直接对本国钢铁工业和农业进行保护以及以实行《伯德修正案》为借口，要求美国政府把在反倾销和反补贴案件中征收的惩罚性税款直接补贴给利益受到损害的美国公司，而不是上缴美国财政部。在中美经贸关系中，布什政府乱用世贸组织特保条款，先后对中国的袍服、胸衣、针织布三类纺织品实施特保措施，对中国的彩电、家具、虾类进行反倾销等，所有这些都成为布什政府保护美国国内产品的重要手段。

2. 奥巴马新政府的对外贸易政策。

由于民主党内的自由派和工会利益代言人的贸易保护主义倾向，奥巴马竞选期间关于重新修订NAFTA、加强有关劳工和环境方面的条款、取消跨国公司的税务优惠等的主张，以及当前美国经济的现实需要，都预示着奥巴马政府的对外贸易政策将被深深地打上贸易保护主义的烙印。

首先，尽管奥巴马在竞选中曾承诺上台后推动多边自由贸易谈判，并声称达成多哈回合贸易协定有助于美国贸易出口和就业，但是奥巴马政府的自由贸易政策将延续“区域贸易合作优先于多边贸易自由化”的理念，可能会继续消极对待多边自由贸易谈判，不会在短期内就WTO多哈回合谈判达成实质性协议。

其次，美国参与自由贸易协定谈判的脚步也将放缓，劳工标准和环境问题等因素将成为奥巴马政府自由贸易协定谈判的重要内容。奥巴马政府很可能重新审视已经生效的美国缔结的自由贸易协定，考虑将劳工标准、环境标准、卫生标准等有关技术贸易壁垒的因素加入其中，同时在谈判新的自由贸易协定时进一步抬高门槛，突出绿色贸易壁垒和技术贸易壁垒在贸易协定中的重要性，这对发展中国家与美国谈判自由贸易协定无疑是很不利的。

最后，为了维持美国国内的就业和工资水平，奥巴马政府将继续大力限制劳动密集型产品和自然人流动等服务的大量进口。可以预见的是，美国政府实施反倾销、反补贴、质量检验、产品认证等技术贸易壁垒的频率、范围和规模都将提高，发展中国家对美国的出口前景不容乐观。

资料来源：宋玉华：《布什政府的对外贸易政策评析》，载《世界经济研究》，2005（7）；李锋：《奥巴马政府的经济政策走向》，载《国际经济评论》，2009（3）～（4）。

参考文献

1. 陈百助，晏维龙. 国际贸易理论、政策与应用. 北京：高等教育出版社，2006

2. 陈同仇，张锡嘏编. 国际贸易. 北京：中国人民大学出版社，2005

3. 陈宪，张鸿编著. 国际贸易：理论·政策·案例. 上海：上海财经大学出版社，2008

4. 郭羽诞，兰宜生主编. 国际贸易学. 上海：上海财经大学出版社，2008

5. 黄静波. 国际贸易理论与政策. 北京：清华大学出版社/北京交通大学出版社，2007

6. 李坤望主编. 国际经济学. 北京：高等教育出版社，2005

7. 薛荣久. 国际贸易. 北京：对外经济贸易大学出版社，2008

8. 保罗·克鲁格曼，茅瑞斯·奥伯斯特菲尔德. 国际经济学. 北京：中国人民大学出版社，1998

9. 保罗·克鲁格曼，茅瑞斯·奥尔斯特菲尔德. 国际经济学理论与政策. 北京：清华大学出版社，2009

10. 多米尼克·萨尔瓦多. 国际经济学. 北京：清华大学出版社，2004

21 世纪国际经济与贸易系列教材

附　录

A1：中国主要经济指标的世界占比

表—A1　　**中国主要指标占世界的比重（%）**

指标＼年度	1978	1980	1990	2000	2005	2006	2007	2008
人口	22.3	22.1	21.6	20.8	20.2	20.1	20	19.8
GDP	1.75	1.73	1.64	3.75	4.94	5.43	6.16	7.14
贸易	0.79	0.93	1.65	3.6	6.66	7.17	7.7	7.88
出口	0.76	0.89	1.8	3.86	7.26	8	8.71	8.89
进口	0.82	0.96	1.5	3.35	6.08	6.37	6.7	6.9
FDI		0.11	1.68	2.95	7.44	4.98	4.22	6.38
水稻	36.35	36	36.95	31.69	28.81	28.59	28.7	28.23
小麦	12.13	12.54	16.58	17	15.55	17.46	18.1	16.3
玉米	14.24	15.81	20.11	17.92	19.49	20.82	19.36	20.18
大豆	10.09	9.83	10.15	9.55	7.63	6.97	7.22	6.73

资料来源：联合国 FAO 数据库；联合国统计司数据库；世界银行 WDI 数据库；国际货币基金组织数据库；中国商务部网站。

A2：2010 年中国与十大贸易伙伴进出口总值与贸易占比

表一A2　　2010 年中国与十大贸易伙伴进出口总值与贸易占比

排序	总值	11 346.40	贸易占比（%）	排序	总值	10 140.40	贸易占比（%）
	出口最终目的地	金额（亿美元）			进口原产地	金额（亿美元）	
1	美国	2 055.40	18.11	1	日本	1 279.50	12.62
2	中国香港	1 523.70	13.43	2	韩国	1 017.00	10.03
3	日本	865.1	7.62	3	中国香港	765.9	7.55
4	德国	495.8	4.37	4	中国台湾	861.9	8.50
5	韩国	494.8	4.36	5	美国	730	7.20
6	荷兰	359.1	3.16	6	德国	541.4	5.34
7	英国	277.6	2.45	7	澳大利亚	432.2	4.26
8	印度	295.2	2.60	8	马来西亚	364	3.59
9	俄罗斯	209.7	1.85	9	巴西	276.6	2.73
10	意大利	222	1.96	10	泰国	243.2	2.40

注：本表数字为 2010 年 1—10 月累计数据。

资料来源：中国海关网站 http://www.customs.gov.cn/。

A3：世界货物进出口总额

表一A3　　世界货物进出口总额年度统计　　单位：亿美元

年度	金额	年度	金额	年度	金额
1951	1 720	1960	2 670	1969	5 640
1952	1 700	1961	2 790	1970	6 460
1953	1 690	1962	2 940	1971	7 200
1954	1 760	1963	3 210	1972	8 520
1955	1 940	1964	3 590	1973	11 750
1956	2 140	1965	3 890	1974	17 010
1957	2 350	1966	4 260	1975	17 890
1958	2 250	1967	4 460	1976	20 180
1959	2 410	1968	4 940	1977	22 990

续表

年度	金额	年度	金额	年度	金额
1978	26 650	1989	62 990	2000	131 830
1979	33 530	1990	69 990	2001	126 760
1980	41 090	1991	71 480	2002	132 380
1981	40 760	1992	76 480	2003	154 510
1982	38 240	1993	76 580	2004	187 900
1983	37 360	1994	87 550	2005	213 460
1984	39 700	1995	104 480	2006	245 420
1985	39 690	1996	109 490	2007	282 600
1986	43 440	1997	113 300	2008	324 920
1987	50 980	1998	111 840	2009	248 950
1988	58 330	1999	116 330	2010	

注：1948、1949、1950 三年数据分别为 1 200 亿、1 230 亿、1 260 亿美元。表中数据为世界进出口总额，国际贸易总额只计算其中的一半。

资料来源：中国国家统计局网站。

A4：中国货物进出口额 60 年数据

表—A4 **中国货物进出口额 60 年数据** 单位：亿美元

年度	进口额	出口额	年度	进口额	出口额
1950	5.8	5.5	1962	13.73	19.13
1951	12	7.6	1963	14.5	20.31
1952	11.2	8.2	1964	17.1	22.5
1953	13.5	10.2	1965	22.46	25.63
1954	12.9	11.5	1966	24.82	26.81
1955	17.3	14.1	1967	21.69	23.88
1956	15.6	16.5	1968	20.68	23.4
1957	20.31	22.14	1969	19.17	24.29
1958	25.06	27.26	1970	22.79	23.07
1959	28.92	31.72	1971	21.29	27.83
1960	26.48	25.71	1972	28.51	36.93
1961	17.47	19.42	1973	52.08	58.76

续表

年度	进口额	出口额	年度	进口额	出口额
1974	77.91	71.08	1992	805.85	849.4
1975	79.26	76.89	1993	1 039.59	917.44
1976	66.6	69.43	1994	1 156.15	1 210.06
1977	71.48	75.2	1995	1 320.84	1 487.8
1978	111.31	99.55	1996	1 388.33	1 510.48
1979	156.21	136.14	1997	1 423.7	1 827.92
1980	199.41	180.99	1998	1 402.37	1 837.12
1981	220.14	220.07	1999	1 656.99	1 949.31
1982	192.85	223.21	2000	2 250.94	2 492.03
1983	213.9	222.26	2001	2 435.53	2 660.98
1984	274.1	261.39	2002	2 951.7	3 255.96
1985	422.52	273.5	2003	4 127.6	4 382.28
1986	429.04	309.42	2004	5 612.29	5 933.26
1987	432.16	394.37	2005	6 599.53	7 619.53
1988	552.68	475.16	2006	7 914.61	9 689.78
1989	591.42	525.38	2007	9 561.39	12 186.23
1990	533.45	620.91	2008	11 324.88	14 283.32
1991	637.91	719.1	2009	10 056	12 016

注：1948 年中国进口、出口总额分别为 3.78 亿、5.2 亿美元。

资料来源：中国国家统计局网站。

A5：2001—2010 年中国出口商品构成

表—A5.1 **2001—2010 年中国出口商品构成** 单位：亿美元

项目 \ 年度	2001	2002	2003	2004	2005
总值	2 660.98	3 255.96	4 383.71	5 933.69	7 619.99
初级产品	263.38	285.4	348.1	405.5	490.39
食品及活动物	127.77	146.21	175.33	188.7	224.81
饮料烟类	8.73	9.84	10.19	12.14	11.83
非食用原料	41.72	44.02	50.33	58.43	74.85
矿物燃料、润滑油及有关原料	84.05	84.35	111.1	144.76	176.21

续表

项目 \ 年度	2001	2002	2003	2004	2005
动、植物油脂及蜡	1.11	0.98	1.15	1.48	2.68
工业制成品	2 397.6	2 970.56	4 035.6	5 528.18	7 129.6
化学品及有关产品	133.52	153.25	195.86	263.68	357.72
按原料分类的制成品	438.13	529.55	690.3	1 006.54	1 291.26
机械及运输设备	949.01	1 269.76	1 878.88	2 682.91	3 522.62
杂项制品	871.1	1 011.53	1 261.01	1 563.93	1 941.91
未分类的其他商品	5.84	6.48	9.56	11.12	16.09

资料来源：中华人民共和国商务部网站，http://www.mofcom.gov.cn/。

表—A5.2　　2001—2010 年中国出口商品构成　　单位：亿美元

项目 \ 年度	2006	2007	2008	2009	2010.1～3
总值	9 690.73	12 180.15	14 285.46	12 016.63	3 161.69
初级产品	529.25	615.47	778.48	630.99	175.43
食品及活动物	257.22	307.51	327.64	326.03	86.22
饮料及烟类	11.93	13.96	15.3	16.41	2.98
非食用原料	78.62	91.54	113.46	81.56	23.86
矿物燃料、润滑油及有关原料	177.76	199.44	316.35	203.83	61.6
动、植物油脂及蜡	3.73	3.03	5.74	3.16	0.77
工业制成品	9 161.47	11 564.68	13 506.98	11 385.64	2 986.25
化学品及有关产品	445.31	603.56	793.09	620.48	181.5
按原料分类的制成品	1 748.36	2 198.94	2 617.43	1 847.75	495.41
机械及运输设备	4 563.64	5 771.89	6 733.25	5 904.27	1 577.02
杂项制品	2 380.29	2 968.53	3 346.06	2 996.7	729.46
未分类的其他商品	23.88	21.76	17.15	16.45	2.86

资料来源：中华人民共和国商务部网站，http://www.mofcom.gov.cn/。

A6：2009 年中国进出口商品结构

表—A6

2009 年中国进出口商品金额与结构

	进口		出口	
	金额（亿美元）	比例（%）	金额（亿美元）	比例（%）
总额	10 059.23		12 016.12	
初级产品	2 898.04	28.81	631.12	5.25
食品及主要供食用的活动物产品	148.27	1.47	326.28	2.72
饮料及烟类	19.54	0.19	16.41	0.14
非食用原料	1413.47	14.05	81.53	0.68
矿物燃料、润滑油及有关原料	1240.38	12.33	203.74	1.70
动、植物油脂及蜡	76.39	0.76	3.16	0.03
工业制成品	7 161.19	71.19	11 384.83	94.75
化学及有关产品	1 120.9	11.14	620.17	5.16
轻纺产品、橡胶产品及其制品	1 077.39	10.71	1 848.16	15.38
机械及运输设备	4 077.97	40.54	5 902.74	49.12
杂项制品	851.86	8.47	2 997.47	24.95
未分类其他商品	33.07	0.33	16.29	0.14

资料来源：《中国统计年鉴》(2010)。

A7：1960—2001 年日本出口结构变化（%）

表—A7

1960—2001 年日本出口结构变化（%）

项目 年度	食品	纺织品	化工产品	钢铁制品	机械设备	非钢矿产	其他
1960	6.6	30.2	4.2	13.8	25.3	3.6	16.4
1970	3.5	12.5	6.4	19.7	46.3	1.9	9.8
1980	1.2	4.8	5.2	16.4	62.8	1.4	8.1
1999	0.5	1.9	7.4	5.7	73.4	1.1	10
2000	0.4	1.8	7.4	5.5	74.3	1.2	9.5
2001	0.7	1.9	7.6	5.9	72.6	1.2	10.1

资料来源：Japan Almanac，The Asahi Shimbun Company，http://adv.asahi.com/english/data/index.html，2003。

图书在版编目（CIP）数据

国际贸易理论与政策/梁坚编著．—北京：中国人民大学出版社，2011．2
（21 世纪国际经济与贸易系列教材）
ISBN 978-7-300-13274-7

Ⅰ．①国… Ⅱ．①梁… Ⅲ．①国际贸易-经济理论②国际贸易政策 Ⅳ．①F74

中国版本图书馆 CIP 数据核字（2011）第 023427 号

21 世纪国际经济与贸易系列教材
国际贸易理论与政策
——基于比较优势统一框架的全新阐析
梁 坚 编著
Guoji Maoyi Lilun Yu Zhengce

出版发行	中国人民大学出版社		
社　址	北京中关村大街 31 号	**邮政编码**	100080
电　话	010－62511242（总编室）		010－62511398（质管部）
	010－82501766（邮购部）		010－62514148（门市部）
	010－62515195（发行公司）		010－62515275（盗版举报）
网　址	http://www.crup.com.cn		
	http://www.ttrnet.com（人大教研网）		
经　销	新华书店		
印　刷	北京市鑫霸印务有限公司		
规　格	185mm×260mm 16 开本	**版　次**	2011 年 3 月第 1 版
印　张	18.25 插页 1	**印　次**	2014 年 2 月第 2 次印刷
字　数	377 000	**定　价**	32.00 元

教学支持说明

中国人民大学出版社经济分社与人大经济论坛（www. pinggu. org）于 2007 年结成战略合作伙伴后，一直以来都以种种方式服务、回馈广大读者。

为了更好地服务于教学一线的任课教师与广大学子，现中国人民大学出版社经济分社与人大经济论坛做出决定，凡使用中国人民大学出版社经济分社教材的读者，填写以下信息调查表后，发送电子邮件、邮寄或者传真给我们，经过认证后，我们将会向教师读者赠送人大经济论坛论坛币 200 个，向学生读者赠送人大经济论坛论坛币 50 个。

教师信息表	学生信息表
姓名：	姓名：
大学：	所读大学：
院系：	所读院系：
教授课程：	所读专业：
联系电话：	入学年：
Email：	QQ 等联系方式：
论坛 id：	Email：
使用教材：	论坛 id：
论坛识别码（请抄下面的识别码）：	使用教材：
	论坛识别码（请抄下面的识别码）：

我们的联系方式：

Email：gaoxiaofei11111@sina. com

邮寄地址：北京市中关村大街甲 59 号文化大厦 1508 室中国人民大学出版社经济分社，100872

传 真 号：010－62514775

附：人大经济论坛（www. pinggu. org）简介

人大经济论坛依托中国人民大学经济学院，于 2003 年成立，致力于推动经济学科的进步，传播优秀教育资源。目前已经发展成为国内最大的经济、管理、金融、统计类在线教育和咨询网站，也是国内最活跃和最具影响力的经济类网站：

- 拥有国内经济类教育网站最多的关注人数，注册用户以百万计，日均数十万经济相关人士访问本站
- 是国内最丰富的经管类教育资源共享数据库和发布平台
- 提供学术交流与讨论的平台、经管类在线辞典、数据定制和数据处理分析服务、免费的经济金融数据库、完善的经管统计类培训和教学相关软件

论坛识别码：pinggu_com_1545967_4210768